『十三五』国家重点出版物出版规划项目

长江三峡工程文物保护项目报告

乙种第三十号

忠县邓家沱遗址与渔洞墓群

重庆市文物局 重庆市移民局 编

科学出版社

内 容 简 介

本书是长江三峡工程文物保护项目——忠县邓家沱遗址与渔洞墓群的考古发掘报告。上编邓家沱遗址报告了一批新石器、商周、秦汉、六朝、唐宋、明清等时期的考古资料；下编渔洞墓群报告了一批汉至六朝时期的墓葬资料。丰富的商周时期考古学文化遗存对研究本地区商周时期考古学文化性质、文化发展序列和文化之间相互交流提供了重要资料。形制、图案新颖的邓家沱石阙为研究川渝地区的石阙文化增添了新资料。

本书可供从事考古学、历史学研究的专家、学者及文物爱好者参考、阅读。

图书在版编目(CIP)数据

忠县邓家沱遗址与渔洞墓群 / 重庆市文物局，重庆市移民局编. —北京：科学出版社，2017. 11

（长江三峡工程文物保护项目报告. 乙种第三十号）

“十三五”国家重点出版物出版规划项目

ISBN 978-7-03-055013-2

Ⅰ. ①忠…　Ⅱ. ①重…②重…　Ⅲ. ①考古发掘-发掘报告-忠县②墓群-发掘报告-忠县　Ⅳ. ①K872. 719. 45②K878. 85

中国版本图书馆CIP数据核字（2017）第264123号

责任编辑：张亚娜　郝莎莎　曹　伟 / 责任校对：邹慧卿

责任印制：肖　兴 / 封面设计：陈　敬

科学出版社 出版

北京东黄城根北街16号

邮政编码：100717

http：//www.sciencep.com

中国科学院印刷厂 印刷

科学出版社发行　各地新华书店经销

*

2017年11月第　一　版　　开本：A4（880 × 1230）

2017年11月第一次印刷　　印张：19 1/2　插页：17

字数：520 000

定价：268.00元

（如有印装质量问题，我社负责调换）

"13th Five-Year Plan" National Key Publications Publishing and Planning Project

Reports on the Cultural Relics Conservation in the Three Gorges Dam Project

B(site report) Vol.30

TGCR

Dengjiatuo Site and Yudong Cemetery in Zhongxian County

Cultural Relics and Heritage Bureau of Chongqing

&

Resettlement Bureau of Chongqing

Science Press

长江三峡工程文物保护项目报告
乙种第三十号

《忠县邓家沱遗址与渔洞墓群》

主　　编

李　锋　许俊平

姚智辉　赵海洲

副　主　编

魏青利　肖露露　金海旺　付江凤

尹彩燕　陈　倩　夏琳瑜

项目承担单位

郑州大学历史学院

目　　录

下编　渔洞墓群

图表目录

上编　邓家沱遗址

下编　渔洞墓群

彩版目录

绪　　论

忠县地处三峡库区腹心地带，上距重庆市239千米，下距万州区105千米（水路88千米）。北靠梁平区，东邻万州区，南与石柱土家族自治县相连，西与垫江县、丰都县相依。“黄金水道”——长江由县西南的洋渡镇入境，北流绕经县城后，从东北的石宝镇蜿蜒东流。沪渝高速忠州长江大桥横亘于县城之南，从邓家沱遗址北部跨江而过（图一）。地理坐标为东经107°32′～108°14′，北纬30°03′～30°53′。

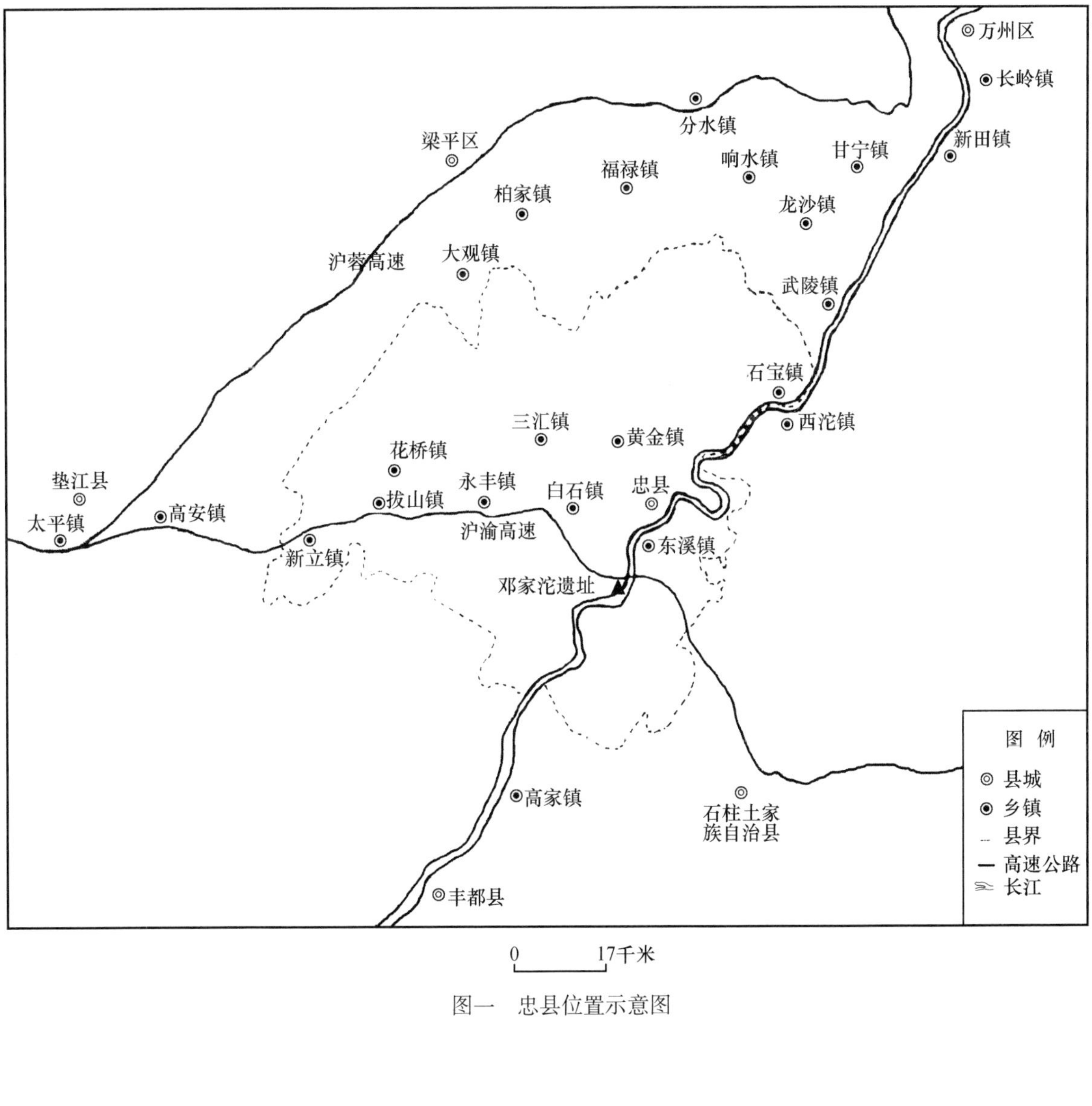

图一　忠县位置示意图

《忠州志》载：忠县“地接巴渝，江达巫夔，控山带水，为川东之襟吭门户之郡”。由于该地处于四川盆地东部的平行岭谷地区，境内山峦丘陵高低绵延，河溪纵横，属典型山地丘陵地形。最高的方斗山海拔1680.3米，最低的长江河床海拔117.5米。由于山脉隔阻，此地虽属亚热带季风气候,但常年多阴雨而少晴风，年降水量1200毫米，无霜期280天左右（数据由忠县文物保护管理所提供），比较适合以水稻为主的农业经济。

根据考古发现和文献记载，自新石器时代晚期以来，忠县一带就一直有先民们长期生活繁衍。著名的中坝遗址、哨棚嘴遗址等均发现有丰富的新石器至商周时期的古代文化遗存。《忠州志》

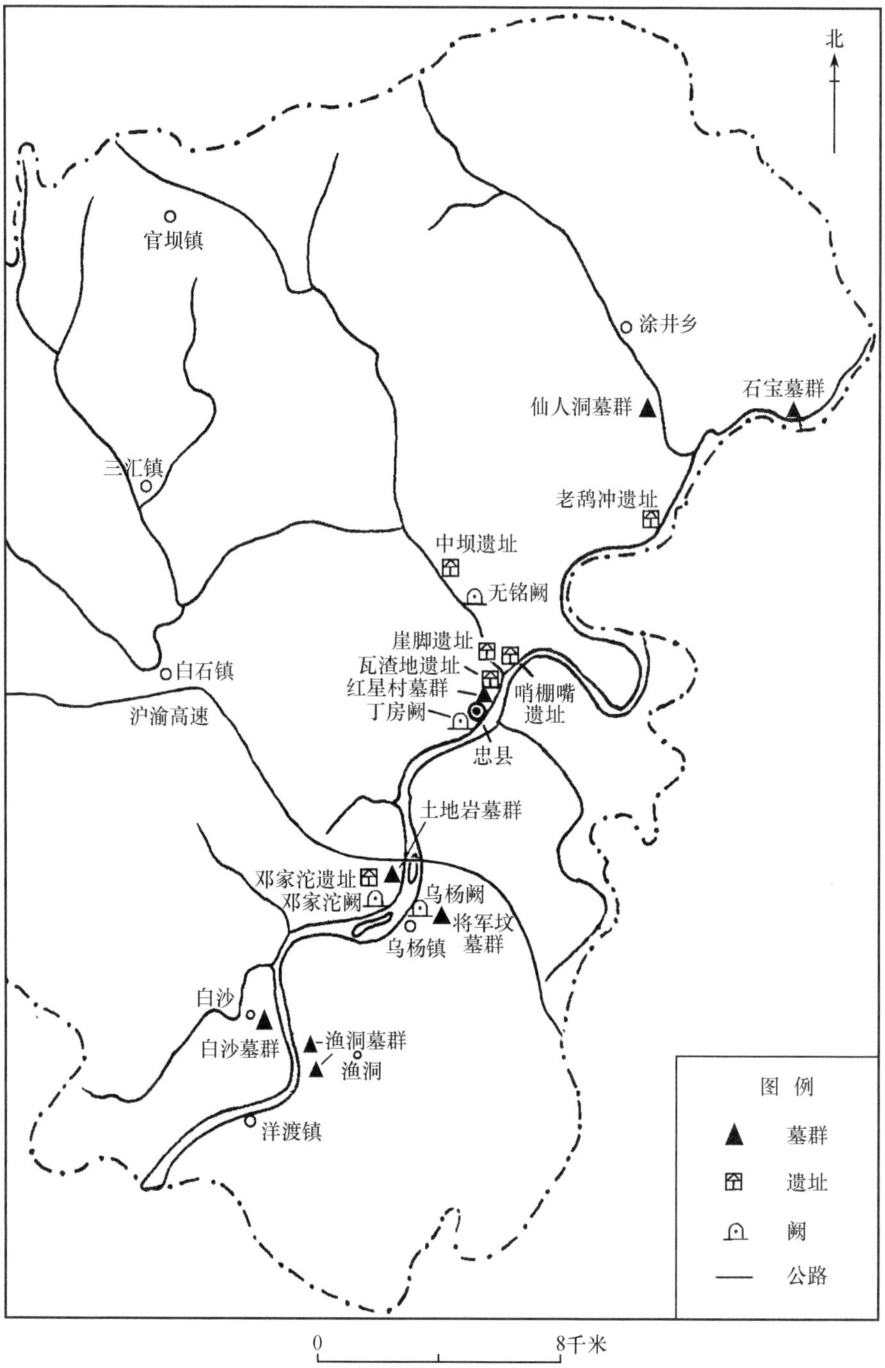

图二　忠县重要文物遗存分布示意图

载：忠县原名临江县，周代为巴国属地，“刎首留城”的巴蔓子在此留下千古绝唱。秦时归巴郡所辖，西汉始置临江县，新莽时改称监江，东汉复名临江。三国时先后属东吴和蜀汉所有，忠臣严颜在此守土垂青。《太平寰宇记》载：梁大同六年（540年）分巴郡置临江郡，西魏时设临州。唐贞观八年（634年）为彰显巴蔓子“刎首留城”及严颜、甘宁“意怀忠信”而改称忠州。清雍正十二年（1734年）升为直隶州，直隶四川省。民国二年（1913年）废忠州改置忠县至今。

忠县是三峡库区古代文化遗存最为丰富的区、县之一，全县划入三峡工程淹没区及迁建区的

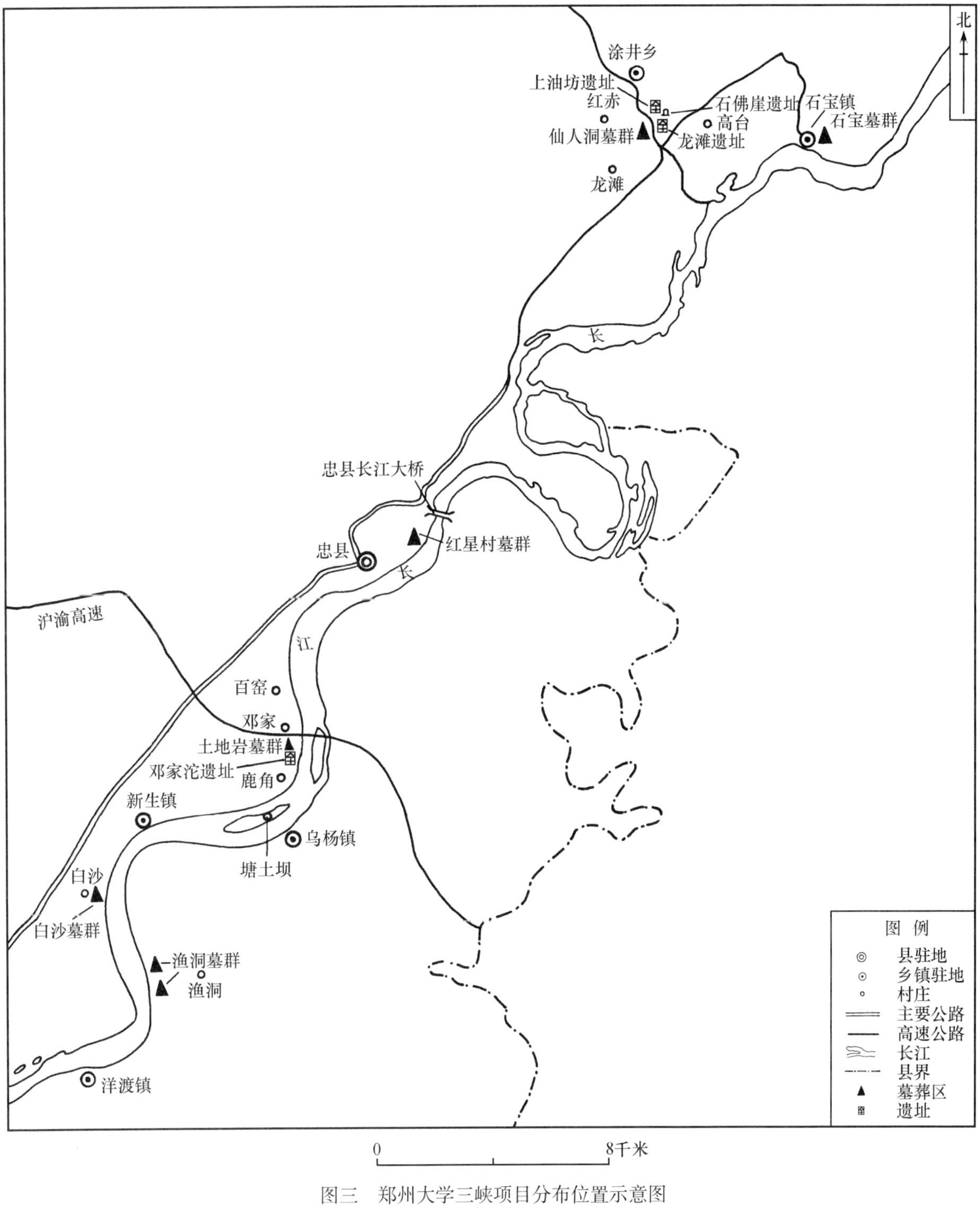

图三　郑州大学三峡项目分布位置示意图

文物保护项目达70多项。其中，地上文物保护项目20项，地下文物保护项目50多项。“丁房阙”、“无铭阙”、“乌杨阙”（现藏重庆中国三峡博物馆）、石宝寨等被列入国家级重点文物保护单位。“邓家沱阙”（现藏重庆中国三峡博物馆）、老官庙、太保祠、临江岩摩崖造像、白公祠、石佛崖等被列入省级或县级重点文物保护单位。具有“中国活二十四史”之称的中坝遗址及哨棚嘴遗址、瓦渣地遗址、邓家沱遗址、崖脚遗址、老鸹冲墓群、花灯坟墓群、土地岩墓群、仙人洞墓群、白沙墓群等具有重要学术价值（图二）。

2001～2007年，受重庆市文化局三峡文物保护工作领导小组办公室的委托，郑州大学历史学院考古系在忠县文物保护管理所的鼎力协助下先后对忠县境内的新生镇邓家沱遗址、土地岩墓群、白沙墓群，洋渡镇渔洞墓群，涂井乡仙人洞墓群、上油坊遗址、龙滩遗址、石佛崖遗址，石宝镇石宝墓群等进行了考古发掘（图三）。根据重庆市文化局三峡文物保护工作领导小组办公室的要求，现将邓家沱遗址和渔洞墓群的考古发掘收获报告于后，因学识所限，不当之处，敬请同仁指教。

上编　邓家沱遗址

第一章　遗址概况与文化层堆积

第一节　遗 址 概 况

一、遗 址 位 置

邓家沱是长江北岸的一块山前一级台地，隶属于重庆市忠县新生镇邓家村第二村民组。北距邓家村约500米，距县城约10千米，西南距新生镇约7千米，东南与乌杨镇隔长江主河道相遥，南边分别隔长江支流邓家溪与塘土坝和鹿角村相望。地理坐标东经107°59′36″，北纬30°13′35″（图一）。

二、遗 址 地 貌

邓家沱台地平面近似三角形，顶角指向东南，其下的河床滩地为邓家沱码头；右边是由西南抵至乌杨镇后折向西北滚滚而下的长江，左边是从台地西北绕向西南汇入长江的季节性河流邓家溪，西北部底边呈半月形绕枕在海拔近300米的土地岩山脚。土地岩山坡上分布着许多六朝时期崖墓[①]。从码头通往邓家村的道路蜿蜒于台地的中西部，经土地岩山坡通向邓家村。台地东西宽约250、南北长约150米。西北靠山部分地势最高，海拔160米左右，南部和东南部地势较低，海拔150米左右。整个台地坡度相对比较平缓，土质肥沃，非常适宜农业耕作。该村第二村民组十余户农家散居在台地的中部和西北部，长江航道的眼睛——邓家沱雾号台就设置在台地顶角的右边（图二；彩版一，1、2）。

三、工 作 概 况

1973年忠县文物保护管理所对邓家沱遗址进行了初步调查；1991年邓家沱遗址被确定为三峡水库淹没区地下文物二类遗址；1994年北京大学考古系又对其进行了钻探调查，确定为汉至宋时期的遗址。2001年和2003年，郑州大学文博学院（现为郑州大学历史学院）考古系受重庆市文化局三峡文物保护工作领导小组办公室的委托，在忠县文物保护管理所的鼎力协助下对该遗址进行了钻探和发掘。

---

① 重庆市文物局、重庆市移民局：《忠县仙人洞与土地岩墓地》，科学出版社，2008年。

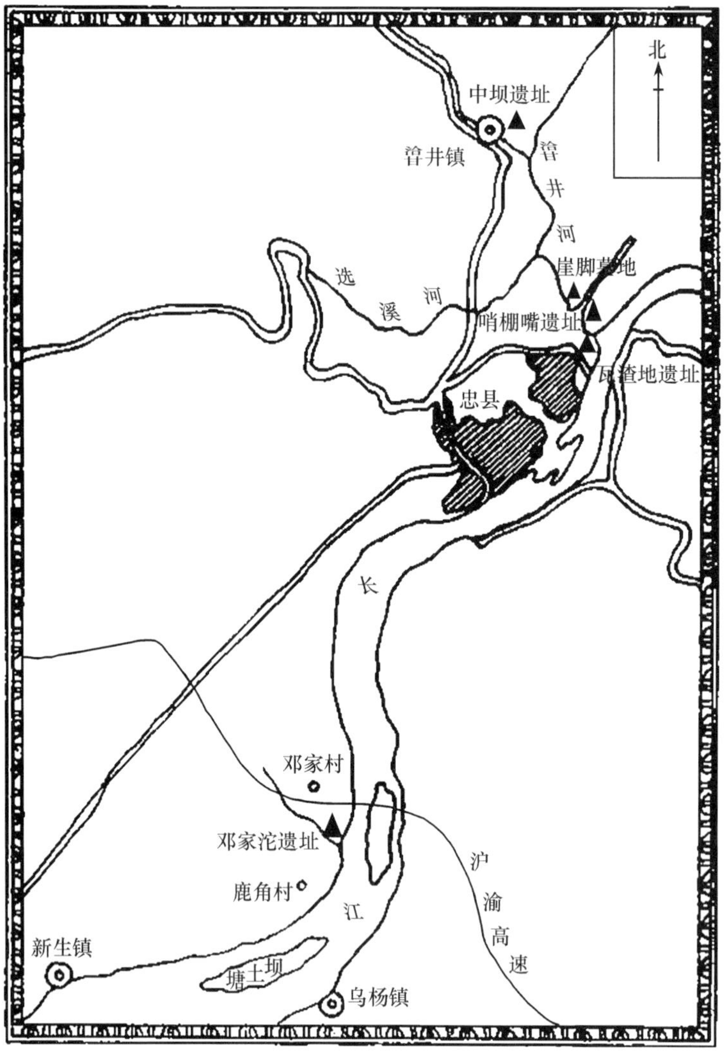

图一　邓家沱遗址位置示意图

1. 钻探工作

钻探工作始于2001年5月2日，结束于5月22日，历时20天，由洛阳探工金尊、马克、刘海进行钻探。首先进行摸底普探，以10米为距进行布孔。普探结果显示，遗址中部和东南部文化层堆积较厚，其他地方则较薄。在此基础上，又对遗址中文化层堆积较厚的部分加孔密探。共完成钻探面积3万平方米。

2. 发掘与整理工作

发掘与整理工作分两次完成。第一次发掘工作时间为2001年5～7月，发掘面积2000平方米。领队李锋，参加人员有郑州大学教师许俊平，研究生赵海洲、杨远；忠县文物保护管理所黄建华、曾先龙、周忠、鲁雪梅、陶磊等；新生镇文化站欧盛炳；技工张清池、刘俭、孟军峰、徐安民、郭安

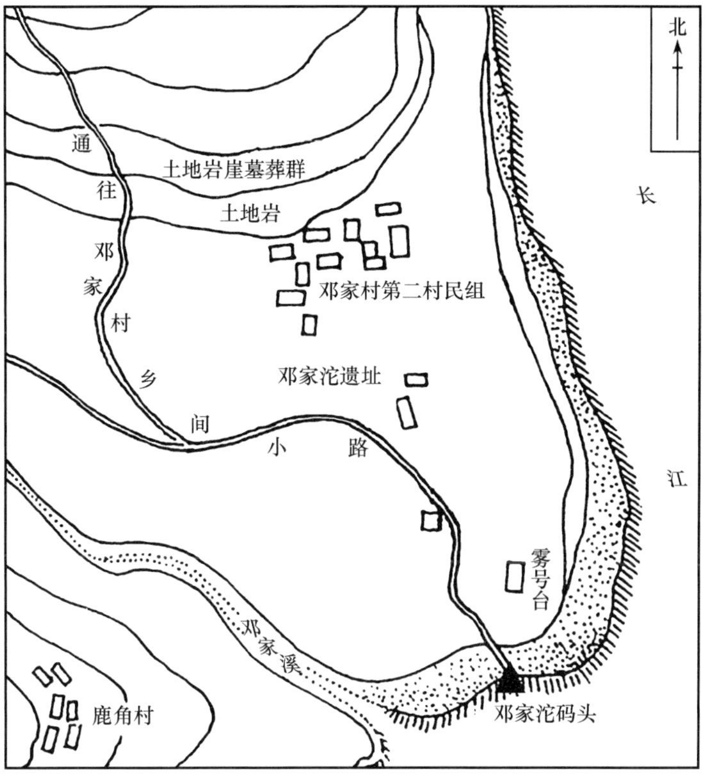

图二　邓家沱遗址地形地貌示意图

民、郭献军、郭伟峰、张鹏翔、王文强、吴爽、周鸿昌、李伟锋、冉梅、周琼、李召梅等。发掘期间，湖北省文物考古研究所王红星、周国平等对发掘工作进行了监理。

整理工作自2001年7月至2005年12月。先后参加的人员有李锋、许俊平、赵海洲、张清池、刘俭、李伟锋、孟军峰、徐安民、郭安民、郭献军等。

发掘与整理期间，先后到工地指导工作的领导与专家有重庆市文化局三峡文物保护工作领导小组办公室刘豫川、邹后曦、杨晓刚等，湖北省文物考古研究所王红星、周国平等，北京大学孙华，四川省文物考古研究所孙智彬，重庆市博物馆王豫，美国加利福尼亚大学洛杉矶分校罗泰、陈伯桢、傅罗文、荆志淳等，郑州大学历史学院姜建设、韩国河、任伟、王解放等。

第二次发掘工作时间为2003年3～6月，发掘面积3000平方米（彩版一，2）。领队李锋，参加人员有技工张清池、樊庆平、钟振远、高勤虎、陈俊铎、孔德锋、马金民、吴爽、周鸿昌、李彦锋等，忠县文物保护管理所黄建华、曾先龙、周忠、鲁雪梅、陶磊、王庆华，新生镇政府黄晓蓉，湖北省文物考古研究所王红星、周国平、刘国胜等对发掘工作进行了监理。

整理工作自2003年7月至2007年12月。先后参加的人员有李锋、姚智辉、朱光华、张雪芬、齐航富、魏青利、张清池、刘俭、李伟锋、张国安等。

发掘与整理期间，先后到工地指导工作的领导与专家有重庆文化局三峡文物保护工作领导小组办公室刘豫川、邹后曦、杨晓刚等，湖北省文物考古研究所王红星、周国平等，北京大学孙华，四川省文物考古研究所孙智彬，重庆市博物馆王豫等，郑州大学历史学院姜建设、韩国河、赵广艳、丁俊蒙、王解放等（彩版一五）。

四、报告编写

报告编写始自2007年9月至2015年12月。2001年度发掘报告部分由李锋、许俊平、赵海洲主编；2003年度发掘报告部分由李锋、姚智辉主编。先后参加报告整理与编写的人员有研究生魏青利、朱光华、张雪芬、齐航富、杨晓静、孙锦、李昶、范文娟、司红伟、程国峰、肖露露、周润山、金海旺、郭少飞、燕飞、王双双、李文会、刘亦方、付江凤、尹彩燕、陈倩、夏琳瑜等。制表、排版魏青利、肖露露、杨晓静、孙锦、李昶、范文娟、付江凤、尹彩燕、夏琳瑜，绘图张清池、寇小石、姜凤玲，田野摄影李锋，文物摄影刘彦峰，拓片王豫、刘福来，校对李锋、肖露露、金海旺、付江凤、尹彩燕、陈倩、夏琳瑜，通稿李锋、许俊平、姚智辉、赵海洲。

五、遗址分区与布方

1. 分区与探方编号

由于遗址范围较大，且整个台地的地势又呈西北高东南低之势，为了准确布方和便于发掘时对地层关系的控制，本遗址采用象限布方法，即以遗址中部民房东南的电线杆为基点，将整个遗址纳入坐标系中的四个象限，分别以Ⅰ、Ⅱ、Ⅲ、Ⅳ区命名。探方的名称，采用发掘年度加忠县和邓家沱两地名汉语拼音的第一个大写字母再加区号和探方编号组合而成。探方编号采用四位阿拉伯数字，前两位数代表探方在X轴上的排列位置，后两位数则代表探方在Y轴上的排列位置。例如，2001年发掘的忠县邓家沱遗址Ⅳ区X轴第14排和Y轴第5排上的探方简称为01ZDⅣT1405。

2. 布方与发掘面积

2001年的探方布设采用集中为主，分散为辅的原则。集中主要是集中揭露文化层堆积较厚的区域，分散则主要是为了解不同区域的堆积内涵。2001年度分别在堆积丰富的Ⅳ区发掘5米×5米探方59个，堆积相对较薄的Ⅰ和Ⅱ区分别发掘5米×5米探方16个和9个（图三；彩版一，3），合计发掘5米×5米探方84个，发掘面积2100平方米，超额完成了协议书要求的2000平方米的发掘任务。共清理出新石器至明清时期的灰坑58个、窑址1座、墓葬2座、瓮棺1座、灰沟2条，出土遗物数万件（附表一～附表四）。

2003年探方布设是在2001年发掘工作的基础上，采用以东南为主，东北为辅的原则，分别在东北部的Ⅰ区发掘5米×5米探方41个，5米×10米探方2个，10米×1.5米探沟1条；西北部的Ⅱ区发掘5米×5米探方1个；东南部的Ⅳ区发掘5米×5米探方74个，共计发掘面积3015平方米，超额完成了协议书要求的3000平方米的发掘任务（图四；彩版一，4）。共清理出灰坑18个、墓葬4座、瓮棺葬1座，出土遗物数万件（附表五～附表八）。

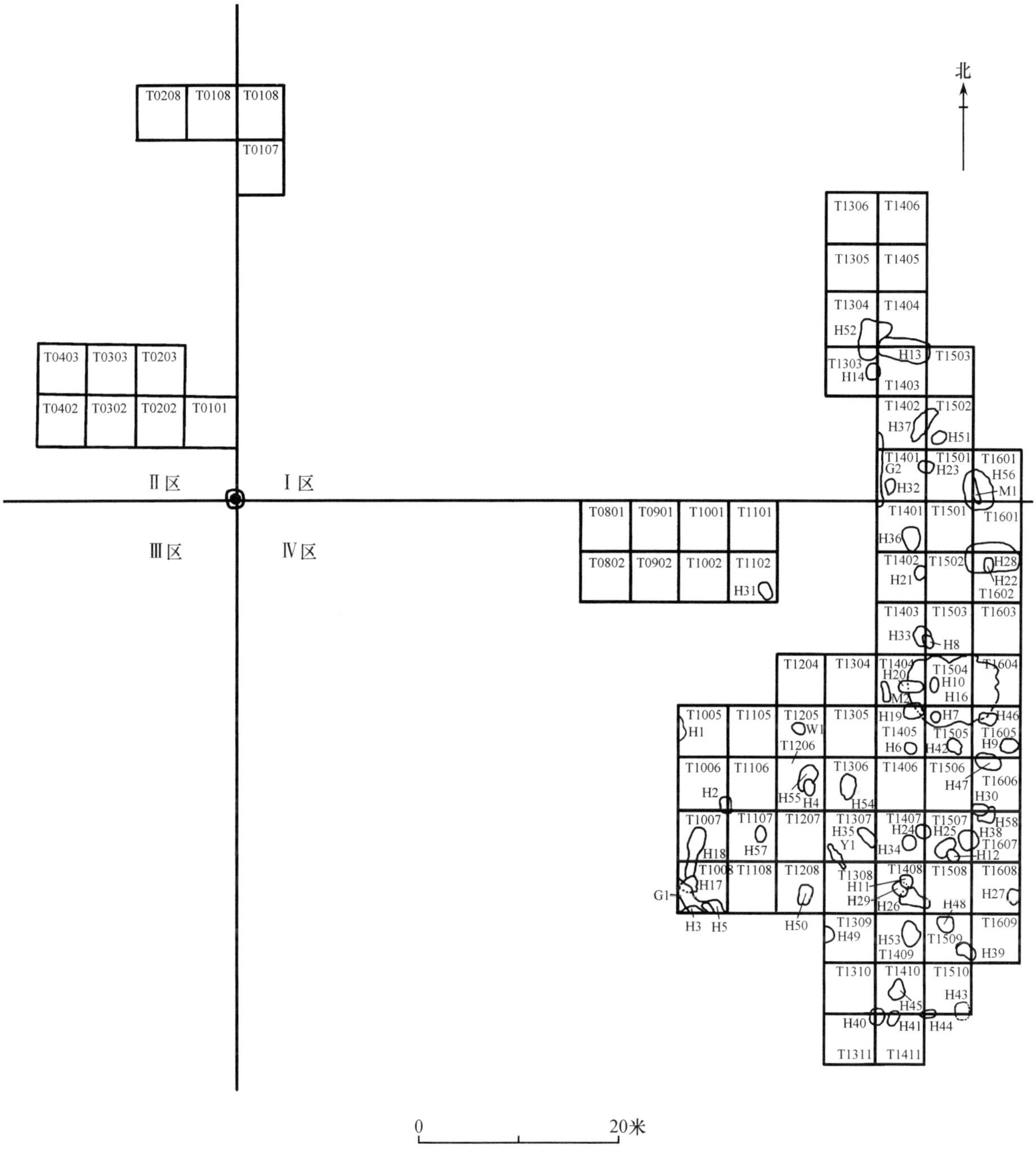

图三　2001年度发掘探方位置与遗迹分布图

注：H15与H13合并，编号为H13

邓家沱遗址前后两次共计开挖5米×5米探方200个，5米×10米探方2个，10米×1.5米探沟1条，发掘面积5115平方米。发现灰坑76个、墓葬6座、瓮棺2座，窑址1座、灰沟2条，出土遗物数万件（图五）。

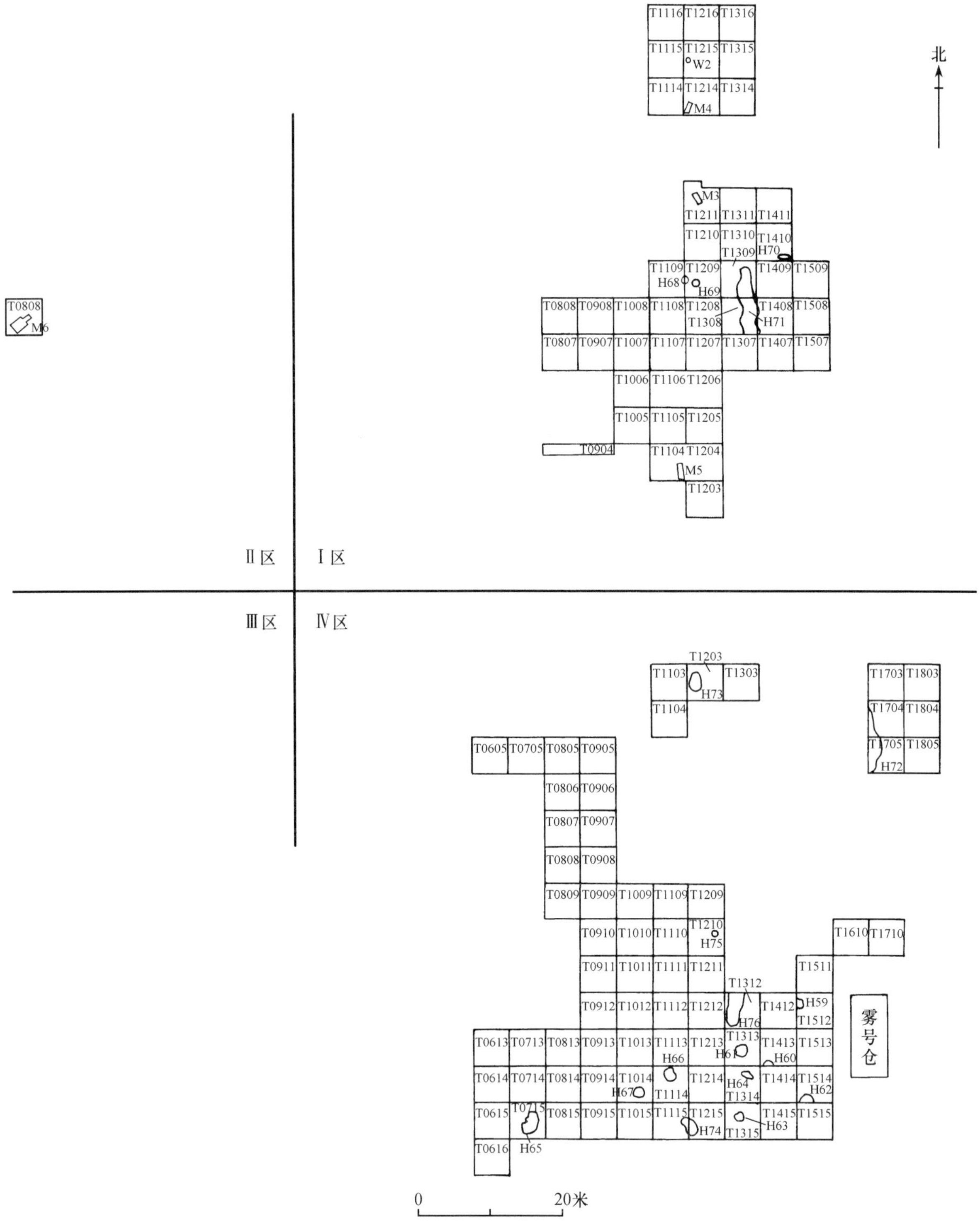

图四　2003年度发掘探方位置与遗迹分布图

第二节　文化层堆积与遗址分期

一、文化层堆积

钻探和发掘的结果显示，邓家沱遗址的文化层堆积很不平衡，Ⅰ区西部和Ⅱ区东部堆积坡度相对较大，文化层堆积较薄，一般堆积厚度在50～110厘米；Ⅲ区和Ⅳ区西部因近代烧窑取土而将文化层堆积基本破坏殆尽；文化层堆积最厚、遗物最为丰富的地方则主要集中在Ⅰ区东部和Ⅳ区东部，堆积最厚在300厘米以上，最薄也在230厘米左右，大部分探方的文化层堆积厚度都在240～250厘米（图六、图一〇）。由于部分探方比较分散，整个遗址的地层难以统一，加之文化层堆积的不平衡性，故本次发掘的地层编号分别采用①、②、③……及①a、①b、①c……②a、②b、②c……表示。①、②、③……等代表跨度大、分布面积广的文化层堆积；而①a、①b、①c……②a、②b、②c……等则分别表示①层或②层下跨度小、分布面积小的文化层堆积。

为了避免层位错乱，我们采用了年度内及重要遗存局部地层统一的方式。未能纳入统一文化层的探方，我们则将其文化层内出土的遗物按遗迹单位出土遗物对待发表。

现分别选择各区具有典型性和有重要遗存的探方剖面为代表，介绍本遗址的文化层堆积情况。

1. Ⅰ区文化层堆积

Ⅰ区文化层堆积整体呈西部薄东部厚之势。西部堆积厚度一般在50厘米左右，主要为明清时期堆积；东部堆积厚度在250厘米左右，从下到上有商周、秦汉、六朝、唐宋、明清等时期的堆积（图六、图七）。下面分别以01ZDⅠT1404西壁剖面[①]和03ZDⅠT1204南壁剖面为代表介绍如下。

（1）01ZDⅠT1404西壁剖面（图六）。

①层：耕土层。厚15～20厘米。西南部略高于东北部。夹杂有玻璃、塑料、板瓦和青瓷等现代遗物残片。

②层：灰褐色土。厚10～15厘米。除东北角外均有分布。无包含物。

②a层：青褐色土。厚10～15厘米。全方分布，西南部略厚。土质较硬。出土青花瓷片。

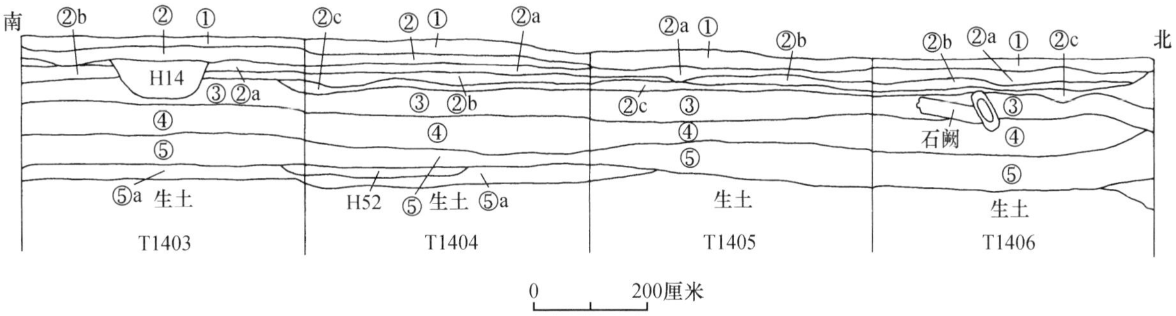

图六　01ZDⅠT1403～ⅠT1406西壁剖面图

① 该图曾发表于《忠县邓家沱遗址西周时期文化遗存的初步认识》，《重庆·2001三峡文物保护学术研讨会论文集》，科学出版社，2003年。其探方号01ZDⅠT1406应为01ZDⅠT1404，地层号统一后以年度报告为准。

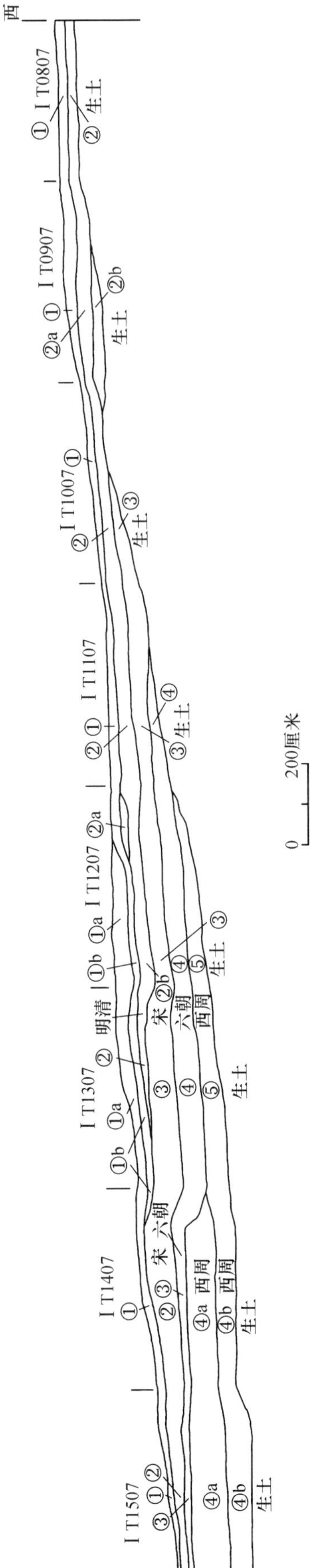

图七 03ZD I T1507～I T0807南壁剖面图

I T1407④b与I T1307⑤同层，为防止地层错乱，除打掉隔梁后的探方统一地层外，其余探方之间未统一编号

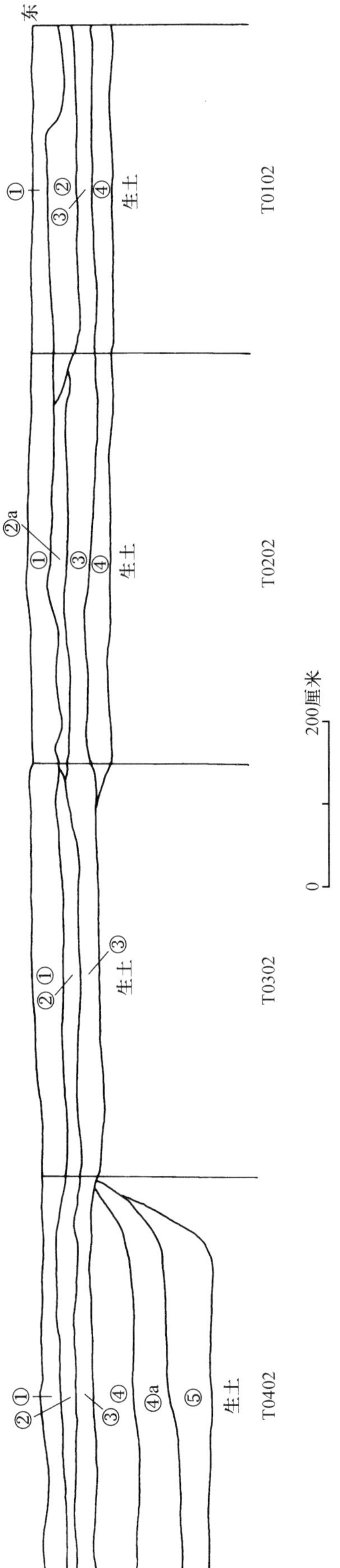

图八 01ZD II T0102～II T0402北壁剖面图

②b层：黄褐色土。厚10～20厘米。全方分布。土质较硬。出土青花瓷片。

②c层：浅红褐土。厚5～15厘米。全方分布。土质较硬。无包含物。

③层：青绿褐色土。厚35～45厘米。全方基本水平分布。土质较硬。出土少量青釉和瓷碗残片。

④层：青褐灰色土。厚50～65厘米。全方基本水平分布。土质较硬，夹杂有少量炭粒。出土绳纹板瓦和筒瓦残片。

⑤层：浅黄褐沙壤土。厚27～40厘米。全方基本水平分布。土质较硬，结构较疏松，夹杂有较多的红烧土粒。出土物较少，主要有夹砂素缘绳纹罐、尖底杯、尖底器残片等。其下叠压H52。

H52出土物主要有素缘罐、花边口沿罐、尖底杯、尖底盏、豆、盆、高领罐、盘口罐等（彩版八，3）。H52打破⑤a层。

⑤a层：浅褐色土，厚6～20厘米。质地较紧密，出土物极少且碎小。从质地上看与H52相近。该层下为生土。

（2）03ZDⅠT1204南壁剖面（图九）。

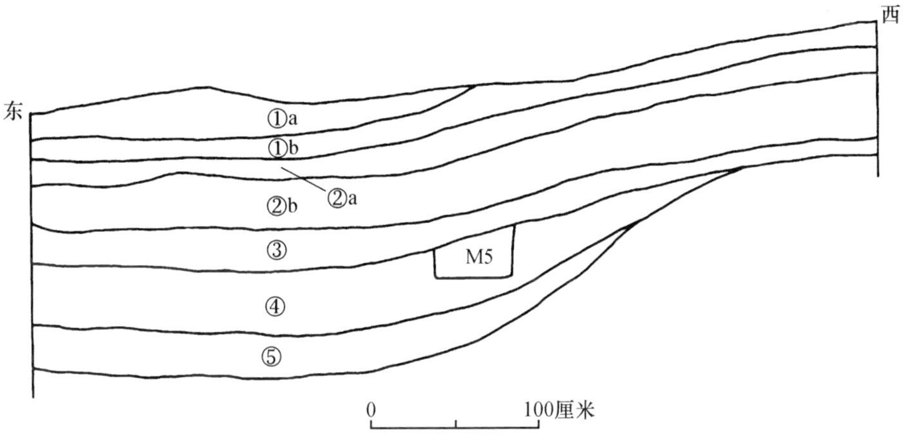

图九　03ZDⅠT1204南壁剖面图

①层：耕土层。厚17～75厘米，西部高于东部，东部堆积较厚。浅灰色，质地松软。虽然可以分为两个亚层，但是没有学术意义。包含有塑料等现代遗物残片。

②a层：浅黄色土。厚17～30厘米。全方分布，西高东低。质地较硬，含有少量炭粒。出土素面板瓦、青花瓷片等。

②b层：浅灰色土。厚50～60厘米。全方分布，西高东低。土质略硬，含沙量较大，夹杂少量烧土粒。出土青花瓷片、素面板瓦残片等物。

③层：浅黄褐色土。厚17～50厘米。全方分布，西高东低。粉沙土质，黏性较大，结构较紧密，夹杂少量烧土粒和炭粒。出土少量厚胎绳纹板瓦。

该层下开口的遗迹有M5，出土物有瓷盆、瓷圈足盘等。同层位的墓葬有的出土有“开元通宝”铜钱。其下打破④层（彩版九，4）。

另外，该层下西部还发现石阙底座，石阙底座直接坐落在⑤层上。

④层：灰褐土。厚0～60厘米。约占1/3的西部没有分布外，主要分布在探方东部。土质黏性较大，结构紧密，硬度较大。夹杂有少量炭粒和烧土粒。出土绳纹板瓦、筒瓦和青瓷碗残片及石阙构件2件。

⑤层：浅红褐沙壤土。厚0～40厘米。约占1/3的西部没有分布外，主要分布在探方东部。土质黏性较大，结构略疏松，夹杂有较多的红烧土粒和炭粒。出土物较少，主要有尖底杯残片等。该层下为生土。

2. Ⅱ区文化层堆积

Ⅱ区文化层堆积比较平衡，除局部厚度达200厘米外，一般厚度在100厘米左右（图八），从下到上主要是汉代以后的遗存。

以图八中的01ZDⅡT0402北壁剖面为代表介绍如下：

①层：耕土层。厚20～30厘米。土色灰褐，结构疏松，夹杂有植物根系和现代砖、瓦残片。

②层：黄褐色土。厚20～30厘米。分布全方，水平堆积。土质黏、稍硬，结构较松，内含少量砂石。出有少量青花瓷片。

③层：红褐色土。厚20～30厘米。分布全方，水平堆积。土质含沙量较大，属淤积土。内含少量贝壳。

④层：浅灰色土，厚0～60厘米。除探方东北部少量没有分布外，探方大部分地方都有分布。土质黏性，夹杂有红烧土块，出有少量青釉瓷片、筒瓦、板瓦等。

④a层：浅褐色土，厚0～75厘米。除探方东北部少量没有分布外，探方大部分地方都有分布。土质较黏，出土有素面陶片和青瓷片。

⑤层：黄灰色土，厚0～60厘米。除探方东北部少量没有分布外，探方大部分地方都有分布。土质较黏，出土有“开元通宝”钱及少量筒瓦、板瓦残片。

3. Ⅳ区文化层堆积

Ⅳ区位于遗址的东南部，地势呈西北略高于东南。文化层的堆积与地势基本一致，也呈西北部较薄东南部较厚之势。西部探方文化层堆积最薄的地方厚度在50厘米左右，年代主要为明清时期；东部和东南部探方的文化层堆积最厚可达370厘米。从下到上有商周、秦汉、六朝、唐宋、明清等时期的堆积。分别以01ZDⅣT1407西壁剖面、01ZDⅣT1005西壁和03ZDⅣT1215西壁剖面为代表介绍如下：

（1）01ZDⅣT1407西壁剖面（图一〇）。

①层：耕土层。厚23～30厘米。西北略高于东南。土质松软，夹杂有玻璃、塑料等现代遗物残片。

②层：灰褐色土。厚20～30厘米。全方基本水平分布。土质较紧密，含沙量较大。出土青花瓷和素面板瓦残片。

③层：青黄褐色土。厚40～50厘米。全方基本水平分布。土质黏性较大，稍硬，内含少量河卵石。

④层：青褐色土。厚40～45厘米。全方基本水平分布。土质黏性较大，较疏松，夹杂有少量红烧土粒。出土绳纹板瓦和筒瓦残片。

⑤层：红褐土。厚20～25厘米。全方基本水平分布。土质含沙量稍大，结构比较疏松，含有比较丰富的红烧土颗粒。出土物主要以尖底杯、花边口沿罐、尖底盏、盆、高领罐、敛口罐等为代表。其下叠压⑤a层。

⑤a层：浅红褐色沙壤土。厚25～55厘米。土质比较疏松，含有较多的红烧土粒、少量炭粒及河卵石等。出土物以尖底杯、船形杯、素缘绳纹罐、尖底盏为代表。⑤a层下开口的遗迹有H35。

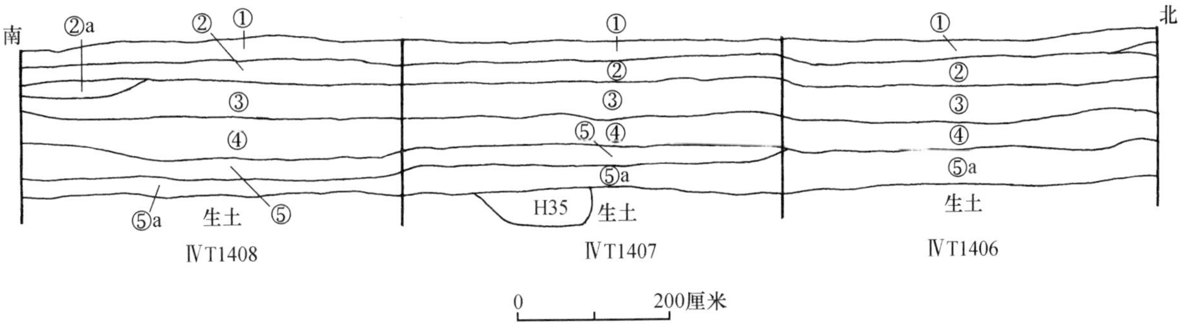

图一〇 01ZDⅣT1406～ⅣT1408西壁剖面图

H35出土物主要有尖底杯、素缘罐、素面罐、盆等（图三三）。H35打破生土。

（2）01ZDⅣT1005西壁剖面（图一一）。

①层：耕土层。厚15～25厘米。西北略高于东南。土质松软，夹杂有玻璃、板瓦等现代遗物残片。

该层下开口的遗迹有H1，出土有瓮、折肩盆。其下直接打破④层。

④层：浅灰褐色土。厚20～35厘米。全方分布，西部略高于东部。土质黏性较大，结构较紧密。出土绳纹板瓦和绳纹筒瓦残片及尖底杯残片。

⑤层：红褐色土。厚25～50厘米。全方分布，西部略高于东部。土质黏性大，结构略紧密，含有比较丰富的红烧土颗粒。出土物主要以尖底杯、花边口沿罐、石刀等为代表。其下叠压⑤a层。

⑤a层：浅红褐色沙壤土。厚25～35厘米。黏性较大，结构略疏松，含有较多的红烧土粒、少量炭粒等。出土物有尖底杯、绳纹罐等。

该层下叠压生土。

（3）03ZDⅣT1215西壁剖面（图一二）。

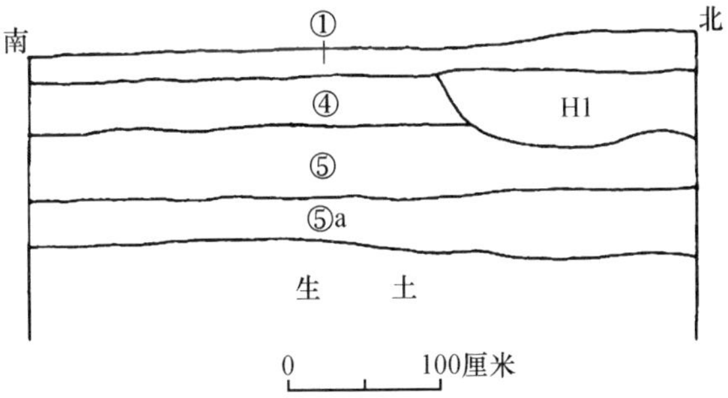

图一一 01ZDⅣT1005西壁剖面图

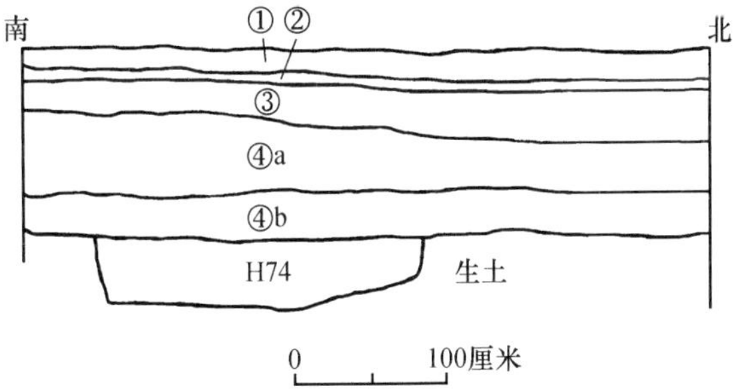

图一二 03ZDⅣT1215西壁剖面图

①层：耕土层。厚10～20厘米。土质疏松，呈灰褐色，夹杂大量的植物根系，包含早期瓦片、陶片、现代瓦片、瓷片、塑料等物，分布全方。本层下直接叠压②层。

②层：厚5～15、距地表深度10～20厘米。土质较硬，土色呈红褐色。夹杂少量植物根系，包含有少量青花瓷片、瓦片等，分布全方。本层下直接叠压③层。

③层：厚15～35、距地表深度15～35厘米。土质较松，土色呈黄褐色。夹杂少量红烧土块。包含有内布纹外绳纹青灰色筒、板瓦残片。分布全方。本层下直接叠压④a层。

④a层：厚35～65、距地表深度30～70厘米。土质较硬，黏性大。土色呈灰褐色。夹杂较多红

烧土块、少量炭屑。包含有较多素面陶片、石块、少量细绳纹陶片。可辨器型有船形杯、炮弹杯、尖底杯、陶罐等残片。分布全方。本层下直接叠压④b层。

④b层：厚15～35、距地表深度85～105厘米。土质较硬，黏性大。土色呈褐色。夹杂较多红烧土块。包含有少量素面灰陶片、石块等。可辨器形有尖底杯、陶罐等残片。该层下开口的遗迹有H74。

H74出土有花边口沿罐、素缘绳纹罐、尖底盏、尖底杯、高领罐、器盖抓手等（彩版八，2）。H74打破生土。

另外，位于01ZDⅣT1008北部偏西处的H18，开口于⑤层下，打破生土。其出土的罐口残片、罐腹残片、器底、锥状器等器物与前述所有单位的出土物特征皆不相同。

二、遗址分期

根据上述层位关系的指示和出土物组合的差别，我们将邓家沱遗址的文化遗存分为六个时期。

第一期，以H18为代表，出土物以卷沿细绳纹罐、卷沿附加堆纹+细绳纹罐、交错细绳纹罐底等为主（彩版六，2）。年代相当于新石器时代晚期。

第二期，以Ⅰ区T1404⑤、⑤a、H52，Ⅳ区T1407⑤、⑤a、H35，ⅣT1215④a、④b、H74等单位为代表，出土遗物以素缘绳纹罐、花边口沿绳纹罐、耸肩罐、高领罐、尖底盏、尖底杯等为主。年代相当于商周时期（附表九）。

第三期，以H1为代表，出土遗物以瓮、折肩盆等为代表。时代相当于秦汉时期（附表一〇）。

第四期，以Ⅰ区T1404④、Ⅳ区T1407④等单位为代表，出土遗物以青釉瓷片、绳纹板瓦和筒瓦为主。时代相当于六朝时期（附表一一）。

第五期，以Ⅳ区T1204M5，Ⅱ区T0402④、④a等单位为代表，出土遗物以白瓷片、青瓷盆、青瓷圈足盘、“开元通宝”铜钱为主。时代相当于唐宋时期（附表一二）。

第六期，以Ⅰ区T1404②a、②b，Ⅱ区T0402②，Ⅳ区T1407②等单位为代表，出土遗物以青花瓷片为主。时代相当于明清时期（附表一三）。

第二章　新石器时代遗存

本遗址内的新石器时代遗存十分贫乏，在发掘的范围内仅发现1个灰坑，编号H18。

H18位于01ZDⅣT1008和01ZDⅣT1007内。开口于⑤层之下，被H17打破，其下打破生土。平面不规则，内斜壁，平底。口径50～540、深20、底径30～510厘米（图一三）。出土陶片107片（表一），可辨器型有陶罐、器底等（表二；彩版六，2）。

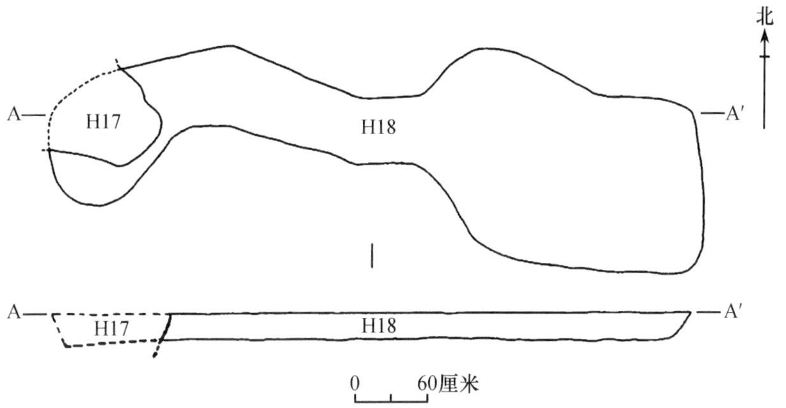

图一三　01ZDⅣT1008H18平、剖面图

陶罐口部　3件。火候均较低。轮制。01ZDⅣH18：1，夹砂红褐陶，外皮呈红褐，内壁呈灰黑。侈口，宽沿微折，方圆唇，微鼓腹，中腹以下残。口沿外饰交错细绳纹，腹部饰条状交错细绳纹底纹，其上饰条状附加堆纹，附加堆纹面上饰斜切细绳纹，颈部戳印倒品字形圆窝。口径24、残高10厘米（图一五，2）。01ZDⅣH18：2，夹砂灰褐陶。微侈口，卷沿，尖圆唇。素面，略经打磨。残高4.4厘米（图一五，1）。01ZDⅣH18：3，夹砂红褐陶，外皮呈红褐，内壁呈灰黑。侈口，宽沿微折，圆唇。口沿外部与腹部分别饰斜向细绳纹和交错细绳纹，颈部饰有戳印的不规则窝纹。残高4.4厘米（图一四，1）。

陶罐腹部残片　3件。皆腹部残片。轮制。火候较低。01ZDⅣH18：9，夹砂灰褐陶，外皮呈灰褐，内壁呈灰黑。饰斜向细绳纹加弦纹。残高6.3厘米（图一四，3）。01ZDⅣH18：13，夹砂灰褐陶。饰交错细绳纹。残高4.8厘米（图一四，2）。01ZDⅣH18：14，夹细砂磨光黑灰陶。器表饰数周弦纹。残高4.9厘米（图一四，4）。

陶器底　1件。平底。轮制。01ZDⅣH18：6，夹砂红褐陶，外皮呈红褐，内壁呈灰黑。腹部饰交错条状细绳纹。底径14、残高2.6厘米（图一五，4）。

陶锥状器　1件。01ZDⅣH18：11，夹砂青灰陶。圆锥体，上、下部皆残。素面。上宽1.7、下宽1.3、残高5.7厘米（图一五，3）。

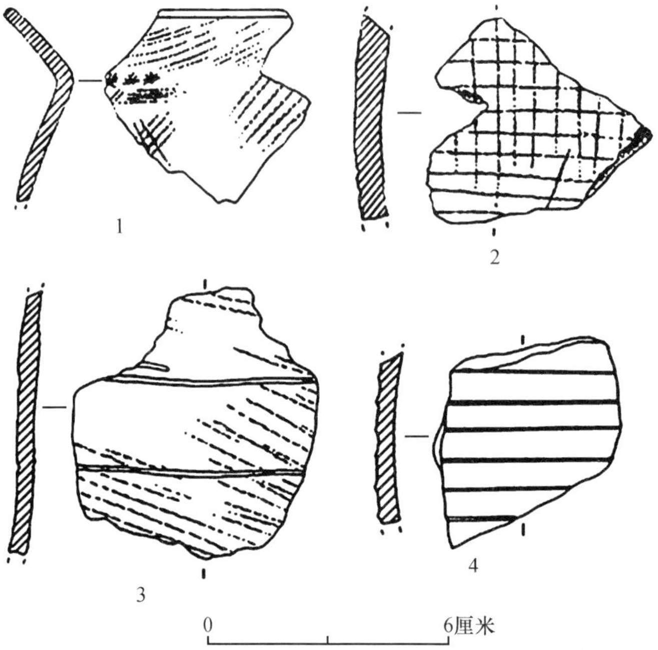

图一四　01ZDⅣT1008H18出土器物（一）

1. 陶罐口部（H18：3）　2～4. 陶罐腹部残片（H18：13、H18：9、H18：14）

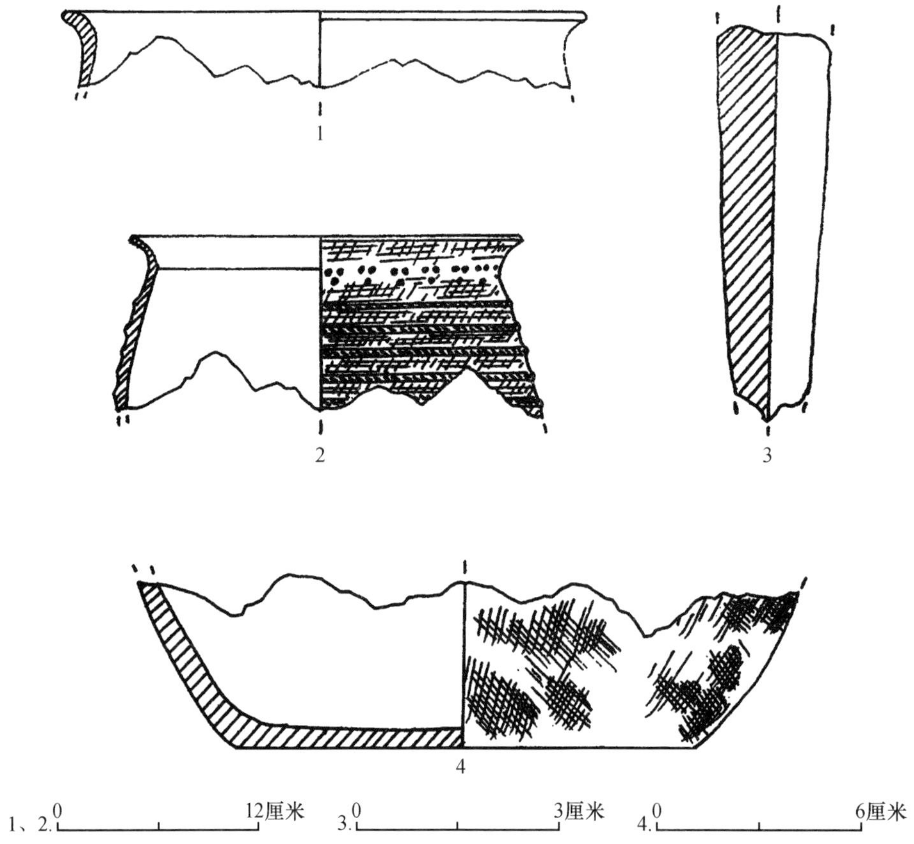

图一五　01ZDⅣT1008H18出土器物（二）

1、2. 陶罐口部（H18：2、H18：1）　3. 陶锥状器（H18：11）　4. 陶器底（H18：6）

表一　01ZDⅣT1008H18陶片统计表

数量＼陶系 纹饰		泥质		夹砂						合计
		青灰	黑灰	青灰	黑灰	灰褐	黄褐	红褐	纯红	
纹饰	细绳纹+菱形纹				4	3		4	1	12
	磨光+凸弦纹	1								1
	凸弦纹	1			3				1	5
	乳钉纹						1	1		2
	戳印纹+附加堆纹，斜向细绳纹+交错细绳纹							2		2
	附加堆纹+细绳纹							14		14
	刻划纹+凹弦纹					1				1
	素面		4	4	9	10		20	23	70
合计		2	4	4	16	14	1	41	25	107

本段遗迹遗物在遗址中非常贫乏，从遗物质地而言主要为夹砂红褐陶为主，青灰、黑灰、灰褐等颜色少量；纹饰主要有细绳纹和细绳纹交错而形成的菱形网纹，另外还有少量绳切附加堆纹及戳印成倒品字形的篦点纹等；器型可辨的主要有罐。其中，H18：1罐口沿与戳印纹+附加堆纹的特征（图一五，2）与忠县哨棚嘴新石器时代文化第二期晚段中的99ZGST322⑪：10罐口沿形制及戳印纹+附加堆纹的特征相近，H18：3罐口沿（图一四，1）与忠县哨棚嘴第三期新石器时代文化晚期中的99ZGST103⑩：6罐口沿形制相近，H18：13菱形网纹（图一四，2）和H18：1附加堆纹、戳印纹（图一五，2）分别与忠县哨棚嘴新石器时代文化第二期晚段中的同类纹饰相近①及中坝遗址新石器时代文化晚期遗存的特征基本雷同②。此外，戳印的窝纹在忠县瓦渣地遗址的新石器时代晚期遗物装饰中也不乏例证③。据此，我们也把本期遗存归属为新石器时代文化晚期遗存。

表二　01ZDⅣT1008H18标本器形统计表

数量＼质色 器形		泥质	夹砂				合计
			青灰陶	黑灰陶	灰褐陶	红褐陶	
器形	罐口部				1	2	3
	罐腹片			2	1		3
	罐底					1	1
	锥状器		1				1
合计			1	2	2	3	8

① 北京大学考古学研究中心、北京大学考古文博学院三峡考古队、重庆市忠县文物管理所：《忠县哨棚嘴遗址发掘报告》，《重庆库区考古报告集·1999卷》，科学出版社，2006年，第591～593页。

② 四川省文物考古研究所、北京大学考古文博学院、美国UCLA大学等：《忠县中坝遗址1999年度发掘简报》，《重庆库区考古报告集·2000卷下》，科学出版社，2007年，第964～998页。

③ 北京大学考古学系三峡考古队、忠县文物保护管理所：《忠县瓦渣地遗址发掘简报》，《重庆库区考古报告集·1998卷》，科学出版社，2003年，第649～678页。

第三章　商周时期遗存

商周时期遗存在邓家沱遗址中最为突出，不仅文化层堆积较厚，而且出土物也最为丰富，尤其是颇具特色的堆积内涵和堆积方式，对研究本遗址的性质及相关遗存的性质具有重要价值。

第一节　文化层堆积概况

一、文化层堆积层次

商周时期文化层堆积在遗址中颇不平衡，除Ⅱ区探方和Ⅰ、Ⅳ区西部的少数探方没有发现或分布较薄外，Ⅰ和Ⅳ区东部的探方均有分布。西部探方一般厚度在60厘米左右，靠近长江河床的探方一般厚度在110厘米左右。根据土质土色的不同，2001年发掘的商周遗存分别为⑤、⑤a、⑤c等层。其中，⑤层、⑤a层分布面积较大，堆积较厚，出土遗物丰富（图六），而⑤c层分布面积较小，遗物极少。2003年发掘的商周遗存分别为③a、③b、④a、④b、⑤等层，其中2001年发掘的⑤c层和2003年发掘的③a、③b层因分布面积较小而在图六、图七中没有显示（图八、图一四）。

二、文化层堆积内涵

商周时期文化层的堆积内涵主要表现在五个方面：①堆积中普遍含有较多的红烧土粒或红烧土块。红烧土粒或红烧土块的形状大小不一，大的直径超过30厘米，小的则不足1厘米。烧土内留有秸秆痕迹，个别烧土面还留有附着木棍的痕迹。②红烧土粒或红烧土块既有局部集中堆积的现象，又有大面积成片连在一起堆积的现象（彩版二）。无论是集中还是成片堆积的红烧土均为再生红烧土，成片堆积红烧土的地层中夹杂有较多的灰烬及河卵石块，包含遗物也比较丰富；而集中堆积红烧土的地层中却很少有遗物。③在红烧土成片堆积的区域内，基本不见与日常生活相关的居住房基和生活垃圾遗存。④文化层内的遗物尽管比较丰富，器类却十分单调。除尖底杯数量较多、部分保存较好外，其他器类数量则相对出土较少。⑤单一的尖底杯叠放在一起，集中废弃堆积。如H16以填埋尖底杯为主，其面积不足60平方米、体积不足20立方米却集中填埋了2万多枚尖底杯，从上到下看不出有层次之分，而且近1/3是完整的，不少完整器还套叠在一起（彩版六，3）。

三、文化层堆积方式与成因

从文化层堆积的内涵中不难发现其堆积方式可分为两种：一是长时间在此从事与用火有关的产业而逐渐更新所形成的文化堆积。这一时期的堆积一般厚60厘米左右，最厚者可达110厘米，不仅从下到上可以划分出三个亚层，而且出土物组合和典型器物形态也都存在着不同程度的变化，显然其堆积不会是短时间内一蹴而就。堆积内大量红烧土粒的遗留以及出土物器类较为单一的事实，表明这一区域应是与用火相关的产业进行生产的场所。二是部分集中废弃的红烧土和尖底杯应是人为在一段时间内废弃而形成。红烧土块无论是集中堆积、还是成片堆积均呈再生形态被遗弃，而原生遗迹却基本不存。这种堆积现象不排除是红烧土的制造和使用者有意在短时间内将原生红烧土形态全部破坏，使其与原生遗迹脱离关系后就地遗弃而形成的。很显然，这与堆积的制造者和使用者有意垄断原生红烧土形态而使其不为外人所知、所用有关。尤其是大量尖底杯被完整集中填埋的现象，显示出大规模使用这种器物生产过程的结束。这种埋藏方式所反映的是使用这类单一器物产业的突然停止和废弃，证明这一产业有可能是季节性的产业。大量红烧土的产生，必然与大规模的用火有关，而生活遗存的贫乏及出土器物种类的单调等现象，反映出这类遗存必然应当与用火产业相关。从尖底杯和船形杯等器物因盛腐蚀性物品而导致内壁膨化的现象分析，这种腐蚀性物品在当时只能与煮盐有关①。故而这些遗存很可能是制盐产业废弃后所遗留。我们尽管没有发现用火制盐的遗迹，但是大量的再生红烧土遗存所显示的用火煮盐的实际应当不言而喻。

第二节　遗　　迹

本期发现的遗迹主要有灰坑40个，灰沟1条（图一六；附表九），其中2001年灰坑25个，灰沟1条；2003年灰坑15个。

一、灰　　坑

本期发现的40个灰坑形态多样，根据形状、结构的差别可分为三型。

A型　12个。平面呈圆形或近圆形。依据结构的不同分三个亚型。

Aa型　5个。内弧壁，圜底。以H29和H57为代表。

H29　位于01ZDⅣT1408内。开口于⑤层下，打破⑤a层。直径145、深70厘米左右（图一七）。出土器型有素缘绳纹罐、高领罐等。

H57　位于01ZDⅣT1107内。开口于⑤层下，打破⑤a层。直径110～120、深40厘米左右（图一八）。出土器物主要有素缘绳纹罐、花边口沿罐、高领罐、船形杯、平底盏、尖底杯、深腹盆等（彩版六，1）。

---

① 陈伯桢：《由早期陶器制盐遗址与遗物的共同特性看渝东早期盐业生产》，《盐业史研究》2003年第1期，第31～38页。

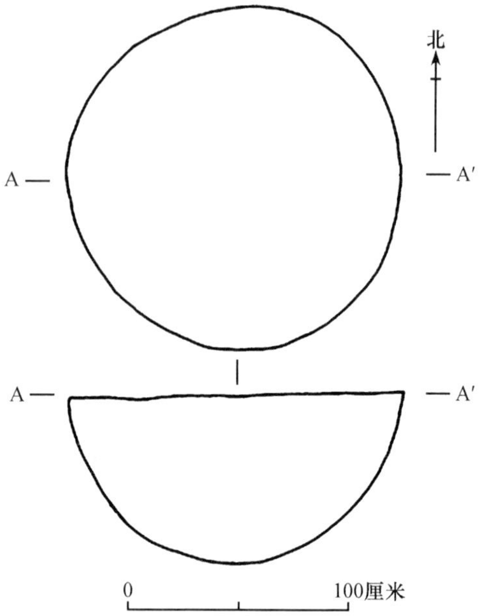

图一七　01ZDⅣT1408H29平、剖面图

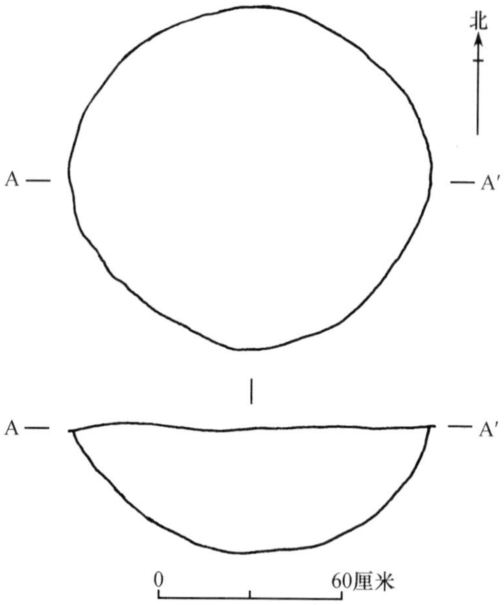

图一八　01ZDⅣT1107H57平、剖面图

Ab型　6个。内弧壁，平底。以H48和H50为代表。

H48　位于01ZDⅣT1509内。开口于⑤层下，打破⑤a层。直径96～106、深38厘米左右（图一九）。出土器物有素缘绳纹罐、花边口沿罐、高领罐等。

H50　位于01ZDⅣT1208内。开口于⑤层下，打破⑤a层。直径185～196、深50厘米左右（图二〇）。出土器物有素缘绳纹罐、高领罐、尖底杯等。

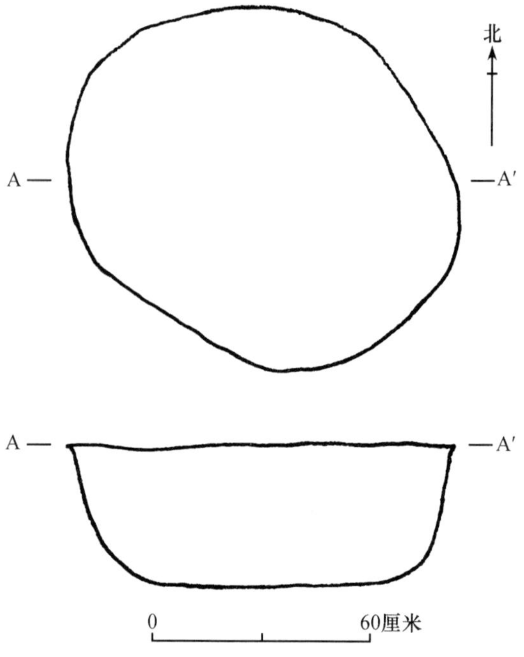

图一九　01ZDⅣT1509H48平、剖面图

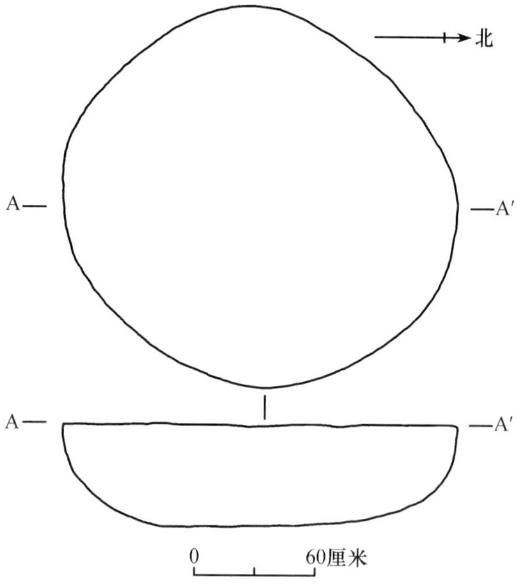

图二〇　01ZDⅣT1208H50平、剖面图

Ac型　1个。内弧壁，底不平。

H75　位于03ZDⅣT1210内，开口于④c层下，打破生土。直径84~72、深46厘米（图二一）。出土器物有高领罐、尖底杯等。

B型　9个。平面呈椭圆形或近椭圆形。依据结构的不同分两个亚型。

Ba型　4个。内弧壁，圜底。以H47和H63为代表。

H47　位于01ZDⅣT1605、ⅣT1606内。开口于⑤层下，打破⑤a层。长径204、短径120、深52厘米左右（图二二）。出土器物有素缘绳纹罐、高领罐、尖底杯、器盖抓手等。

H63　位于03ZDⅣT1315内。开口于③a层下，打破③b层。长径130、短径120、深24厘米左右（图二三）。出土器物有素缘绳纹罐、高领罐等。

Bb型　5个。内弧壁，平底。以H35和H51为代表。

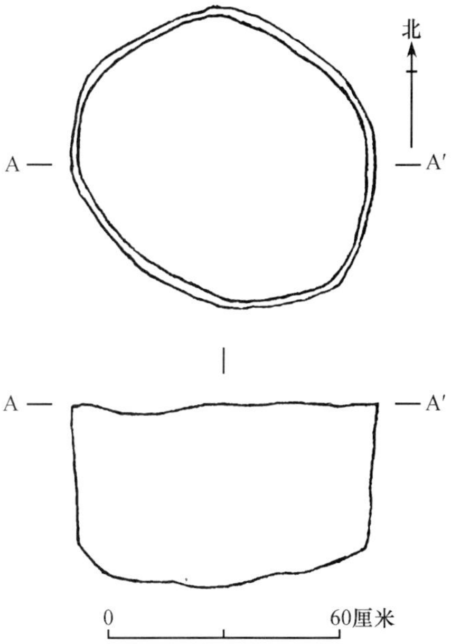

图二一　03ZDⅣT1210H75平、剖面图

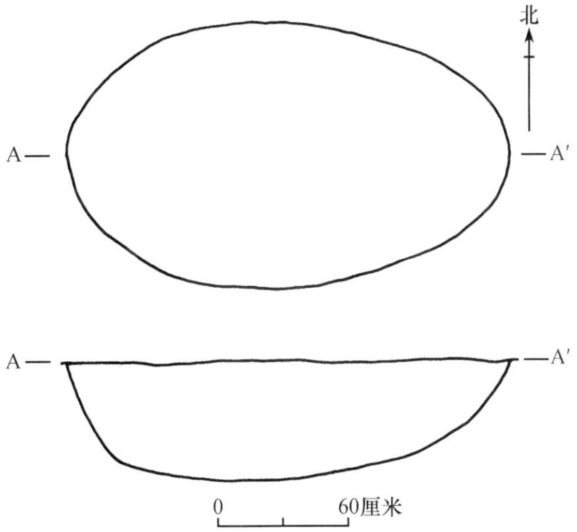

图二二　01ZDⅣT1605H47平、剖面图

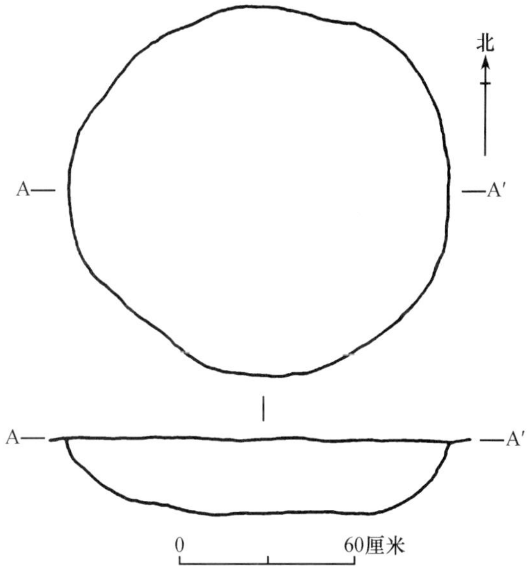

图二三　03ZDⅣT1315H63平、剖面图

H35　位于01ZDⅣT1307内。开口于⑤a层下，打破生土。长径215、短径135、深50厘米左右（图二四）。出土器物主要有素缘绳纹罐、素面罐、尖底杯、盆等。

H51　位于01ZDⅠT1502内。开口于⑤层下，打破⑤a层。长径144、短径100、深70~80厘米（图二五）。出土器物有素缘罐、花边口沿罐、高领罐、豆柄等。

C型　19个。平面呈不规则形。依据结构的不同分两个亚型。

Ca型　11个。内弧壁，圜底。以H42和H46为代表。

H42　位于01ZDⅣT1505内。开口于⑤层下，打破⑤a层。长径200、短径70~160、深32厘米（图二六）。出土器物主要有耸肩罐、高领罐、尖底杯、尖底盏、豆柄、矮领瓮等，另有陶纺轮（彩版七，2、5；彩版八，1）。

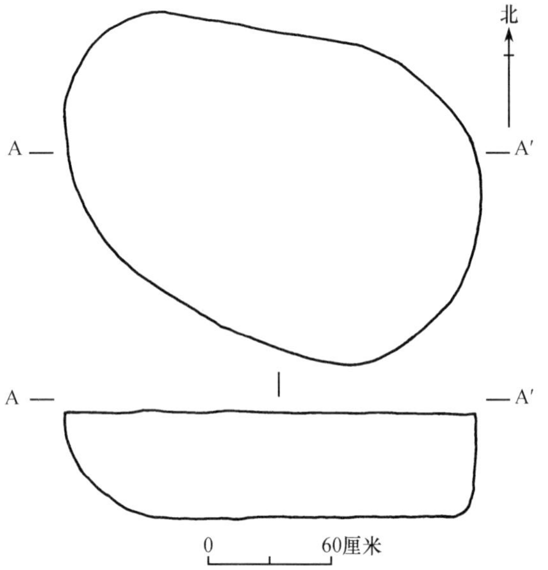

图二四　01ZDⅣT1407H35平、剖面图

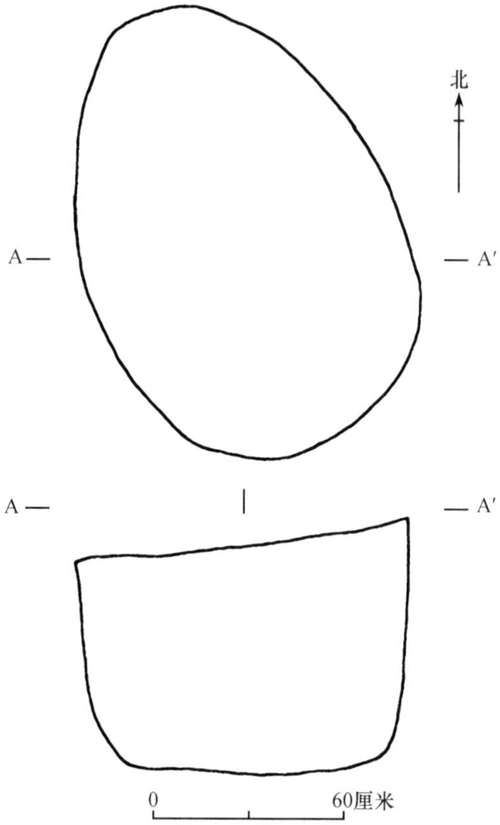

图二五　01ZDⅠT1502H51平、剖面图

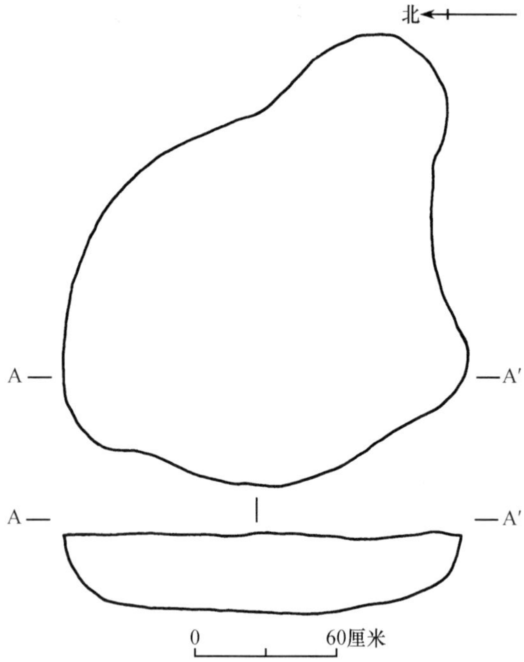

图二六　01ZDⅣT1505H42平、剖面图

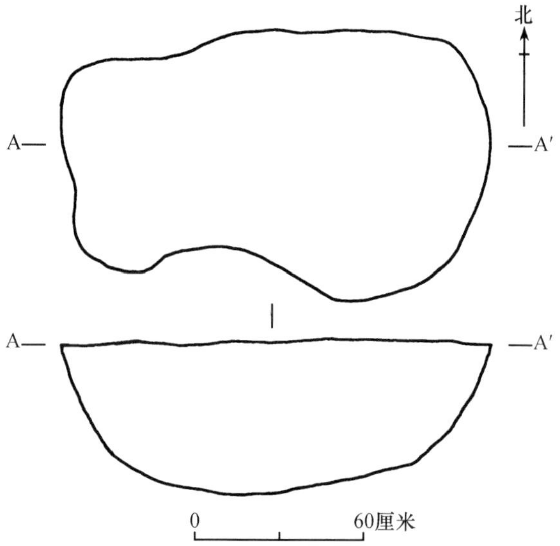

图二七　01ZDⅣT1605H46平、剖面图

H46　位于01ZDⅣT1605内。开口于⑤层下，打破⑤a层。长径154、短径70、深52厘米（图二七）。出土器物有素缘罐、尖底杯、豆柄等。

Cb型　8个。内弧壁，平底。以H52和H64为代表。

H52　位于01ZDⅠT1404、ⅠT1403、ⅠT1304和ⅠT1303内。开口于⑤层下，打破⑤a层。长径360、短径225、深20厘米（图二八）。出土器物主要有素缘绳纹罐、花边口沿罐、盘口罐、尖底杯、尖底盏、盆、豆等。另外还出有铜钺和陶纺轮等。

H64　位于03ZDⅣT1314内。开口于③a层下，打破③b层。长96～185、深46厘米（图二九）。出土器物有素缘绳纹罐、尖底杯、高领罐等。

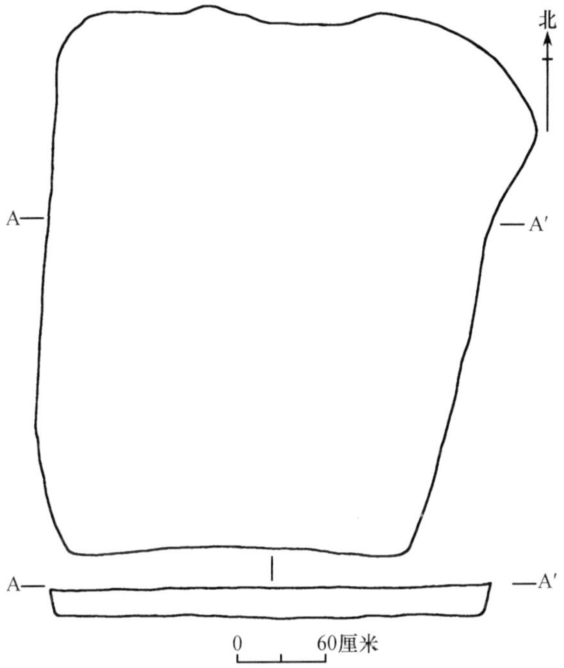

图二八　01ZDⅠT1404H52平、剖面图

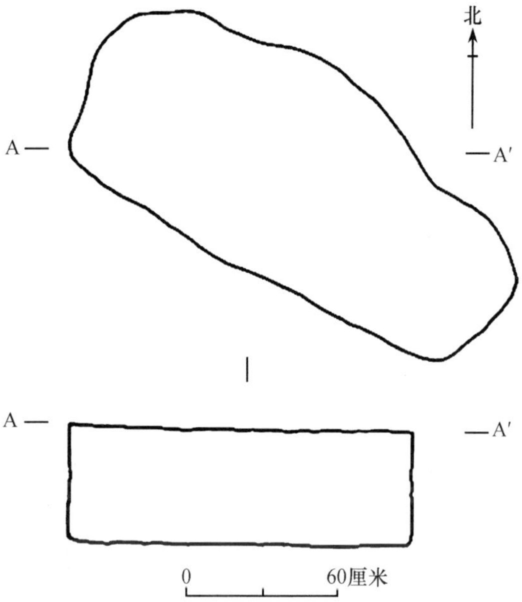

图二九　03ZDⅣT1314H64平、剖面图

二、灰　　沟

1条。G2　位于01ZDⅠT1402和01ZDⅠT1401内。开口于⑤层下，打破⑤a。平面呈长条形，直壁略内斜，平底。长756、宽75～100、深60厘米左右。出土陶片39块，可辨器型有罐和尖底杯等残片。惜残片碎小而无绘图器物标本。

第三节　遗迹单位出土遗物

由于发掘的面积较大，统一地层时易发生错乱，除典型探方统一地层编号外，其余探方未曾统一地层编号，故除遗迹单位出土的遗物按单位集中报告外，我们将各探方中属于本期文化层的出土物也按单位集中报告。

一、遗迹单位出土遗物

本期发现的遗迹有灰坑40个，灰沟1条。经室内整理后确定有绘图器物标本的灰坑29个。现以序号由小到大将各单位出土遗物报告如下（由于出土陶片大多碎小而型、式难辨，下面所报告的各单位器物型、式之数量基本上是以按可辨型、式进行统计的，分不清型、式的器物则将其数量报告在下文。器物的型、式划分详见第四节）。

（一）01ZDⅣT1504H16出土器物

陶尖底杯　21 255件（不含存放在忠县文物保护管理所和重庆中国三峡博物馆的整取标本；彩版三，1、2；彩版六，3）。

Ⅰ式。10 310件。01ZDⅣT1504H16：2，夹细砂红褐陶。敞口，尖圆唇，内斜弧腹，矮尖底。器表留有较多旋痕。口径6、高8厘米（图三〇，7）。01ZDⅣT1504H16：3，夹细砂黄褐陶。敞口，尖圆唇，内斜弧腹，矮尖底。器表留有旋痕。口径6、高8厘米（图三〇，8）。01ZDⅣT1504H16：4，夹细砂红褐陶。敞口，尖圆唇，内斜弧腹，尖底。器表留有旋痕。口径6.4、高8厘米（图三〇，6；彩版四，1）。

Ⅱ式。10 945件。01ZDⅣT1504H16：1，夹细砂红褐陶。敞口，尖圆唇，内斜弧腹，高尖底。器表留有较多旋痕。口径6、高7.6厘米（图三〇，5）。01ZDⅣT1504H16：5，夹细砂红褐陶。敞口，尖圆唇，内斜弧腹，高尖底。器表留有较多旋痕。口径6、高7.2厘米（图三〇，4）。01ZDⅣT1504H16：6，夹细砂黄褐陶。敞口，尖圆唇，内斜弧腹，高尖底。器表留有较多旋痕。口径6、高8厘米（图三〇，2；彩版四，2）。

陶高领罐　2件。

A型。1件。01ZDⅣT1504H16：7，夹砂青灰陶。轮制。侈口，卷沿，圆唇，束颈，溜肩，肩以下残。素面。口径16、残高7.2厘米（图三〇，1）。

B型。1件。01ZDⅣT1504H16：8，夹砂青灰陶。轮制。侈口，卷沿，尖圆唇，束颈较直，溜肩，肩以下残。素面。口径16、残高8厘米（图三〇，3）。

另外，本单位整取的2箱尖底杯标本，其尖底杯数量没有统计进去。尖底杯标本体积分别为0.6米×0.6米×0.3米＝0.108立方米和0.8米×0.8米×0.3米＝0.192立方米，共计0.3立方米，估计包含尖底杯2000件（标本存放在忠县文物保护管理所和重庆中国三峡博物馆）。

（二）01ZDⅣT1408H29出土器物

陶素缘绳纹罐　2件。

A型Ⅰ式。1件。01ZDⅣT1408H29：1，夹砂黑灰陶。轮制。侈口，卷沿，方圆唇，束颈，颈以下残。器表饰纵向中绳纹。口径36、残高7.6厘米（图三一，1）。

A型Ⅱ式。1件。01ZDⅣT1408H29：5，夹砂灰陶。轮制。侈口，卷沿，尖圆唇，束颈，溜

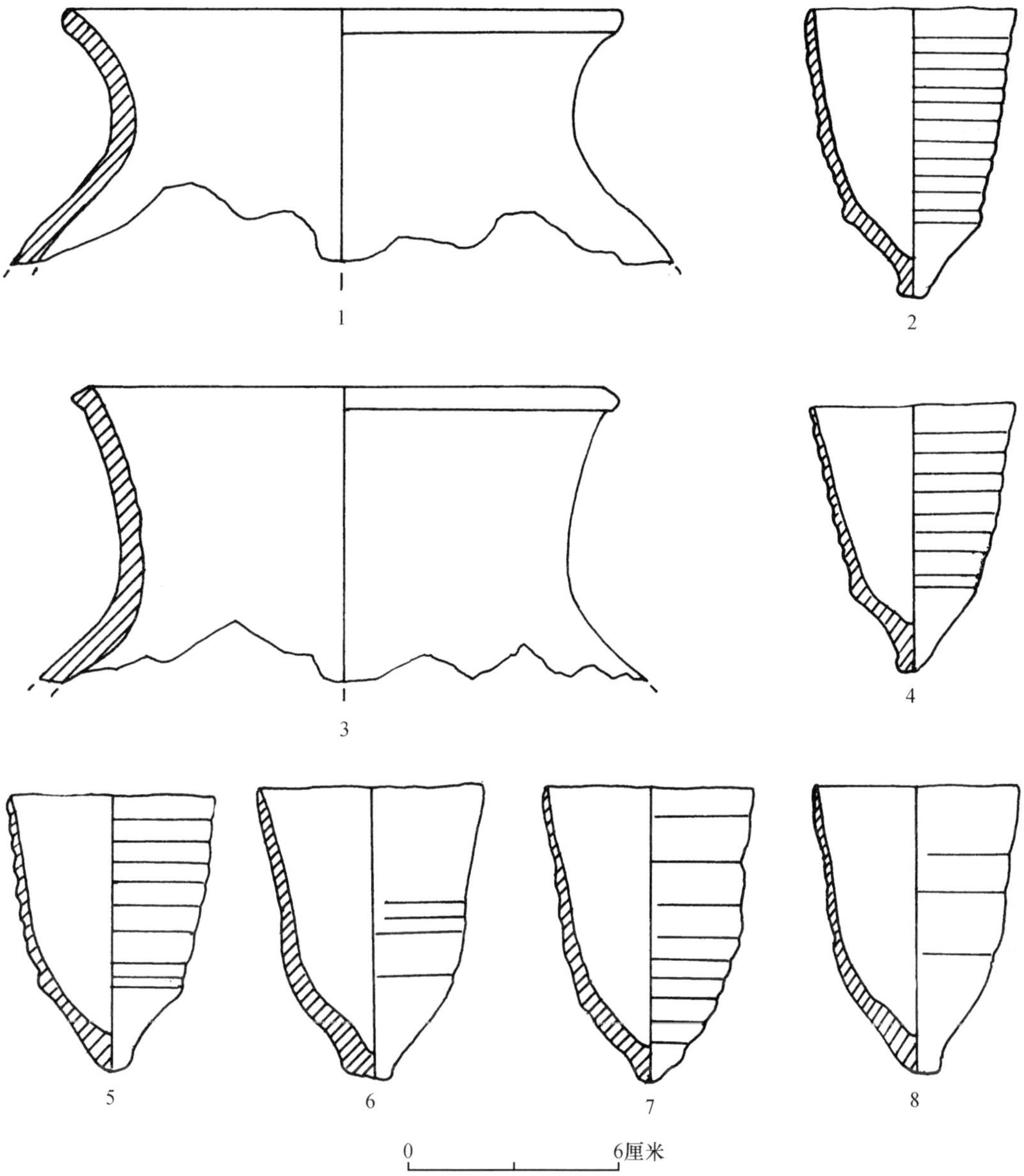

图三〇　01ZDⅣT1504H16（ⅣT1504⑤）出土器物

1. A型陶高领罐（H16：7）　2、4、5. Ⅱ式陶尖底杯（H16：6、H16：5、H16：1）　3. B型陶高领罐（H16：8）
6～8. Ⅰ式陶尖底杯（H16：4、H16：2、H16：3）

肩，肩以下残。器表饰纵向中绳纹。口径20、残高5.6厘米（图三一，3）。

陶高领罐　3件。

A型。1件。01ZDⅣT1408H29：9，夹砂红陶。轮制。侈口，尖圆唇，束颈，颈以下残。素面。口径20、残高2.8厘米（图三一，2）。

B型。1件。01ZDⅣT1408H29：4，夹砂灰陶。轮制。侈口，卷沿，尖唇，束颈，颈以下残。素面。口径10、残高3.8厘米（图三一，6）。

不明型　1件。01ZDⅣT1408H29：8，夹砂灰陶。轮制。侈口，圆唇，束颈，颈以下残。素面。口径16、残高1.8厘米（图三一，4）。

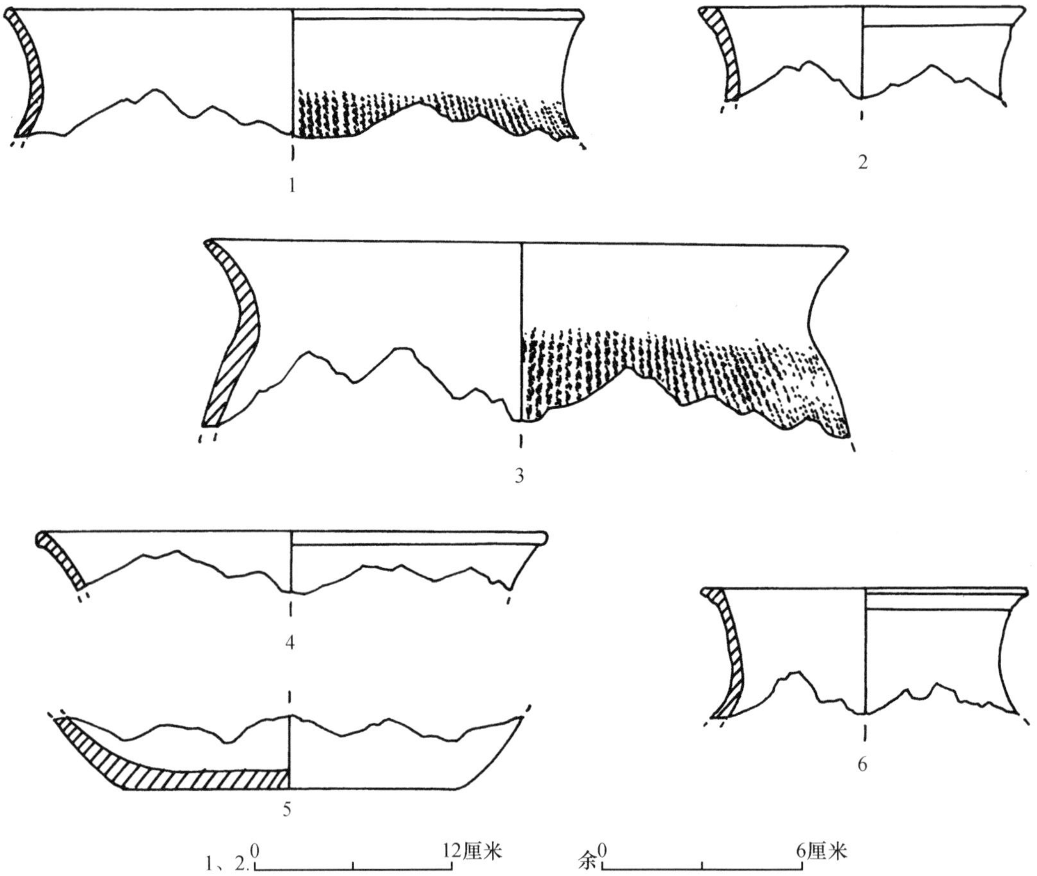

图三一　01ZDⅣT1408H29出土器物

1. A型Ⅰ式陶素缘绳纹罐（H29：1）　2. A型陶高领罐（H29：9）　3. A型Ⅱ式陶素缘绳纹罐（H29：5）
4.不明型陶高领罐（H29：8）　5. 陶器底（H29：7）　6. B型陶高领罐（H29：4）

陶器底　1件。01ZDⅣT1408H29：7，夹砂灰陶。轮制。平底。素面。底径10.4、残高2.2厘米（图三一，5）。

（三）01ZDⅠT1401H32出土器物

陶花边口沿罐　1件。A型Ⅰ式。01ZDⅠT1401H32：8，夹砂灰陶。轮制。侈口，卷沿，颈微束，溜肩，肩以下残。唇面饰指压窝纹花边，器表素面。口径16、残高4.4厘米（图三二，8）。

陶尖底杯　1件。Ⅰ式。01ZDⅠT1401H32：4，夹砂红陶。轮制。高尖底，腹、底部转折处冠状棱微显。素面。口残。残高4.4厘米（图三二，4）。

陶高领罐　1件。形制不明。01ZDⅠT1401H32：6，夹砂灰陶。轮制。侈口，圆唇，束颈，颈以下残。素面。口径18、残高2.8厘米（图三二，6）。

陶盘口罐　2件。A型。01ZDⅠT1401H32：1，夹砂青灰陶。轮制。侈口，卷沿，宽方唇，沿面内折略呈盘口，束颈，颈以下残。素面。口径16、残高8厘米（图三二，1）。01ZDⅠT1401H32：3，夹砂青灰陶。轮制。侈口，卷沿，宽方唇，沿面内折略呈盘口，束颈，颈以下残。素面。口径15.6、残高6.6厘米（图三二，3）。

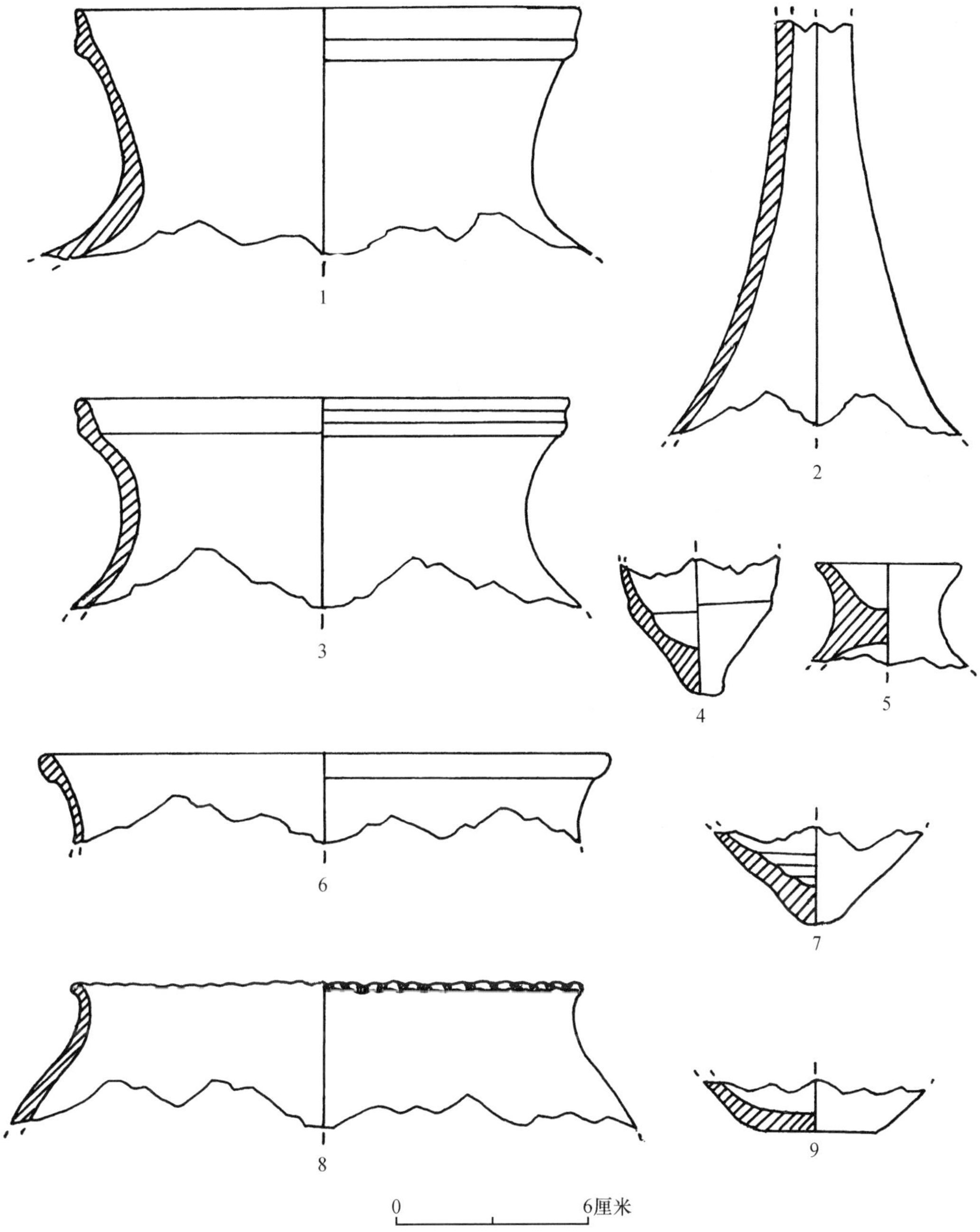

图三二　01ZDⅠT1401H32出土器物

1、3. A型陶盘口罐（H32∶1、H32∶3）　2. A型陶豆柄（H32∶2）　4. Ⅰ式陶尖底杯（H32∶4）　5. 陶器盖抓手（H32∶5）　6. 陶高领罐（H32∶6）　7. 残陶尖底盏底部（H32∶7）　8. A型Ⅰ式陶花边口沿罐（H32∶8）　9. 陶器底（H32∶9）

陶豆柄　1件。A型。01ZDⅠT1401H32∶2，夹砂黑皮红陶。轮制。喇叭状柄部，上、下皆残。素面。残高13厘米（图三二，2）。

陶器盖抓手　1件。01ZDⅠT1401H32∶5，夹砂红褐陶。轮制。束腰形纽座，盖盘残。素面。上口径4.8、残高3.2厘米（图三二，5）。

残陶尖底盏底部　1件。01ZDⅠT1401H32∶7，夹砂红褐陶。轮制，内壁旋痕明显。素面。残高3.2厘米（图三二，7）。

陶器底　1件。01ZDⅠT1401H32：9，夹砂灰陶。轮制。小平底。素面。底径4、残高1.6厘米（图三二，9）。

（四）01ZDⅣT1407H35出土器物

陶素缘绳纹罐　1件。A型Ⅱ式。01ZDⅣT1407H35：4，夹砂黑陶。轮制。侈口，卷沿，圆唇，溜肩，肩以下残。器表饰纵向细绳纹。口径12、残高3.4厘米（图三三，4）。

陶尖底杯　4件。皆剩底部。

Ⅰ式。2件。01ZDⅣT1407H35：7，夹细砂黄褐陶。轮制。腹、底转折处冠状棱不明显。素面。口残。残高4.6厘米（图三三，8）。01ZDⅣT1407H35：5，夹细砂青灰陶。轮制。腹、底转折处冠状棱不明显。素面。口残。残高6厘米（图三三，9）。

Ⅱ式。2件。01ZDⅣT1407H35：6，夹细砂红陶。轮制。腹、底转折处冠状棱明显。素面。口残。残高3.6厘米（图三三，5）。01ZDⅣT1407H35：8，夹细砂红褐陶。轮制。腹、底转折处冠状棱明显。素面。残高3厘米（图三三，6）。

陶素面罐　2件。01ZDⅣT1407H35：1，夹砂黄褐陶。轮制。侈口，卷沿，尖圆唇，束颈较

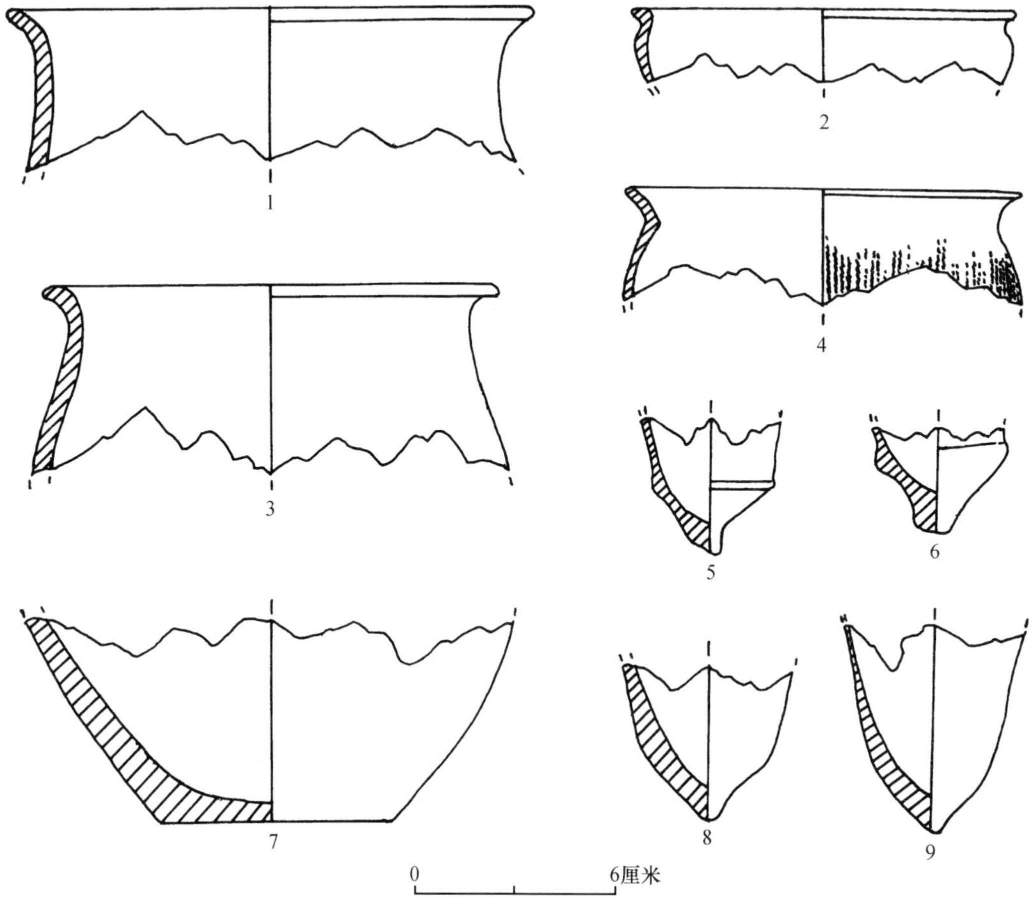

图三三　01ZDⅣT1407H35出土器物

1、3. 陶素面罐（H35：1、H35：2）　2. 陶盆（H35：3）　4. A型Ⅱ式陶素缘绳纹罐（H35：4）
5、6. Ⅱ式陶尖底杯（H35：6、H35：8）　7. 陶罐底（H35：9）　8、9. Ⅰ式陶尖底杯（H35：7、H35：5）

直，颈以下残。素面。口径14、残高5.6厘米（图三三，1）。01ZDⅣT1407H35：2，夹砂黄褐陶。轮制。侈口，卷沿，尖圆唇，微鼓腹，下腹残。素面。口径14、残高5.6厘米（图三三，3）。

陶罐底　1件。01ZDⅣT1407H35：9，夹细砂黄褐陶。轮制。平底，腹残。素面。底径7.2、残高6厘米（图三三，7）。

陶盆　1件。01ZDⅣT1407H35：3，夹细砂灰褐陶。轮制。侈口，卷平沿，尖圆唇，鼓肩，肩以下残。素面。口径12、残高2.2厘米（图三三，2）。

（五）01ZDⅠT1502H37出土器物

陶耸肩罐　1件。B型。01ZDⅠT1502H37：1，夹砂黑陶。轮制。侈口，卷沿，圆唇，鼓肩，肩以下残。素面。口径14、残高3.4厘米（图三四，1）。

陶花边口沿罐　1件。B型。01ZDⅠT1502H37：2，夹砂黑陶。轮制。敛口，卷圆唇，唇面饰指压窝纹花边。溜肩，肩以下残。肩部饰一周凹弦纹。口径20、残高5.2厘米（图三四，2）。

陶高领罐　1件。A型。01ZDⅠT1502H37：7，夹砂青灰陶。轮制。侈口，卷沿，圆唇，束颈较直，颈以下残。颈部饰两周凹弦纹。口径18、残高7.5厘米（图三四，7）。

陶残平器底　5件。01ZDⅠT1502H37：3，夹细砂黄褐陶。轮制。上腹残，下腹曲，小平底。素面。底径3.6、残高5厘米（图三四，3）。01ZDⅠT1502H37：4，夹砂灰陶。轮制。上腹残，下腹弧，小平底。素面。底径4、残高3.2厘米（图三四，4）。01ZDⅠT1502H37：5，夹砂红陶。轮制。上腹残，下腹微曲，小平底。素面。底径5.6、残高5厘米（图三四，5）。01ZDⅠT1502H37：6，夹砂红陶。轮制。上腹残，下腹弧，腹、底交接处微折，小平底。素面。底径6、残高3.8厘米（图三四，6）。01ZDⅠT1502H37：8，夹砂红褐陶。轮制。平底，弧腹，腹以上残。素面。底径11.2、残高4.2厘米（图三四，8）。

（六）01ZDⅣT1607H38出土器物

陶高领罐　1件。形制不明。01ZDⅣT1607H38：9，夹砂黑皮红陶。轮制。侈口，卷沿，圆唇，束颈较直，颈以下残。素面。口径19.8、残高2.8厘米（图三五，3）。

陶尖底杯底部　3件。

Ⅰ式。2件。01ZDⅣT1607H38：3，夹细砂青灰陶。轮制。腹、底转折处冠状棱略显。素面。口残。残高3.8厘米（图三五，8）。标本01ZDⅣT1607H38：4，夹细砂红陶。轮制。腹、底转折处冠状棱不明显。素面。口残。残高3.4厘米（图三五，6）。

Ⅱ式。1件。01ZDⅣT1607H38：8，夹细砂红陶。轮制。腹、底转折处冠状棱明显。素面。口残。残高4.2厘米（图三五，9）。

陶器底　1件。01ZDⅣT1607H38：1，夹细砂灰陶。轮制。仅剩平底，底部微凹。底径7.2、残高1.2厘米（图三五，10）。

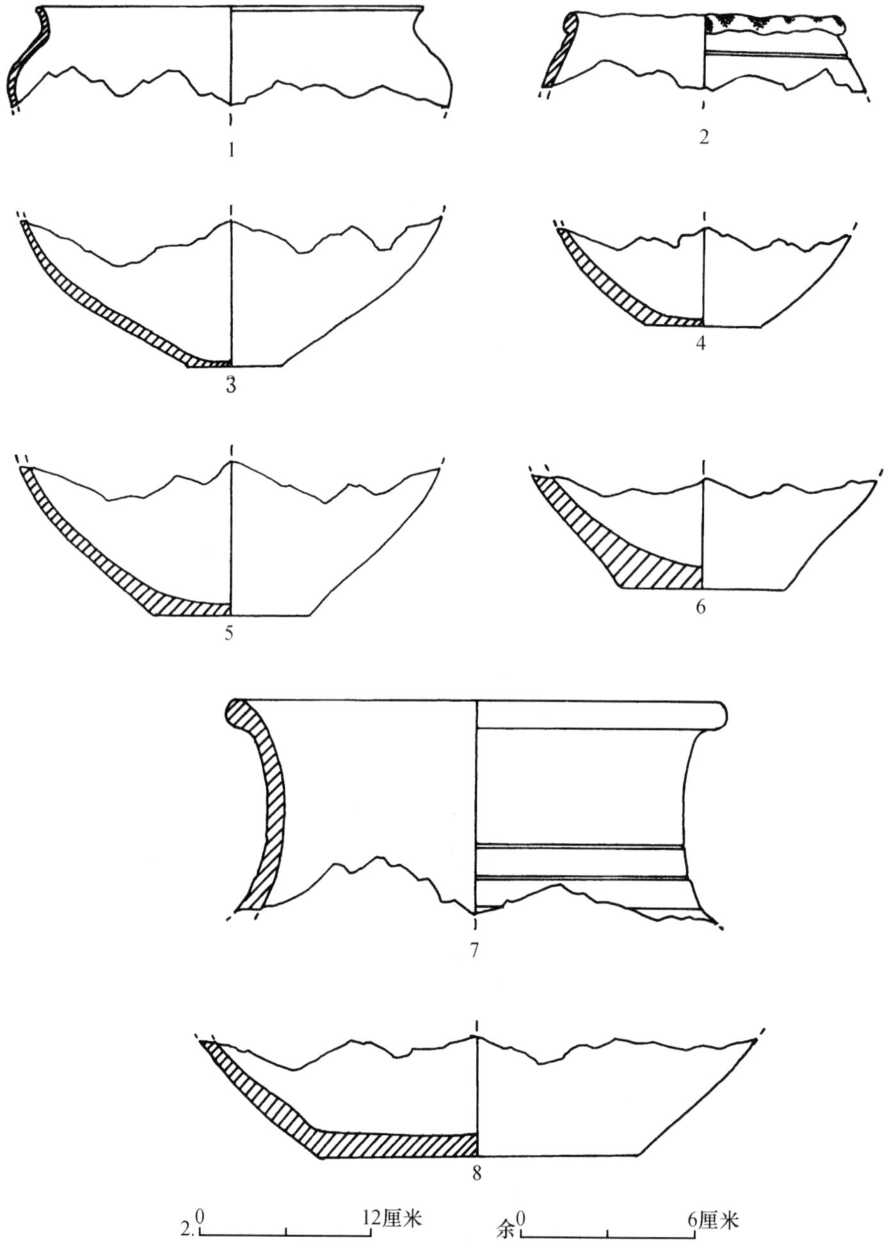

图三四　01ZDⅠT1502H37出土器物

1. B型陶耸肩罐（H37：1）　2. B型陶花边口沿罐（H37：2）　3～6、8. 残陶平器底（H37：3、H37：4、H37：5、H37：6、H37：8）　7. A型陶高领罐（H37：7）

（七）01ZDⅣT1505H42出土器物

陶耸肩罐　4件。

B型。2件。01ZDⅣT1505H42：1，夹砂灰褐陶。轮制。侈口，微卷沿，圆唇，耸肩，内弧腹，小平底。素面。器内外壁有旋痕，器表略经打磨。口径15.4、高11.2、底径4.4厘米（图三六，1；彩版五，3）。01ZDⅣT1505H42：8，夹砂黑陶。轮制。器表略经打磨。侈口，卷沿，斜方唇，耸肩，肩以下残。素面。口径18、残高5.2厘米（图三七，3）。

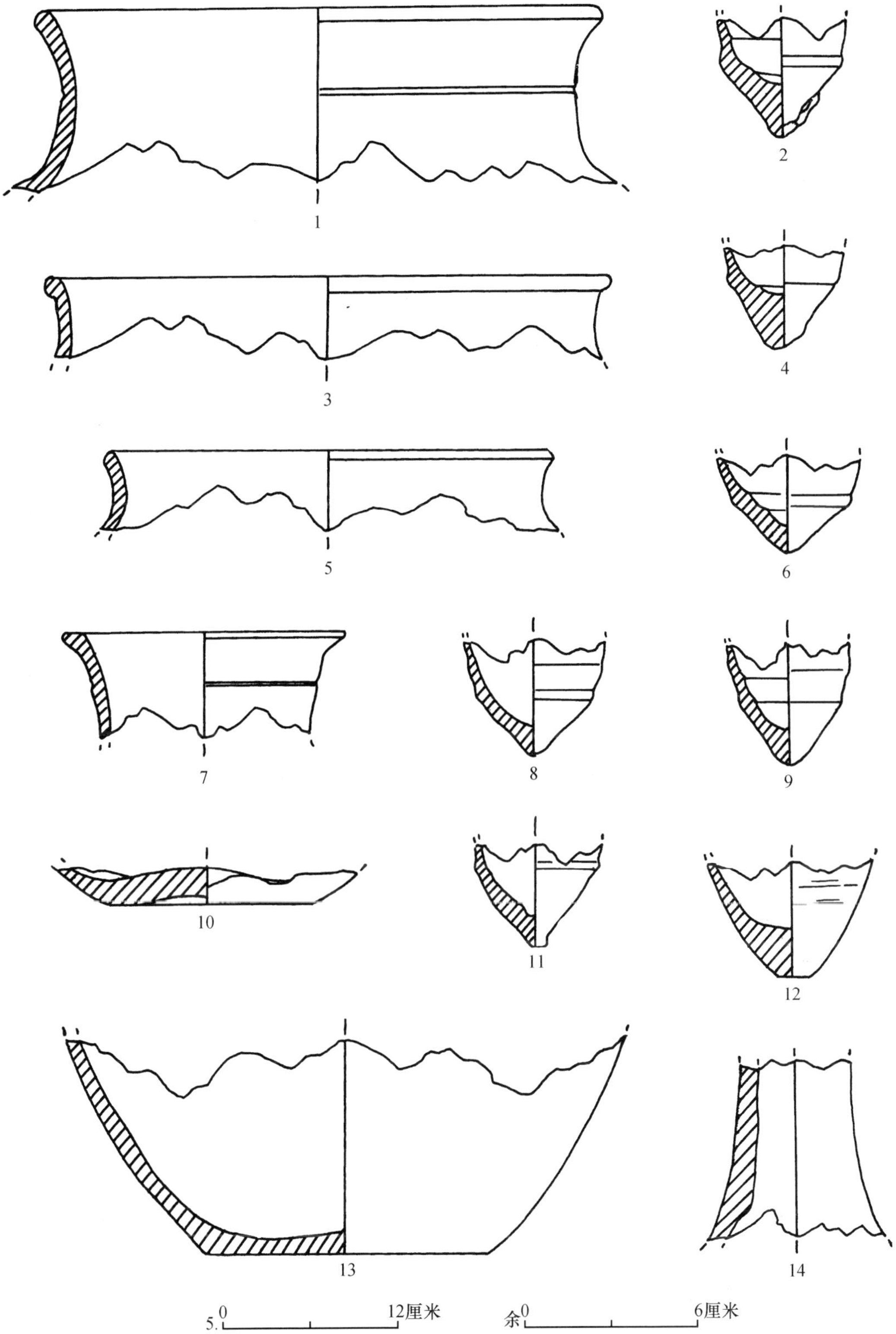

图三五　01ZDⅣT1607H38、01ZDⅣT1605H46、01ZDⅣT1206H55出土器物

1. A型陶高领罐（H55：1）　2、4、9、11. Ⅱ式陶尖底杯（H46：5、H46：6、H38：8、H55：4）　3. 陶高领罐（H38：9）　5. B型Ⅲ式陶素缘罐（H46：1）　6、8. Ⅰ式陶尖底杯（H38：4、H38：3）　7. 形制不明陶高领罐（H55：5）　10. 陶器底（H38：1）　12. 陶尖底盏底部（H55：3）　13. 陶器底（H55：2）　14. B型残陶豆柄（H46：2）

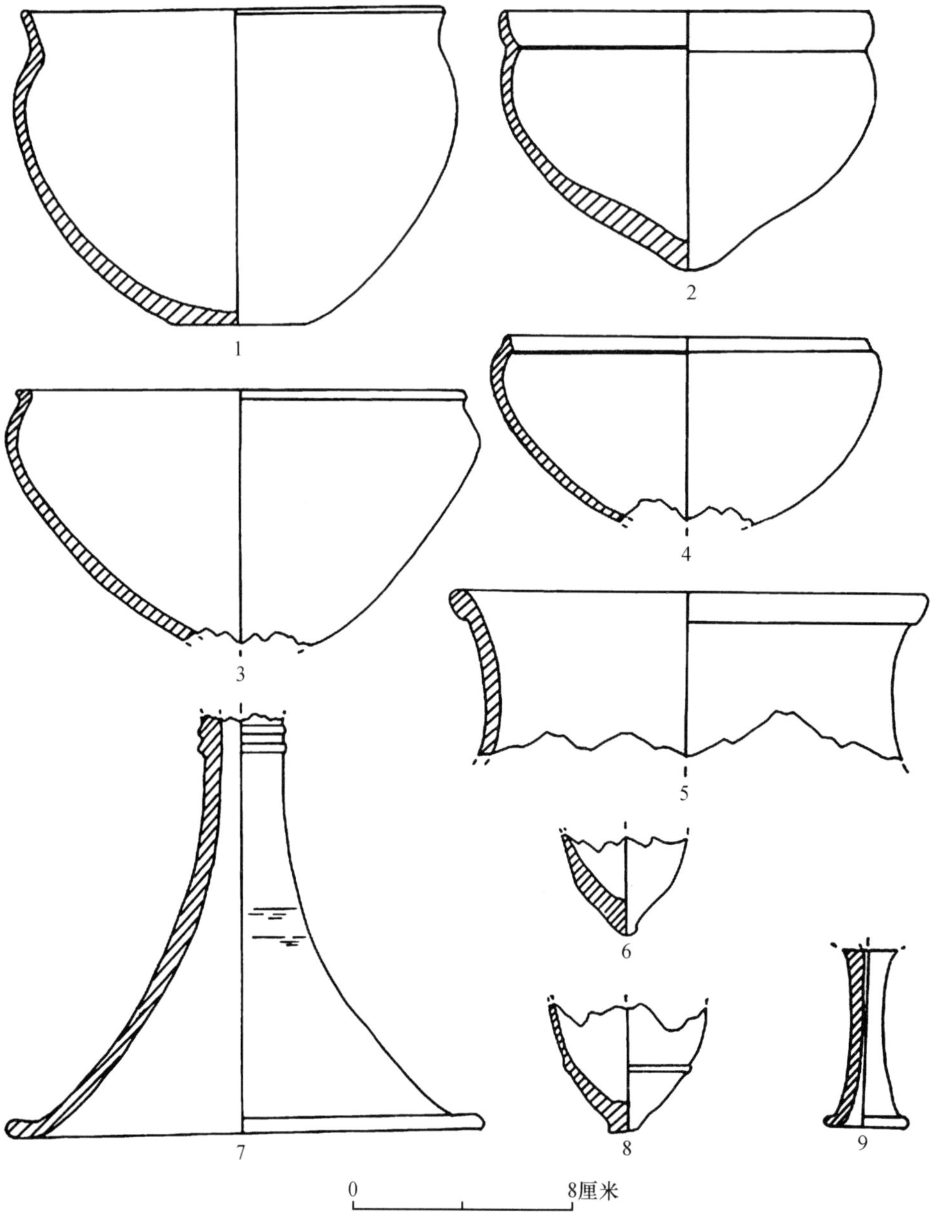

图三六　01ZDⅣT1505H42出土器物（一）

1. B型陶耸肩罐（H42：1）　2. A型陶尖底盏（H42：2）　3. D型陶耸肩罐（H42：4）　4. C型陶耸肩罐（H42：3）　5. B型陶高领罐（H42：7）　6、8. Ⅰ式陶尖底杯（H42：13、H42：15）　7. A型陶豆柄座（H42：5）　9. B型陶豆柄座（H42：10）

C型。1件。01ZDⅣT1505H42：3，夹砂红褐陶。轮制。侈口，矮折沿，尖圆唇，鼓肩，内弧腹，底残。器表略经打磨。口径13.1、残高6.4厘米（图三六，4）。

D型。1件。01ZDⅣT1505H42：4，夹砂黄褐陶。轮制。窄平沿，耸肩，内弧腹，底残。素面。器表略经打磨。口径15.5、残高8.8厘米（图三六，3）。

陶尖底盏　2件。

A型。1件。01ZDⅣT1505H42：2，泥质灰褐陶。轮制。折沿，尖圆唇，内沿面微弧，鼓肩，曲腹，尖底。素面。器内外壁有旋痕，器表略经打磨。口径12.8、高9.1厘米（图三六，2）。

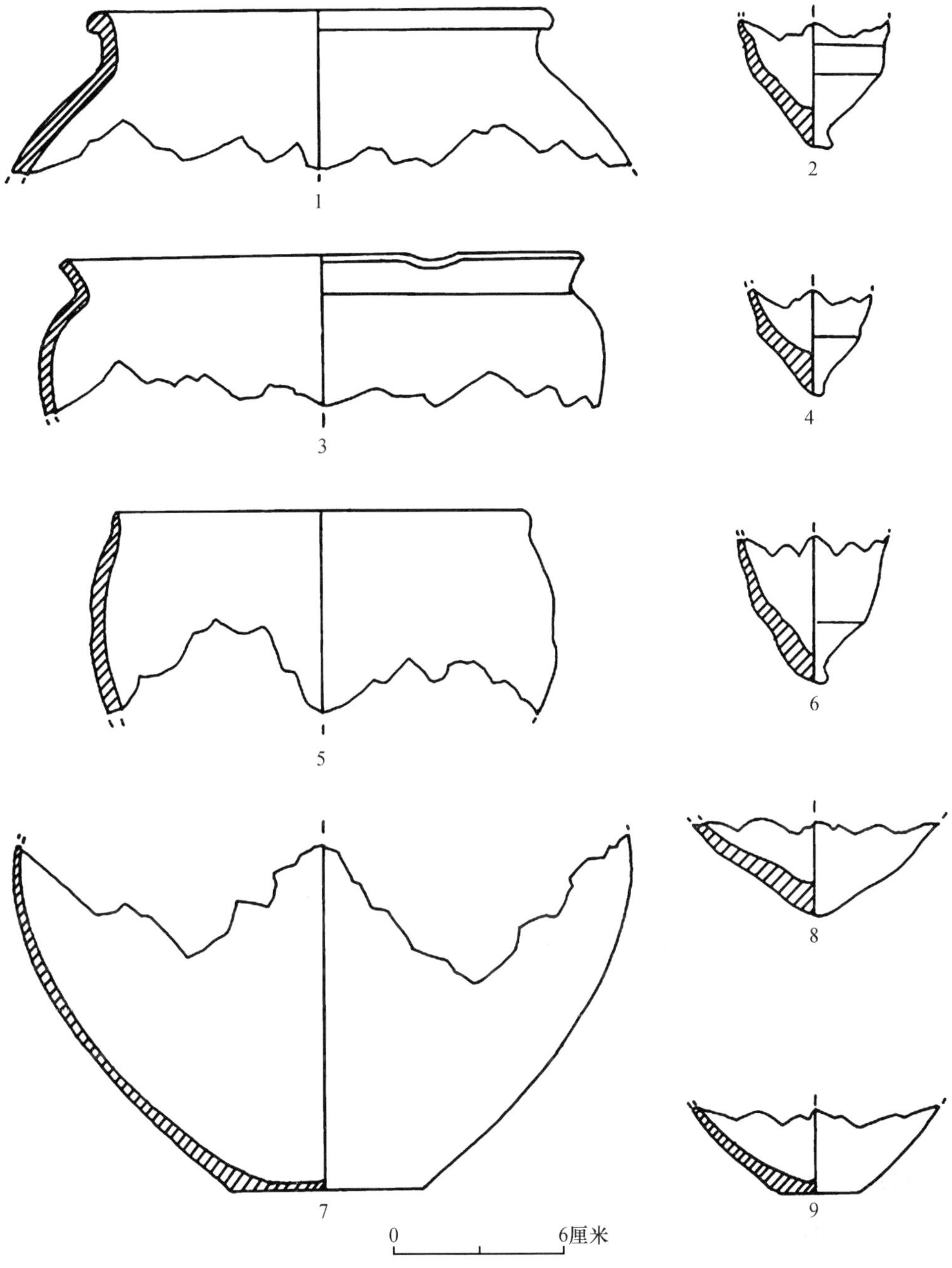

图三七　01ZDⅣT1505H42出土器物（二）

1. 陶矮领瓮（H42：9）　2、4、6. Ⅱ式陶尖底杯（H42：16、H42：14、H42：17）　3. B型陶耸肩罐（H42：8）
5. 侈口深腹陶罐（H42：18）　7、9. 陶器底（H42：6、H42：23）　8. 陶尖底盏底部（H42：11）

残陶尖底盏底部。1件。01ZDⅣT1505H42：11，泥质黄褐陶。轮制。素面。残高3.1厘米（图三七，8）。

陶高领罐　1件。A型。01ZDⅣT1505H42：7，夹粗砂灰陶。轮制。火候不高。侈口，卷沿，方圆唇，高领，束颈。颈以下残。素面。器表略经打磨。口径16.8、残高5.8厘米（图三六，5）。

陶矮领瓮　1件。01ZDⅣT1505H42：9，夹粗砂灰褐陶。轮制。敛口，短束颈，圆唇，溜肩，肩以下残。素面。器表略经打磨。口径16、残高5.2厘米（图三七，1）。

侈口深腹陶罐　1件。01ZDⅣT1505H42：18，夹砂灰褐陶。轮制。微侈口，微卷沿，尖圆唇，腹微鼓，腹以下残。素面。器内外壁有旋痕，器表略经打磨。口径14、残高6.6厘米（图三七，5）。

陶器底　2件。平底。01ZDⅣT1505H42：6，夹细砂磨光黑陶。轮制。弧腹，腹以上残。素面，器表磨光。底径7.2、残高12厘米（图三七，7）。01ZDⅣT1505H42：23，夹砂灰褐陶。轮制。弧腹，腹以上残。素面。底径3.2、残高1.8厘米（图三七，9）。

陶尖底杯　5件。皆剩底部。

Ⅰ式。2件。01ZDⅣT1505H42：13，夹砂青灰陶，胎较厚。火候不高。素面。器内壁多留有轮制旋痕，器表略经打磨。口残。残高3.4厘米（图三六，6）。01ZDⅣT1505H42：15，夹砂红褐陶。器内外壁有旋痕。器表略经打磨。残高4.4厘米（图三六，8）。

Ⅱ式。3件。01ZDⅣT1505H42：16，夹砂灰褐陶。器内外壁有旋痕。器表略经打磨。残高4.2厘米（图三七，2）。01ZDⅣT1505H42：14，夹砂黄褐陶。器表略经打磨。残高3.4厘米（图三七，4）。01ZDⅣT1505H42：17，夹砂红褐陶。器表略经打磨。残高4.8厘米（图三七，6）。

陶豆柄座　2件。

A型。1件。喇叭形豆柄座。01ZDⅣT1505H42：5，自然夹细砂磨光灰陶。轮制。束腰。柄顶端饰有竹节纹。器内外壁有旋痕，器表略经打磨。底径16.8、残高14.2厘米（图三六，7；彩版五，4）。

B型。1件。束腰形豆柄座。01ZDⅣT1505H42：10，泥质黑陶。轮制。束腰。素面。底径2.8、残高6厘米（图三六，9）。

陶纺轮　1件。01ZDⅣT1505H42：22，夹砂灰褐陶。圆台形，剖面呈梯形，中部穿圆孔，顶、底皆平。上径5、底径6.5、厚0.8厘米（图一〇〇，6；彩版六，4～6）。

（八）01ZDⅣT1605H46出土器物

陶素缘罐　1件。B型Ⅲ式。01ZDⅣT1605H46：1，夹砂灰陶。轮制。侈口，卷沿，方圆唇，束颈，颈以下残。素面。口径32、残高5.6厘米（图三五，5）。

陶尖底杯　2件。Ⅱ式。01ZDⅣT1605H46：5，夹细砂灰陶。轮制。腹、底转折处冠状棱明显。素面。口残。残高4厘米（图三五，2）。01ZDⅣT1605H46：6，夹细砂灰陶。轮制。腹、底转折处冠状棱明显。素面。口残。残高3.4厘米（图三五，4）。

残陶豆柄　1件。B型。01ZDⅣT1605H46：2，泥质黑皮红陶。轮制。残存豆柄呈喇叭状。素面。残高6厘米（图三五，14）。

（九）01ZDⅣT1605H47出土器物

陶素缘绳纹罐　1件。

A型Ⅰ式。1件。01ZDⅣT1605H47：1，夹砂黄褐陶。侈口，卷沿，尖圆唇，颈以下残。器表饰纵向中绳纹。口径14.4、残高6.2厘米（图三八，3）。

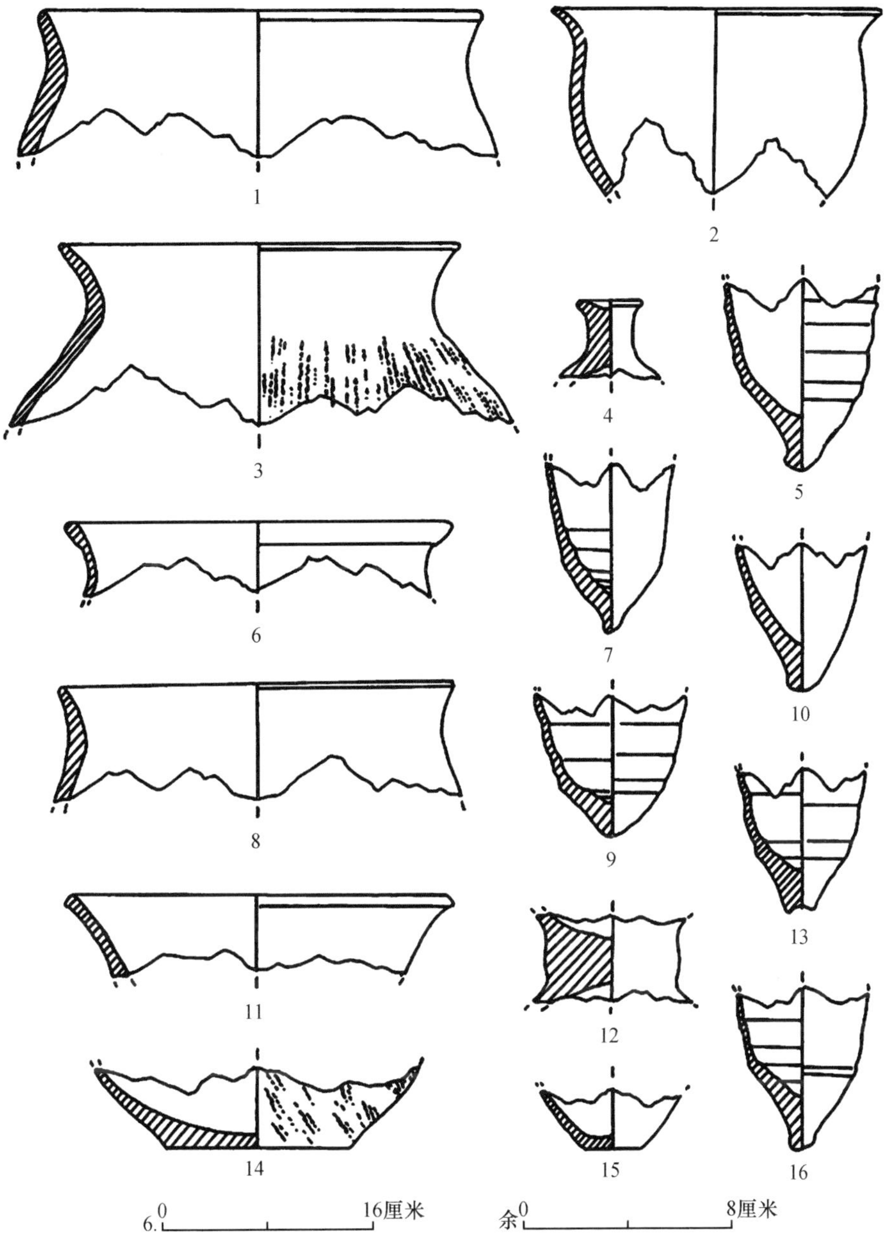

图三八　01ZDⅣT1605H47出土器物

1、8. B型Ⅰ式陶素缘罐（H47：7、H47：8）　2. 素面陶小罐（H47：2）　3. A型Ⅰ式陶素缘绳纹罐（H47：1）　4、12. 陶器盖抓手（H47：6、H47：5）　5、7、9、10. Ⅰ式陶尖底杯（H47：31、H47：41、H47：14、H47：52）　6、11. 形制不明陶高领罐（H47：3、H47：9）　13、16. Ⅱ式陶尖底杯（H47：48、H47：51）　14、15. 陶器底（H47：10、H47：4）

陶素缘罐　2件。

B型Ⅰ式。2件。01ZDⅣT1605H47：7，夹砂灰陶。侈口，微卷沿，尖圆唇，颈以下残。素面。口径16、残高5.2厘米（图三八，1）。01ZDⅣT1605H47：8，夹砂黑灰陶。侈口，微卷沿，尖圆唇，颈以下残。素面。口径14、残高4.2厘米（图三八，8）。

陶尖底杯　6件。皆剩尖底部分。

Ⅰ式。4件。01ZDⅣT1605H47：14，夹细砂红陶。口残。腹、底交接处冠状棱不明显。内外壁旋痕明显。残高5厘米（图三八，9）。01ZDⅣT1605H47：31，夹细砂红陶。口残。腹、底交接处冠状棱明显。外壁旋痕明显。残高6.4厘米（图三八，5）。01ZDⅣT1605H47：41，夹细砂灰陶。口残。腹、底交接处冠状棱不明显。内壁旋痕明显。残高5.8厘米（图三八，7）。01ZDⅣT1605H47：52，夹砂黄褐陶。口残。腹、底交接处冠状棱不明显。残高5厘米（图三八，10）。

Ⅱ式。2件。01ZDⅣT1605H47：48，夹细砂灰陶。口残。腹、底交接处冠状棱明显。内外壁旋痕明显。残高5厘米（图三八，13）。01ZDⅣT1605H47：51，夹细砂红陶。口残。腹、底交接处冠状棱比较突出。内外壁旋痕明显。残高5.8厘米（图三八，16）。

陶高领罐　2件。残存，形制不明。01ZDⅣT1605H47：3，夹砂灰陶。轮制。侈口，卷沿，圆唇，束颈，颈以下残。口径28、残高4.8厘米（图三八，6）。01ZDⅣT1605H47：9，夹砂灰陶。轮制。侈口，方圆唇，束颈，颈以下残。口径14、残高2.6厘米（图三八，11）。

素面陶小罐　1件。01ZDⅣT1605H47：2，夹砂灰陶。轮制。侈口，卷沿，尖圆唇，鼓腹，腹以下残。素面。口径12、残高6.4厘米（图三八，2）。

陶器盖抓手　2件。01ZDⅣT1605H47：6，夹砂灰陶。轮制。束腰形抓手，盖盘残。素面。残高2.8厘米（图三八，4）。01ZDⅣT1605H47：5，夹砂黄灰陶。素面。残高3厘米（图三八，12）。

陶器底　2件。01ZDⅣT1605H47：4，泥质青灰陶。轮制。小平底。素面。底径2、残高2厘米（图三八，15）。01ZDⅣT1605H47：10，夹砂灰陶。轮制。仅剩残平底。器表饰杂向中绳纹。底径6.8、残高2.8厘米（图三八，14）。

（一〇）01ZDⅣT1509H48出土器物

陶素缘绳纹罐　B型Ⅲ式。1件。01ZDⅣT1509H48：3，夹细砂灰陶。轮制。微侈口，卷沿，尖圆唇，圆肩，肩以下残。器身饰纵向中绳纹。口径20、残高4厘米（图三九，3）。

陶花边口沿罐　2件。

A型Ⅰ式。1件。01ZDⅣT1509H48：4，夹细砂灰陶。轮制。侈口，卷沿，方唇，唇面饰指压窝纹花边，束颈，溜肩，肩以下残。器身饰纵向中绳纹。口径36、残高9.6厘米（图三九，4）。

形制不明。1件。01ZDⅣT1509H48：6，口沿残片。夹砂黑灰陶。轮制。侈口，方唇，唇面饰不甚规则指压窝纹花边。素面。残高2.6厘米（图三九，6）。

陶高领罐口沿　2件。A型。01ZDⅣT1509H48：1，夹细砂青灰陶。轮制。侈口，卷沿，圆唇，束颈，颈以下残。颈部饰一周凹弦纹。口径16、残高6.4厘米（图三九，1）。01ZDⅣT1509H48：2，夹细砂青灰陶。侈口，卷沿，尖圆唇，束颈，颈以下残。颈部饰一周凹弦纹。口径14、残高5.6厘米（图三九，2）。

陶器底　1件。01ZDⅣT1509H48：5，夹细砂灰陶。轮制。上腹残，下腹微曲，小平底。素面。底长6.4、残高6.6厘米（图三九，5）。

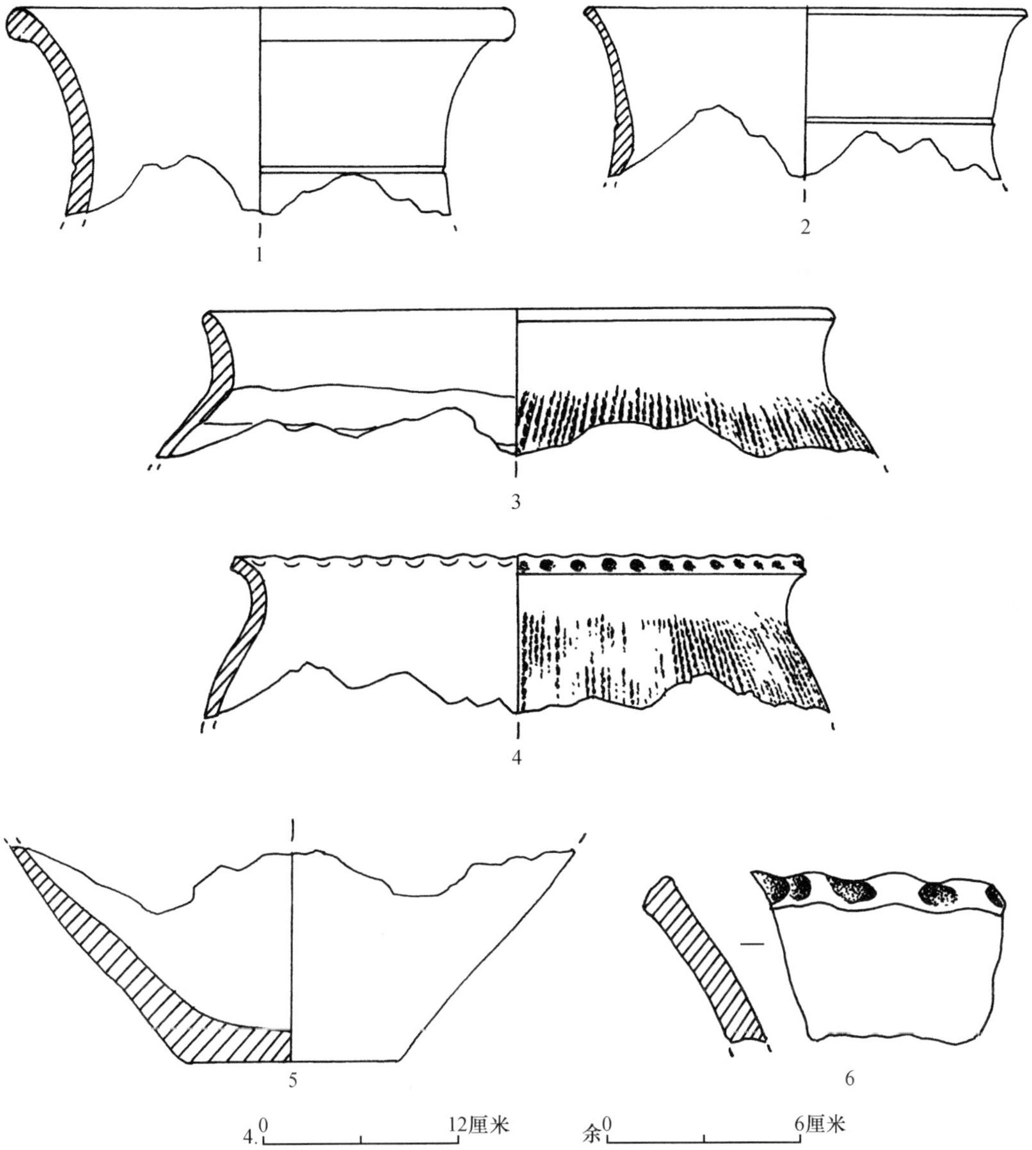

图三九　01ZDⅣT1509H48出土器物

1、2. A型高领罐口沿（H48：1、H48：2）　3. B型Ⅲ式素缘绳纹罐（H48：3）　4.A型Ⅰ式花边口沿罐（H48：4）　5. 器底（H48：5）　6. 形制不明花边口沿罐（H48：6）

（一一）01ZDⅣT1309H49出土器物

陶素缘绳纹罐　1件。B型Ⅲ式。01ZDⅣT1309H49：3，夹砂灰陶。轮制。微侈口，微折沿，尖圆唇，圆腹，肩以下残。器表饰纵向中绳纹。口径14、残高4.6厘米（图四〇，1）。

陶尖底杯底部　3件。Ⅰ式。2件。01ZDⅣT1309H49：6，夹细砂红陶。低尖底，腹、底转折处冠状棱略显。残高3.8厘米（图四〇，4）。01ZDⅣT1309H49：5，夹细砂红陶。残高3.8厘米（图四〇，5）。

Ⅱ式。1件。01ZDⅣT1309H49：4，夹细砂灰陶。腹、底转折处冠状棱明显。内外壁留有旋痕。残高5厘米（图四〇，3）。

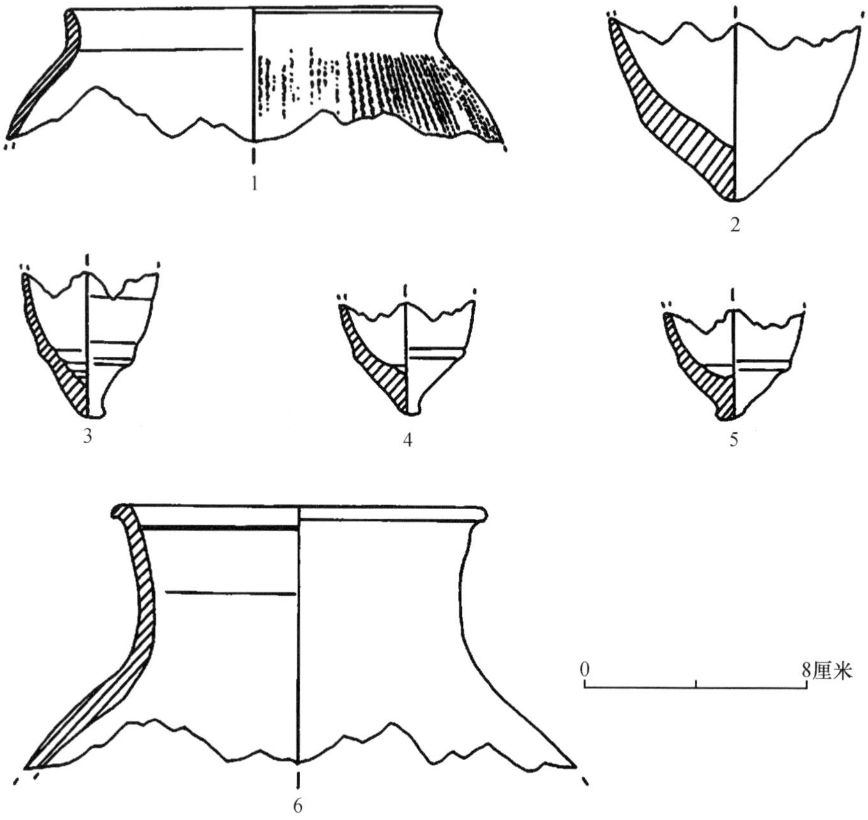

图四〇　01ZDⅣT1309H49出土器物

1. B型Ⅲ式陶素缘绳纹罐（H49：3）　2. 炮弹形陶尖底杯底部（H49：2）　3. Ⅱ式陶尖底杯底部（H49：4）
4、5. Ⅰ式陶尖底杯底部（H49：6、H49：5）　6. B型陶高领罐口（H49：1）

炮弹形陶尖底杯底部　1件。01ZDⅣT1309H49：2，夹砂灰陶。轮制。尖底。素面。腹以上残。残高6.2厘米（图四〇，2）。

陶高领罐口　1件。B型。01ZDⅣT1309H49：1，泥质灰陶。轮制。侈口，卷沿，尖圆唇，束颈较直，溜肩，肩以下残。器表素面，颈内壁有一周凹弦纹。口径14、残高9厘米（图四〇，6）。

（一二）01ZDⅣT1208H50出土器物

陶素缘绳纹罐　3件。

A型Ⅱ式。1件。01ZDⅣT1208H50：3，夹砂黄褐陶。轮制。侈口，卷沿，尖圆唇，肩微耸，肩以下残。器身饰纵向细绳纹。口径15.1、残高5厘米（图四一，4）。

B型Ⅰ式。1件。01ZDⅣT1208H50：10，夹砂灰陶。轮制。微侈口，微卷沿，尖圆唇，圆肩，肩以下残。器身饰纵向中粗绳纹。口径28、残高9.2厘米（图四一，5）。

B型Ⅱ式。1件。01ZDⅣT1208H50：5，夹砂黄褐陶。轮制。侈口，卷沿，圆唇，溜肩，肩以下残。器表素面。口径21.3、残高4.8厘米（图四一，9）。

陶尖底杯底部　3件。

Ⅰ式。01ZDⅣT1208H50：7，夹细砂红褐陶。腹、底转折处冠状棱明显。残高4厘米（图

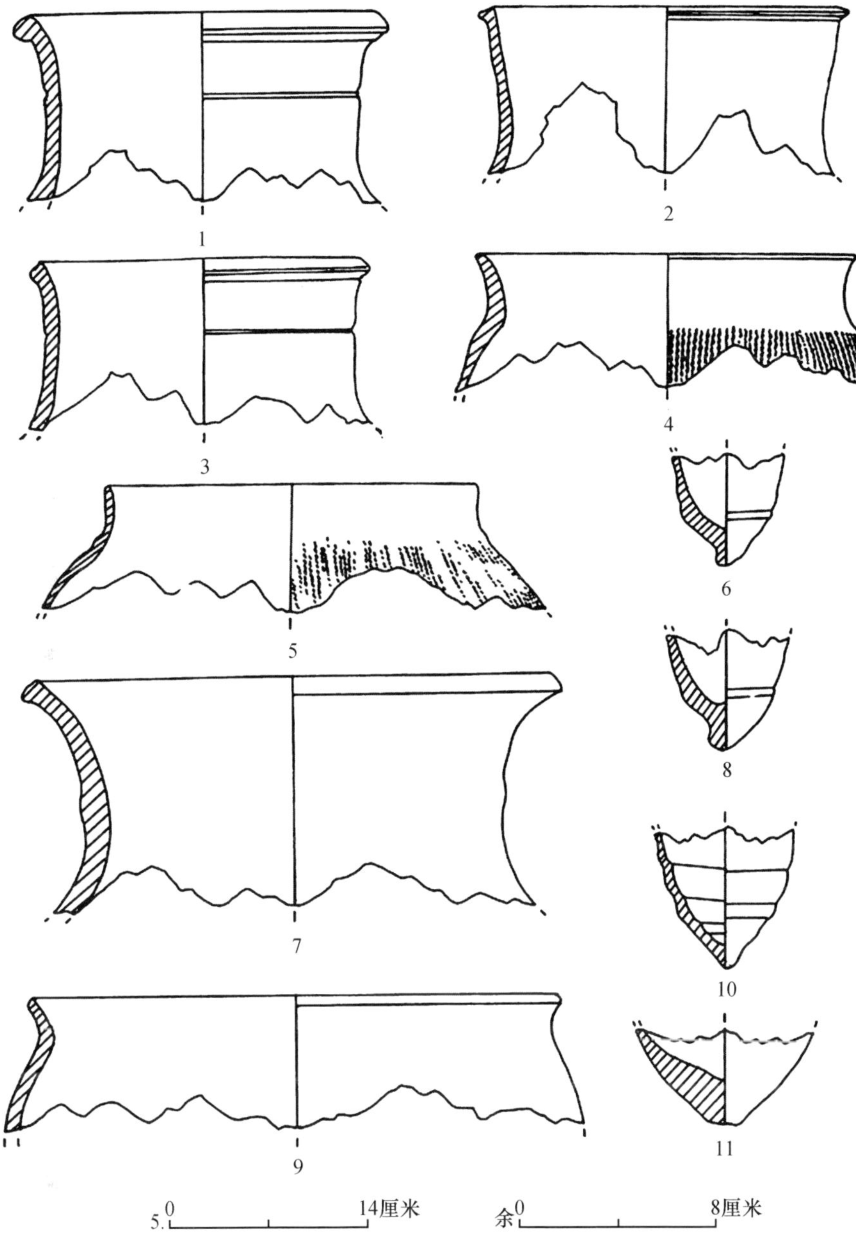

图四一　01ZDⅣT1208H50出土器物

1～3. B型陶高领罐口部（H50：1、H50：4、H50：2）　4. A型Ⅱ式陶素缘绳纹罐（H50：3）　5. B型Ⅲ式陶素缘罐（H50：10）　6、8、10. Ⅰ式陶尖底杯底部（H50：7、H50：8、H50：9）　7. A型陶高领罐口部（H50：11）　9. B型Ⅱ式陶素缘罐（H50：5）　11. 陶尖底盏底部（H50：6）

四一，6）。01ZDⅣT1208H50：8，夹细砂红褐陶。腹、底转折处冠状棱明显。素面。残高4.5厘米（图四一，8）。01ZDⅣT1208H50：9，夹细砂红褐陶。内外壁留有旋痕，腹、底转折处冠状棱明显。残高5厘米（图四一，10）。

陶高领罐口部　4件。

A型。1件。01ZDⅣT1208H50：11，夹细砂青灰陶。侈口，卷沿，尖圆唇，束颈，颈以下残。口径20、残高8.6厘米（图四一，7）。

B型。3件。01ZDⅣT1208H50：4，夹砂青灰陶。微侈口，微卷沿，尖圆唇，束颈较直，颈以下残。颈中部饰一周凹弦纹。口径14、残高6厘米（图四一，2）。01ZDⅣT1208H50：1，夹细黄褐陶。微侈口，微卷沿，尖圆唇，束颈较直。颈以下残。颈中部饰一周凹弦纹。口径14、残高7厘米（图四一，1）。01ZDⅣT1208H50：2，夹砂黄褐陶。微侈口，微卷沿，尖圆唇，束颈较直。颈以下残。颈中部饰一周凹弦纹。口径12、残高6厘米（图四一，3）。

陶尖底盏底部　1件。01ZDⅣT1208H50：6，夹砂灰褐陶。残高3.2厘米（图四一，11）。

骨镞　2件。骨镞。01ZDⅣT1208H50：12，黑灰色。通体磨光。三棱形，一面有风沟，铤残。残长4.4厘米（图九八，2）。01ZDⅣT1208H50：13，黄灰色。通体磨光，三棱形锋，一面有风沟。长8厘米（图九八，3）。

（一三）01ZDⅠT1502H51出土器物

陶素缘罐　1件。B型Ⅰ式。01ZDⅠT1502H51：3，夹细砂红褐陶。微侈口，微卷沿，圆唇，圆肩，肩以下残。器表素面。口径12、残高3.4厘米（图四二，3）。

陶花边口沿罐　1件。B型。01ZDⅠT1502H51：2，夹砂灰陶。微侈口，卷沿，方唇，溜肩，肩以下残。唇面指压波浪窝纹花边。口径28、残高5.2厘米（图四二，2）。

陶高领罐　1件。形制不明。01ZDⅠT1502H51：1，夹细砂灰陶。轮制。侈口，圆唇，束颈，颈以下残。素面。口径36、残高3.2厘米（图四二，1）。

残陶豆柄　1件。B型。01ZDⅠT1502H51：4，泥质黑皮红陶。轮制。残存柄部呈喇叭形。器表素面。残高9厘米（图四二，4）。

（一四）01ZDⅠT1404H52出土器物

陶素缘绳纹罐　9件。

A型Ⅰ式。2件。01ZDⅠT1404H52：6，夹砂灰褐陶。侈口，卷沿，尖圆唇，鼓腹，腹以下残。器表饰饰交错拍印细绳纹。口径28、残高7.2厘米（图四五，2）。01ZDⅠT1404H52：4，夹细砂黄褐陶。侈口，卷沿，圆唇，耸肩，肩以下残。器表饰纵向中粗绳纹。口径26.4、残高8.4厘米（图四五，8）。

A型Ⅱ式。2件。01ZDⅠT1404H52：5，夹砂灰褐陶。侈口，卷沿，圆唇，耸肩，肩以下残。器表饰纵向中粗绳纹。口径28、残高7.2厘米（图四四，1）。01ZDⅠT1404H52：9，夹细砂黄褐陶。侈口，卷沿，尖圆唇，耸肩，肩以下残。器表饰斜向中粗绳纹。口径15.4、残高3.3厘米（图四五，9）。

B型Ⅰ式。3件。01ZDⅠT1404H52：31，夹细砂灰陶。侈口，微卷沿，尖圆唇，鼓腹，腹以下残。器表饰交错中绳纹。口径40、残高16厘米（图四三，1）。01ZDⅠT1404H52：7，夹细砂黄褐陶。侈口，微卷沿，尖圆唇，鼓腹，腹以下残。器表饰交错中绳纹。口腹交接处有拍压痕迹。口径16、残高7.2厘米（图四三，7）。01ZDⅠT1404H52：2，夹砂灰褐陶。侈口，微卷沿，尖圆唇，鼓腹，腹以下残。器表饰斜向拍印细绳纹。口径40、残高16厘米（图四三，9）。

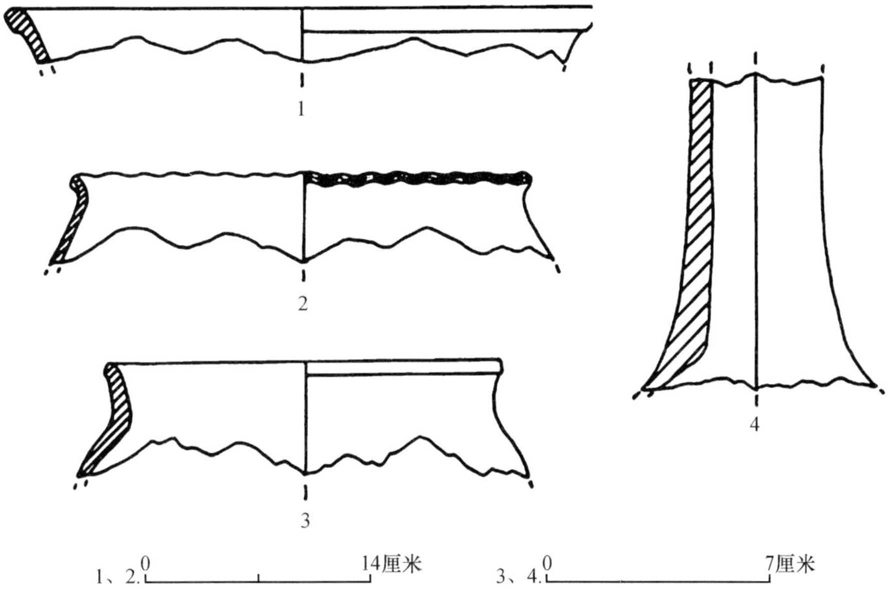

图四二　01ZDⅠT1502H51出土器物

1. 陶高领罐（H51：1）　2. B型陶花边口沿罐（H51：2）　3. B型Ⅰ式陶素缘罐（H51：3）　4. B型陶豆柄（H51：4）

陶素缘罐　1件。B型Ⅰ式。01ZDⅠT1404H52：8，夹砂黄褐陶。侈口，卷沿，尖圆唇，鼓腹，腹以下残。素面。口径28、残高8.4厘米（图四五，7）。

B型Ⅱ式。1件。01ZDⅠT1404H52：3，夹细砂黄褐陶。口微侈，微卷沿，尖圆唇，圆肩，肩以下残。器表饰斜向细绳纹。口径36、残高8.8厘米（图四三，3）。

陶花边口沿罐　1件。A型Ⅱ式。01ZDⅠT1404H52：10，夹砂灰褐陶。轮制。侈口，卷沿，唇部饰指压波浪形花边，颈以下残。口径36、残高4.8厘米（图四三，5）。

陶尖底杯　6件。皆剩底部。自然夹细砂。轮制，器内壁多留有轮制旋痕，器表略经打磨。火候不高。素面。胎较厚。底部两壁夹角在60°左右。

Ⅰ式。5件。01ZDⅠT1404H52：24，红褐陶。器壁内外旋痕明显。残高5.2厘米（图四四，5）。01ZDⅠT1404H52：20，上部红褐，下部灰褐。内壁轮旋痕明显。残高7.2厘米（图四四，6）。01ZDⅠT1404H52：22，灰褐陶。器壁内外旋痕不明显。残高5.2厘米（图四三，9）。01ZDⅠT1404H52：50，灰陶。器壁内外旋痕明显。残高5.2厘米（图四三，2）。01ZDⅠT1404H52：51，青灰陶。内壁旋痕明显。残高6.2厘米（图四三，11）。

Ⅱ式。1件。01ZDⅠT1404H52：21，黄褐陶。内壁旋痕明显。残高5.4厘米（图四三，4）。

陶尖底盏　1件。仅剩盏底。01ZDⅠT1404H52：15，夹细砂灰黑陶。轮制。器内壁留有旋痕。底部无尖。上部残。素面。残高3.2厘米（图四四，10）。

陶豆　2件。皆残。

A型　1件。01ZDⅠT1404H52：18，夹砂黑皮红褐陶。素面。残存形状近喇叭形。残高7.6厘米（图四四，8）。

B型　1件。01ZDⅠT1404H52：17，夹细砂灰陶。盘、柄皆残。残高2.2厘米（图四三，6）。

陶盆　1件。仅剩口沿。01ZDⅠT1404H52：19，夹砂灰褐陶。轮制。口微侈，窄折沿，尖圆唇，鼓腹，腹以下残。素面。口径28、残高4厘米（图四四，3）。

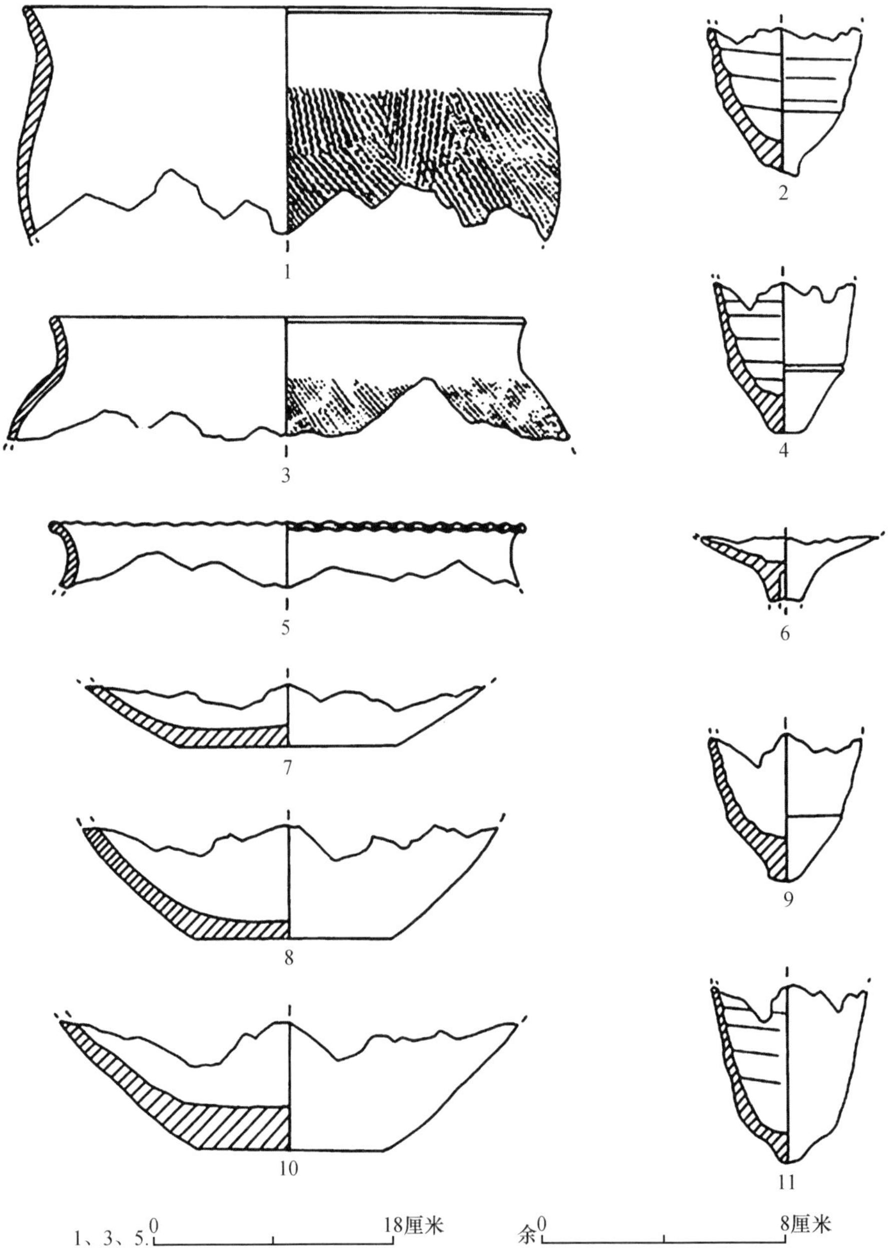

图四三　01ZDⅠT1404H52出土器物（一）

1. B型Ⅰ式陶素缘罐（H52：31）　2、9、11. Ⅰ式陶尖底杯（H52：50、H52：22、H52：51）　3. B型Ⅱ式陶素缘罐（H52：3）　4. Ⅱ式陶尖底杯（H52：21）　5. A型Ⅱ式陶花边口沿罐（H52：10）　6. B型陶豆（H52：17）　7、8、10. 陶器底（H52：13、H52：12、H52：11）

陶器底　4件。皆平底。轮制。素面。01ZDⅠT1404H52：11，夹砂红褐陶。底径7.2、残高4.6厘米（图四三，10）。01ZDⅠT1404H52：12，夹砂黄褐陶。底径8.8、残高3.8 厘米（图四三，8）。01ZDⅠT1404H52：13，夹砂灰褐陶。底径8.3、残高2.2厘米（图四三，7）。01ZDⅠT1404H52：14，夹砂红褐陶。底径4.8、残高3厘米（图四四，4）。

陶高领罐口沿　3件。B型。01ZDⅠT1404H52：38，夹砂青灰陶。轮制。侈口，卷沿，圆唇，束颈较直，颈以下残。口径16、残高2.8厘米（图四五，5）。01ZDⅠT1404H52：52，

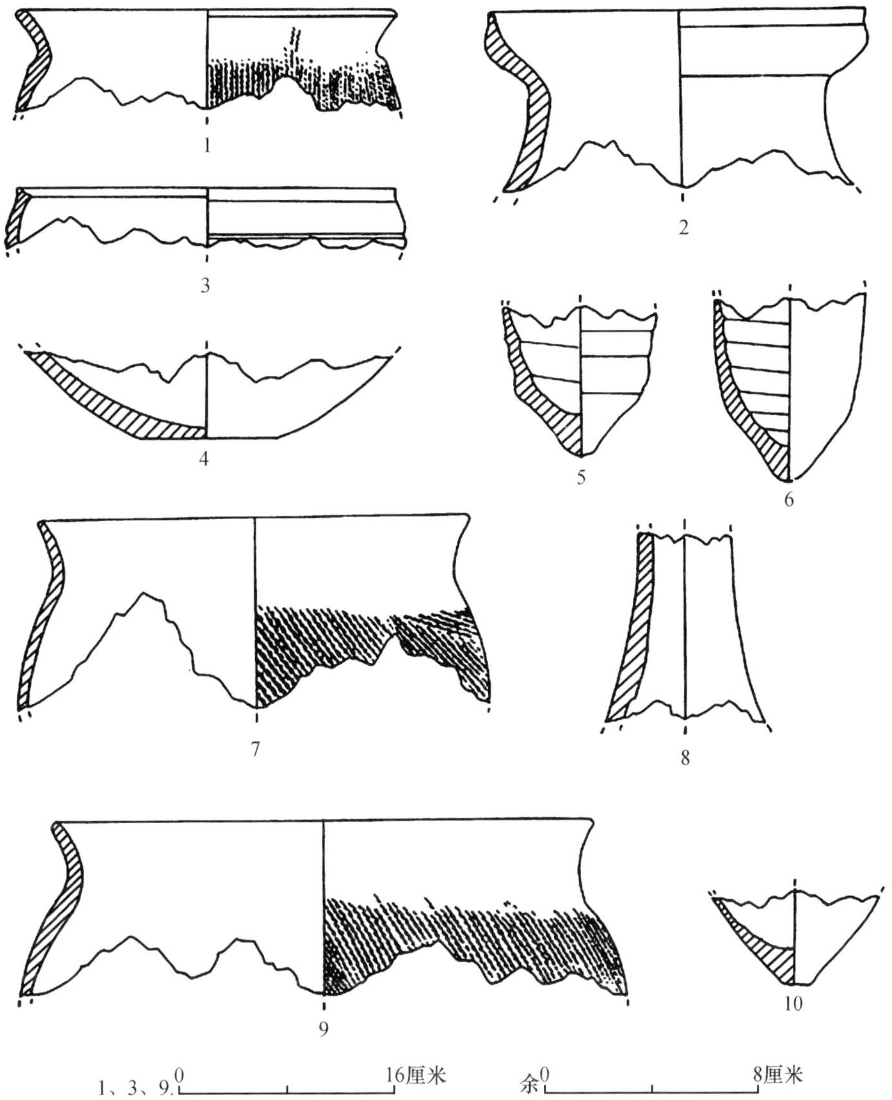

图四四　01ZDⅠT1404H52出土器物（二）

1. A型Ⅱ式陶素缘罐（H52：5）　2. C型陶盘口罐（H52：16）　3. 陶盆（H52：19）　4. 陶器底（H52：14）　5、6. Ⅰ式陶尖底杯（H52：24、H52：20）　7、9. B型Ⅰ式陶素缘罐（H52：7、H52：2）　8. A型陶豆（H52：18）　10. 陶尖底盏（H52：15）

夹砂青灰陶。轮制。侈口，卷沿，圆唇，颈以下残。口径33.6、残高4.8厘米（图四五，6）。01ZDⅠT1404H52：36，夹砂青灰陶。轮制。侈口，卷沿，圆唇，颈以下残。口径12、残高3.2厘米（图四五，4；彩版七，1）。

陶盘口罐　3件。

A型。2件。01ZDⅠT1404H52：30，夹砂黄褐陶。轮制。侈口，圆唇，唇下饰一周凸棱，颈以下残。口径15.2、残高2厘米（图四五，1）。01ZDⅠT1404H52：33，夹细砂黑陶。轮制。侈口，圆唇，唇下饰一周凸棱，颈以下残。口径16、残高3厘米（图四五，3）。

C型。1件。01ZDⅠT1404H52：16，泥质黄皮红褐胎。轮制。盘口，尖圆唇，高束颈，颈以下残。素面。口径14、残高6.4厘米（图四四，2）。

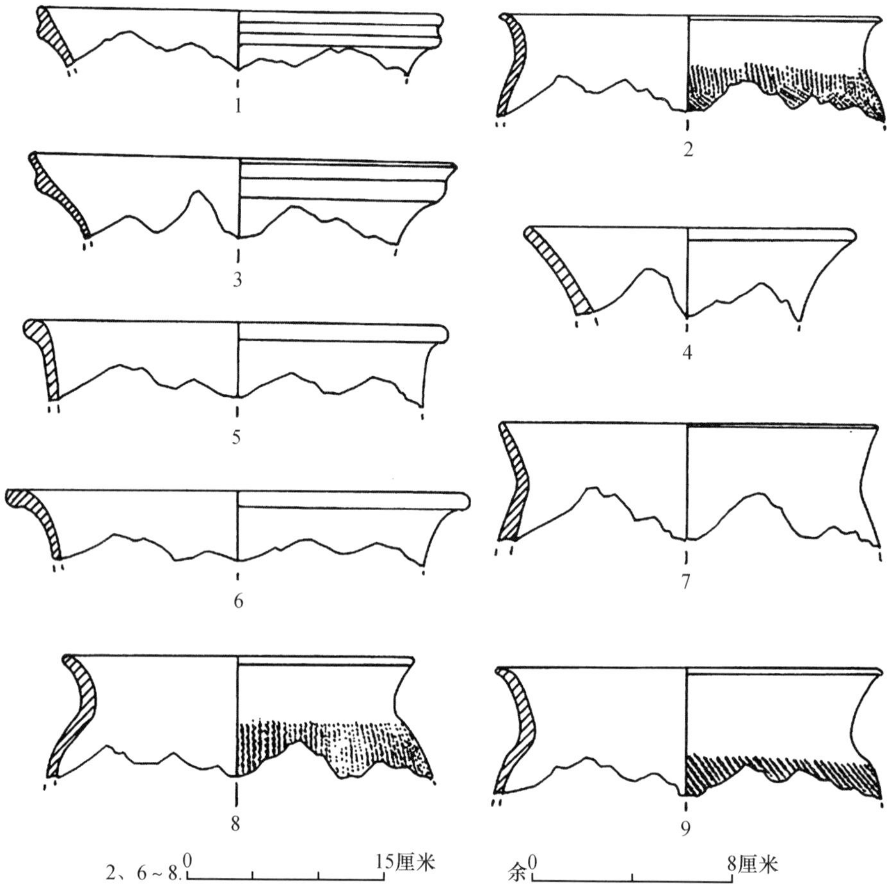

图四五　01ZDⅠT1404H52出土器物（三）

1、3. A型陶盘口罐（H52：30、H52：33）　2. A型Ⅰ式陶素缘绳纹罐（H52：6）　4～6. B型陶高领罐（H52：36、H52：38、H52：52）　7. B型Ⅰ式陶素缘罐（H52：8）　8. A型Ⅰ式陶素缘绳纹罐（H52：4）　9. A型Ⅱ式陶素缘绳纹罐（H52：9）

铜钺　1件。01ZDⅠT1404H52：1，青铜。模制。素面。柄宽5.4、刃宽6.2、长8.6厘米（图四六，1；彩版七，6）。

（一五）01ZDⅣT1409H53出土器物

陶盘口罐　2件。B型。01ZDⅣT1409H53：4，夹砂红褐陶。轮制。侈口，方唇略内折呈盘口，唇面微凹，束颈，颈以下残。素面。口径15.4、残高4.4厘米（图四七，1）。01ZDⅣT1409H53：6，夹砂灰陶。轮制。侈口，方唇略内折呈盘口，束颈，颈以下残。素面。口径15.1、残高2.8厘米（图四七，2）。

陶素面罐　1件。01ZDⅣT1409H53：5，夹砂灰陶。轮制。侈口，卷沿，尖圆唇，溜肩，肩以下残。器表素面。口径22.4、残高3厘米（图四七，3）。

陶高领罐　3件。

A型。1件。01ZDⅣT1409H53：1，夹细砂黄褐陶。侈口，卷沿，圆方唇，束颈，颈以下残。

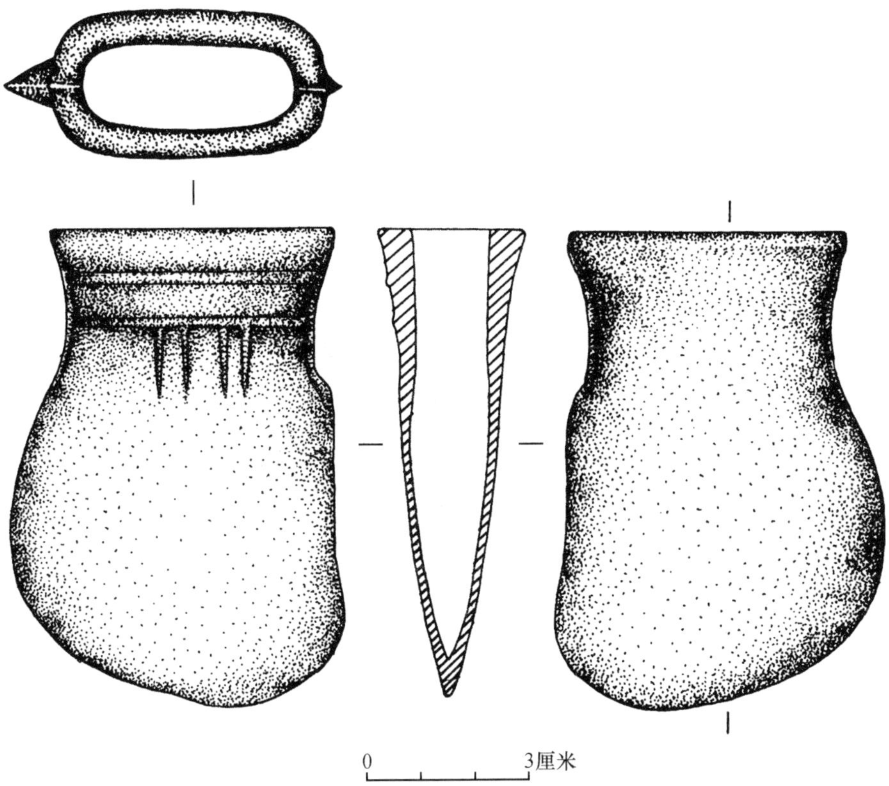

图四六　01ZDⅠT1404H52出土铜钺（H52：1）

口径18、残高8厘米（图四七，8）。

B型。1件。01ZDⅣT1409H53：3，夹细砂黄褐陶。侈口，卷沿，方圆唇，束颈较直，颈以下残。素面。口径10、残高6.8厘米（图四七，9）。

形制不明。1件。01ZDⅣT1409H53：2，夹细砂黄褐陶。侈口，卷沿，方圆唇，束颈，颈以下残。素面。口径17.6、残高4.6厘米（图四七，4）。

炮弹形陶杯底部　1件。01ZDⅣT1409H53：10，夹砂灰陶。轮制。素面。残高3.2厘米（图四七，5）。

陶尖底盏底部　1件。01ZDⅣT1409H53：9，夹细砂黑灰陶。轮制。素面。小平底。口径2、残高3.2厘米（图四七，7）。

陶器底　1件。01ZDⅣT1409H53：7，夹砂黑灰陶。轮制。上腹残，下腹弧收。平底，素面。底径8.8、残高4.8厘米（图四七，6）。

（一六）01ZDⅣT1306H54出土器物

陶素缘绳纹罐口沿残片　1件。01ZDⅣT1306H54：23，夹砂灰陶。轮制。微侈口，圆唇，圆肩，肩以下残。器表饰纵向绳纹。残高5.4厘米（图四八，9）。

陶尖底杯残尖底部　4件。

Ⅰ式。3件。01ZDⅣT1306H54：3，夹细砂红陶。腹、底转折处冠状棱微显。残高4.4厘米（图

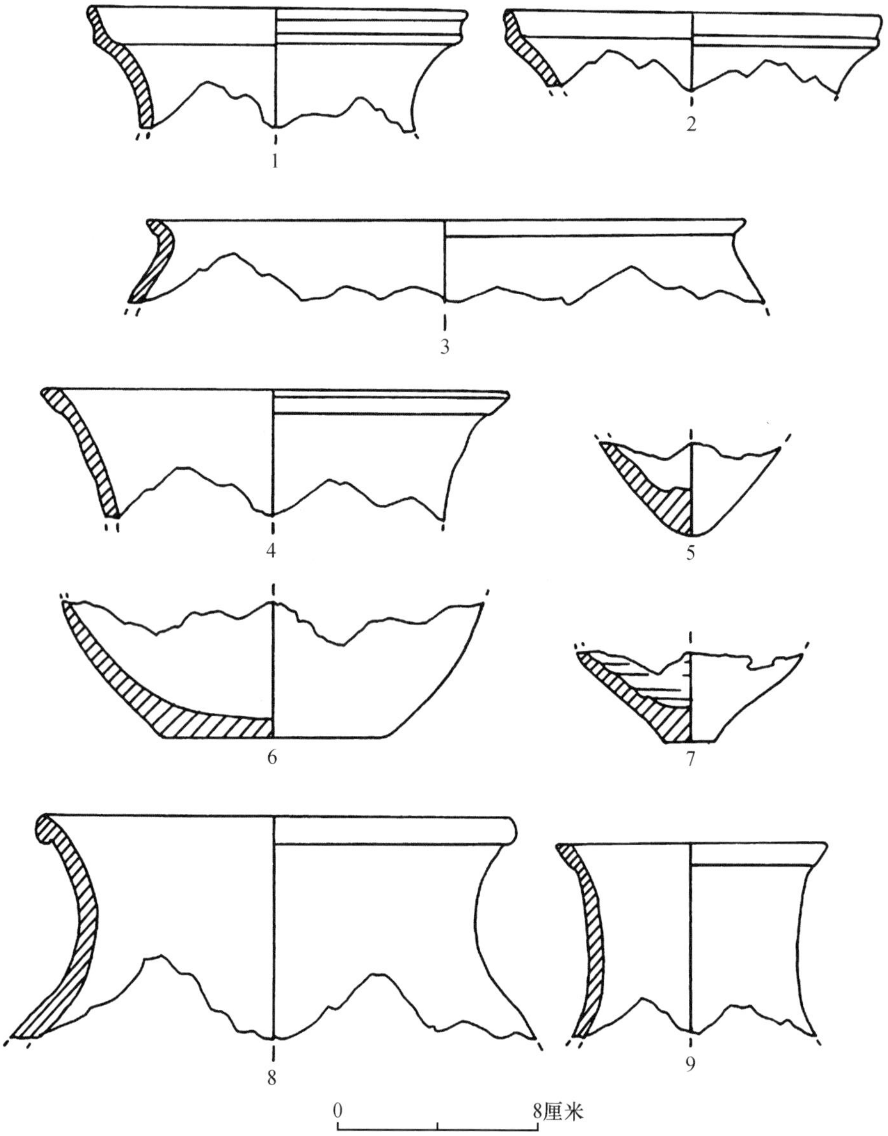

图四七　01ZDⅣT1409H53出土器物

1、2. B型盘口罐（H53：4、H53：6）　3. 素面罐（H53：5）　4. 形制不明高领罐（H53：2）　5. 炮弹形杯底部（H53：10）　6. 器底（H53：7）　7. 尖底盏底部（H53：9）　8. A型高领罐（H53：1）　9. B型高领罐（H53：3）

四八，8）。01ZDⅣT1306H54：24，夹细砂灰陶。内外壁留有旋痕，腹、底转折处冠状棱微显。残高6厘米（图四八，7）。01ZDⅣT1306H54：26，夹细砂青灰陶。腹、底转折处冠状棱微显。残高3.2厘米（图四八，5）。

Ⅱ式。1件。01ZDⅣT1306H54：2，夹细砂红陶。腹、底转折处冠状棱明显。残高4厘米（图四八，4）。

陶高领罐　3件。

B型。2件。01ZDⅣT1306H54：21，泥质黑陶。轮制。侈口，卷沿，圆唇，束颈较直，颈以下残。颈部有一周凹弦纹。口径14、残高6.4厘米（图四八，1）。01ZDⅣT1306H54：20，夹砂灰陶。轮制。侈口，卷沿，尖圆唇，束颈较直，颈以下残。素面。口径15.2、残高5厘米（图四八，2）。

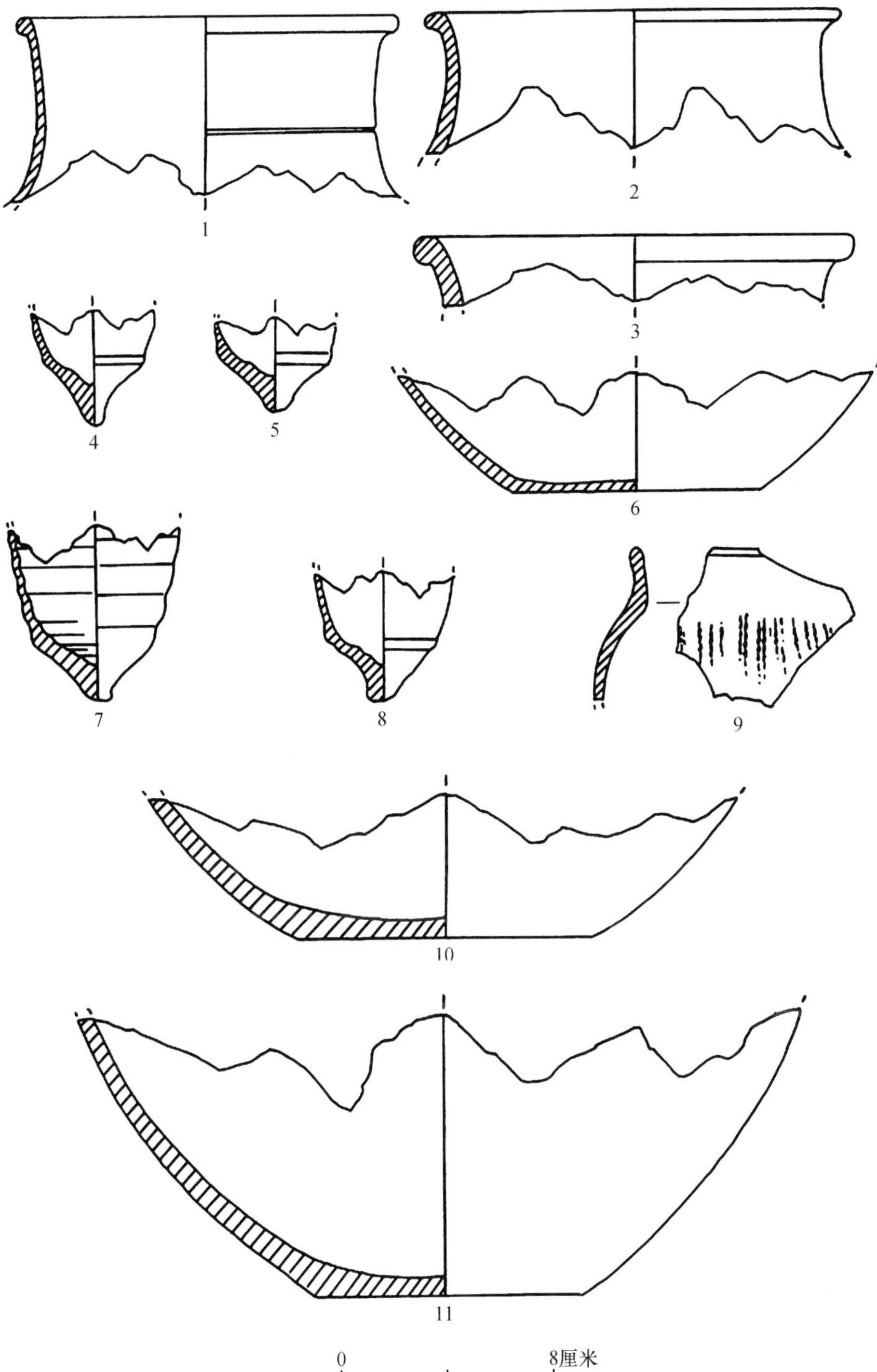

图四八　01ZDⅣT1306H54出土器物

1、2. B型陶高领罐（H54：21、H54：20）　3. 形制不明陶高领罐（H54：36）　4. Ⅱ式陶尖底杯残尖底部（H54：2）　5、7、8. Ⅰ式陶尖底杯残尖底部（H54：26、H54：24、H54：3）　6、10、11. 陶器底（H54：22、H54：19、H54：16）　9. 陶素缘绳纹罐口沿残片（H54：23）

形制不明。1件。01ZDⅣT1306H54：36，夹砂青灰陶。轮制。侈口，卷沿，圆唇，束颈，颈以下残。素面。口径16、残高2.6厘米（图四八，3）。

陶器底　3件。轮制。素面。均剩平底。01ZDⅣT1306H54：16，泥质灰陶。底径10、残高10厘米（图四八，11）。01ZDⅣT1306H54：19，泥质灰陶。底径11.2、残高5厘米（图四八，10）。01ZDⅣT1306H54：22，泥质灰陶。底径9.2、残高4厘米（图四八，6）。

（一七）01ZDⅣT1206H55出土器物

陶高领罐　2件。

A型　1件。01ZDⅣT1206H55：1，夹砂青灰陶。轮制。侈口，卷沿，圆唇，束颈，颈以下残。颈部饰一同凹弦纹。口径20、残高6厘米（图三五，1）。

形制不明　1件。01ZDⅣT1206H55：5，泥质黄褐陶。轮制。侈口，折平沿面，圆唇，束颈较直，颈以下残。颈部饰一周凹弦纹。口径10、残高3.6厘米（图三五，7）。

陶尖底杯　1件。Ⅱ式。01ZDⅣT1206H55：4，夹细砂红陶。轮制。腹、底转折处冠状棱明显。素面。残高3.6厘米（图三五，11）。

陶尖底盏底部　1件。01ZDⅣT1206H55：3，夹砂灰陶。轮制。外壁留有旋痕。小平底。素面。残高4厘米（图三五，12）。

陶器底　1件。01ZDⅣT1206H55：2，夹砂灰陶。轮制。上腹残，下腹弧，平底。素面。底径10、残高7.4厘米（图三五，13）。

（一八）01ZDⅠT1601H56出土器物

陶素缘绳纹罐　3件。

A型Ⅱ式。1件。01ZDⅠT1601H56：6，夹砂红陶。轮制。侈口，卷沿，尖圆唇，耸肩，肩以下残。器表饰纵向粗绳纹。口径17.6、残高4厘米（图四九，6）。

B型Ⅰ式。1件。01ZDⅠT1601H56：4，夹砂红陶。轮制。侈口，卷沿，尖圆唇，圆肩，肩以下残。器表饰纵向细绳纹。口径16、残高4.6厘米（图四九，4）。

B型Ⅱ式。1件。01ZDⅠT1601H56：18，夹砂黑灰陶。轮制。侈口，卷沿，圆唇，圆肩，肩以下残。器表饰杂向中绳纹。口径13.2、残高7厘米（图五〇，7）。

陶花边口沿罐　2件。A型Ⅱ式。01ZDⅠT1601H56：12，夹砂黄灰陶。轮制。微侈口，微卷沿，方圆唇，唇面饰指压波浪纹花边，圆肩，肩以下残。素面。口径24.8、残高5.6厘米（图五二，1）。01ZDⅠT1601H56：16，夹砂黄灰陶。轮制。侈口，微折沿，方唇，上唇缘饰指压波浪纹花边，鼓肩，肩以下残。素面。口径18.4、残高2厘米（图五〇，5）。

陶素面瓮　1件。01ZDⅠT1601H56：17，夹砂青灰陶。轮制。侈口，卷沿，尖圆唇，束颈，溜肩，肩以下残。口径11.6、残高7.4厘米（图五〇，6）。

陶折沿罐　1件。01ZDⅠT1601H56：13，夹砂灰陶。轮制。侈口，折沿，方唇，唇面微凹，溜肩，肩以下残。口径12、残高3厘米（图五〇，2）。

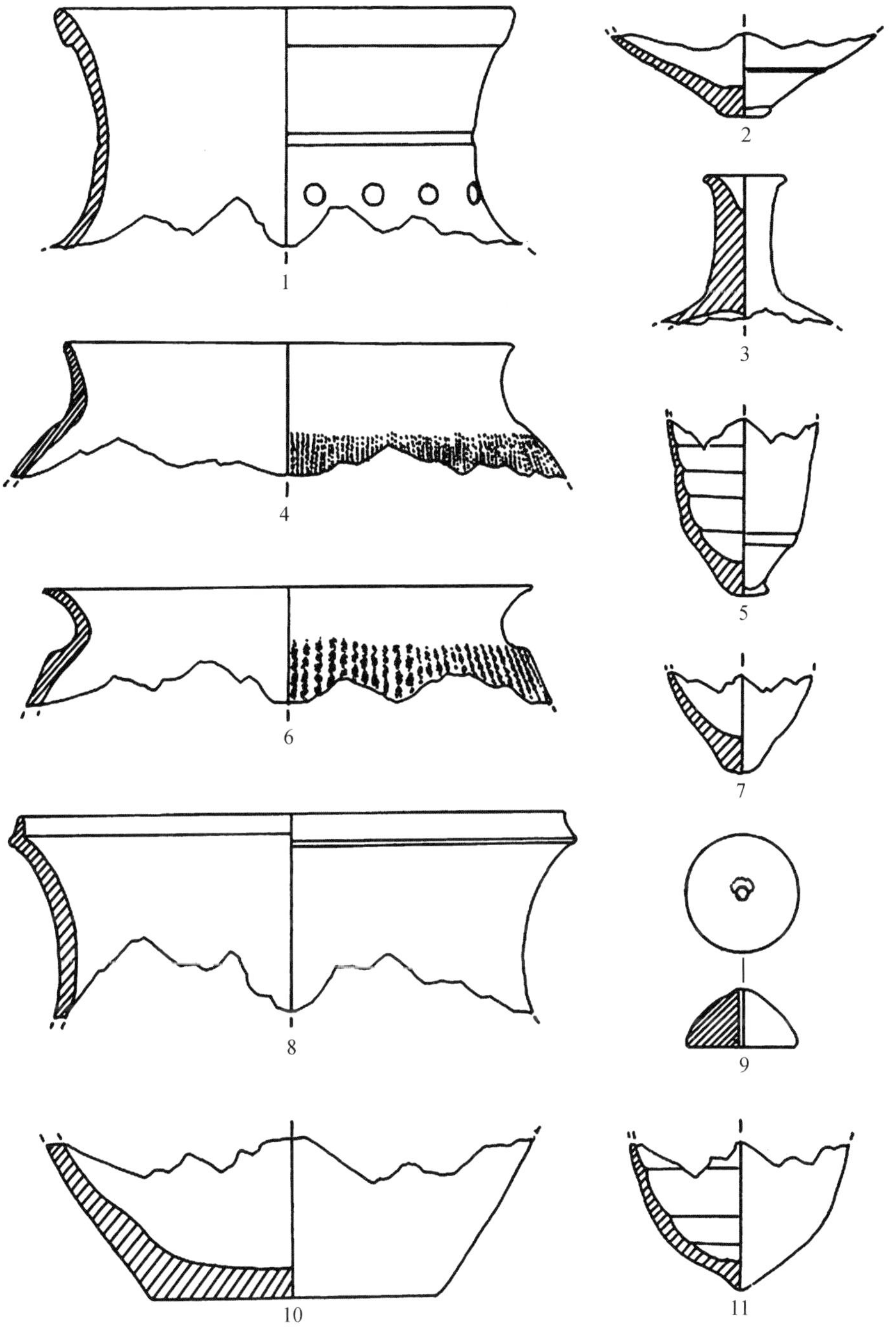

图四九　01ZDⅠT1601H56出土器物（一）

1. A型陶高领罐（H56：1）　2. 陶尖底盏残底部（H56：2）　3. 陶器盖抓手（H56：3）　4. B型Ⅰ式陶素缘绳纹罐（H56：4）　5、7. Ⅰ式陶尖底杯残底部（H56：5、H56：7）　6. A型Ⅱ式陶素缘绳纹罐（H56：6）　8. B型陶盘口罐（H56：8）　9. 陶纺轮（H56：9）　10. 残平底陶器底（H56：10）　11. 炮弹形陶尖底杯（H56：11）

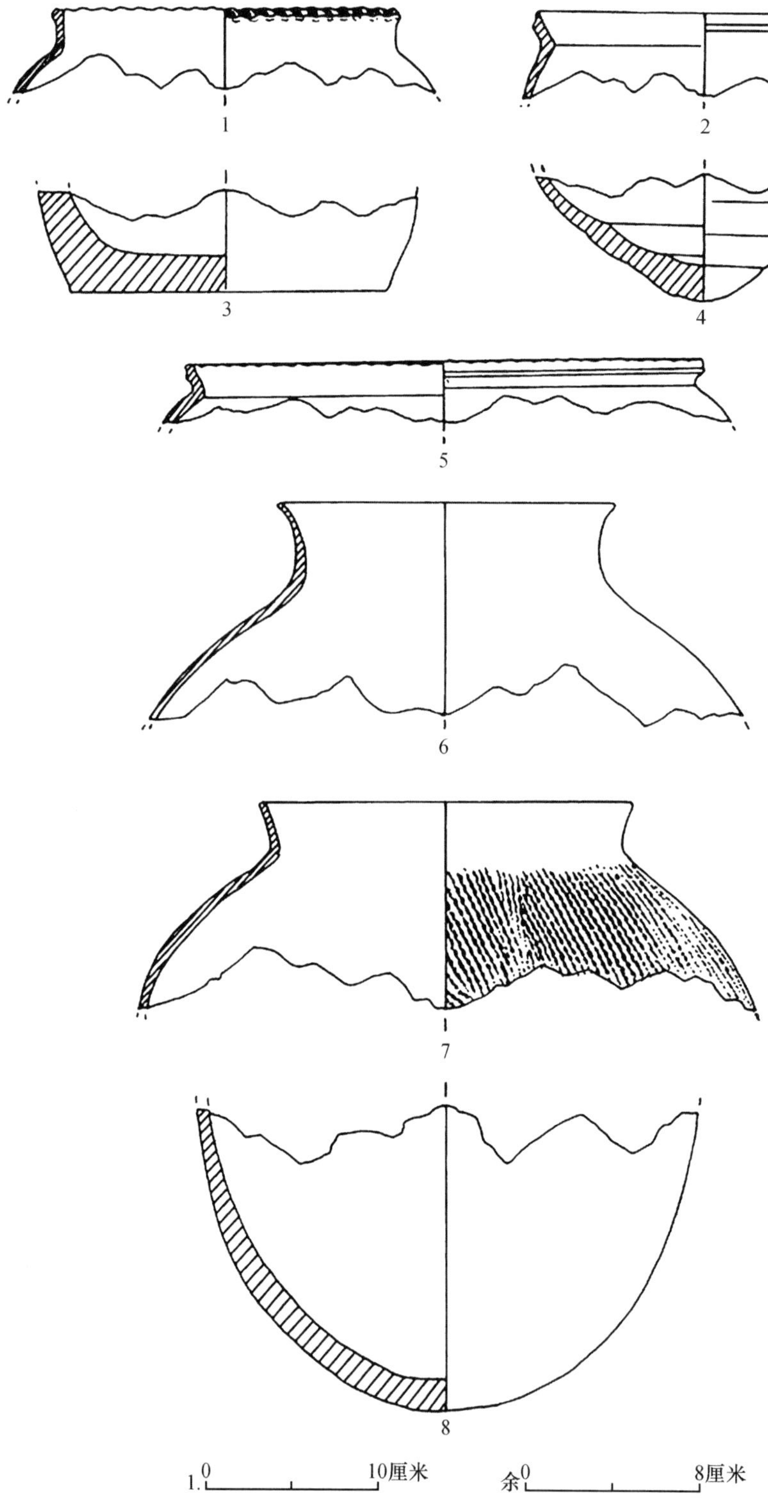

图五〇　01ZDⅠT1601H56出土器物（二）

1、5. A型Ⅱ式陶花边口沿罐（H56：12、H56：16）　2. 陶折沿罐（H56：13）

3. 残平底器底（H56：14）　4. 陶尖底盏残底部（H56：15）　6. 陶素面瓮（H56：17）

7. B型Ⅱ式陶素缘绳纹罐（H56：18）　8. 残圜底陶器底（H56：19）

陶尖底杯残底部　2件。

Ⅰ式。2件。01ZDⅠT1601H56：7，夹细砂灰陶。轮制。腹、底转折处无冠状棱，素面。残高3.4厘米（图四九，7）。01ZDⅠT1601H56：5，夹细砂红陶。轮制。内壁留有旋痕，腹、底转折处冠状棱明显。残高6厘米（图四九，5）。

炮弹形陶尖底杯　1件。01ZDⅠT1601H56：11，夹砂灰陶。轮制。内壁留有旋痕。素面。残高5厘米（图四九，11）。

陶尖底盏残底部　2件。01ZDⅠT1601H56：2，夹砂黑红陶。轮制。外壁留有旋痕。素面。残高2.8厘米（图四九，2）。01ZDⅠT1601H56：15，夹细砂红褐陶。内外壁留有旋痕。素面。残高4.2厘米（图五〇，4）。

陶高领罐　1件。A型。01ZDⅠT1601H56：1，夹细砂黑皮红陶。轮制。侈口，卷沿，方唇，束颈，颈以下残。颈部饰两周凹弦纹及一周圆圈纹。底径16.4、残高8.2厘米（图四九，1）。

陶盘口罐　1件。B型。01ZDⅠT1601H56：8，夹砂青灰陶。轮制。侈口，卷沿，方唇内折呈盘状口，束颈，颈以下残。素面。口径20、残高7厘米（图四九，8）。

陶器盖抓手　1件。01ZDⅠT1601H56：3，夹细砂灰陶。轮制。束腰形抓手。素面。残高5厘米（图四九，3）。

陶器底　3件。

残平底器底　2件。01ZDⅠT1601H56：10，夹细砂黄褐陶。轮制。素面。底径10.4、残高5.4厘米（图四九，10）。01ZDⅠT1601H56：14，夹砂灰陶。轮制。素面。底径11.2厘米、残高3.7厘米（图五〇，3）。

残圜底器底　1件。01ZDⅠT1601H56：19，夹砂红褐陶。轮制。素面。残高10厘米（图五〇，8）。

陶纺轮　1件。01ZDⅠT1601H56：9，夹细砂红褐陶。磨制。馒头形，中部有一圆形穿孔。素面。直径4、厚2厘米（图四九，9）。

（一九）01ZDⅣT1107H57出土器物

陶素缘罐　1件。B型Ⅰ式。01ZDⅣT1107H57：1，夹砂红陶。轮制。侈口，卷沿，尖圆唇，溜肩，肩以下残。器表饰斜向压印绳纹。口径40、残高9.6厘米（图五一，1）。

陶花边口沿罐残片　2件。A型Ⅱ式。01ZDⅣT1107H57：5，夹砂灰陶。轮制。侈口，卷沿，方圆，唇饰指压窝纹花边，束颈，颈以下残。残高5厘米（图五一，5）。01ZDⅣT1107H57：7，夹砂红陶。轮制。侈口，卷沿，圆唇，唇饰指压窝纹花边，束颈，颈以下残。残高5.8厘米（图五一，7）。

陶尖底杯底部　1件。Ⅰ式。01ZDⅣT1107H57：3，夹细砂灰陶。轮制。角形底。残高4.6厘米（图五一，3）。

陶小平底盏底部　1件。01ZDⅣT1107H57：9，夹细砂灰陶。轮制。内壁留有旋痕。素面。残高4.7厘米（图五一，9）。

陶高领罐　2件。

B型　1件。01ZDⅣT1107H57：8，夹细砂红陶。轮制。侈口，微折沿，束颈较直，尖圆唇，溜肩，肩以下残。素面。口径14、残高8.2厘米（图五一，8）。

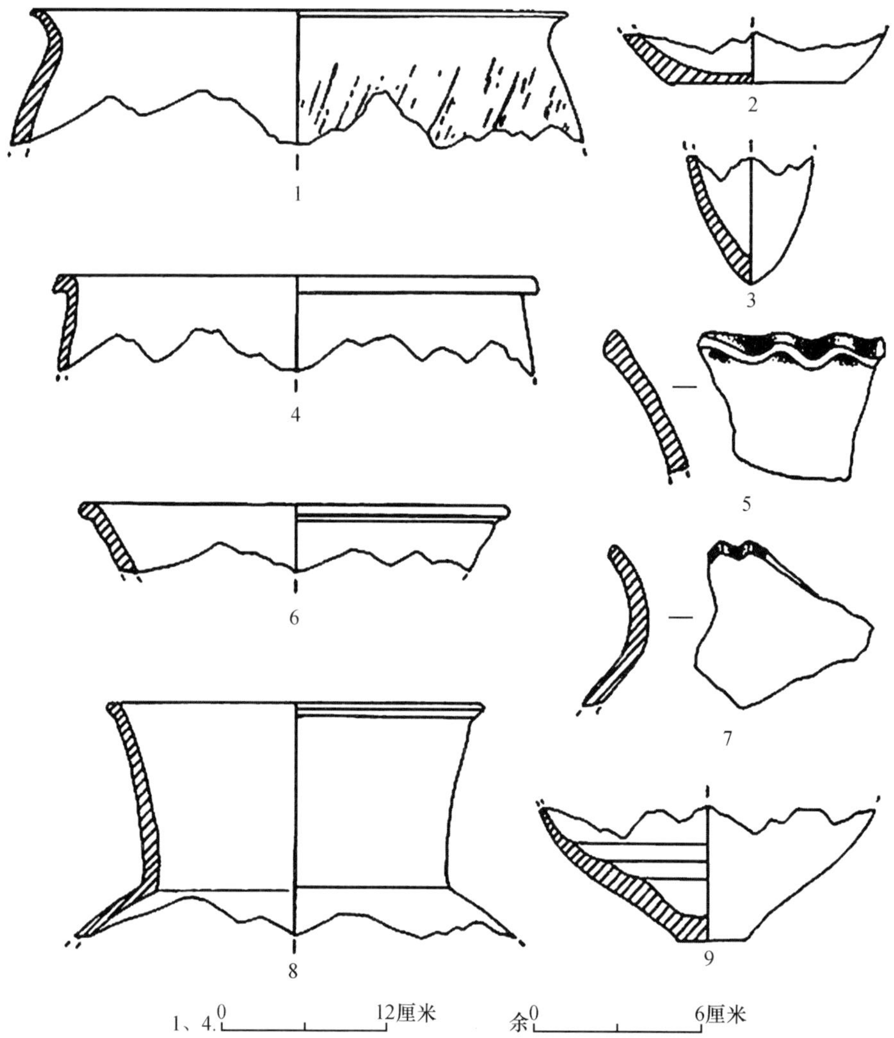

图五一　01ZDⅣT1107H57出土器物

1. B型Ⅰ式陶素缘罐（H57：1）　2. 残陶平底器底（H57：2）　3. Ⅰ式陶尖底杯底部（H57：3）　4. 陶深腹盆（H57：4）　5、7. A型Ⅱ式陶花边口沿罐残片（H57：5、H57：7）　6. 形制不明陶高领罐（H57：6）　8. B型陶高领罐（H57：8）　9. 陶小平底盏底部（H57：9）

形制不明　1件。01ZDⅣT1107H57：6，夹砂红陶。轮制。侈口，圆唇，束颈，颈以下残。素面。口径16、残高2.4厘米（图五一，6）。

陶深腹盆　1件。01ZDⅣT1107H57：4，夹砂灰陶。轮制。敛口，卷沿，方圆唇，唇面微凹，斜直腹，腹以下残。素面。口径36、残高6.8厘米（图五一，4）。

残陶平底器底　1件。01ZDⅣT1107H57：2，夹细砂黄灰陶。轮制。素面。底径6.4、残高1.8厘米（图五一，2）。

（二〇）03ZDⅣT1314H60出土器物

陶高领罐　2件。

A型。1件。03ZDⅣT1314H60：2，夹砂灰褐陶。侈口，卷沿，尖圆唇，束颈，颈以下残。颈部饰凹弦纹两周。口径15.2、残高7.6厘米（图五二，2）。

B型。1件。03ZDⅣT1314H60：1，夹细砂灰陶。侈口，卷沿，尖圆唇，束颈较直，颈以下残。颈部饰凹弦纹一周。口径15.2、残高7.6厘米（图五二，1）。

陶豆盘　1件。03ZDⅣT1314H60：5，夹细砂灰褐陶。敞口，圆唇，浅腹，豆柄残。素面。口径14.6、残高5.8厘米（图五二，3）。

残陶尖底盏底部　1件。03ZDⅣT1314H60：3，夹砂灰陶。残小平底。素面。底径2.8、残高3.2厘米（图五二，4）。

残陶平器底　2件。03ZDⅣT1314H60：4，夹砂灰陶。下腹部饰不规则划纹。底径6、残高8厘米（图五二，5）。03ZDⅣT1314H60：6，夹细砂灰褐陶。器表有杂乱不规则的划痕。底径6、残高7.6厘米（图五二，6）。

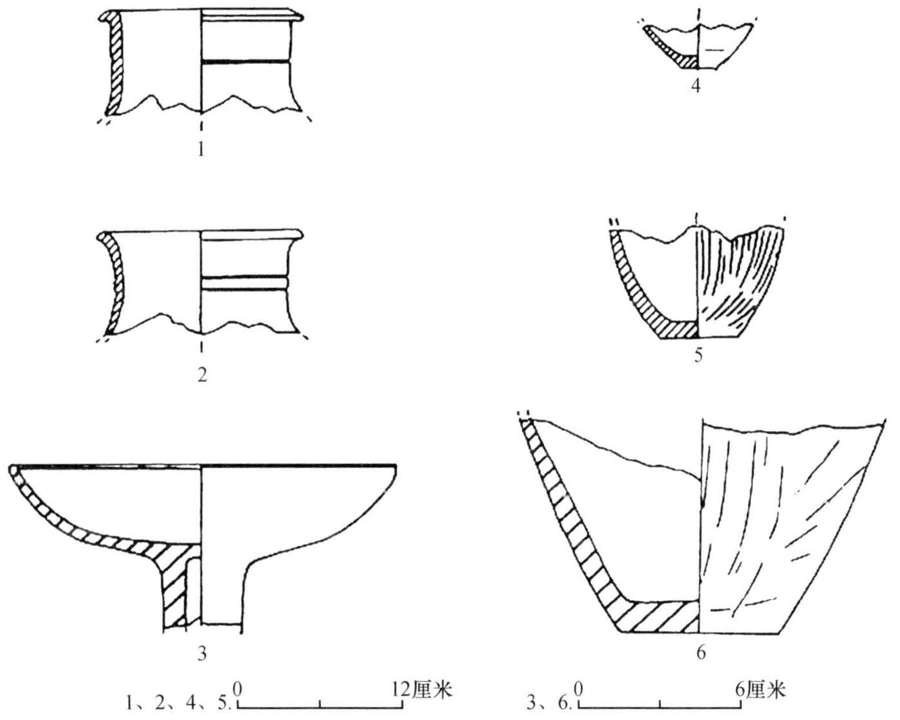

图五二　03ZDⅣT1314H60出土器物

1. B型陶高领罐（H60：1）　2. A型陶高领罐（H60：2）　3. 陶豆盘（H60：5）　4. 残陶尖底盏底部（H60：3）　5、6. 残陶平器底（H60：4、H60：6）

（二一）03ZDⅣT1313H61出土器物

陶尖底杯　2件。Ⅱ式。03ZDⅣT1313H61：4，泥质红陶。残存尖底，腹、底交接处凸棱明显。残高4厘米（图五三，3）。03ZDⅣT1313H61：5，泥质红陶。残存尖底，腹、底交接处凸棱明显。残高2.3厘米（图五三，4）。

陶高领罐口沿残片　2件。B型。03ZDⅣT1313H61：1，夹细砂灰陶。侈口，圆唇，束颈，颈

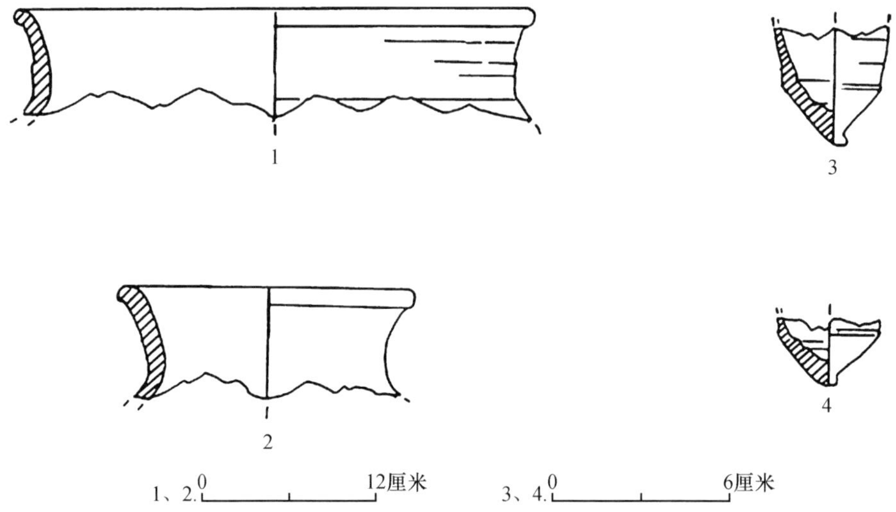

图五三　03ZDⅣT1313H61出土器物

1、2. B型陶高领罐口沿残片（H61：1、H61：2）　3、4. Ⅱ式陶尖底杯（H61：4、H61：5）

以下残。颈部饰有弦纹。口径36、残高7.2厘米（图五三，1）。03ZDⅣT1313H61：2，夹细砂灰陶。侈口，圆唇，束颈，颈以下残。口径20.4、残高7.6厘米（图五三，2）。

（二二）03ZDⅣT0715H65出土器物

陶尖底杯　55件。

Ⅰ式。30件。03ZDⅣT0715H65：1，夹砂红陶。敞口，斜腹，尖底，底尖弯曲，形体矮胖。内外壁留有旋痕。口径5.6、高7.8厘米（图五四，1）。03ZDⅣT0715H65：4，夹细砂灰褐陶。敞口，斜腹，尖底，底尖弯曲，形体略瘦长。内外壁留有旋痕，腹、底交接处略显凸棱。口径7.6 、高8.1厘米（图五四，3）。

Ⅱ式。25件。03ZDⅣT0715H65：2、H65：3，皆夹砂红陶。两个套在一起，皆残存尖底。形体略瘦长。外壁留有旋痕，腹、底交接处略显凸棱。残高7.2厘米（图五四，2；彩版三，3）。

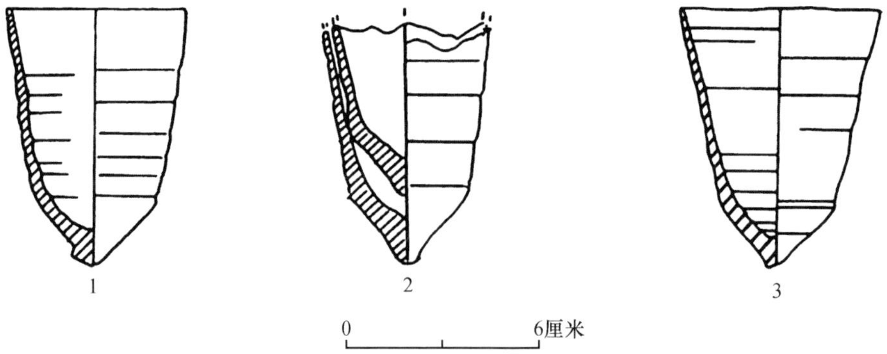

图五四　03ZDⅣT0715H65出土器物

1、3. Ⅰ式陶尖底杯（H65：1、H65：4）　2. Ⅱ式陶尖底杯（H65：2、H65：3）

（二三）03ZDⅣT1114H66出土器物

陶素缘绳纹罐　2件。D型。03ZDⅣT1114H66：8，夹砂灰陶。侈口，微折沿，方唇，唇部有一周凹槽，溜肩，肩部以下残。器表饰斜向细绳纹。口径36、残高8厘米（图五五，1）。03ZDⅣT1114H66：9，夹砂灰陶。侈口，卷沿，方唇，唇部有一周凹槽，溜肩，肩部以下残。器表饰细绳纹。口径37.6、残高8厘米（图五五，2）。

陶高领罐　2件。

A型。1件。03ZDⅣT1114H66：2，泥质灰陶。侈口，圆唇，卷沿外翻下奄，束颈，颈部以下残。颈饰一周凹弦纹。口径14.4、残高6.4厘米（图五五，8）。

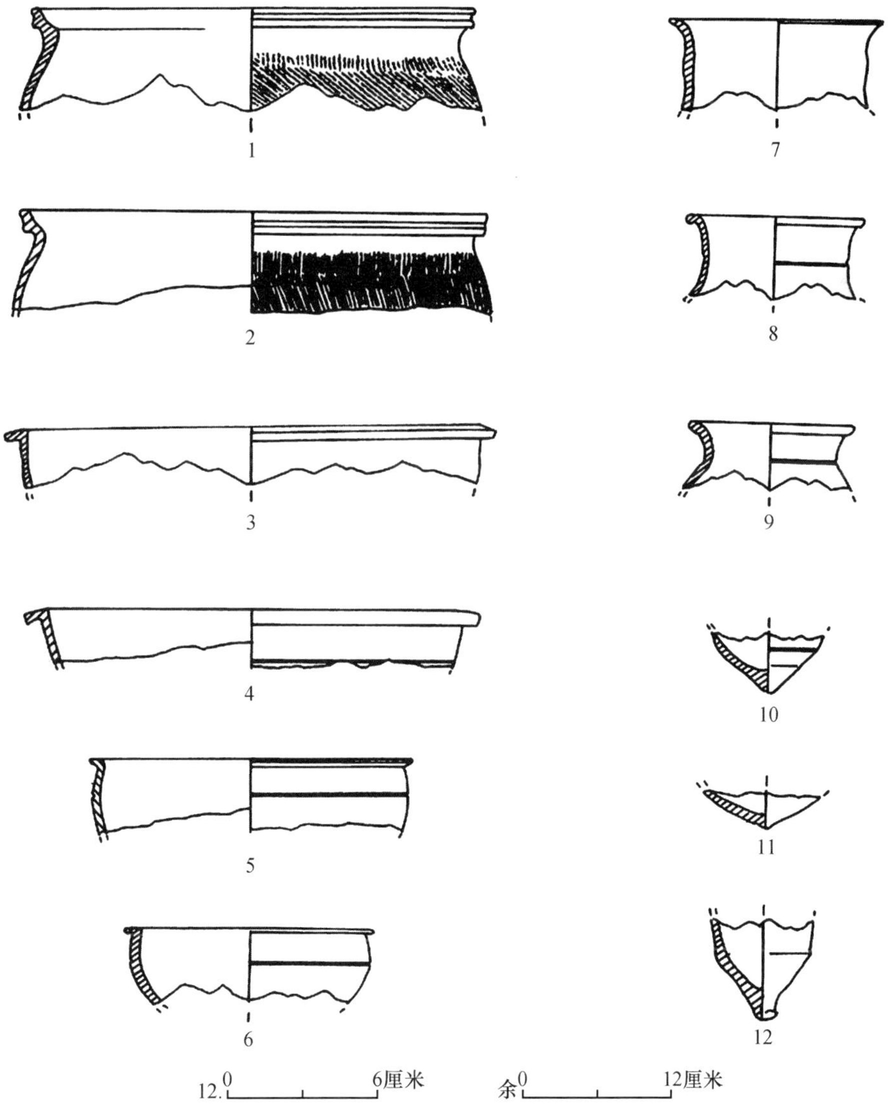

图五五　03ZDⅣT1114H66出土器物

1、2. D型陶素缘绳纹罐（H66：8、H66：9）　3～6. 陶盆（H66：10、H66：11、H66：12、H66：7）　7. B型陶高领罐（H66：1）　8. A型陶高领罐（H66：2）　9. 陶素缘素面罐（H66：3）　10、11. 陶尖底盏（H66：4、H66：5）　12. Ⅱ式陶尖底杯（H66：6）

B型　1件。03ZDⅣT1114H66：1，泥质灰皮红胎陶。侈口，卷沿外翻，尖圆唇，束颈较直，颈部以下残。素面。口径17.6、残高7.2厘米（图五五，7）。

陶尖底杯　1件。Ⅱ式。03ZDⅣT1114H66：6，泥质灰陶。残存尖底，腹、底交接处凸棱明显。残高4厘米（图五五，12）。

陶尖底盏　2件。03ZDⅣT1114H66：4，泥质灰陶。残存尖底。底部有凹弦纹。残高4.8厘米（图五五，10）。03ZDⅣT1114H66：5，泥质灰陶。残存尖底。残高2.8厘米（图五五，11）。

陶盆　4件。03ZDⅣT1114H66：7，泥质灰陶。敛口，平折沿，尖圆唇，鼓腹，腹部以下残。上腹部饰凹弦纹一周。口径20、残高6厘米（图五五，6）。03ZDⅣT1114H66：12，夹砂灰陶，平折沿，尖圆唇，鼓腹，底残。上腹部饰有一道凹弦纹。口径26、残高6厘米（图五五，5）。03ZDⅣT1114H66：10，夹砂灰陶。敞口，折平沿，斜方唇，腹残。口径40、残高4.4厘米（图五五，3）。03ZDⅣT1114H66：11，夹砂灰褐陶。敞口，平折沿，斜方唇，腹残。上腹部有凹弦纹。口径36.8、残高4.4厘米（图五五，4）。

陶素缘素面罐　1件。03ZDⅣT1114H66：3，泥质灰陶。侈口，卷沿外翻，圆唇，束颈，溜肩，肩部以下残。颈饰一周凹弦纹。口径13.6、残高5.2厘米（图五五，9）。

（二四）03ZDⅠT1410H70出土器物

陶豆盘　2件。03ZDⅠT1410H70：1，夹砂灰陶。豆盘与豆柄分制。敞口，微敛，尖圆唇，浅弧腹，平底，柄残。素面。口径15.2、残高5.2厘米（图五六，2）。03ZDⅠT1410H70：2，夹砂灰陶。豆盘与豆柄分制。敞口，微敛，尖圆唇，浅弧腹，平底，柄残。素面。口径15.2、残高6.4厘米（图五六，1）。

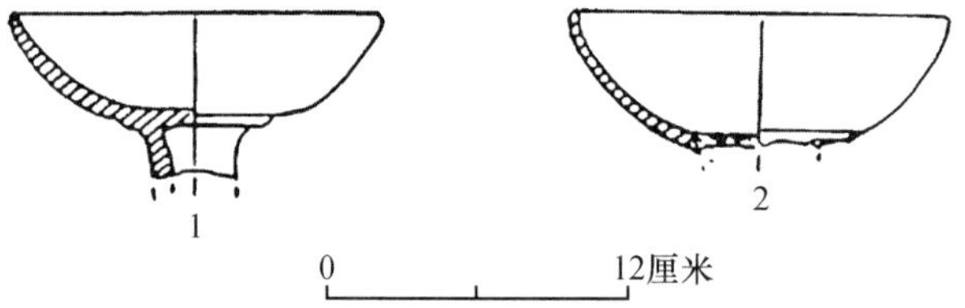

图五六　03ZDⅠT1410H70出土器物
1、2. 陶豆盘（H70：2、H70：1）

（二五）03ZDⅠT1308H71出土器物

陶素缘绳纹罐7件。

A型Ⅰ式。1件。03ZDⅠT1308H71：6，夹砂灰陶。侈口，卷沿，圆唇，束颈，耸鼓肩，肩部以下残。器表饰细绳纹。口径15.2、残高5.2厘米（图五七，7）。

C型Ⅱ式。2件。03ZDⅠT1308H71：4，泥质灰陶。微侈口，圆唇，微束颈，颈、腹交接处微突起，腹近直，下腹残。器表饰杂乱斜向绳纹。口径22.4、残高10.8厘米（图五七，2）。03ZDⅠT1308H71：8，泥质灰陶。微侈口，圆唇，微束颈，颈、腹交接处微突起，腹近直，下腹残。器表饰斜向绳纹。口径17.4、残高7.2厘米（图五七，1）。

B型Ⅱ式。4件。03ZDⅠT1308H71：21，夹砂灰陶。侈口，微折，斜方唇，束颈，溜肩，肩以下残。器表饰斜方格形不规则划纹。口径35.2、残高10厘米（图五七，5）。03ZDⅠT1308H71：25，夹砂褐陶。侈口，卷沿，圆唇，束颈，溜肩，肩部以下残。器表饰交错中粗绳纹。口径32、残高11厘米（图五七，4）。03ZDⅠT1308H71：7，夹砂灰陶。侈口，卷沿，圆唇，束颈，溜肩，肩部以下残。器表饰中绳纹。口径18.4、残高5.2厘米（图五七，10）。03ZDⅠT1308H71：23，夹砂灰陶。侈口，卷沿，圆唇，束颈，鼓肩，肩部以下残。肩部饰有指压痕迹，器表饰绳纹。口径24、残高6厘米（图五七，3）。

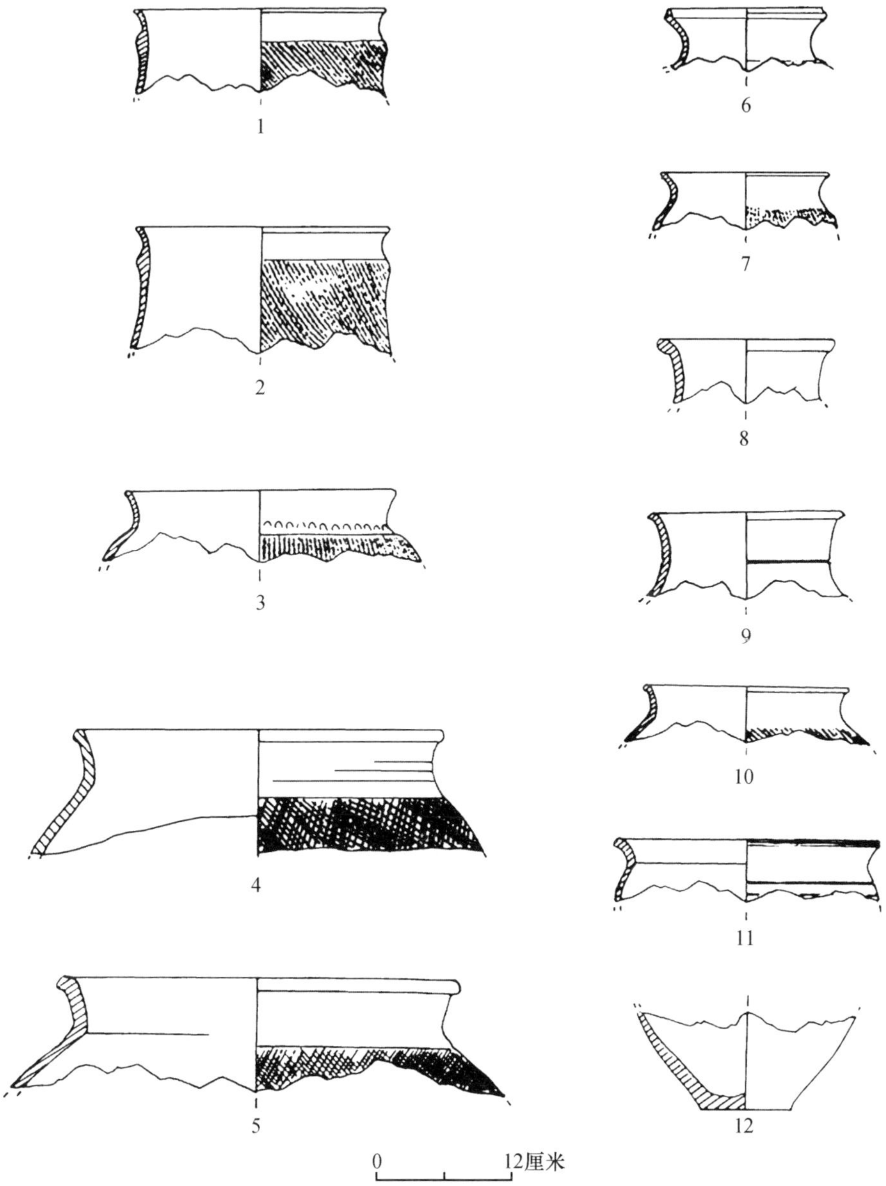

图五七　03ZDⅠT1308H71出土器物（一）

1、2. C型Ⅱ式陶素缘绳纹罐（H71：8、H71：4）　3～5、10. B型Ⅱ式陶素缘绳纹罐（H71：23、H71：25、H71：21、H71：7）　6. C型陶盘口罐（H71：5）　7. A型Ⅰ式陶素缘绳纹罐（H71：6）　8、9. A型陶高领罐（H71：18、H71：3）　11. 陶盆（H71：22）　12. 残陶器底（H71：16）

陶高领罐　3件。A型。2件。03ZDⅠT1308H71：3，夹砂灰陶。侈口，卷沿，尖圆唇，束颈，颈部以下残。颈部饰凹弦纹一周。口径17.6、残高7.6厘米（图五七，9）。03ZDⅠT1308H71：18，夹砂灰陶。侈口，卷沿，圆唇，束颈，颈部以下残。素面。口径16、残高5.6厘米（图五七，8）。

B型。1件。03ZDⅠT1308H71：24，泥质灰陶。侈口，尖圆唇，卷沿，束领较直，溜肩，鼓腹，底残。上腹饰凹弦纹一周。口径15、腹径28、残高28厘米（图五八，4）。

陶盘口罐　1件。C型。03ZDⅠT1308H71：5，泥质灰陶。侈口，卷沿，唇部内折呈盘状，束颈，颈部以下残。素面。口径14.4、残高5.6厘米（图五七，6）。

陶盆　3件。03ZDⅠT1308H71：22，夹砂灰陶。侈口，微折沿，斜方唇，束颈，溜肩，肩部以下残。肩部饰凹弦纹两周。口径24、残高5.2厘米（图五七，11）。03ZDⅠT1308H71：1，夹砂灰陶。侈口，卷沿微折，尖圆唇，弧腹，底残。器表饰绳纹，内壁饰横向刻划纹。口径32、残高8厘米（图五八，1）。03ZDⅠT1308H71：12，夹砂黑皮褐陶。敞口，折沿，斜方唇，弧腹，底残。素面。口径40、残高6.4厘米（图五八，3）。

陶甑箅　2件。03ZDⅠT1308H71：20，夹砂灰陶。侈口，卷沿微折，圆唇，弧腹，底残。腹部饰不规则篮纹，并有戳刺麻点，腹壁上残存镂孔一排。口径40、残高7.6厘米（图五八，2）。03ZDⅠT1308H71：19，夹砂灰陶。仅存底部，上有一小圆孔。残长7.2厘米（图五八，5）。

陶尖底杯　2件。Ⅱ式。03ZDⅠT1308H71：15，夹砂红陶。残存尖底，形体较胖，腹、底转折处凸棱明显。残高4厘米（图五八，12）。03ZDⅠT1308H71：14，夹砂灰陶。残存尖底，形体较瘦，腹、底转折处凸棱明显。内壁留有旋痕。残高5厘米（图五八，13）。

炮弹形陶杯　3件。03ZDⅠT1308H71：2，泥质灰陶。残存尖平底。腹、底转折处凸棱明显。残高7.2厘米（图五八，11）。03ZDⅠT1308H71：10，泥质灰陶。残存尖平底。残高4.8厘米（图五八，9）。03ZDⅠT1308H71：11，泥质灰陶。残存尖平底。残高5厘米（图五八，10）。

陶尖底盏　2件。03ZDⅠT1308H71：17，泥质灰陶。残存尖平底。底径2.4、残高2.8厘米（图五八，7）。03ZDⅠT1308H71：13，夹砂灰陶。残存尖底。残高2.8厘米（图五八，8）。

陶器盖　1件。03ZDⅠT1308H71：9，夹砂灰陶。喇叭形，纽座残。素面。口径14.4、残高4.8厘米（图五八，6）。

残陶器底　1件。03ZDⅠT1308H71：16，泥质灰陶。残存平底。素面。底径8.4、残高8.4厘米（图五七，12）。

（二六）03ZDⅣT1705H72出土器物

陶素缘绳纹罐　2件。B型Ⅰ式。03ZDⅣT1705H72：2，夹砂红陶。侈口，卷沿外翻，尖圆唇，溜肩，肩以下残。器表饰斜向绳纹。口径15.2、残高6.4厘米（图五九，3）。03ZDⅣT1705H72：4，夹细砂黄褐陶。侈口，卷沿，尖圆唇，溜肩，鼓腹，底残。器表饰细绳纹。口径18.8、残高10.4厘米（图五九，4）。

陶盆　2件。03ZDⅣT1705H72：1，泥质灰陶。敛口，平折沿，尖圆唇，鼓腹，底残。上腹饰凹弦纹一周，口径22.4、残高6厘米（图五九，1）。03ZDⅣT1705H72：3，夹砂灰褐陶。敛口，平折沿，尖圆唇，鼓腹，底残。上腹饰凹弦纹一周，口径24、残高5.6厘米（图五九，2）。

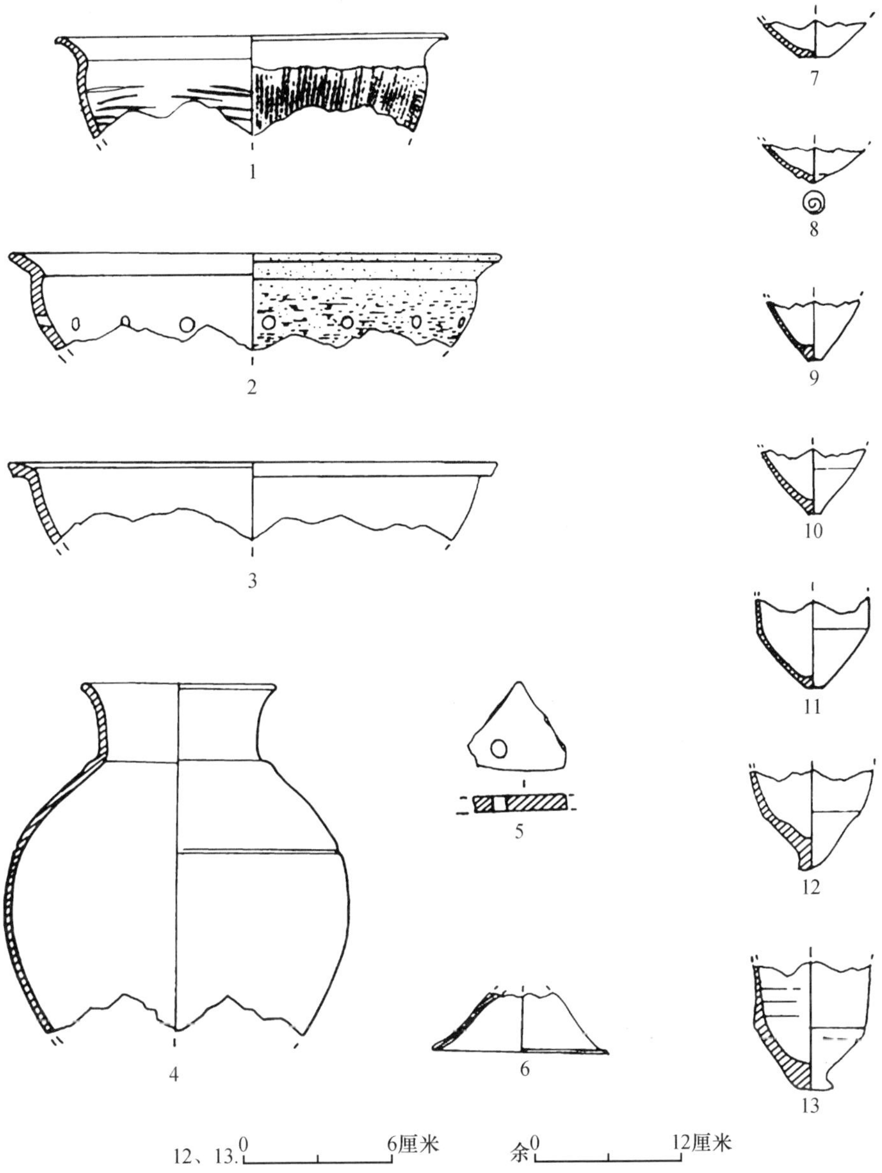

图五八　03ZDⅠT1308H71出土器物（二）

1、3. 陶盆（H71：1、H71：12）　2、5. 陶甑箅（H71：20、H71：19）　4. B型陶高领罐（H71：24）　6. 陶器盖（H71：9）　7、8.陶尖底盏（H71：17、H71：13）　9～11. 炮弹形陶杯（H71：10、H71：11、H71：2）　12、13. Ⅱ式陶尖底杯（H71：15、H71：14）

（二七）03ZDⅣT1203H73出土器物

陶素缘绳纹罐　2件。

A型Ⅱ式。1件。03ZDⅣT1203H73：2，夹砂灰陶。侈口，卷沿外翻，束颈，鼓肩微耸，肩以下残。器表饰中粗绳纹。口径9.6、残高6.8厘米（图六〇，6）。

形制不明。1件。03ZDⅣT1203H73：3，夹砂灰陶。侈口，卷沿外翻，圆唇，束颈，颈以下残。口径28、残高6厘米（图六〇，3）。

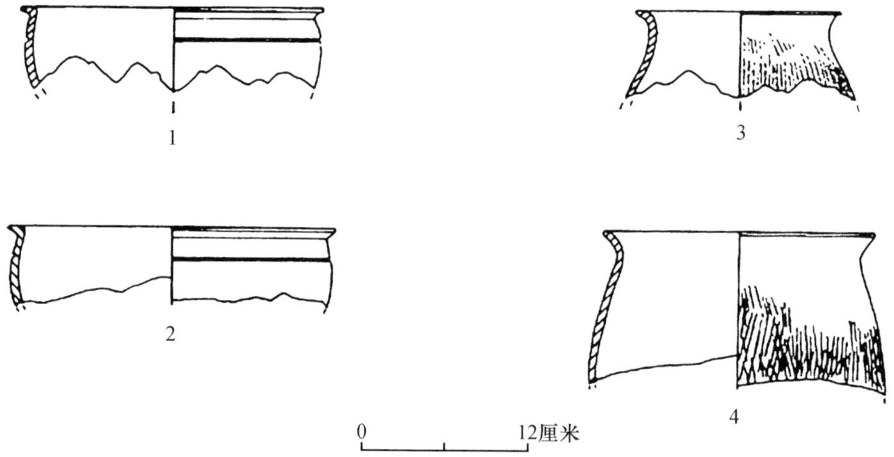

图五九　03ZDⅣT1705H72出土器物

1、2. 陶盆（H72：1、H72：3）　3、4. B型Ⅰ式陶素缘绳纹罐（H72：2、H72：4）

陶花边口沿罐　2件。

A型Ⅱ式。2件。03ZDⅣT1203H73：6，夹砂红陶。侈口，卷沿外翻，圆唇，束颈，溜肩，肩以下残。唇面饰指压波浪纹花边，器表饰斜向粗绳纹。口径19.2、残高6厘米（图六〇，1）。03ZDⅣT1203H73：7，夹砂黄褐陶。侈口，卷沿，束颈，圆溜肩，肩以下残。唇面饰绳切波浪纹花边，器表饰中粗绳纹。口径19.2、残高6.4厘米（图六〇，2）。

陶尖底杯　1件。Ⅲ式。03ZDⅣT1203H73：1，夹细砂红陶。残存尖底，形体瘦长，角形底。残高7.2厘米（图六〇，4）。

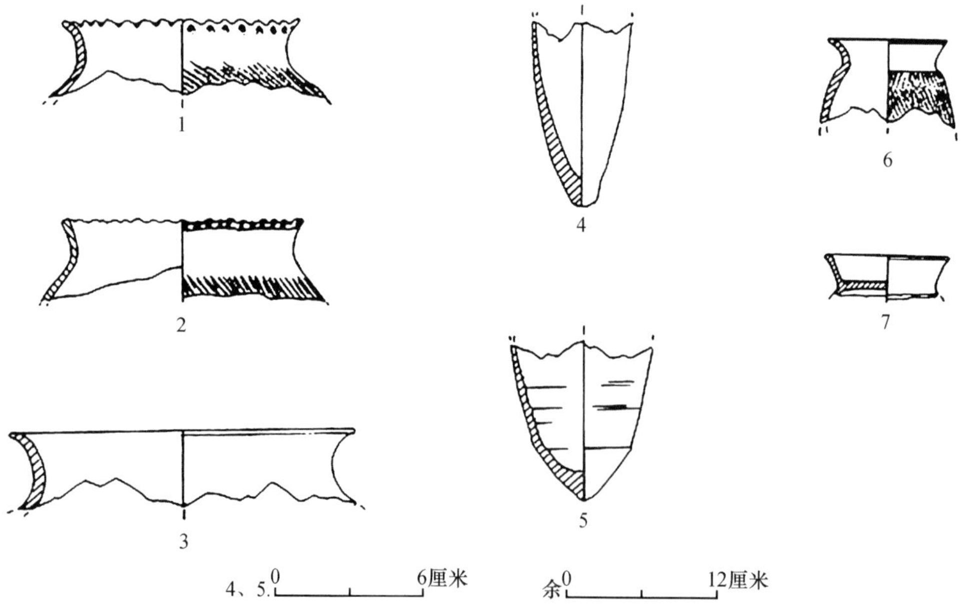

图六〇　03ZDⅣT1203H73出土器物

1、2. A型Ⅱ式陶花边口沿罐（H73：6、H73：7）　3. 形制不明陶素缘罐（H73：3）　4. Ⅲ式陶尖底杯（H73：1）　5. 炮弹形陶杯（H73：5）　6. A型Ⅱ式陶素缘罐（H73：2）　7. 陶器盖抓手（H73：4）

炮弹形陶杯　1件。03ZDⅣT1203H73：5，夹砂灰陶。残存尖底，底、腹交接处凸棱明显，内外壁留有旋痕。残高6.2厘米（图六〇，5）。

陶器盖抓手　1件。03ZDⅣT1203H73：4，夹细砂黑皮灰胎陶。束腰形抓手，盖盘残。底径10、残高3.2厘米（图六〇，7）。

（二八）03ZDⅣT1215H74出土器物

陶素缘绳纹罐　3件。

B型Ⅱ式。3件。03ZDⅣT1215H74：10，夹砂灰陶。侈口，卷沿，斜方唇，溜肩，肩以下残。腹饰纵向绳纹。口径8、残高4.4厘米（图六一，5）。03ZDⅣT1215H74：4，夹砂灰陶。侈口，卷沿，尖圆唇，微耸肩，肩以下残。腹部饰杂乱细绳纹。口径18.4、残高5.6厘米（图六一，3）。03ZDⅣT1215H74：14，夹细砂灰褐陶。侈口，卷沿，尖圆唇，溜肩，肩以下残。腹部饰细绳纹。口径20、残高5.6厘米（图六一，4）。

陶花边口沿罐　2件。A型Ⅱ式。03ZDⅣT1215H74：12，夹砂灰陶。侈口，卷沿，圆唇，溜肩，肩以下残。唇面饰指压花边，腹饰绳纹。口径24、残高8厘米（图六一，1）。03ZDⅣT1215H74：13，夹细砂黄褐陶。侈口，卷沿，圆唇，内唇沿微敛，溜肩，肩以下残。唇面饰指切波状花边，唇部内侧有指窝痕，腹部饰粗绳纹。口径22、残高7.4厘米（图六一，2）。

陶素缘素面罐　2件。03ZDⅣT1215H74：5，夹砂灰皮红胎陶。侈口，卷沿，圆唇，溜肩，肩以下残。素面。口径20、残高7.2厘米（图六一，9）。03ZDⅣT1215H74：15，夹砂灰陶。侈口，卷沿，尖圆唇，溜肩，颈肩之间略显有棱，腹壁较直，下腹残。素面。口径18.4、残高7.8厘米（图六一，10）。

陶尖底杯　4件。

Ⅰ式。2件。03ZDⅣT1215H74：1，泥质红陶。敞口，尖唇，形体矮胖，矮尖底（轮制成形后从转盘上扭掉而形成）。内外壁均有轮制旋痕，腹底连接处凸棱微显。口径5.6、高7厘米（图六一，14）。03ZDⅣT1215H74：16，夹细砂灰陶。敞口，尖唇，形体矮胖，矮尖底。内外壁均有轮制旋痕，腹底连接处凸棱微显。口径6.3、高6.6厘米（图六一，16）。

Ⅱ式。2件。03ZDⅣT1215H74：2，泥质红陶。敞口，尖唇，形体较瘦，底尖弯曲。外壁有轮制旋痕，腹底连接处凸棱明显。口径4.8、高7厘米（图六一，15）。03ZDⅣT1215H74：17，夹细砂红褐陶。敞口，尖圆唇，器形较瘦，底尖弯曲。内外壁均有轮痕，腹底连接处凸棱明显。口径5.1、高6.6厘米（图六一，17）。

陶高领罐　4件。

B型。4件。03ZDⅣT1215H74：11，泥质灰皮红胎陶。侈口，卷沿，圆唇，束颈较直，颈以下残。口径16、残高6.4厘米（图六一，8）。03ZDⅣT1215H74：3，泥质灰皮红胎陶。侈口，卷沿，尖圆唇，束颈较直，颈以下残。素面。口径15.2、残高8.8厘米（图六一，11）。03ZDⅣT1215H74：6，泥质灰陶。侈口，卷沿，圆唇，束颈较直，颈以下残。颈部饰凹弦纹一周。口径14.4、残高8.4厘米（图六一，12）。03ZDⅣT1215H74：7，泥质灰皮红胎陶。侈口，卷沿，圆唇，束颈较直，颈以下残。颈部饰凹弦纹一周。口径16、残高8.4厘米（图六一，13）。

残陶尖底盏底　1件。03ZDⅣT1215H74：8，泥质灰陶。残存底部，尖平底。残高4.8厘米（图六一，7）。

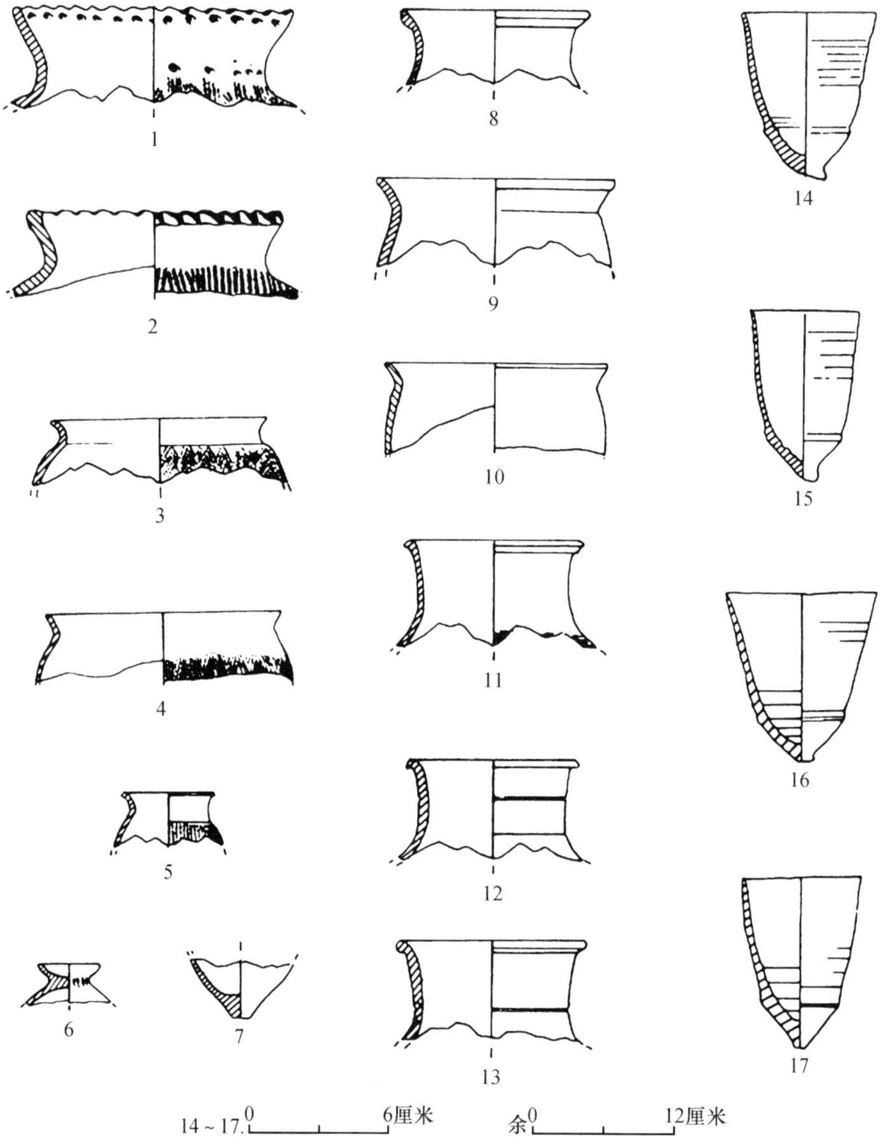

图六一　03ZDⅣT1215H74出土器物

1、2. A型Ⅱ式陶花边口沿罐（H74：12、H74：13）　3～5. B型Ⅱ式陶素缘绳纹罐（H74：4、H74：14、H74：10）　6. 残陶器盖抓手（H74：9）　7. 残陶尖底盏底（H74：8）　8、11～13. B型陶高领罐（H74：11、H74：3、H74：6、H74：7）　9、10. 陶素缘素面罐（H74：5、H74：15）　14、16. Ⅰ式陶尖底杯（H74：1、H74：16）　15、17. Ⅱ式陶尖底杯（H74：2、H74：17）

残陶器盖抓手　1件。03ZDⅣT1215H74：9，夹砂灰陶，束腰形抓手。束腰处有指甲戳划痕。座径5.6、残高2.8厘米（图六一，6；彩版八，2）。

（二九）03ZDⅣT1312H76出土器物

陶船形杯　2件。03ZDⅣT1312H76：11，夹粗砂红褐陶。厚胎。器形整体为船形，横截面为半圆形，一端平直，另一端残。口沿为圆唇略尖。残长11.5、宽约9.6、壁厚约1.2厘米（图六二，12）。

03ZDⅣT1312H76：1，夹砂红陶。厚胎。残存平直一端。残长10.8、残高6、壁厚约1.2厘米（图六二，11）。

炮弹形陶杯 6件。03ZDⅣT1312H76：2，夹细砂灰陶。残存尖底，底、腹交接呈圆折，尖平底。腹、底转折处有一周凹弦纹，器内壁留有旋痕。残高9.2厘米（图六二，6）。03ZDⅣT1312H76：9，夹细砂黑皮陶。残存尖底，器壁陡直，腹、底交接处有明显折棱，尖平底。残高7.4厘米（图六二，1）。03ZDⅣT1312H76：8，夹细砂灰褐陶。残存尖底，器壁近直，腹、底交接处有明显折棱，尖平底。残高9厘米（图六二，2）。03ZDⅣT1312H76：4，夹细砂灰陶。残存尖底，底、腹交接呈圆折，尖平底。底、腹转折处有一周凹弦纹。残高8.8厘米（图六二，7）。03ZDⅣT1312H76：6，夹细砂灰陶。口、底皆残，底、腹交接呈圆折，转折处有两周凹弦纹。残高8.8厘米（图六二，8）。03ZDⅣT1312H76：12，夹细砂灰陶，略带黄色。口、底皆残，底、腹交

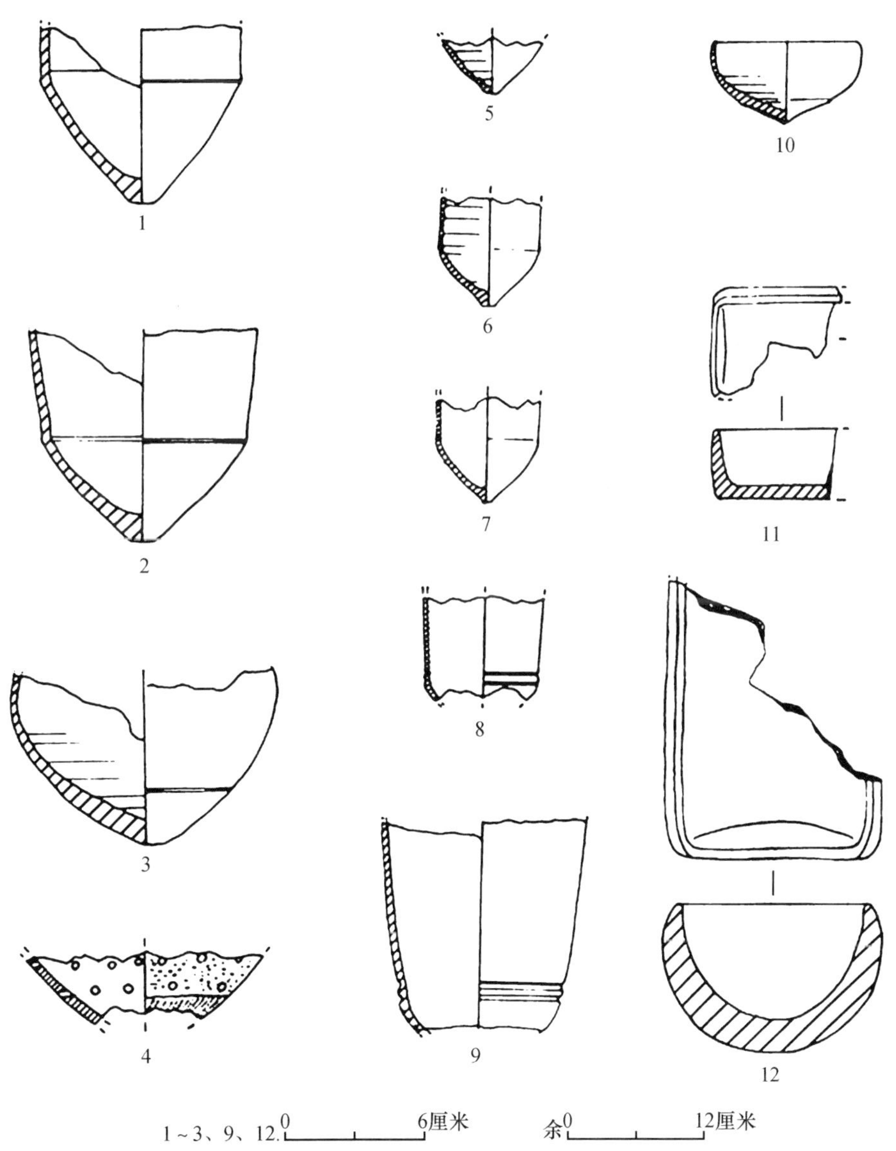

图六二 03ZDⅣT1312H76出土器物

1、2、6～9. 炮弹形陶杯（H76：9、H76：8、H76：2、H76：4、H76：6、H76：12） 3、5. 形制不明陶尖底盏（H76：10、H76：5） 4. 陶箅形器（H76：7） 10. C型陶尖底盏（H76：3） 11、12. 陶船形杯（H76：1、H76：11）

接呈圆折，转折处有两周凹弦纹。残高9厘米（图六二，9）。

陶尖底盏　3件。

C型。1件。03ZDⅣT1312H76：3，夹砂灰陶。微敛口，尖圆唇，弧腹微曲，尖底。底部饰凹弦纹一周，内壁留有旋痕。口径12.8、高6.8厘米（图六二，10）。

形制不明　2件。03ZDⅣT1312H76：10，夹细砂青灰陶。口部残，弧腹较深，内有轮制痕迹，尖圜底，近底处有凸棱。残高7.4厘米（图六二，3）。03ZDⅣT1312H76：5，夹细砂灰陶。残存尖底，内壁有旋痕。残高4.4厘米（图六二，5）。

陶箅形器　1件。03ZDⅣT1312H76：7，夹砂灰陶。口、底部皆残。周壁镂刻小圆孔，器表饰划纹及戳刺麻点。残高5.6厘米（图六二，4）。

二、文化层单位出土遗物

在发掘的203个探方和探沟中，有168个不同程度地分布着本期文化层，约占总发掘面积的82%。其中，有绘图器物标本的文化层单位38个，我们将其出土物按单位报告如下，而没有绘图器物标本的单位则采用列表的方式进行报告。

（一）01ZDⅣT1505⑤出土器物

陶素缘绳纹罐　3件。A型Ⅱ式。01ZDⅣT1505⑤：8，夹砂黄灰陶。轮制。侈口，卷沿，尖圆唇，束颈，耸肩，肩以下残。器表饰斜纵向中绳纹。口径18、残高4.6厘米（图六三，3）。01ZDⅣT1505⑤：12，夹砂红陶。轮制。侈口，卷沿，尖圆唇，束颈，耸肩，肩以下残。器表饰斜纵向中绳纹。口径15.2、残高4.6厘米（图六三，4）。01ZDⅣT1505⑤：10，夹砂黑陶。轮制。侈口，微折沿，尖圆唇，束颈较直，圆肩，肩以下残。器表饰交错细绳纹。口径14、残高7.8厘米（图六三，5）。

陶高领罐　8件。

A型。6件。01ZDⅣT1505⑤：2，夹砂青灰陶。轮制。侈口，卷沿，方唇，唇面微凹，束颈，颈以下残。素面。口径18.4、残7厘米（图六三，1）。01ZDⅣT1505⑤：6，夹细砂黑灰陶。轮制。侈口，卷沿，尖圆唇，束颈，颈以下残。颈中部饰一凹弦纹。口径18、残高7.6厘米（图六三，2）。01ZDⅣT1505⑤：4，夹细砂灰褐陶。轮制。侈口，卷沿，卷圆唇，束颈，溜肩，肩以下残。素面。口径14、残高8.2厘米（图六四，7）。01ZDⅣT1505⑤：13，夹细砂青灰陶。轮制。侈口，平卷圆唇，束颈较直，颈以下残。颈部饰一周凹弦纹。口径16、残高7.6厘米（图六四，1）。01ZDⅣT1505⑤：11，夹细砂灰陶。轮制。侈口，卷沿，卷圆唇，束颈，颈以下残。颈部饰一周凹弦纹。口径14.4、残高5.8厘米（图六四，2）。01ZDⅣT1505⑤：7，夹细砂青灰陶。轮制。侈口，卷沿，卷尖圆唇，束颈，颈以下残。颈部饰一周凹弦纹。口径15.2、残高6.6厘米（图六四，4）。

B型。2件。01ZDⅣT1505⑤：1，夹砂黄褐陶。轮制。侈口，翻卷尖圆唇，束颈较直，颈以下残。颈部饰两周凹弦纹。口径14.4、残高11厘米（图六四，3）。01ZDⅣT1505⑤：9，夹砂青灰陶。

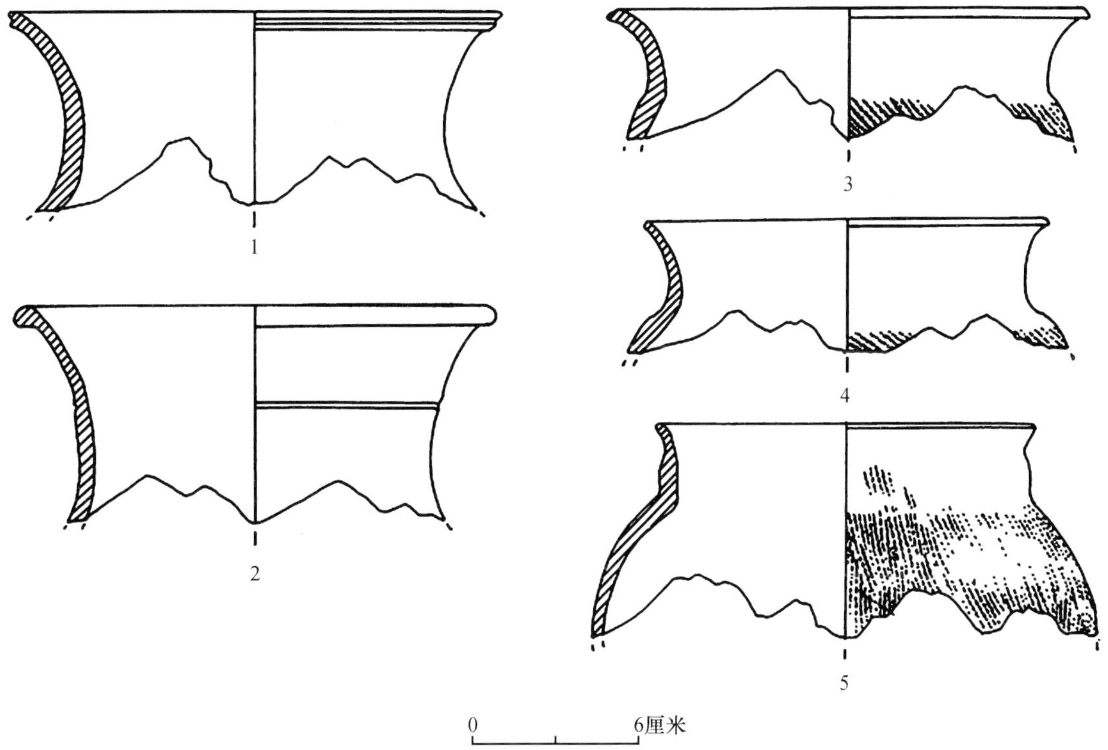

图六三　01ZDⅣT1505⑤出土器物（一）
1、2. A型陶高领罐（T1505⑤：2、T1505⑤：6）　3～5. A型Ⅱ式陶素缘绳纹罐（T1505⑤：8、T1505⑤：12、T1505⑤：10）

轮制。侈口，卷沿，圆唇，束颈，溜肩，肩以下残。素面。口径14.4、残高7.4厘米（图六四，6）。

残陶尖底盏底　1件。1件。01ZDⅣT1505⑤：3，夹砂黄褐陶。轮制。内壁留有旋痕。器表略经打磨。残高5.4厘米（图六四，5）。

残炮弹形陶尖底杯　1件。01ZDⅣT1505⑤：5，泥质灰褐陶。轮制。腹近炮弹形。腹、底转折处饰一周凹弦纹。残高14厘米（图六四，8）。

（二）01ZDⅣT1505⑤a出土器物

陶耸肩罐　1件。A型。1件。01ZDⅣT1505⑤a：11，夹砂黑陶。轮制。敛口，微侈沿，尖圆唇，溜肩，耸鼓腹，下腹残。素面。口径14、残高6.8厘米（图六六，1）。

陶折沿罐　1件。01ZDⅣT1505⑤a：10，夹砂黄灰陶。轮制。侈口，宽卷沿，尖圆唇，溜肩，肩以下残。素面。口径10.4、残高2.3厘米（图六五，2）。

陶垂腹罐　1件。01ZDⅣT1505⑤a：15，夹砂黄灰陶。轮制。敛口，侈卷沿，圆唇，鼓腹，腹以下残。素面。口径10.1、残高3.8厘米（图六五，5）。

陶素缘素面罐　5件。01ZDⅣT1505⑤a：12，夹砂黑陶。侈口，卷沿，方圆唇，溜肩，肩以下残。唇部有一指压痕迹，素面。口径20、残高4.8厘米（图六五，3）。01ZDⅣT1505⑤a：20，夹砂灰陶。侈口，卷沿，方圆唇，溜肩，肩以下残。素面。口径18、残高3.6厘米（图六五，10）。01ZDⅣT1505⑤a：9，夹砂黑灰陶。侈口，微卷沿，圆唇，溜肩，肩以下残。素面。口径12厘米、

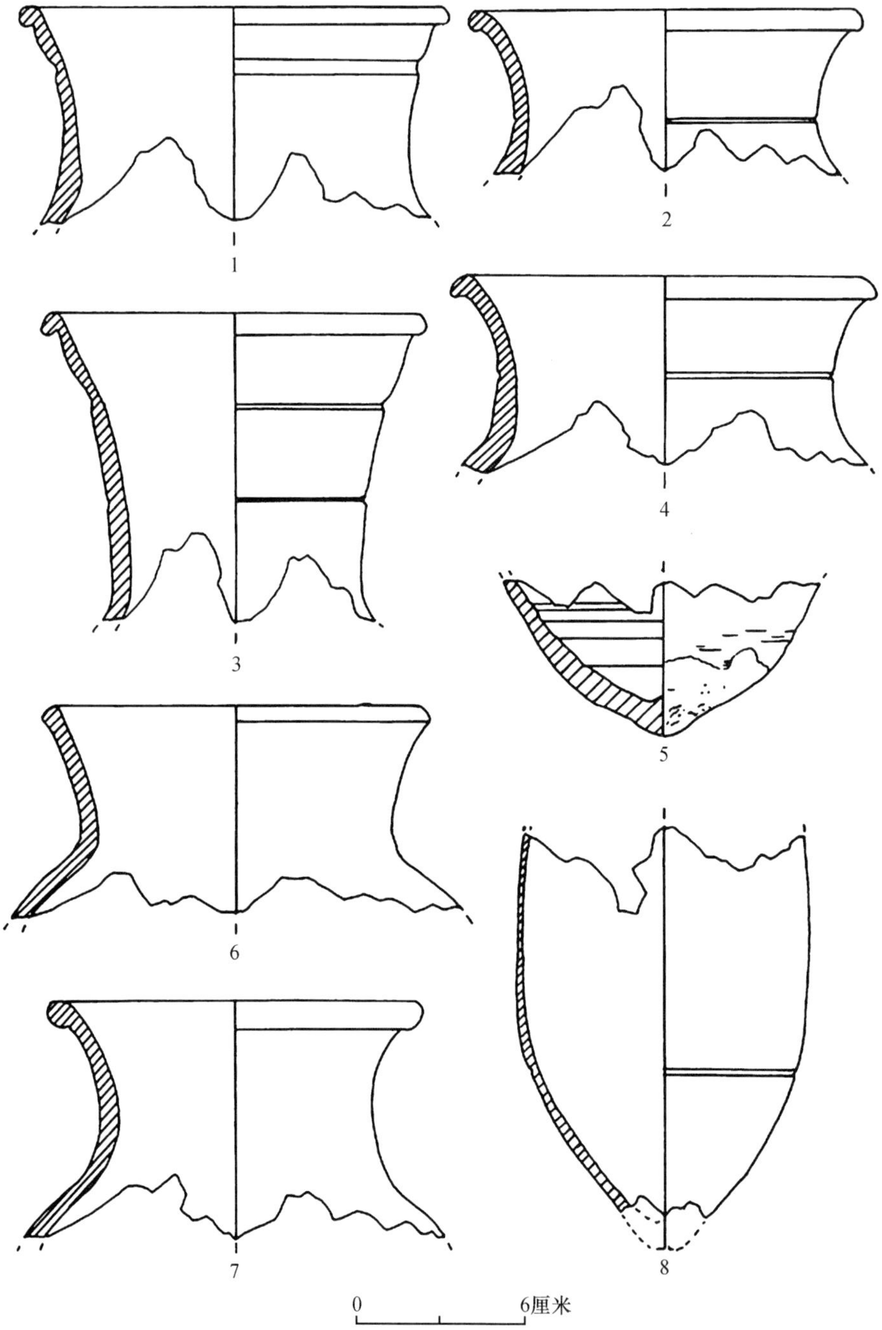

图六四　01ZDⅣT1505⑤出土器物（二）

1、2、4、7. A型陶高领罐（T1505⑤：13、T1505⑤：11、T1505⑤：7、T1505⑤：4）　3、6. B型陶高领罐（T1505⑤：1、T1505⑤：9）　5. 残陶尖底盏底（T1505⑤：3）　8. 残炮弹形陶尖底杯（T1505⑤：5）

残高2.6厘米（图六六，3）。01ZDⅣT1505⑤a：7，夹细砂青灰陶。侈口，卷沿，方唇，溜肩，肩以下残。素面。口径14、残高3.2厘米（图六六，6）。01ZDⅣT1505⑤a：8，夹细砂青灰陶。敛口，直沿，尖圆唇，溜肩，肩以下残。口径12、残高3.6厘米（图六六，8）。

陶素缘绳纹罐　B型Ⅱ式。1件。01ZDⅣT1505⑤a：18，夹砂黑陶。侈口，卷沿，方圆唇，溜肩，肩以下残。器身饰中粗绳纹。口径14、残高3.4厘米（图六五，8）。

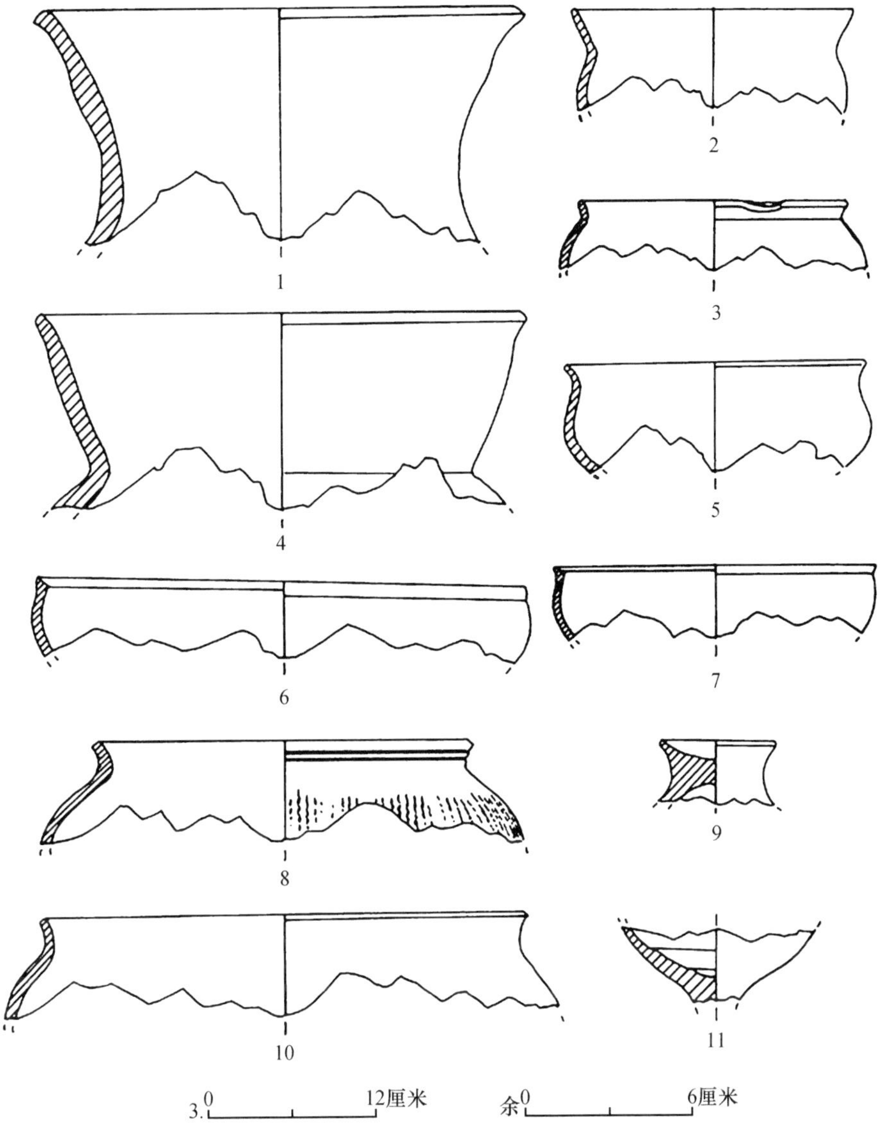

图六五　01ZDⅣT1505⑤a出土器物（一）

1、4. B型陶高领罐（T1505⑤a：3、T1505⑤a：14）　2. 陶折沿罐（T1505⑤a：10）　3、10. 陶素缘素面罐（T1505⑤a：12、T1505⑤a：20）　5. 陶垂腹罐（T1505⑤a：15）　6、7. 陶盆（T1505⑤a：16、T1505⑤a：17）　8. B型Ⅱ式陶素缘绳纹罐（T1505⑤a：18）　9. 陶器盖抓手（T1505⑤a：19）　11. 陶残尖底（T1505⑤a：21）

陶高领罐　5件。

A型。1件。01ZDⅣT1505⑤a：4，泥质青灰陶。侈口，卷沿，圆唇，束颈，颈以下残。素面。口径16、残高5.2厘米（图六六，4）。

B型。2件。01ZDⅣT1505⑤a：3，夹细砂青灰陶。侈口，卷沿，尖圆唇，束颈，颈以下残。素面。口径18、残高8.2厘米（图六五，1）。01ZDⅣT1505⑤a：14，夹砂黑陶。侈口，卷沿，圆唇，束颈较直，溜肩，肩以下残。素面。口径18、残高6.8厘米（图六五，4）。

形制不明　2件。01ZDⅣT1505⑤a：13，泥质黄灰陶。侈口，卷沿，尖圆唇，束颈，颈以下残。口径14、残高3厘米（图六六，2）。01ZDⅣT1505⑤a：5，夹砂红陶。轮制。敛口，翻卷沿，方圆唇，颈以下残。素面。口径28、残高3.5厘米（图六六，7）。

陶尖底盏　2件。

A型。1件。01ZDⅣT1505⑤a：6，夹细砂红陶。轮制。敞口，沿微折呈母口，内弧腹，腹以下残。素面。口径14、残高2.6厘米（图六六，5）。

陶残尖底　1件。01ZDⅣT1505⑤a：21，夹砂黑灰陶。轮制。残存尖底，内壁留有旋痕。残高2.6厘米（图六五，11）。

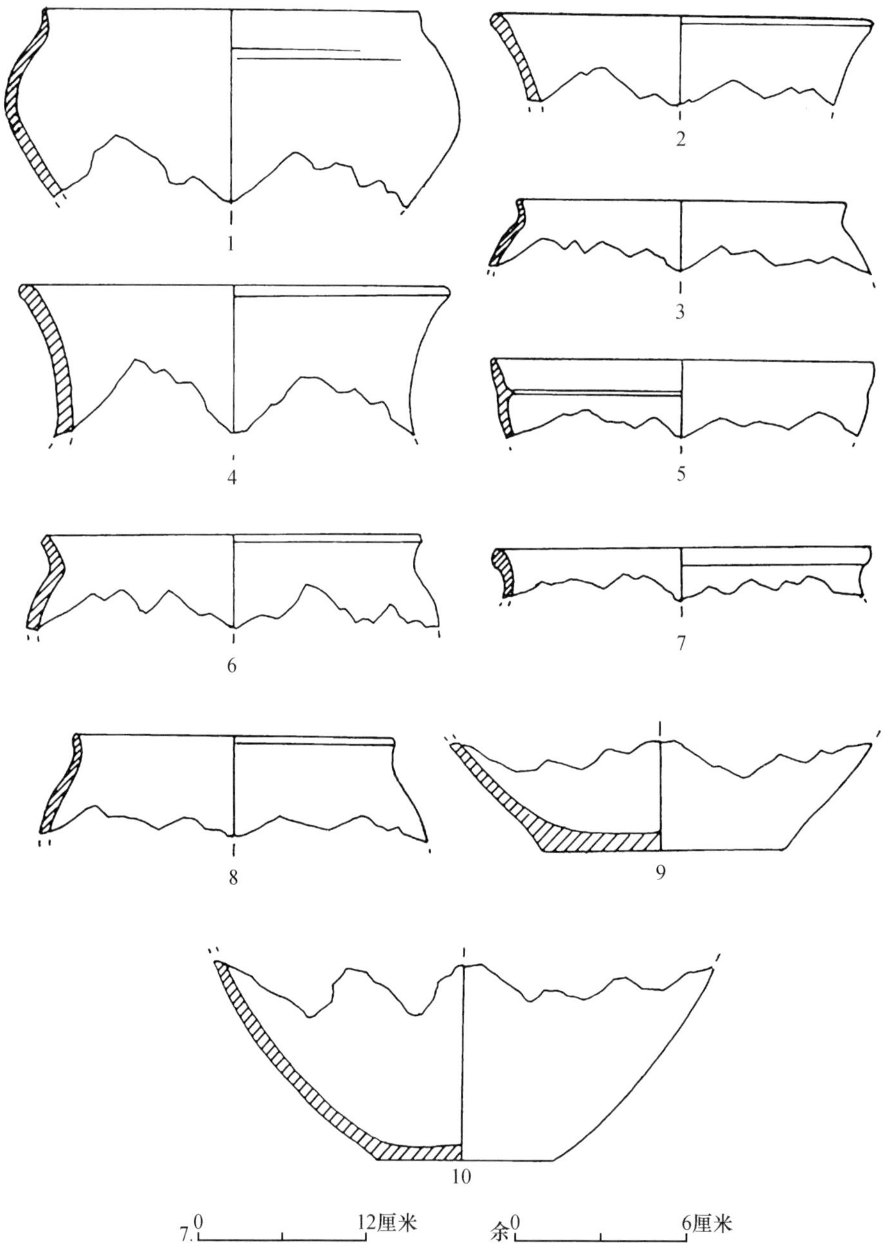

图六六　01ZDⅣT1505⑤a出土器物（二）

1. A型陶耸肩罐（T1505⑤a：11）　2、7. 形制不明陶高领罐（T1505⑤a：13、T1505⑤a：5）　3、6、8. 陶素缘素面罐（T1505⑤a：9、T1505⑤a：7、T1505⑤a：8）　4. A型陶高领罐（T1505⑤a：4）　5. A型陶尖底盏（T1505⑤a：6）　9、10. 陶平底器底（T1505⑤a：2、T1505⑤a：1）

陶盆　2件。01ZDⅣT1505⑤a：17，夹砂黄灰陶。轮制。敛口，微侈沿，尖圆唇，内唇面微凹，耸肩，肩以下残。素面。口径12、残高2.6厘米（图六五，7）。01ZDⅣT1505⑤a：16，夹砂黄褐陶。轮制。敛口，微侈沿，尖圆唇，耸肩，肩以下残。素面。口径18厘米、残高2.8厘米（图六五，6）。

陶器盖抓手　1件。01ZDⅣT1505⑤a：19，夹砂红褐陶。轮制。束腰抓手，座面内凹。盖盘残。素面。座面径4.4、残高2.2厘米（图六五，9）。

陶平底器底　2件。01ZDⅣT1505⑤a：2，泥质黑陶。轮制。平底。素面。底径8.8、残高3.8厘米（图六六，9）。01ZDⅣT1505⑤a：1，夹细砂黄褐陶。轮制。平底。素面。底径7.2、残高6.8厘米（图六六，10）。

（三）01ZDⅣT1309⑤a出土器物

陶船形杯　2件。01ZDⅣT1309⑤a：5、T1309⑤a：6，夹粗砂红褐陶。手制。从口到底胎壁逐渐加厚，内壁略膨胀呈海绵体。平面呈前弧后方之船形，横剖面呈拱形，纵剖面近鞋形。圜底，直沿，圆唇。素面。宽11.6、高6.6厘米（图六七，1）。01ZDⅣT1309⑤a：3、T1309⑤a：4，夹粗砂红陶。制法、形态与前者相同。宽11、高6厘米（图六七，2）。

陶高领罐口部　1件。A型。01ZDⅣT1309⑤a：7，夹砂青灰陶。轮制。侈口，卷沿，卷圆唇，束颈，颈以下残。素面。口径16、残高9厘米（图六八，1）。

陶素缘绳纹罐口部　1件。A型Ⅰ式。01ZDⅣT1309⑤a：8，夹砂黄褐陶。轮制。侈口，卷沿，尖圆唇，颈微束，溜肩，肩以下残。器身饰纵向中绳纹。口径14、残高6.2厘米（图六八，2）。

陶器盖　1件。01ZDⅣT1309⑤a：2，夹粗砂灰褐陶，内部呈黑色。轮制。喇叭形盖盘，侈平沿，方圆唇，束腰形抓手，抓手顶部残。素面。口径16厘米、残高6厘米（图六八，3）。

陶尖底盏　1件。A型。01ZDⅣT1309⑤a：1，夹砂黄褐陶。轮制。敞口，尖圆唇，沿内微敛呈母口，耸肩，微曲腹，尖底。口沿下饰凹弦纹，肩部饰一周圆圈纹。口径15.2、高7.2厘米（图六八，4）。

残陶平底器底　1件。01ZDⅣT1309⑤a：9，夹砂红褐陶。轮制。小平底。器身内外轮制旋痕明显。底径3.2、残高3厘米（图六八，5；彩版七，3、4）。

（四）01ZDⅣT1008⑤出土器物

陶花边口沿罐　1件。A型Ⅰ式。01ZDⅣT1008⑤：1，夹砂红褐陶。轮制。侈口，卷沿，方圆唇，束颈，溜肩，肩以下残。唇部饰指压窝纹花边，器表饰交错中绳纹。口径17.6、残高8.7厘米（图七〇，2）。

陶素缘罐　1件。A型Ⅰ式。01ZDⅣT1008⑤：3，夹砂黑陶。轮制。侈口，卷沿，圆唇，束颈，溜肩，肩以下残。器表饰斜向中绳纹。口径16、残高6厘米（图七〇，3）。

陶高领罐　1件。A型。01ZDⅣT1008⑤：4，夹砂黄灰陶。轮制。侈口，卷沿，方圆唇，束颈较直（后改称喇叭形高领），颈以下残。颈部饰两周凹弦纹。口径16、残高7厘米（图六九，1）。

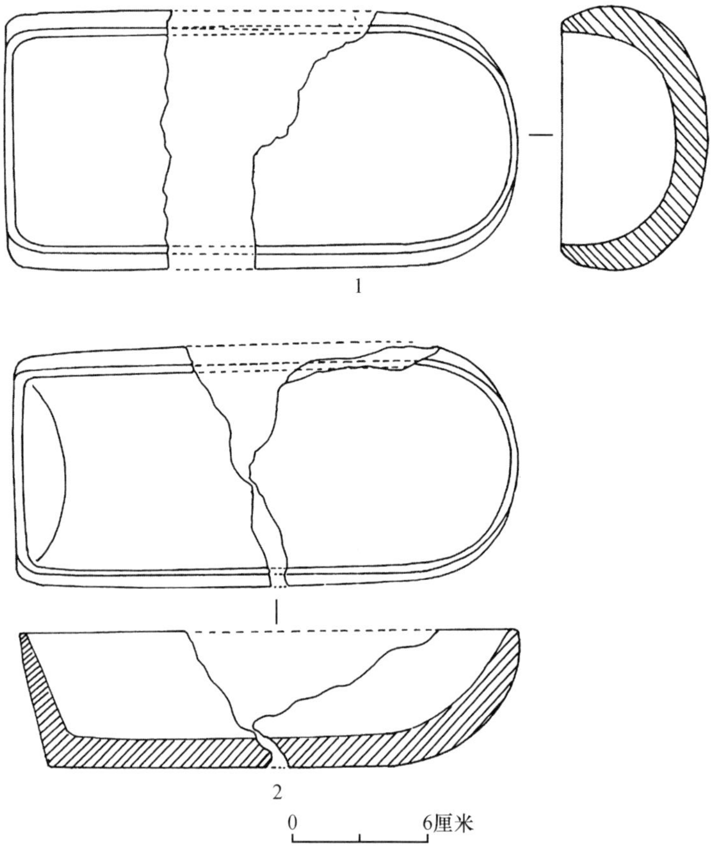

图六七　01ZDⅣT1309⑤a出土器物（一）
1、2. 船形杯（T1309⑤a：5、6，T1309⑤a：3、4）

陶盘口罐　1件。B型。01ZDⅣT1008⑤：5，泥质黄灰陶。轮制。侈口，卷沿，方唇内折呈盘状，唇面微凹，束颈，颈以下残。口径18、残高5.8厘米（图六九，4）。

陶矮领瓮　2件。01ZDⅣT1008⑤：2，夹砂黄灰陶。轮制。侈口，卷沿，方唇内折呈盘状，短束颈，溜肩，肩以下残。素面。口径16、残高4厘米（图六九，2）。01ZDⅣT1008⑤：7，夹砂黑皮红心陶。轮制。侈口，卷沿，圆方唇，短束颈，颈以下残。素面。口径16、残高7.2厘米（图六九，3）。

陶盆　1件。01ZDⅣT1008⑤：6，泥质灰陶。轮制。敛口，折平沿，方唇，溜肩，肩以下残。素面。口径45.1、残高3.6厘米（图七〇，1）。

（五）01ZDⅣT1307⑤出土器物

陶素缘绳纹罐　2件。B型Ⅱ式。01ZDⅣT1307⑤：3，夹砂红褐陶。轮制。侈口，卷沿，尖圆唇，颈微束，圆鼓肩，肩以下残。器表饰纵向中绳纹。口径25.4、残高12.4厘米（图七一，2）。01ZDⅣT1307⑤：19，夹砂红陶。轮制。侈口，卷沿，方唇，束颈，肩以下残。器表饰横向中绳纹。口径11.6、残高2.8厘米（图七一，4）。

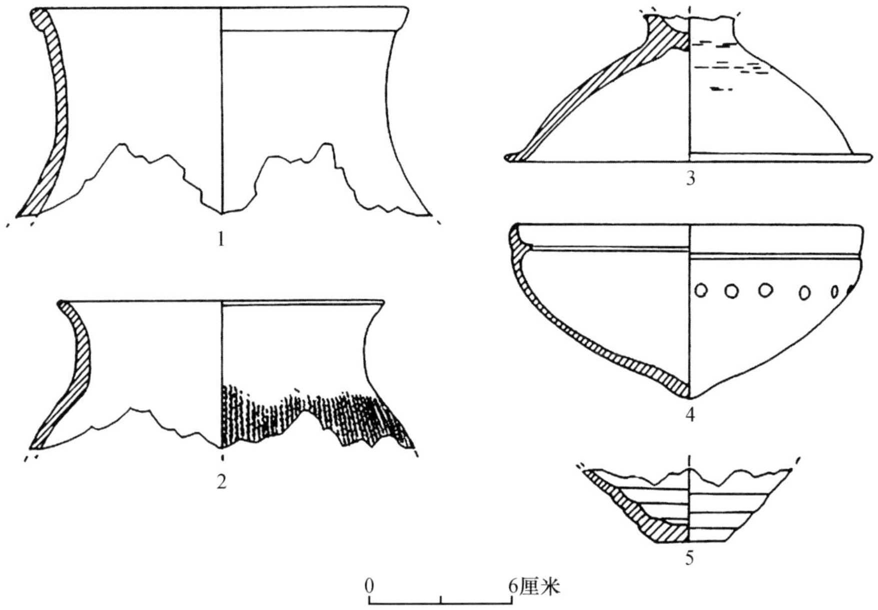

图六八　01ZDⅣT1309⑤a出土器物（二）

1. A型陶高领罐口部（T1309⑤a：7）　2. A型Ⅰ式陶素缘绳纹罐（T1309⑤a：8）　3. 陶器盖（T1309⑤a：2）　4. A型陶尖底盏（T1309⑤a：1）　5. 残平底陶器底（T1309⑤a：9）

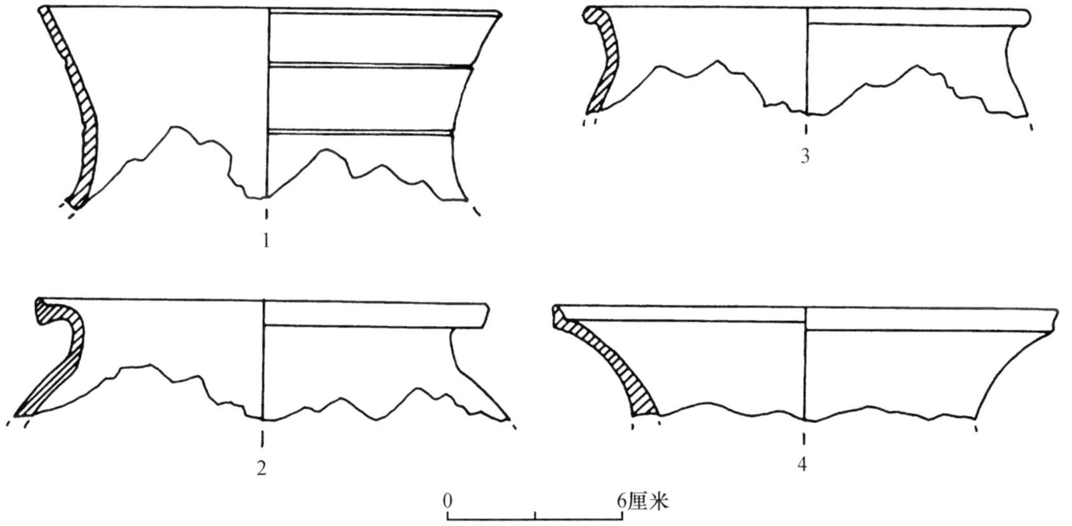

图六九　01ZDⅣT1008⑤出土器物（一）

1. A型陶高领罐（T1008⑤：4）　2、3. 陶矮领瓮（T1008⑤：2、T1008⑤：7）　4. 陶盘口罐（T1008⑤：5）

陶素面小罐　1件。01ZDⅣT1307⑤：2，夹砂黄灰陶。轮制。侈口，卷沿，尖圆唇，束颈，垂腹，圜底。素面。口径7.2、高9厘米（图七一，1）。

残陶尖底盏底部　1件。01ZDⅣT1307⑤：7，夹砂黑陶。轮制。尖底，腹微曲。素面。残高4厘米（图七一，3）。

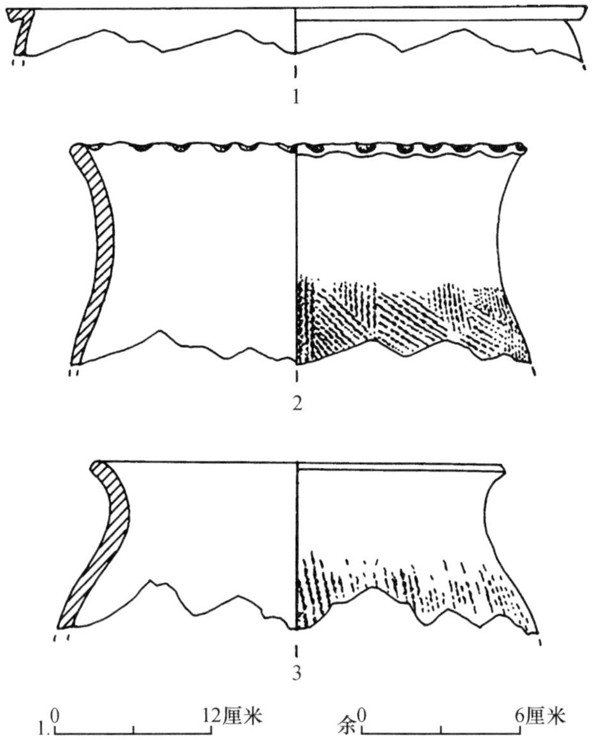

图七〇　01ZDⅣT1008⑤出土器物（二）

1. 陶盆（T1008⑤：6）　2. A型Ⅰ式陶花边口沿罐（T1008⑤：1）

3. A型Ⅰ式陶素缘绳纹罐（T1008⑤：3）

（六）01ZDⅣT1605⑤出土器物

陶素缘绳纹罐　1件。B型Ⅲ式。01ZDⅣT1605⑤：1，夹砂红褐陶。轮制。敛口，窄折沿，尖圆唇，唇内面微凹，折棱突出，耸肩，内斜弧腹，小平底。肩部饰两周凹弦纹，器表饰拍印交错中绳纹。口径42、高38.5厘米（图七一，5）。

（七）01ZDⅣT1607⑤出土器物

陶素缘绳纹罐　1件。A型Ⅱ式。01ZDⅣT1607⑤：1，夹砂黑陶。轮制。侈口，卷沿，尖圆唇，圆耸肩，内弧腹，圜底。器表饰交错中绳纹。口径18、残高21.4厘米（图七二，1）。

陶花边口沿罐残片　2件。01ZDⅣT1607⑤：3，夹砂黄褐陶。轮制。侈口，卷沿，方唇，唇面饰指压窝纹花边，颈微束，颈以下残。器表饰纵向中绳纹。残高6厘米（图七二，2）。01ZDⅣT1607⑤：2，夹砂黄褐陶。轮制。侈口，卷沿，方唇，唇面饰有指压波浪窝纹花边，颈微束，颈以下残。器表饰纵向中绳纹。口径48、残高6厘米（图七二，5）。

残陶豆柄　1件。A型。01ZDⅣT1607⑤：8，夹细砂灰褐陶。轮制。喇叭形。素面。残高6厘米（图七二，3）。

残陶尖底盏底部　1件。01ZDⅣT1607⑤：4，夹细砂灰陶。轮制。尖圜底，底部呈圆饼状。素面。残高2.4厘米（图七二，4）。

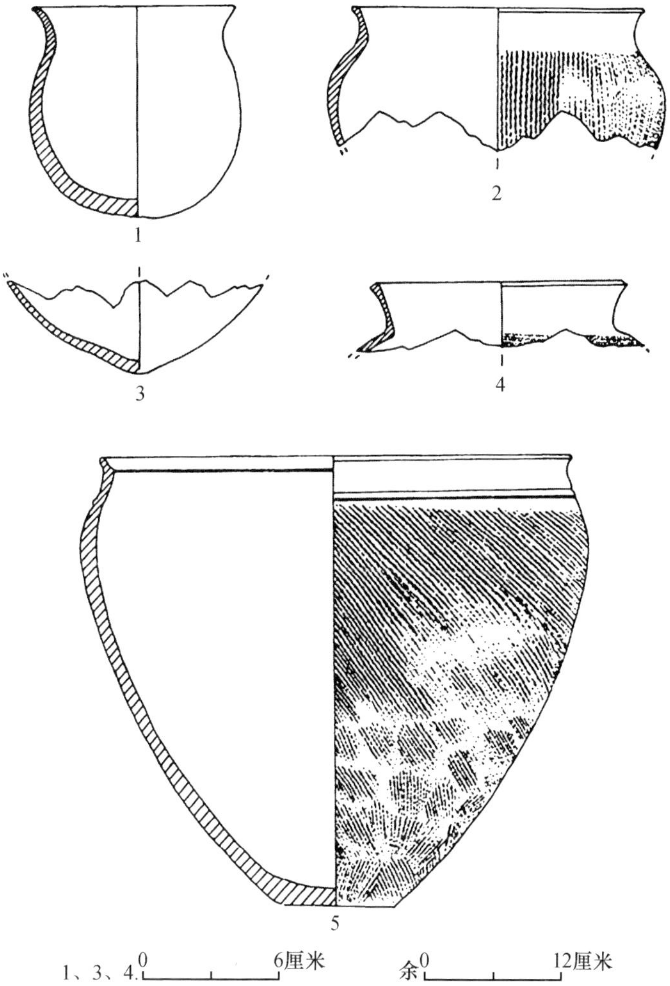

图七一　01ZDⅣT1307⑤、01ZDⅣT1605⑤出土器物

1. 陶素面小罐（T1307⑤：2）　2、4. B型Ⅱ式陶素缘绳纹罐（T1307⑤：3、T1307⑤：19）
3. 残陶尖底盏底部（T1307⑤：7）　5. B型Ⅲ式陶素缘绳纹罐（T1605⑤：1）

（八）01ZDⅣT1206⑤a出土器物

陶素缘绳纹罐　5件。

A型Ⅰ式。2件。01ZDⅣT1206⑤a：3，夹砂红陶，轮制。侈口，卷沿，尖圆唇，圆肩，肩以下残。器表饰斜向细绳纹。口径14、残高4.6厘米（图七四，4）。01ZDⅣT1206⑤a：5，夹砂红褐陶，轮制。侈口，卷沿，尖圆唇，圆肩，肩以下残。器表饰交错细绳纹。口径14、残高5.4厘米（图七五，1）。

B型Ⅰ式。2件。01ZDⅣT1206⑤a：1，夹砂红陶，轮制。侈口，卷沿，尖圆唇，溜肩，肩以下残。器表饰斜向细绳纹。口径20、残高5厘米（图七三，11）。01ZDⅣT1206⑤a：2，夹砂红陶，轮制。侈口，卷沿，尖圆唇，溜肩，肩以下残。器表饰斜向细绳纹。口径13.8、残高4厘米（图七四，5）。

C型Ⅰ式。1件。01ZDⅣT1206⑤a：6，夹砂红褐陶。轮制。侈口，卷沿，尖圆唇，垂腹。器表

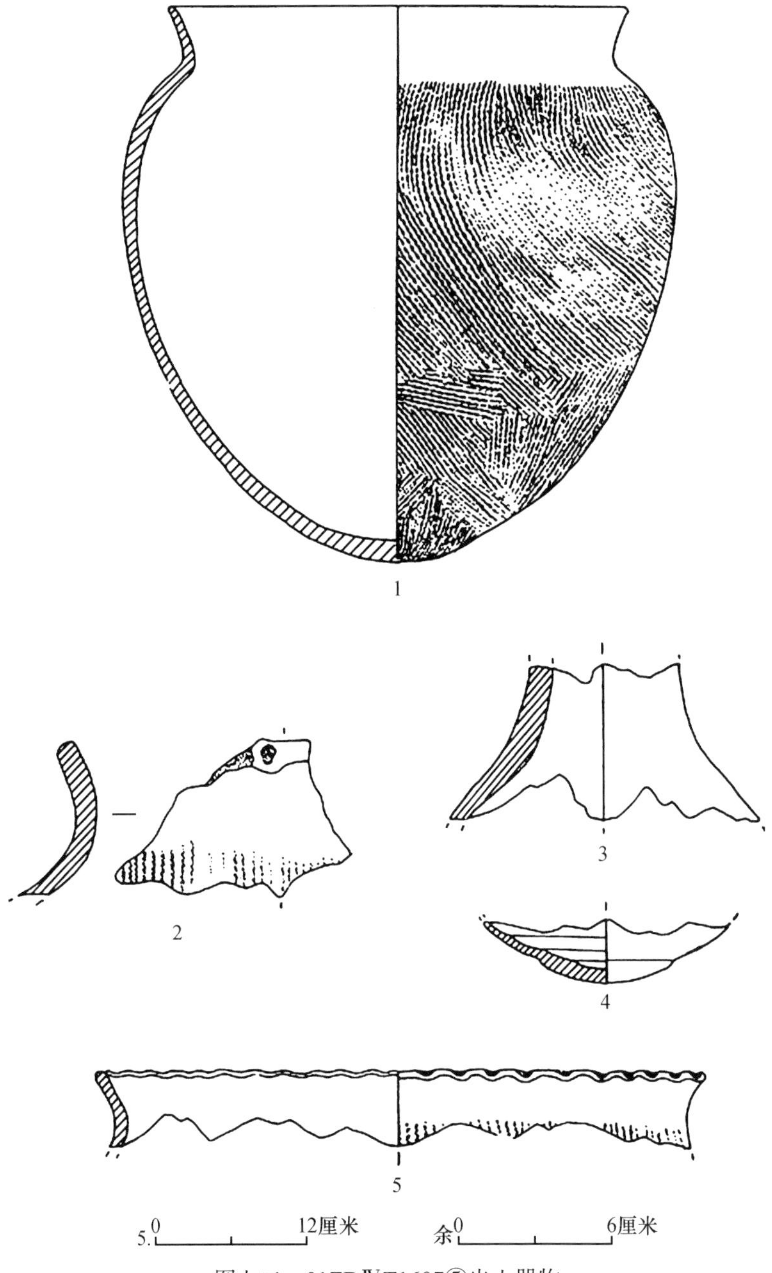

图七二　01ZDⅣT1607⑤出土器物

1. A型Ⅱ式陶素缘绳纹罐（T1607⑤：1）　2、5. A型Ⅰ式陶花边口沿罐残片（T1607⑤：3、T1607⑤：2）　3. A型残陶豆柄（T1607⑤：8）　4. 残陶尖底盏底部（T1607⑤：4）

饰拍印交错细绳纹。口径14、残高9.2厘米（图七四，6）。

陶花边口沿罐　1件。A型Ⅰ式。01ZDⅣT1206⑤a：7，夹砂黄灰陶。轮制。侈口，卷沿，圆唇，唇面饰指压窝纹花边，颈以下残。素面。口径20.6、残高6厘米（图七三，2）。

陶耸肩瓮　1件。01ZDⅣT1206⑤a：8，夹砂红陶。轮制。微侈口，卷沿，圆唇，耸肩，肩以下残。素面。口径17.6、残高6.4厘米（图七三，8）。

陶尖底杯残底部　3件。Ⅱ式。01ZDⅣT1206⑤a：9，夹细砂红陶。轮制。内壁留有旋痕，腹、底转折处冠状棱明显。残高4.8厘米（图七三，6）。01ZDⅣT1206⑤a：10，夹细砂红陶。轮制。内壁留有旋痕，腹、底转折处冠状棱明显。残高5厘米（图七三，7）。01ZDⅣT1206⑤a：11，夹细砂红陶。轮制。腹、底转折处冠状棱明显。残高4.8厘米（图七三，12）。

陶尖底盏　3件。

B型。2件。01ZDⅣT1206⑤a：13，夹细砂红褐陶。敞口，尖圆唇，弧腹，底残。口沿下有一周凹弦纹。口径12、残高3.9厘米（图七三，4）。01ZDⅣT1206⑤a：14，夹细砂红褐陶。敞口，尖圆唇，弧腹，底残。口沿下有一周凹弦纹。口径13.5，残高4.1厘米（图七四，2）。

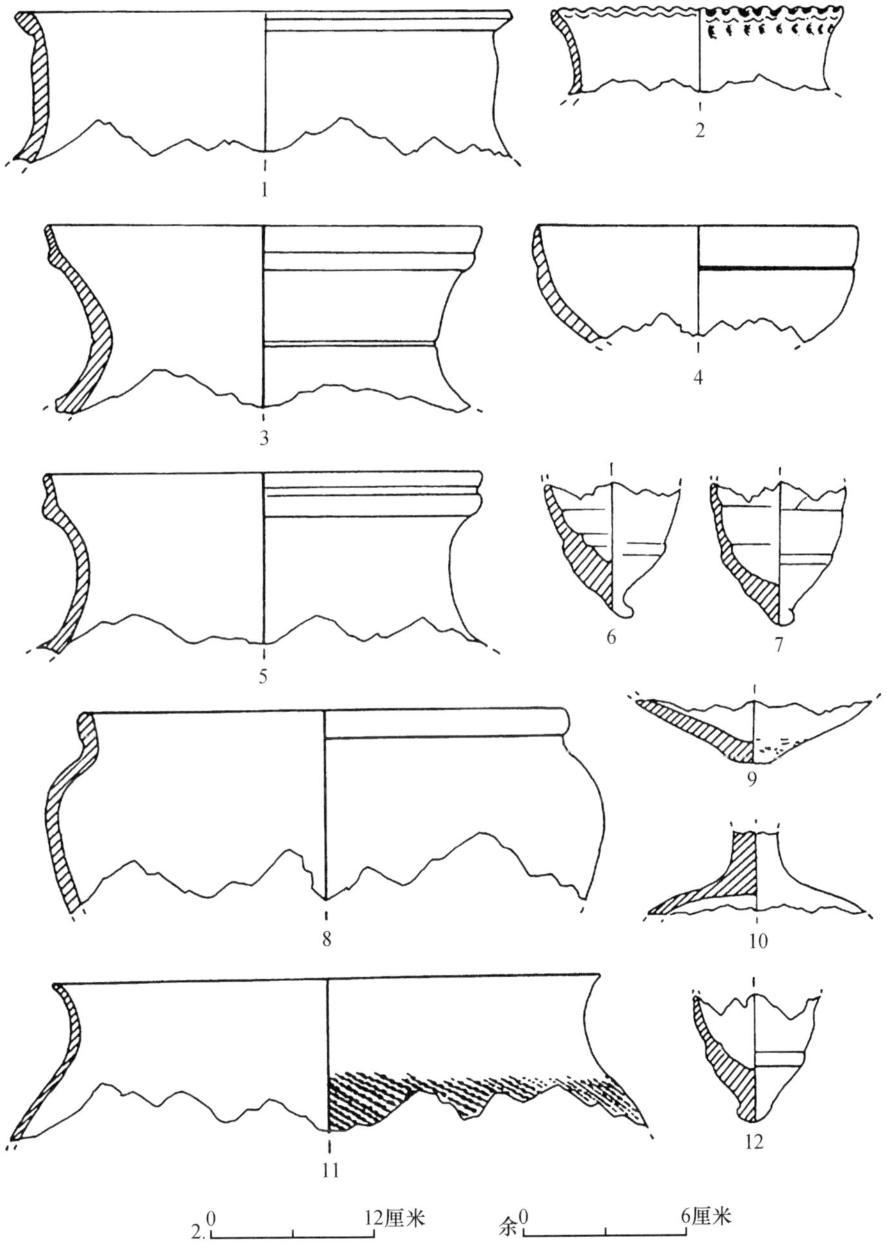

图七三　01ZDⅣT1206⑤a出土器物（一）

1. B型陶高领罐（T1206⑤a：15）　2. A型Ⅰ式陶花边口沿罐（T1206⑤a：7）　3、5. B型陶盘口罐（T1206⑤a：19、T1206⑤a：20）　4. B型陶尖底盏（T1206⑤a：13）　6、7、12. Ⅱ式陶尖底杯残底部（T1206⑤a：9、T1206⑤a：10、T1206⑤a：11）　8. 陶耸肩瓮（T1206⑤a：8）　9. 残尖底盏底部（T1206⑤a：12）　10. 豆（T1206⑤a：21）　11. B型Ⅰ式陶素缘绳纹罐（T1206⑤a：1）

图七四　01ZDⅣT1206⑤a出土器物（二）

1、3. A型陶高领罐（T1206⑤a：16、T1206⑤a：17）　2. B型陶尖底盏（T1206⑤a：14）　4. A型Ⅰ式陶素缘绳纹罐（T1206⑤a：3）　5. B型Ⅰ式陶素缘绳纹罐（T1206⑤a：2）　6. C型Ⅰ式陶素缘绳纹罐（T1206⑤a：6）　7. 陶豆（T1206⑤a：22）　8. 陶船形杯（T1206⑤a：23）　9. B型陶高领罐（T1206⑤a：18）

陶残尖底盏底部　1件。01ZDⅣT1206⑤a：12，残存尖底部分。夹砂黑红陶。轮制。素面。残高2厘米（图七三，9）。

陶高领罐　4件。

A型。2件。01ZDⅣT1206⑤a：16，夹细砂青灰陶。轮制。侈口，卷沿，圆方唇，束颈，颈以下残。颈部有一周凹弦纹。口径15.6、残高4.6厘米（图七四，1）。01ZDⅣT1206⑤a：17，夹细砂黑皮红陶。轮制。侈口，卷沿，圆唇，上唇面较尖，束颈，颈以下残。素面。口径15、残高6.4厘米（图七四，3）。

B型。2件。01ZDⅣT1206⑤a：15，夹细砂黑皮红陶。轮制。侈口，卷沿，圆唇，束颈较直，颈以下残。素面。口径18、残高5厘米（图七三，1）。01ZDⅣT1206⑤a：18，夹细砂青灰红陶。轮制。侈口，卷沿，圆方唇，束颈较直，颈以下残。素面。口径26.8、残高8厘米（图七四，9）。

陶盘口罐　2件。

B型。2件。01ZDⅣT1206⑤a：19，夹砂青灰陶。轮制。侈口，卷沿，方唇微折呈盘状口，束颈，颈以下残。颈部饰一周凹弦纹。口径15.8、残高6.4厘米（图七三，3）。01ZDⅣT1206⑤a：20，夹砂青灰陶。轮制。侈口，卷沿，方唇微折呈盘状口，束颈，颈以下残。素面。口径16、残高6厘米（图七三，5）。

陶豆　2件。01ZDⅣT1206⑤a：21，夹砂黑陶。口、底皆残。素面。残高2.8厘米（图七三，10）。01ZDⅣT1206⑤a：22，夹砂黑皮陶。残存喇叭形底座。器表饰有弦纹。底径15、残高4.6厘米（图七四，7）。

陶船形杯　1件。01ZDⅣT1206⑤a：23，残存后部。夹砂红陶。厚胎。残长6、残高6.6厘米（图七四，8）。

（九）01ZDⅣT1504⑤出土器物

陶花边口沿罐　1件。A型Ⅰ式。01ZDⅣT1504⑤：6，夹砂青灰陶。轮制。侈口，卷沿，圆唇，唇面饰指压窝纹花边，圆肩，肩以下残。器表饰方格纹。口径28、残高9.2厘米（图七五，2）。

陶尖底杯　2件。Ⅰ式。01ZDⅣT1504⑤：2，夹细砂红陶。轮制。器表留有旋痕，腹、底转折处冠状棱不明显。口径5.8 、高7.3厘米（图七五，4）。01ZDⅣT1504⑤：1，夹细砂红陶。轮制。器表留有旋痕，腹、底转折处冠状棱不明显。口径5.5 、高7厘米（图七五，6）。

陶高领罐　2件。B型。01ZDⅣT1504⑤：3，夹细砂青灰陶。轮制。侈口，卷沿，圆唇，束颈，颈以下残。口径16、残高8厘米（图七五，3）。01ZDⅣT1504⑤：4，夹细砂黑皮红陶。轮制。侈口，卷沿，尖圆唇，束颈，颈以下残。素面。口径17.8、残高4.6厘米（图七五，5）。

残陶罐底部　1件。01ZDⅣT1504⑤：5，夹细砂青灰陶。轮制。残存平底。底径13.8、残高6.6厘米（图七五，7）。

陶瓮口残片　1件。01ZDⅣT1504⑤：7，夹细砂青灰陶。轮制。敛口，折平沿，方圆唇。残高2.4厘米（图七五，8）。

（一〇）01ZDⅣT1407⑤出土器物

陶花边口沿罐　2件。

A型Ⅱ式。2件。01ZDⅣT1407⑤：1，夹砂黄褐陶。轮制。侈口，卷沿较直，方圆唇，唇面饰指压波浪窝纹花边，颈微束，颈以下残。素面。口径40、残高6.8厘米（图七六，3）。01ZDⅣT1407⑤：2，夹砂黄灰陶。轮制。侈口，卷沿，颈、肩交接呈圆角，方圆唇，唇面饰指压波浪窝纹花边，颈微束，溜肩，肩以下残。器表饰中绳纹。口径24、残高6.8厘米（图七六，2）。

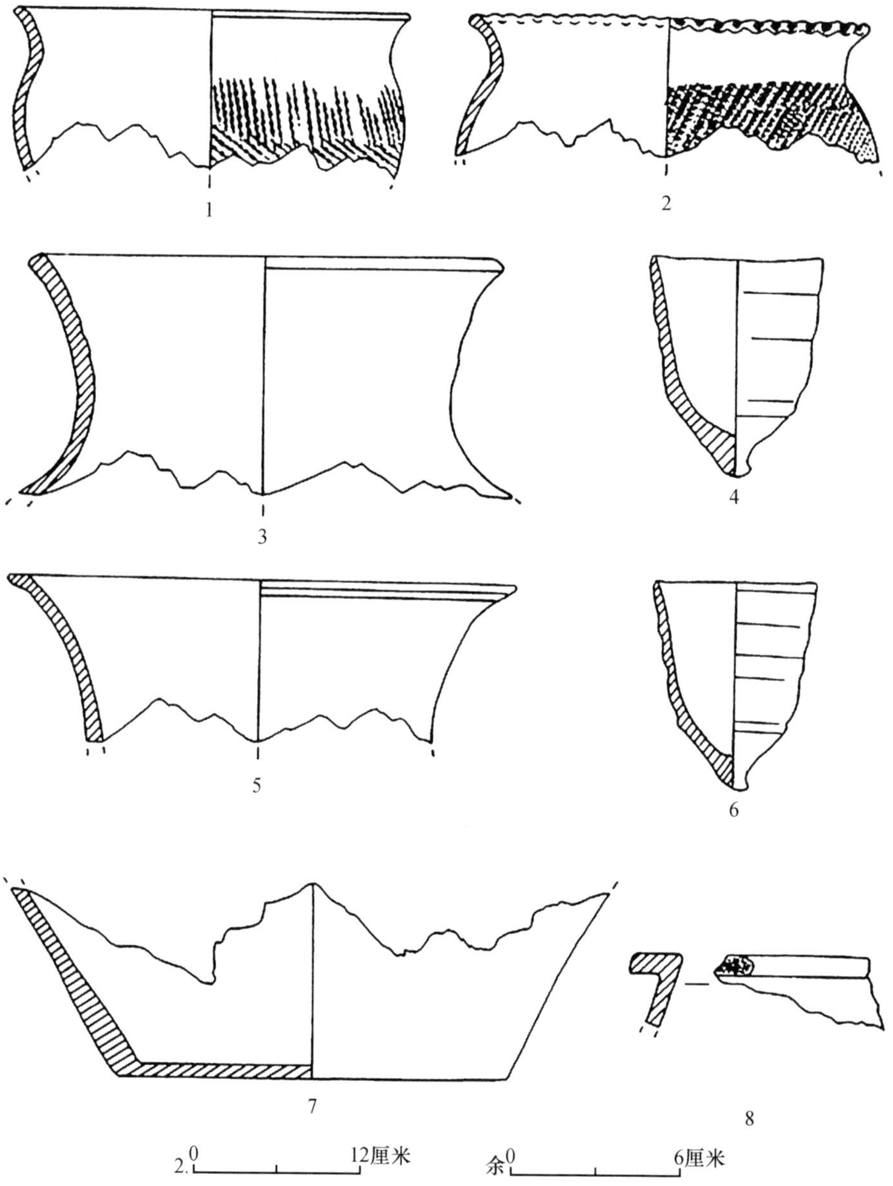

图七五　01ZDⅣT1206⑤a、01ZDⅣT1504⑤出土器物

1. A型Ⅰ式陶素缘绳纹罐（T1206⑤a：5）　2. A型Ⅰ式陶花边口沿罐（T1504⑤：6）　3、5. B型陶高领罐（T1504⑤：3、T1504⑤：4）　4、6. Ⅰ式陶尖底杯（T1504⑤：2、T1504⑤：1）　7. 残陶罐底部（T1504⑤：5）　8. 陶瓮口残片（T1504⑤：7）

陶高领罐　1件。B型。01ZDⅣT1407⑤：3，夹细砂灰陶。轮制。侈口，卷沿，尖圆唇，微束颈，颈以下残。颈部饰一周凹弦纹。口径14、残高7.2厘米（图七六，1）。

陶敛口罐　1件。01ZDⅣT1407⑤：5，夹细砂灰褐陶。敛口，平折沿，方圆唇，溜肩，鼓腹，底残。口径21.6、残高5厘米（图七六，7）。

陶豆柄　1件。B型　01ZDⅣT1407⑤：4，夹砂黑陶。觚形柄。底径3、残高5.2厘米（图七六，8）。

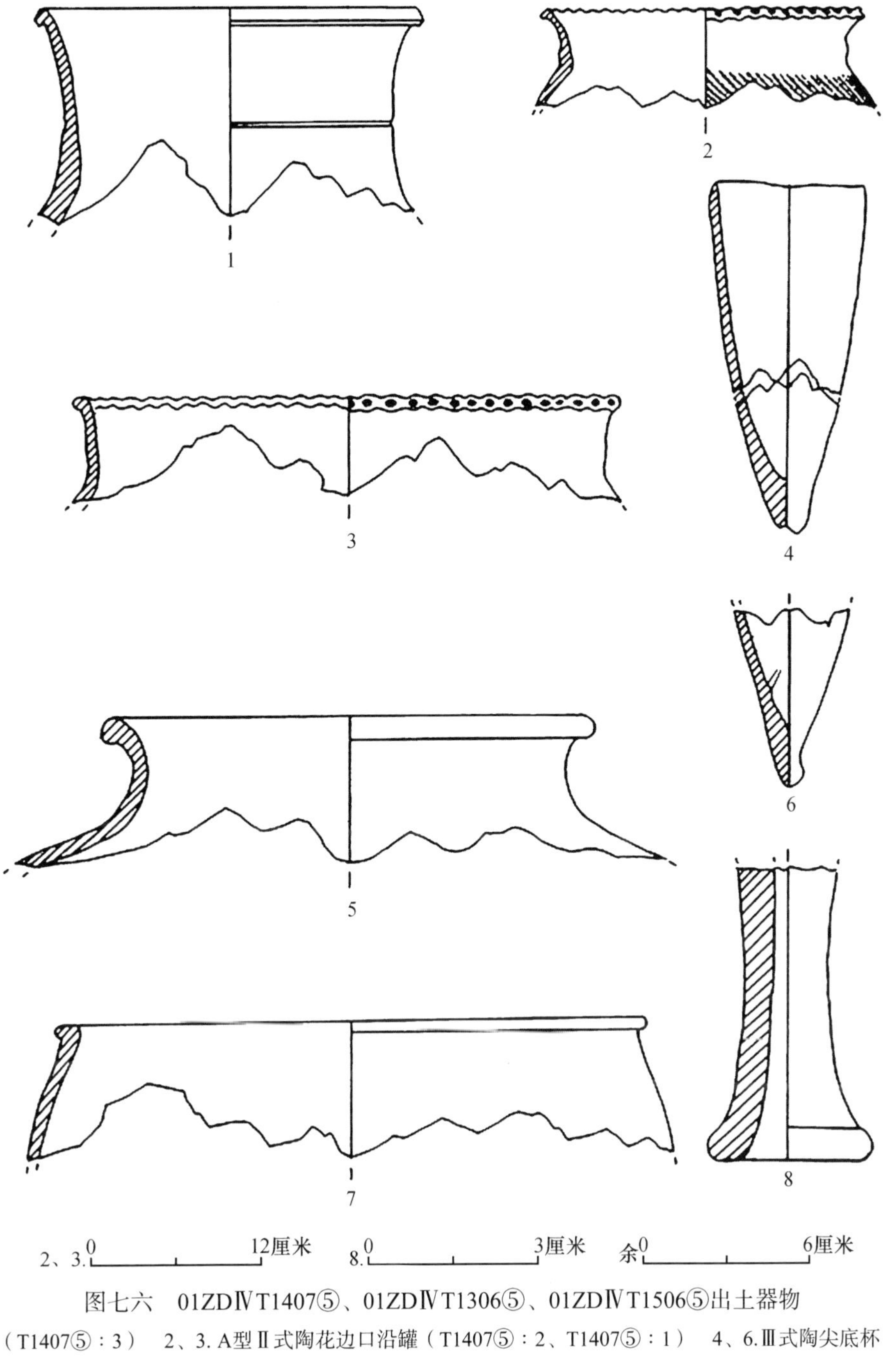

图七六　01ZDⅣT1407⑤、01ZDⅣT1306⑤、01ZDⅣT1506⑤出土器物

1. B型陶高领罐（T1407⑤：3）　2、3. A型Ⅱ式陶花边口沿罐（T1407⑤：2、T1407⑤：1）　4、6. Ⅲ式陶尖底杯（T1506⑤：1、T1306⑤：2）　5. 陶广肩瓮（T1306⑤：1）　7. 陶敛口罐（T1407⑤：5）　8. B型陶豆柄（T1407⑤：4）

（一一）01ZDⅣT1207⑤出土器物

陶素缘绳纹罐　1件。01ZDⅣT1207⑤：3，夹砂黑灰陶。轮制。侈口，卷沿，圆唇，溜肩，肩以下残。器表饰交错粗绳纹。口径18、残高7厘米（图七七，9）。

陶花边口沿罐　4件。

A型Ⅰ式。1件。01ZDⅣT1207⑤：11，夹砂黑陶。轮制。侈口，卷沿，方圆唇，唇面饰指

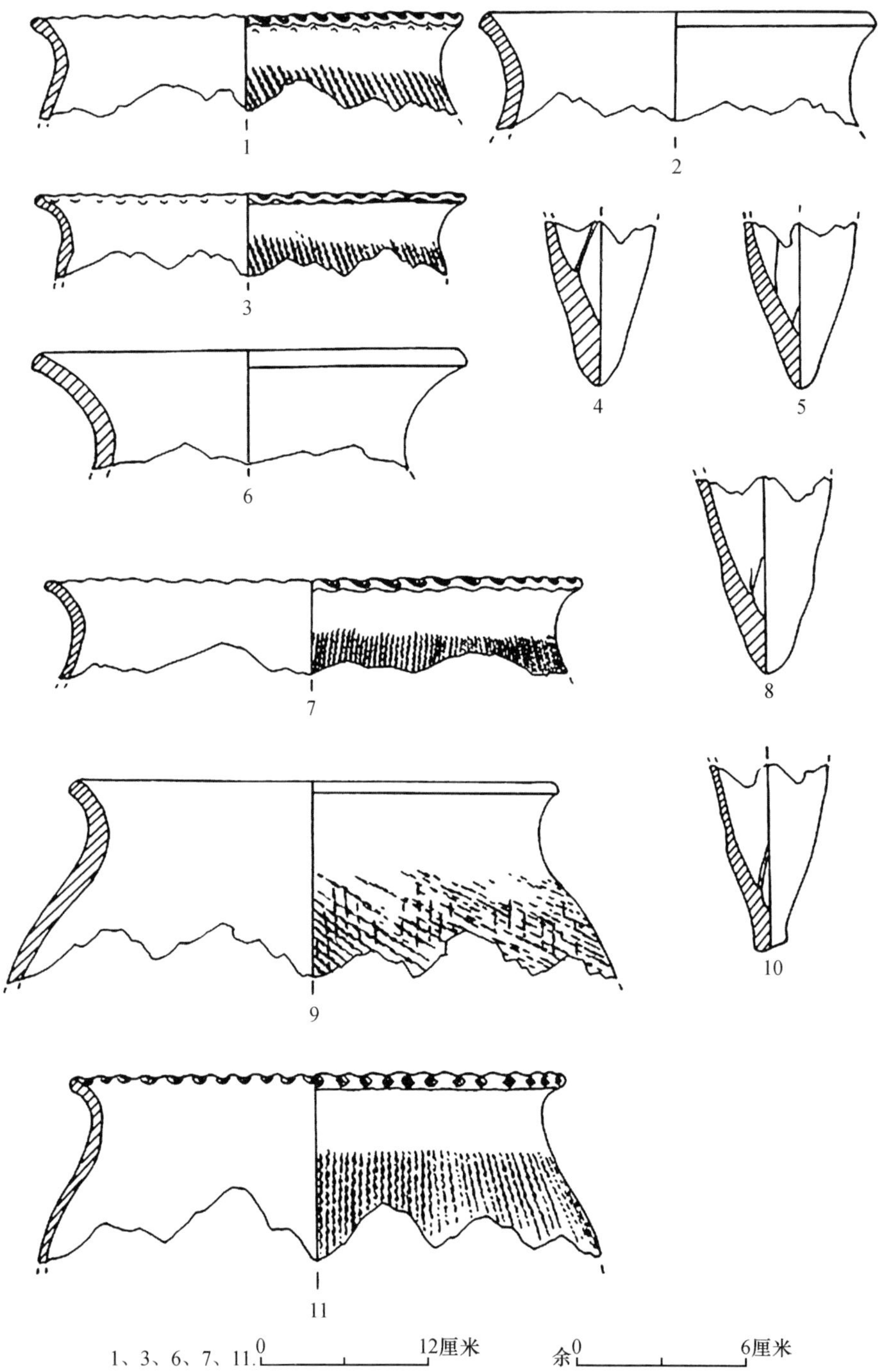

图七七　01ZDⅣT1207⑤出土器物

1、3、7. A型Ⅱ式陶花边口沿罐（T1207⑤：2、T1207⑤：4、T1207⑤：1）　2、6. 陶高领罐（T1207⑤：6、T1207⑤：5）
4、5、8、10. Ⅲ式陶尖角杯（T1207⑤：7、T1207⑤：8、T1207⑤：10、T1207⑤：9）　9. 陶素缘绳纹罐（T1207⑤：3）
11. A型Ⅰ式陶花边口沿罐（T1207⑤：11）

压窝纹花边，束颈较长，溜肩，肩以下残。器表饰粗绳纹。口径36.8、残高13.2厘米（图七七，11）。

A型Ⅱ式。3件。01ZDⅣT1207⑤：2，夹砂灰褐陶。轮制。侈口，卷沿，方圆唇，唇面饰指压波浪窝纹花边，溜肩微折，肩以下残。器表饰粗绳纹。口径32、残高7.2厘米（图七七，1）。01ZDⅣT1207⑤：4，夹砂灰褐陶。轮制。侈口，卷沿，方圆唇，唇面饰指压波浪窝纹花边，溜肩，肩以下残。器表饰粗绳纹。口径32、残高6厘米（图七七，3）。01ZDⅣT1207⑤：1，夹砂灰陶。轮制。侈口，卷沿，方圆唇，唇面饰指压波浪窝纹花边，溜肩，肩以下残。器表饰粗绳纹。口径40、残高7.2厘米（图七七，7）。

陶尖角杯　4件。Ⅲ式。01ZDⅣT1207⑤：7，夹砂青灰陶。轮制。角状尖底。内壁留有旋痕，外壁略打磨。口残。残高5.7厘米（图七七，4）。01ZDⅣT1207⑤：8，夹砂黄褐陶。轮制。角状尖底。内壁留有旋痕，外壁略打磨。口残。残高6厘米（图七七，5）。01ZDⅣT1207⑤：9，夹细砂红褐陶。轮制。角状尖底。内壁留有旋痕，外壁略打磨。口残。残高6.8厘米（图七七，10）。01ZDⅣT1207⑤：10，夹砂灰褐陶。轮制。角状尖底。内壁留有旋痕，外壁略打磨。口残，残高6.5厘米（图七七，8）。

陶高领罐　2件。01ZDⅣT1207⑤：5，夹砂黄褐陶。轮制。侈口，卷沿，方圆唇，束颈，颈以下残。素面。口径32、残高8.2厘米（图七七，6）。01ZDⅣT1207⑤：6，夹砂灰褐陶。轮制。侈口，卷沿，斜方唇，束颈，颈以下残。素面。口径14、残高4厘米（图七七，2）。

（一二）01ZDⅣT1306⑤出土器物

陶尖底杯　1件。Ⅲ式。01ZDⅣT1306⑤：2，夹细砂黄褐陶。轮制。角状尖底，下腹斜内收，上腹残。残高6.4厘米（图七六，6）。

陶广肩瓮　1件。01ZDⅣT1306⑤：1，夹砂青灰陶。轮制。侈口，卷沿，圆唇，束颈，广肩，肩以下残。素面。口径17.6、残高5.2厘米（图七六，5）。

（一三）01ZDⅣT1506⑤出土器物

陶尖底杯　1件。Ⅲ式。01ZDⅣT1506⑤：1，夹细砂黄褐陶。轮制。上身敞口，尖圆唇，腹斜内收；下身角状尖底。口径4.6、高约10厘米（复原高度）（图七六，4）。

（一四）03ZDⅣT1110④b出土器物

陶素缘绳纹罐　4件。

B型Ⅰ式。4件。03ZDⅣT1110④b：13，夹砂灰陶。侈口，卷沿外翻，尖圆唇，束颈，颈部以下残。器表饰细绳纹。口径22.5、残高5厘米（图七八，4）。03ZDⅣT1110④b：19，夹细砂红褐陶。侈口，卷沿，尖圆唇，束颈，颈部以下残。器表饰细绳纹。口径23.5、残高5.5厘米（图七八，

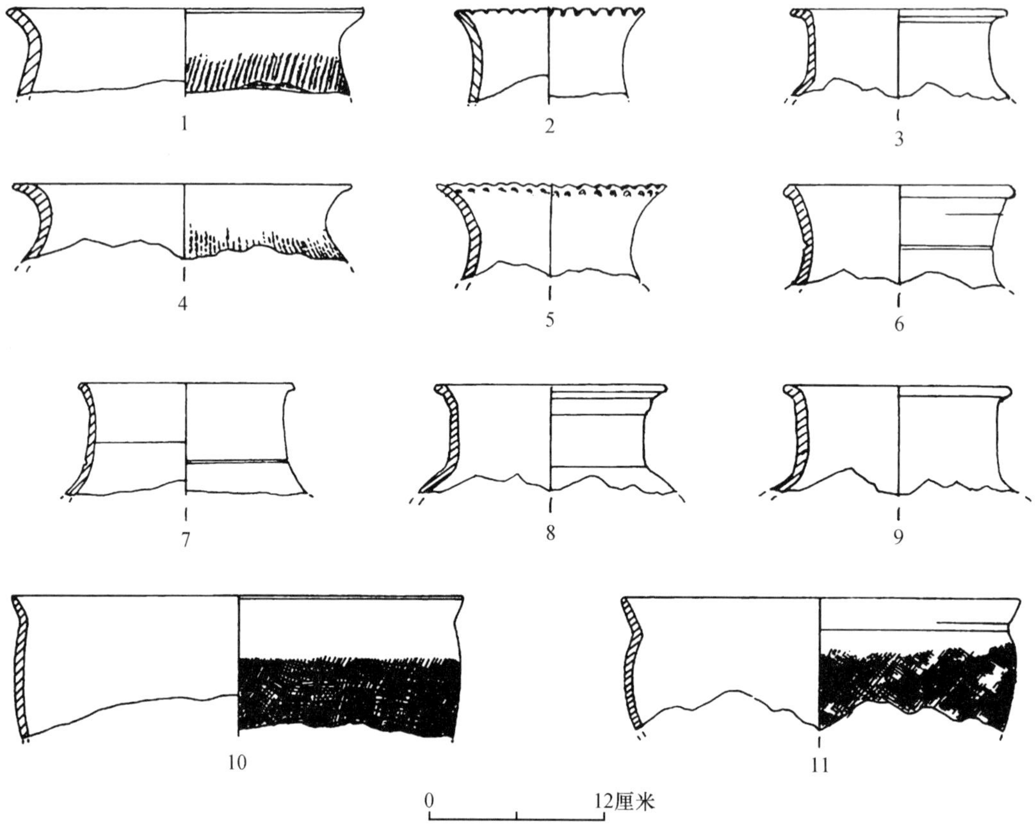

图七八　03ZDⅣT1110④b出土器物（一）

1、4、10、11. B型Ⅰ式陶素缘绳纹罐（T1110④b：19、T1110④b：13、T1110④b：15、T1110④b：3）　2、5. A型Ⅱ式陶花边口沿罐（T1110④b：20、T1110④b：14）　3、6～9. B型陶高领罐（T1110④b：4、T1110④b：7、T1110.④b：18、T1110④b：5、T1110④b：6）

1）。03ZDⅣT1110④b：3，夹细砂灰陶。侈口，卷沿，圆唇，弧腹，下腹残。器表饰以交错细绳纹。口径40、残高13.2厘米（图七八，11）。03ZDⅣT1110④b：15，夹砂黄褐陶。侈口，卷沿，尖圆唇，弧腹，下腹残。器表饰以交错中粗绳纹。口径46、残高13厘米（图七八，10）。

陶花边口沿罐　2件。A型Ⅱ式。03ZDⅣT1110④b：14，泥质红陶。侈口，卷沿外翻，尖圆唇，束颈，颈部以下残。唇部饰指压波浪纹花边。口径16、残高6.8厘米（图七八，5）。03ZDⅣT1110④b：20，夹细砂红陶。侈口，卷沿，尖圆唇，束颈，颈部以下残。唇部饰指压波浪纹花边。口径12.8、残高6.2厘米（图七八，2）。

陶船形杯　2件。03ZDⅣT1110④b：1，夹砂红陶。平面呈船形，一端圆弧，一端斜直，横断面呈半圆形。胎由沿至底部逐渐增厚。底外部呈褐色，为火烧所留，内壁粗糙呈海绵状，应为盐水腐蚀而成。口长24.4、宽9.6～11.2、高6.4～6.8厘米（图七九，6；彩版五，1）。03ZDⅣT1110④b：2，夹砂褐陶。形态和使用痕迹同上。长24.4、宽10、高5.6～6.8厘米（图七九，8；彩版五，2）。

陶尖底杯　4件。Ⅰ式。03ZDⅣT1110④b：9，夹细砂红陶。敞口，尖圆唇，斜直腹，尖底，底尖弯曲。腹、底交接处凸棱不明显。口径6.4、高8.2厘米（图七九，9）。03ZDⅣT1110④b：17，夹细砂红褐陶。敞口，尖圆唇，斜直腹，尖底，底尖弯曲。腹、底交接处凸棱不明显。底部内外留有旋痕，口部因挤压而呈椭圆形。长径7.4、高8厘米（图七九，7）。03ZDⅣT1110④b：10，

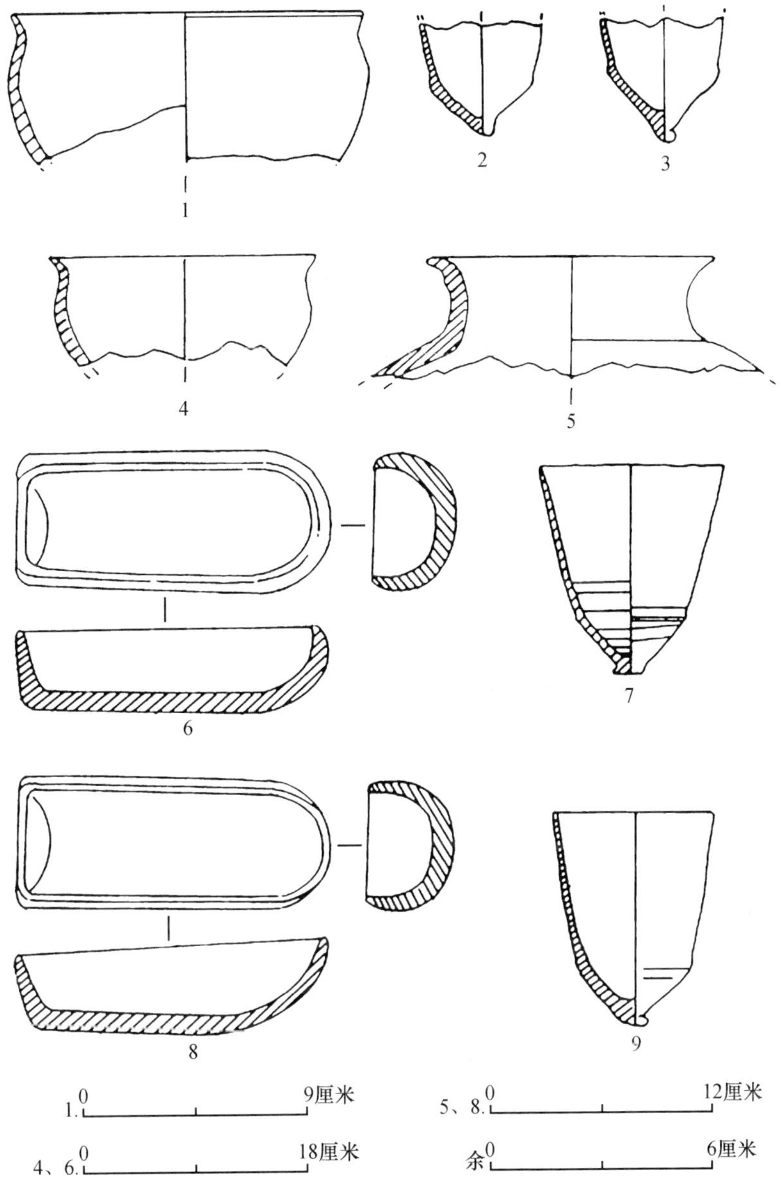

图七九　03ZDⅣT1110④b出土器物（二）

1、4. B型陶耸肩罐（T1110④b：16、T1110④b：12）　2、3、7、9. Ⅰ式陶尖底杯（T1110④b：10、T1110④b：11、T1110④b：17、T1110④b：9）　5. 陶瓮（T1110④b：8）　6、8. 陶船形杯（T1110④b：1、T1110④b：2）

泥质灰陶。残存尖底，底尖弯曲。腹、底交接处凸棱明显。残高4.4厘米（图七九，2）。03ZDⅣT1110④b：11，泥质红陶。残存尖底，底尖弯曲。腹、底交接处凸棱明显。残高4.8厘米（图七九，3）。

陶高领罐　5件。B型。03ZDⅣT1110④b：4，泥质灰陶。侈口，卷沿，圆唇，沿面平直，束颈较直，颈部以下残。素面。口径15.2、残高6厘米（图七八，3）。03ZDⅣT1110④b：5，夹砂灰陶。侈口，卷沿，圆唇，束颈较直，颈部以下残。素面。口径16、残高7.6厘米（图七八，8）。03ZDⅣT1110④b：6，泥质灰陶。侈口，卷沿，圆唇，束颈较直，颈部以下残。素面。口径16、残高7.6厘米（图七八，9）。03ZDⅣT1110④b：7，泥质灰陶。侈口，卷沿，圆唇，束颈，颈部以下残。颈部饰一周凹弦纹。口径16、残高6.8厘米（图七八，6）。03ZDⅣT1110④b：18，夹细砂灰陶。侈口，卷沿，尖圆唇，束颈，颈部以下残。颈部饰一周凹弦纹。口径15.2、残高7.5厘米（图七八，7）。

陶耸肩罐　2件。B型。03ZDⅣT1110④b：12，泥质灰陶。侈口，卷沿，尖圆唇，鼓腹。底残。素面。口径14.4、残高5.6厘米（图七九，4）。03ZDⅣT1110④b：16，夹砂灰陶。侈口，卷沿，尖圆唇，鼓腹。底残。素面。口径14.4、残高6厘米（图七九，1）。

陶瓮　1件。03ZDⅣT1110④b：8，泥质灰陶。侈口，卷沿外翻，尖圆唇，鼓肩，肩部以下残。素面。口径16、残高6.4厘米（图七九，5）。

（一五）03ZDⅣT1211④b出土器物

陶素缘绳纹罐　1件。B型Ⅱ式。03ZDⅣT1211④b：4，夹细砂灰陶。侈口，卷沿外翻，尖圆唇，束颈，颈部以下残。器表饰绳纹。口径44、残高5.6厘米（图八〇，1）。

陶尖底杯　5件。

Ⅰ式。4件。03ZDⅣT1211④b：11，泥质灰陶。残存尖底，腹、底交接处凸棱不明显。内壁留有旋痕。素面。残高5.8厘米（图八〇，17）。03ZDⅣT1211④b：13，泥质红陶。残存尖底，腹、底交接处凸棱不明显。素面。残高5厘米（图八〇，9）。03ZDⅣT1211④b：19，夹细砂红褐陶。残存尖底，腹、底交接处凸棱不明显。内壁留有旋痕。素面。残高5.2厘米（图八〇，10）。03ZDⅣT1211④b：21，泥质灰褐陶。残存尖底，腹、底交接处凸棱不明显。内壁旋痕较显。残高6.2厘米（图八〇，16）。

Ⅱ式。1件。03ZDⅣT1211④b：18，夹细砂红褐陶。残存尖底，器体瘦长，腹、底交接处凸棱明显。内壁留有旋痕。素面。残高7.1厘米（图八〇，13）。

炮弹形陶杯　2件。03ZDⅣT1211④b：12，夹细砂灰褐陶。残存底部，腹、底交接处凸棱明显。内外壁留有旋痕。残高7.6厘米（图八〇，12）。03ZDⅣT1211④b：17，夹细砂灰陶。口残，腹部近直筒形，底部斜内收，腹、底交接处折棱不明显。内壁留有旋痕。素面。残高9.2厘米（图八〇，11）。

陶高领罐　3件。B型。03ZDⅣT1211④b：2，泥质红陶。侈口，卷沿，尖圆唇，束颈较直，颈以下残。颈内部饰有凹弦纹。口径17.6、残高8厘米（图八〇，7）。03ZDⅣT1211④b：3，夹细砂红褐陶。侈口，卷沿，圆唇，束颈，颈部以下残。颈部饰凹弦纹。口径13.8、残高7.6厘米（图八〇，6）。03ZDⅣT1211④b：6，泥质红褐陶。侈口，卷沿，圆唇，束颈，颈部以下残。颈内壁有凹旋纹，素面。口径14、残高9.6厘米（图八〇，5）。

陶甑箅　1件。03ZDⅣT1211④b：5，夹砂灰陶。侈口，斜折沿，圆唇，束颈，鼓肩，弧壁，底残。腹部有多个箅孔。口径48、残高6.4厘米（图八〇，2）。

陶尖底盏　2件。

A型。1件。03ZDⅣT1211④b：7，夹砂灰陶。敛口，平折沿，圆唇，束颈，鼓肩，弧腹，底残。腹部饰刻划线纹及戳刺麻点。口径28、残高6.8厘米（图八〇，3）。

残陶尖底盏底部　1件。03ZDⅣT1211④b：8，夹砂灰陶。素面。残高4厘米（图八〇，8）。

陶盆　1件。03ZDⅣT1211④b：10，夹细砂红陶。微敛口，平折沿，圆唇，弧腹，底残。素面。口径32、残高5.6厘米（图八〇，4）。

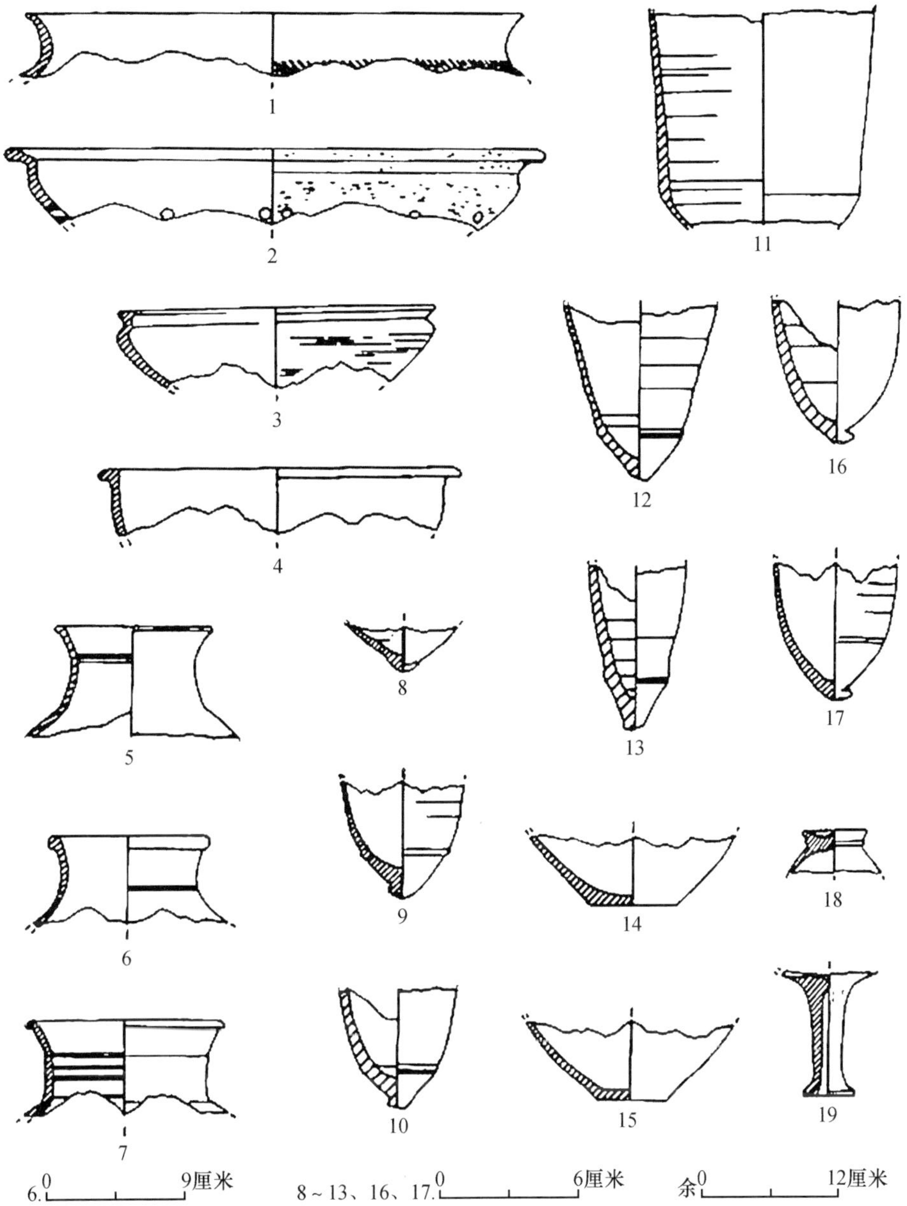

图八○ 03ZDⅣT1211④b出土器物

1. B型Ⅱ式陶素缘绳纹罐（T1211④b：4） 2. 陶甑箅（T1211④b：5） 3. A型陶尖底盏（T1211④b：7） 4. 陶盆（T1211④b：10） 5～7. B型陶高领罐（T1211④b：6、T1211④b：3、T1211④b：2） 8. 形制不明陶尖底盏（T1211④b：8） 9、10、16、17. Ⅰ式陶尖底杯（T1211④b：13、T1211④b：19、T1211④b：21、T1211④b：11） 11、12. 炮弹形陶杯（T1211④b：17、T1211④b：12） 13. Ⅱ式陶尖底杯（T1211④b：18） 14、15. 残陶平底（T1211④b：15、T1211④b：16） 18. 陶器盖抓手（T1211④b：9） 19. B型陶豆柄（T1211④b：14）

陶器盖抓手 1件。03ZDⅣT1211④b：9，夹砂红陶。残存束腰形抓手。饰凸弦纹一周。座径6、残高4厘米（图八二○，18）。

陶豆柄 1件。B型。03ZDⅣT1211④b：14，泥质灰陶。柱状柄，喇叭形底。素面。残高5.4厘米（图八○，19）。

残陶平底 2件。03ZDⅣT1211④b：15，泥质灰陶。素面。底径8、残高5.6厘米（图八○，

14）。03ZDⅣT1211④b：16，夹砂灰陶。素面。底径6、残高6.8厘米（图八〇，15）。

陶船形杯　1件。03ZDⅣT1211④b：1，夹粗砂红褐陶。残存平直一端，横截面为半圆形。素面。残长7.6～12.7、宽8.9～10.7、高5.7、壁最厚处约1.2厘米（图八一，2）。

陶纺轮　1件。03ZDⅣT1211④b：20，泥质褐陶。扁圆，截面为梯形。素面。上径1.6、最大径3.8、下径3、厚1.5、孔径0.6厘米（图八〇，10）。

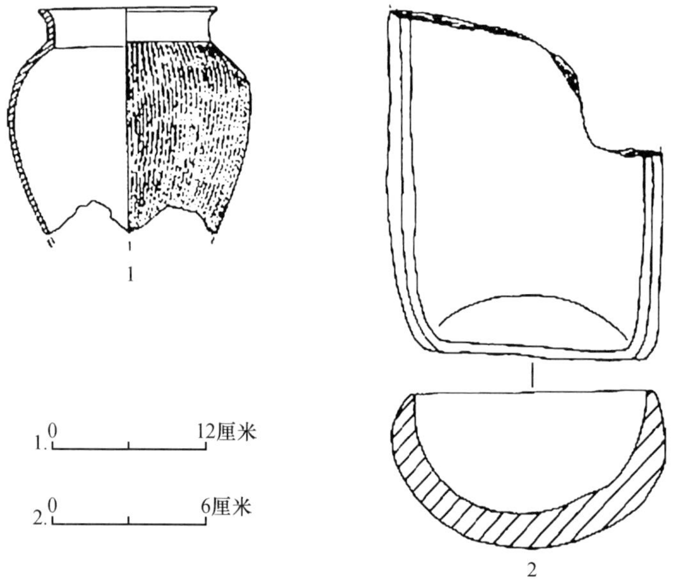

图八一　03ZDⅠT1211④b、03ZDⅣT1313④b出土器物

1. B型Ⅱ式陶素缘绳纹罐（T1313④b：1）　2. 陶船形杯（T1211④b：1）

（一六）03ZDⅣT1210④b出土器物

陶素缘绳纹罐　7件。

B型Ⅰ式。3件。03ZDⅣT1210④b：1，夹细砂灰陶。卷沿，尖圆唇，溜肩，鼓腹，底残。器表饰中绳纹。口径20、残高14.8厘米（图八二，1）。03ZDⅣT1210④b：2，夹细砂灰褐陶。卷沿，尖圆唇，溜肩，肩以下残。器表饰中绳纹。口径19.2、残高8.8厘米（图八二，2）。03ZDⅣT1210④b：11，夹砂灰陶。卷沿，圆唇，溜肩，肩以下残。器表饰细绳纹。口径22.4、残高4.8厘米（图八二，12）。

B型Ⅱ式。3件。03ZDⅣT1210④b：4，夹细砂灰陶。侈口，卷沿，圆唇，束颈较直，溜肩，肩以下残。器表饰细绳纹。口径27.2、残高8厘米（图八二，3）。03ZDⅣT1210④b：9，夹细砂灰陶。侈口，卷沿外翻，圆唇，束颈，圆肩，肩以下残。器表饰绳纹。口径12.8、残高6.4厘米（图八二，7）。003ZDⅣT1210④b：12，夹细砂深灰陶。侈口，卷沿，尖圆唇，束颈，溜肩，肩以下残。颈部以下施中粗绳纹。口径30.8、残高8厘米（图八二，4）。

B型Ⅲ式。1件。03ZDⅣT1210④b：14，夹砂灰褐陶。卷沿，尖圆唇，溜肩，肩以下残。器表饰中粗绳纹，颈部有一道凹弦纹。口径12、残高6.1厘米（图八二，8）。

高领罐　3件。B型。03ZDⅣT1210④b：3，夹细砂青灰陶。侈口，卷沿，圆唇，束高领，圆

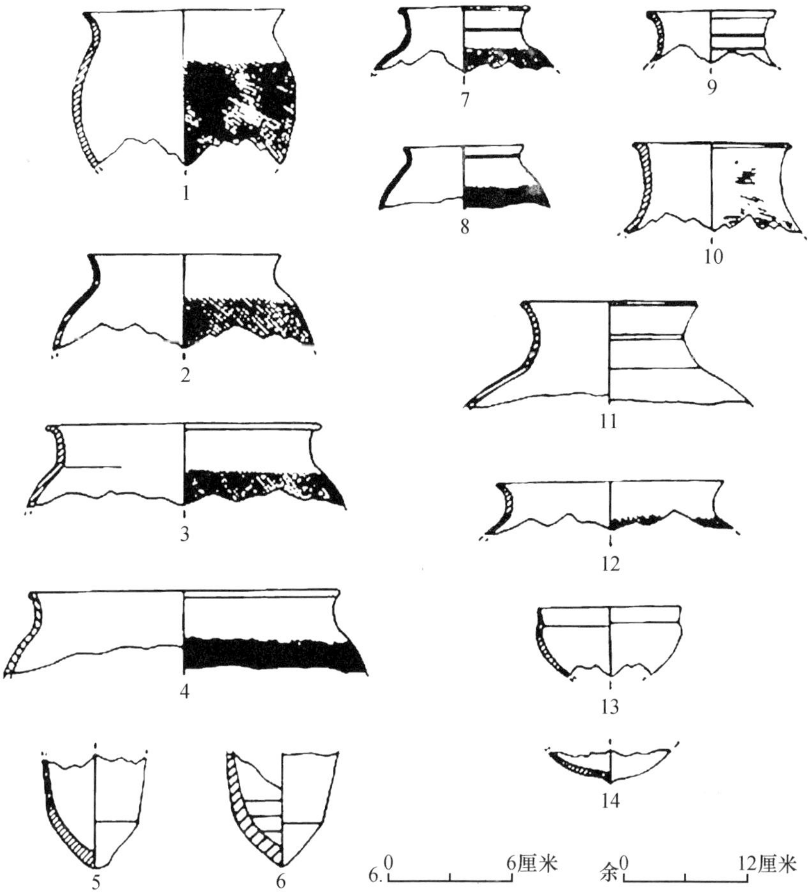

图八二　03ZDⅣT1210④b出土器物

1、2、12. B型Ⅰ式陶素缘绳纹罐（T1210④b：1、T1210④b：2、T1210④b：11）　3、4、7. B型Ⅱ式陶素缘罐（T1210④b：4、T1210④b：12、T1210④b：9）　5、6. 炮弹形陶杯（T1210④b：10、T1210④b：13）　8. B型Ⅲ式陶素缘罐（T1210④b：14）　9～11. B型陶高领罐（T1210④b：7、T1210④b：5、T1210④b：3）　13. A型陶尖底盏（T1210④b：8）　14. 残陶尖底盏底部（T1210④b：6）

肩，肩以下残。领中部有凹弦纹。口径17.6、残高9.8厘米（图八二，11）。03ZDⅣT1210④b：5，夹砂灰陶。侈口，卷沿，圆唇，束高领，领以下残。器表有刮抹痕迹。素面。口径16、残高8.8厘米（图八二，10）。03ZDⅣT1210④b：7，夹细砂灰陶。侈口，卷沿，宽方唇，束高领，领以下残。领中部有凹弦纹。口径12.8、残高5.2厘米（图八二，9）。

炮弹形陶杯　2件。03ZDⅣT1210④b：10，泥质灰陶。残存尖底。腹、底交接处折棱不明显。残高10.8厘米（图八二，5）。03ZDⅣT1210④b：13，夹细砂灰褐陶。残高5.5厘米（图八二，6）。

陶尖底盏　2件。

A型。1件。03ZDⅣT1210④b：8，泥质灰陶。微侈口，折沿较直，尖圆唇，鼓肩，弧腹，底残。素面。口径14.4、残高6.8厘米（图八二，13）。

残陶尖底盏底部　1件。03ZDⅣT1210④b：6，泥质灰陶。素面。残高3.2厘米（图八二，14）。

（一七）03ZDⅣT1111④b出土器物

陶素缘绳纹罐　2件。

B型Ⅰ式。1件。03ZDⅣT1111④b：7，夹砂灰陶。侈口，卷沿，圆唇，溜肩，肩以下残。器表饰绳纹。口径20、残高4.8厘米（图八三，5）。

B型Ⅱ式。1件。03ZDⅣT1111④b：9，泥质灰陶。侈口，卷沿，尖唇，圆肩微耸，肩以下残。器表饰绳纹。口径14.4、残高6厘米（图八三，6）。

陶高领瓮　3件。B型。03ZDⅣT1111④b：1，夹细砂灰陶。侈口，卷沿，斜方唇，束颈，溜肩，肩以下残。颈部有凹弦纹。口径16厘米、残高12.8厘米（图八三，2）。03ZDⅣT1111④b：2，夹砂灰陶。侈口，卷沿，厚圆唇，束颈，溜肩，肩以下残。素面。口径17.6、残高7.2厘米（图八三，1）。03ZDⅣT1111④b：3，泥质灰陶。侈口，卷沿，斜方唇，束颈，颈以下残。口径15.2、残高5.2厘米（图八三，7）。

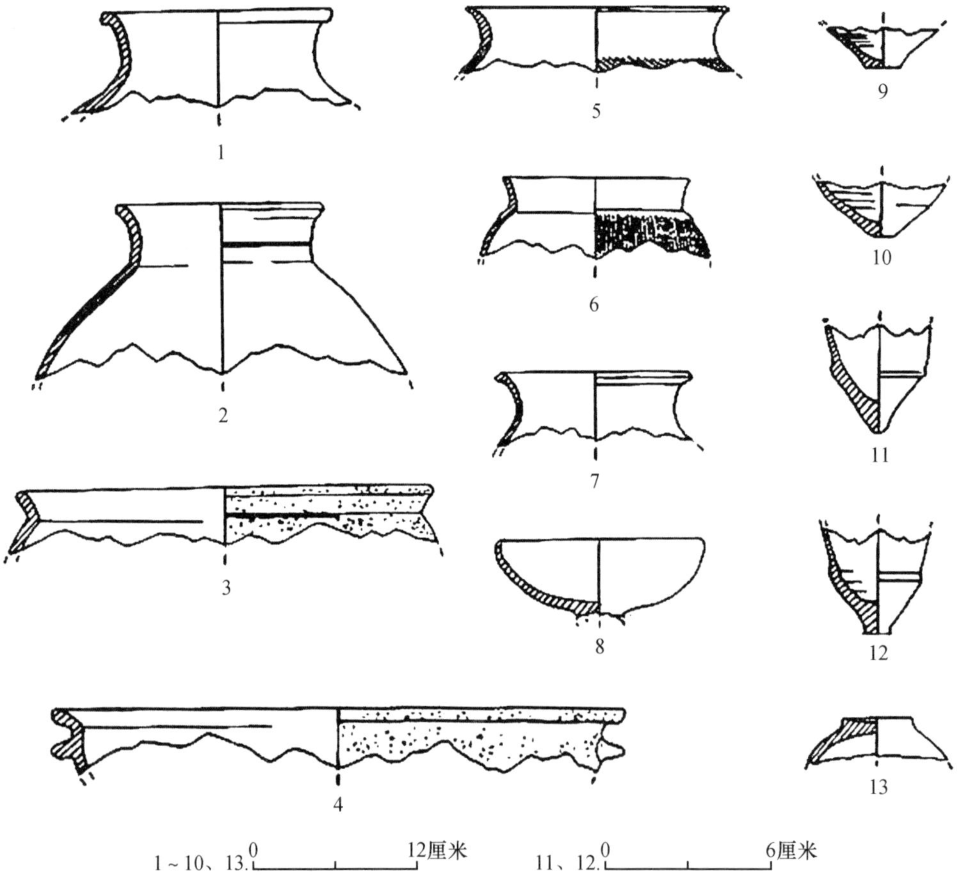

图八三　03ZDⅣT1111④b出土器物

1、2、7. B型陶高领瓮（T1111④b：2、T1111④b：1、T1111④b：3）　3. 陶大口素面罐（T1111④b：13）　4. 陶盆（T1111④b：6）　5. B型Ⅰ式陶素缘绳纹罐（T1111④b：7）　6. B型Ⅱ式陶素缘绳纹罐（T1111④b：9）　8. 陶豆盘（T1111④b：4）　9、10. 陶尖底盏底部（T1111④b：10、T1111④b：5）　11、12. Ⅱ式陶尖底杯（T1111④b：12、T1111④b：11）　13. 残陶器盖（T1111④b：8）

陶豆盘　1件。03ZDⅣT1111④b：4，夹砂灰陶。口微敛，平圆唇，弧腹较深，圜底，柄残。素面。口径15.8、残高5.6厘米（图八三，8）。

残陶尖底盏底部　2件。03ZDⅣT1111④b：5，泥质灰陶。残存尖底。内壁留有旋痕。素面。残高4厘米（图八三，10）。03ZDⅣT1111④b：10，泥质灰陶。残存尖平底。素面。残高2.8厘米（图八三，9）。

陶盆　1件。03ZDⅣT1111④b：6，加粗砂灰陶。侈口，微折沿，方唇略圆。沿下饰两个对称鸡冠鋬。器表留有刮抹痕迹。口径44、残高4.4厘米（图八三，4）。

陶大口素面罐　1件。03ZDⅣT1111④b：13，加粗砂灰陶。侈口，圆唇，微折沿，溜肩，肩以下残。器表留有刮抹痕迹。口径32、残高4.4厘米（图八三，3）。

陶尖底杯　2件。Ⅱ式。03ZDⅣT1111④b：11，泥质红陶。腹底连接处折棱明显。素面。残高3.8厘米（图八三，12）。03ZDⅣT1111④b：12，泥质红陶。腹底连接处折棱明显。素面。残高4厘米（图八三，11）。

残陶器盖　1件。03ZDⅣT1111④b：8，夹砂灰陶。残存抓手。残高2.8厘米（图八三，13）。

（一八）03ZDⅣT1209④b出土器物

陶素缘绳纹罐　1件。B型Ⅲ式。03ZDⅣT1209④b：1，夹砂灰陶。轮制。侈口，卷沿外翻，尖圆唇，溜肩微耸，肩以下残。器表饰绳纹。口径14.4、残高6厘米（图八四，2）。

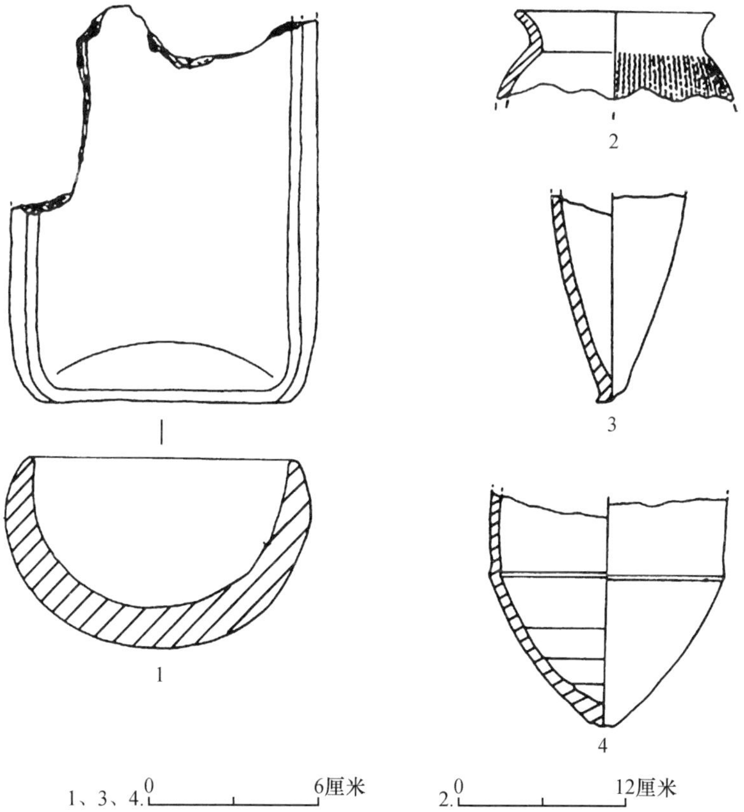

图八四　03ZDⅣT1209④b出土器物

1. 陶船形杯（T1209④b：2）　2. B型Ⅲ式陶素缘绳纹罐（T1209④b：1）　3. Ⅲ式陶尖底杯（T1209④b：3）　4. 炮弹形陶杯（T1209④b：4）

陶船形杯　1件。03ZDⅣT1209④b：2，夹粗砂红褐陶。模制。残存平直一端，口沿为圆唇略尖。素面。残长5.2～13.3、残宽8.1～10.7、高6.5、壁最厚约1.3厘米（图八四，1）。

陶尖底杯　1件。Ⅲ式。03ZDⅣT1209④b：3，泥质红褐陶。残存底部，器体瘦长，底尖偏向一侧。素面。壁厚约0.3、残高7.1厘米（图八四，3）。

炮弹形陶杯　1件。03ZDⅣT1209④b：4，泥质灰褐陶。残存底部，腹与底部交接处有明显折棱。内壁有轮制痕迹。素面。壁厚0.2～0.5、残高8厘米（图八四，4）。

（一九）03ZDⅣT1109④b出土器物

陶素缘绳纹罐　1件。B型Ⅱ式。03ZDⅣT1109④b：1，夹细砂灰褐陶。侈口，圆唇，微折沿，溜肩，肩以下残。颈部以下饰中粗绳纹。口径42、残高8厘米（图八五，1）。

陶高领罐　1件。B型。03ZDⅣT1109④b：3，泥质灰陶。侈口，方唇，高束颈，颈部以下残。颈部饰一周凹弦纹。口径15.2、残高7.6厘米（图八五，2）。

陶尖底杯　2件。Ⅱ式。03ZDⅣT1109④b：5，泥质红陶。残存尖底，腹与底交接处折棱明显。素面。残高4.2厘米（图八五，6）。03ZDⅣT1109④b：6，泥质红陶。残存尖底，腹与底交接处折棱明显。素面。残高4.6厘米（图八五，7）。

残陶罐底　1件。03ZDⅣT1109④b：4，泥质灰陶。残存平底。素面。底径8、残高7.6厘米（图八五，3）。

残陶豆1件。B型。03ZDⅣT1109④b：7，泥质灰陶。盘、柄皆残。素面。残高2.8厘米（图八五，8）。

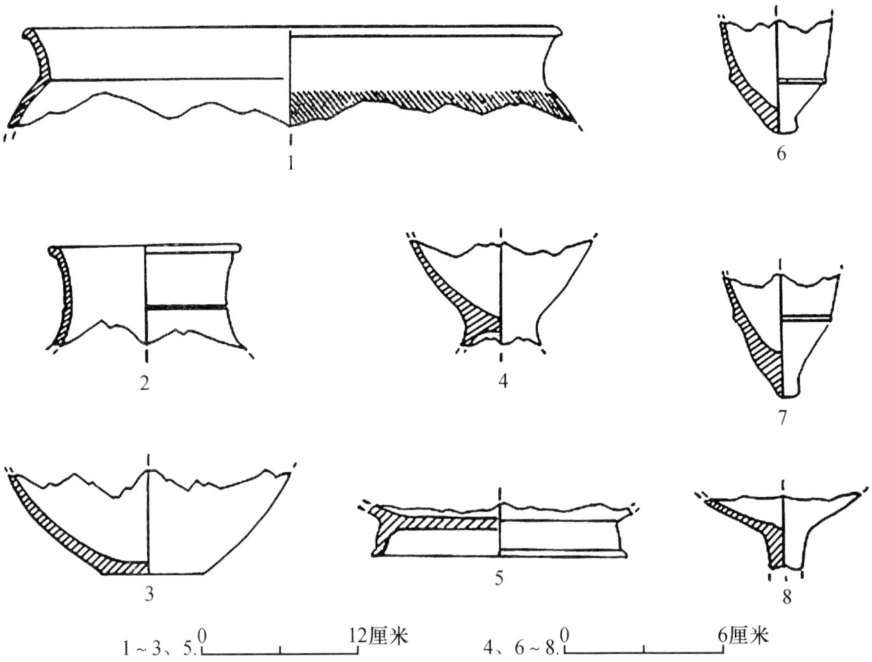

图八五　03ZDⅣT1109④b出土器物

1. B型Ⅱ式陶素缘绳纹罐（T1109④b：1）　2. B型陶高领罐（T1109④b：3）　3. 残陶罐底（T1109④b：4）　4. 残陶器盖（T1109④b：8）　5. 陶圈足器底（T1109④b：2）　6、7. Ⅱ式陶尖底杯（T1109④b：5、T1109④b：6）　8. B型残陶豆（T1109④b：7）

陶圈足器底　1件。03ZDⅣT1109④b：2，泥质灰陶。圈足中部略鼓，底缘外凸。底径20、残高4厘米（图八五，5）。

残陶器盖　1件。03ZDⅣT1109④b：8，泥质灰陶。盖与座皆残。残高4厘米（图八五，4）。

（二〇）03ZDⅣT1114④a出土器物

陶花边口沿罐　4件。A型Ⅱ式。03ZDⅣT1114④a：2，夹砂红陶。侈口，卷沿，尖圆唇，广肩，肩以下残。唇部饰波浪形指压波浪纹花边，器表饰中粗绳纹。口径28、残高5.2厘米（图八六，4）。03ZDⅣT1114④a：3，夹砂灰陶。侈口，卷沿，圆唇，溜肩，腹以下残。唇面饰指压波浪纹花边，器表饰中粗绳纹。口径22.4、残高9.2厘米（图八六，3）。03ZDⅣT1114④a：4，夹砂黑灰陶。侈口，卷沿，垂肩，腹以下残。唇部饰波浪形指压波浪纹花边，器表饰中粗绳纹。口径24、残高9.4厘米（图八六，2）。03ZDⅣT1114④a：5，夹细砂红褐陶。侈口，微卷沿，尖圆唇，广肩，肩以下残。唇部饰指压波浪纹花边，颈部有一周凸棱。素面。口径28、残高6厘米（图八六，1）。

陶高领瓮　1件。A型。03ZDⅣT1114④a：1，夹细砂黄褐陶。侈口，尖圆唇，卷沿，束颈，溜肩，肩以下残。素面。口径16、残高9.1厘米（图八六，5）。

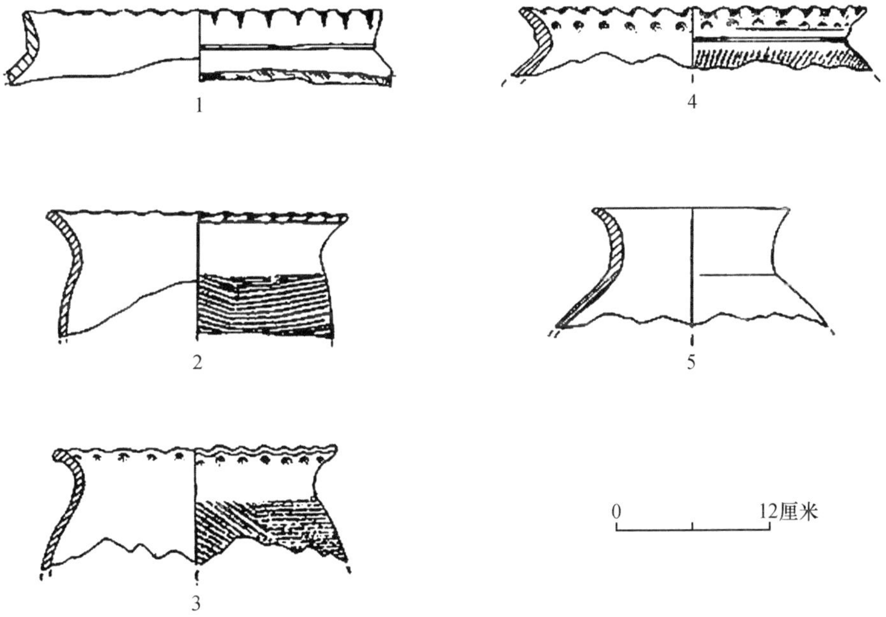

图八六　03ZDⅣT1114④出土器物

1～4. A型Ⅱ式陶花边口沿罐（T1114④a：5、T1114④a：4、T1114④a：3、T1114④a：2）　5. A型陶高领瓮（T1114④a：1）

（二一）03ZDⅣT1103④出土器物

陶花边口沿罐　5件。

A型Ⅰ式。1件。03ZDⅣT1103④：3，夹砂灰陶。侈口，卷沿，圆唇，微折沿，广肩，肩以下残。唇部饰指压波浪窝纹花边，器表饰棒压绳纹。口径22.4、残高7.2厘米（图八七，3）。

A型Ⅱ式。4件。03ZDⅣT1103④：1，夹砂灰陶。侈口，微折沿，圆唇，溜肩，肩以下残。唇部饰指压波浪纹花边，器表饰绳纹。口径24、残高6.4厘米（图八七，1）。03ZDⅣT1103④：2，夹砂褐陶。侈口，微折沿，尖圆唇，溜肩，肩以下残。唇部饰指压波浪纹花边，器表饰中绳纹。口径24、残高6.8厘米（图八七，2）。03ZDⅣT1103④：6，夹砂灰陶。侈口，卷沿，尖圆唇，溜肩，肩以下残。唇部饰指压波浪纹花边，器表饰中粗绳纹。口径18、残高6.4厘米（图八七，4）。03ZDⅣT1103④：5，夹细砂红褐陶。侈口，卷沿，圆唇，广圆肩，肩以下残。唇部饰指压波浪纹花边，器表饰棒压绳纹。口径18、残高7.2厘米（图八七，5）。

陶尖底杯　1件。Ⅲ式。03ZDⅣT1103④：4，夹砂灰陶。残存尖底，底尖弯曲。残高7厘米（图八七，6）。

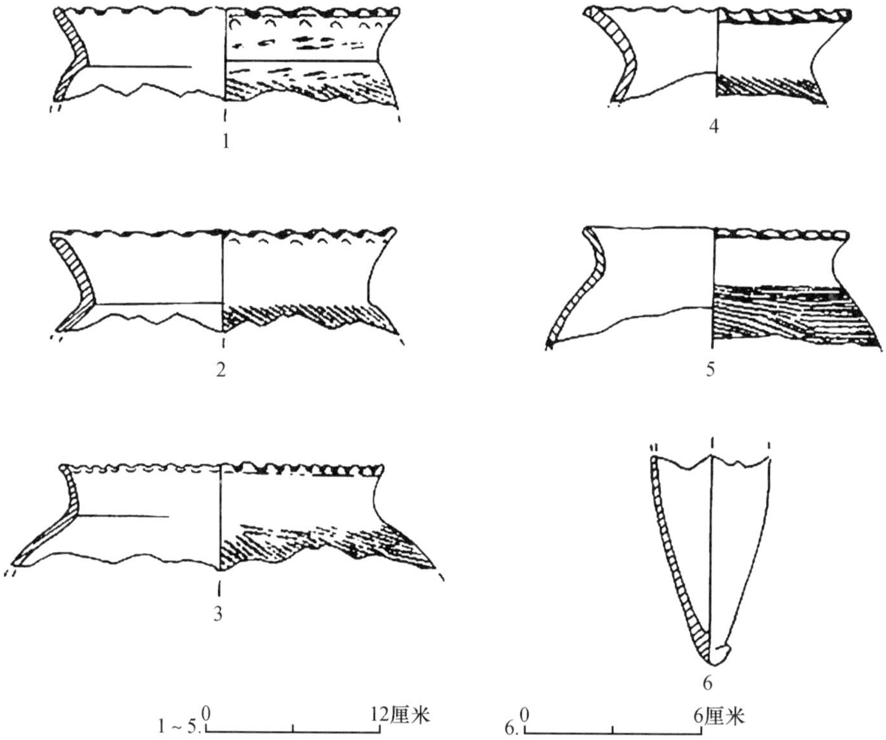

图八七　03ZDⅣT1103④出土器物

1、2、4、5. A型Ⅱ式陶花边口沿罐（T1103④：1、T1103④：2、T1103④：6、T1103④：5）

3. A型Ⅰ式陶花边口沿罐（T1103④：3）　6. Ⅲ式陶尖角杯（T1103④：4）

（二二）03ZDⅣT1015④b出土器物

陶素缘绳纹罐　1件。B型Ⅱ式。03ZDⅣT1015④b：3，夹砂红褐陶侈口，卷沿，方圆唇，广肩，肩以下残。颈部以下饰粗绳纹。口径34、残高6.8厘米（图八八，4）。

陶花边口沿罐　3件。A型Ⅱ式。03ZDⅣT1015④b：1，夹细砂红陶。侈口，微卷沿，圆唇，溜肩，肩以下残。唇面饰指压波浪纹花边，内外侧均有指窝痕，器表饰细绳纹。口径21.2、残高6.4厘米（图八八，1）。03ZDⅣT1015④b：2，夹砂灰陶。侈口，卷沿，圆唇，束颈。颈以下残。唇面饰指压波浪纹花边。口径13.6、残高4.8厘米（图八八，3）。03ZDⅣT1015④b：4，夹砂红陶。侈口，卷沿，方圆唇，溜肩，肩以下残。唇面饰指压波浪纹花边，内外侧均有指窝痕，器表饰细绳纹。口径20.8、残高6.8厘米（图八八，2）。

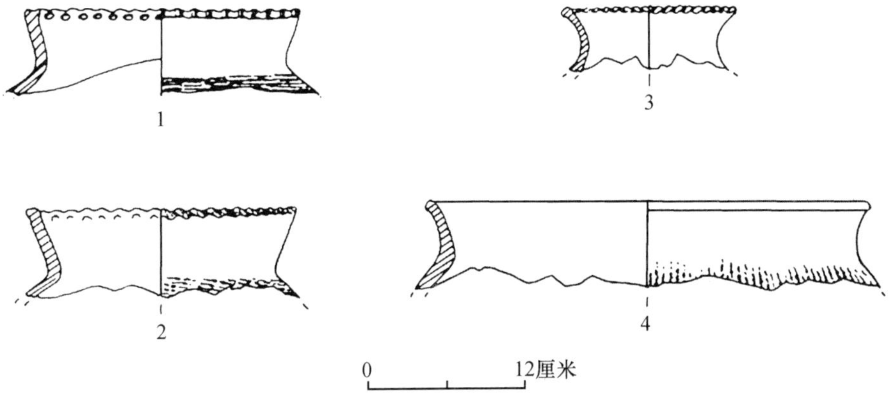

图八八　03ZDⅣT1015④b出土器物

1～3. A型Ⅱ式陶花边口沿罐（T1015④b：1、T1015④b：4、T1015④b：2）　4. B型Ⅱ式陶素缘绳纹罐（T1015④b：3）

（二三）03ZDⅣT1212④b出土器物

陶素缘绳纹罐　2件。

B型Ⅰ式。1件。03ZDⅣT1212④b：3，夹砂灰皮红胎陶。侈口，卷沿，尖唇，垂肩，微鼓腹，下腹与底残。器表饰纵向细绳纹。口径12、残高7.6厘米（图八九，1）。

B型Ⅱ式。1件。03ZDⅣT1212④b：1，夹细砂青灰陶。侈口，卷沿，尖圆唇，圆肩，肩以下残。器表饰斜向细绳纹。口径16、残高6.4厘米（图八九，2）。

陶花边口沿罐　1件。A型Ⅱ式。03ZDⅣT1212④b：11，夹砂红陶。侈口，卷沿，尖圆唇，广圆肩，肩部以下残。唇面饰指压花边，器表饰斜向绳纹。口径20、残高6.4厘米（图八九，3）。

陶高领罐　1件。B型。03ZDⅣT1212④b：2，夹细砂灰褐陶。侈口，方唇，束颈，颈以下残。缘面与颈部饰有凹弦纹。口径23.2、胎厚0.6、残高9.6厘米（图八九，4）。

陶瓮　2件。03ZDⅣT1212④b：12，夹粗砂褐陶。侈口，微折沿，方唇，圆肩，肩以下残。唇外缘有凹槽，沿面内凹，器表饰绳纹。口径30、残高6.8厘米（图八九，9）。03ZDⅣT1212④b：14，夹细砂灰褐陶。侈口，微折沿，方唇，溜肩，肩以下残。唇面有凹槽，沿面内凹。素面。口径21、残高3.7厘米（图八九，8）。

陶深腹盆　1件。03ZDⅣT1212④b：4，夹砂黑皮红胎陶。侈口，宽卷沿，方唇，耸肩，肩以下残。唇面有凹槽，沿面内凹。肩饰凹弦纹一周，腹饰横向划线纹。口径28.8、残高7.2厘米（图八九，10）。

残陶豆　1件。B型。03ZDⅣT1212④b：5，泥质红陶。残存豆盘底部及豆柄。素面。残高4.4厘米（图八九，14）。

陶尖底杯　1件。Ⅱ式。03ZDⅣT1212④b：7，夹砂红陶。残存尖底，腹、底交接处折棱明显。内壁留有旋痕。残高3.6厘米（图八九，6）。

陶炮弹形杯　2件。03ZDⅣT1212④b：8，泥质灰陶。残存尖平底。素面。残高3.6厘米（图八九，7）。03ZDⅣT1212④b：6，夹细砂黑灰陶。残存尖底。残高6厘米（图八九，5）。

残陶器盖抓手　1件。03ZDⅣT1212④b：9，泥质灰陶。束腰形底座。素面。座径4.4、残高5.2厘米（图八九，12）。

残陶器底座　1件。03ZDⅣT1212④b：10，夹砂红陶。喇叭形底座。素面。座径9.6、残高3.6

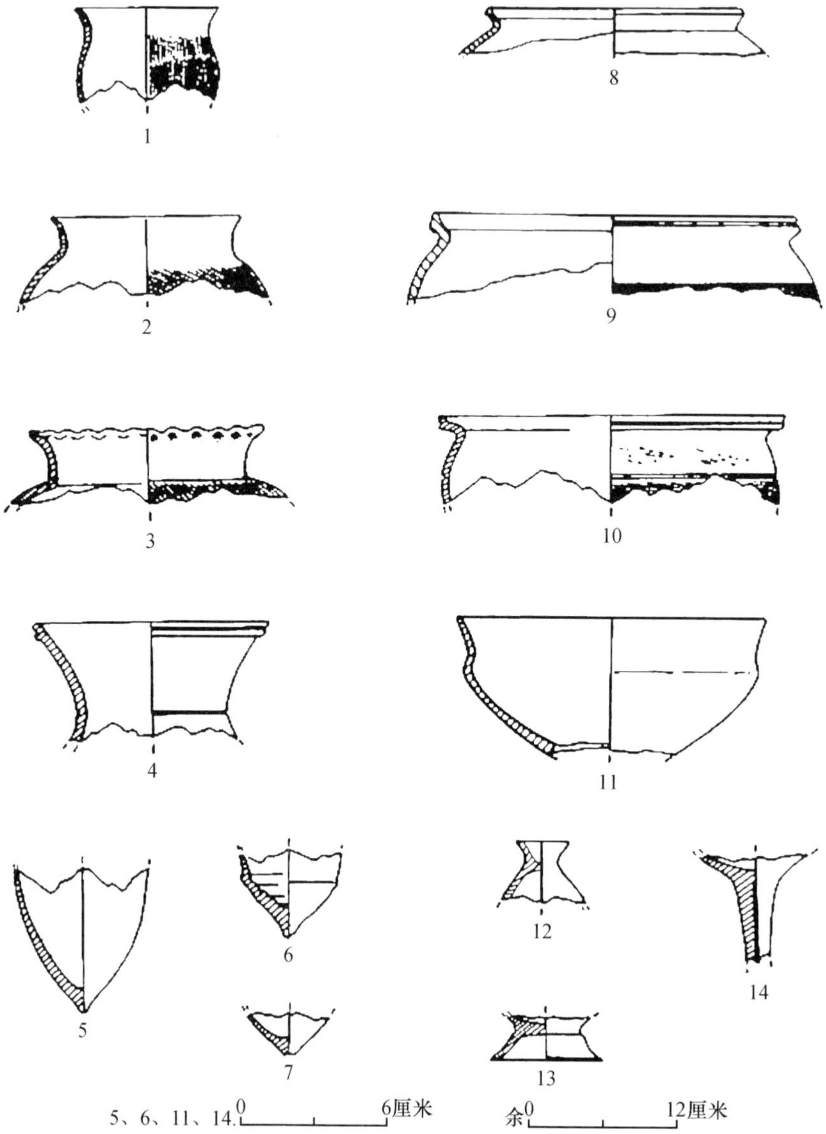

图八九　03ZDⅣT1212④b出土器物

1. B型Ⅰ式陶素缘罐（T1212④b：3）　2. B型Ⅱ式陶素缘罐（T1212④b：1）　3. A型Ⅱ式陶花边口沿罐（T1212④b：11）　4. B型陶高领罐（T1212④b：2）　5、7. 炮弹形陶杯（T1212④b：6、T1212④b：8）　6. Ⅱ式陶尖底杯（T1212④b：7）　8、9. 陶瓮（T1212④b：14、T1212④b：12）　10. 陶深腹盆（T1212④b：4）　11. B型陶耸肩罐（T1212④b：13）　12. 残陶器盖抓手（T1212④b：9）　13. 残陶器底座（T1212④b：10）　14. B型残陶豆（T1212④b：5）

厘米（图八九，13）。

陶耸肩罐　1件。B型。03ZDⅣT1212④b：13，泥质灰陶。敞口，尖圆唇，折耸肩，弧腹，底残。素面。口径12.8、残高5.6厘米（图八九，11）。

（二四）03ZDⅣT1213④a出土器物

陶花边口沿罐　1件。A型Ⅱ式。03ZDⅣT1213④a：11，夹细砂红陶。侈口，卷沿，圆唇，唇部饰指压波浪纹花边，颈以下残。素面。口径15.2、残高4.8厘米（图九〇，1）。

陶盘口罐　2件。B型。03ZDⅣT1213④a：1，夹细砂灰陶。侈口，卷沿，圆唇内折呈盘口，束颈较直，颈以下残。颈部有一周凹弦纹。口径14.4、残高6.8厘米（图九〇，5）。03ZDⅣT1213④a：14，泥质黄褐陶。侈口，卷沿，圆唇内折呈盘口，束颈较直，颈以下残。颈部有一周凹弦纹。口径15.6、残高6.8、胎厚0.4厘米（图九〇，7）。

陶高领罐　4件。B型。03ZDⅣT1213④a：4，夹细砂灰陶。侈口，卷沿，尖圆唇，高领较直，领以下残。束颈。颈部有一周凹弦纹。口径12、残高7.6厘米（图九〇，2）。03ZDⅣT1213④a：3，泥质灰陶。侈口，卷沿，尖圆唇，高领较直，领以下残。素面。口径15.2、残高9.2厘米（图九〇，3）。03ZDⅣT1213④a：12，泥质灰陶。侈口，卷沿，圆唇，束高领，领以下残。素面。口径16、残高8.9厘米（图九〇，4）。03ZDⅣT1213④a：2，泥质灰陶。侈口，卷沿，沿面稍向外翻，高领，广肩，肩以下残。颈部饰两周凹弦纹。口径16、残高7.2厘米（图九〇，8）。

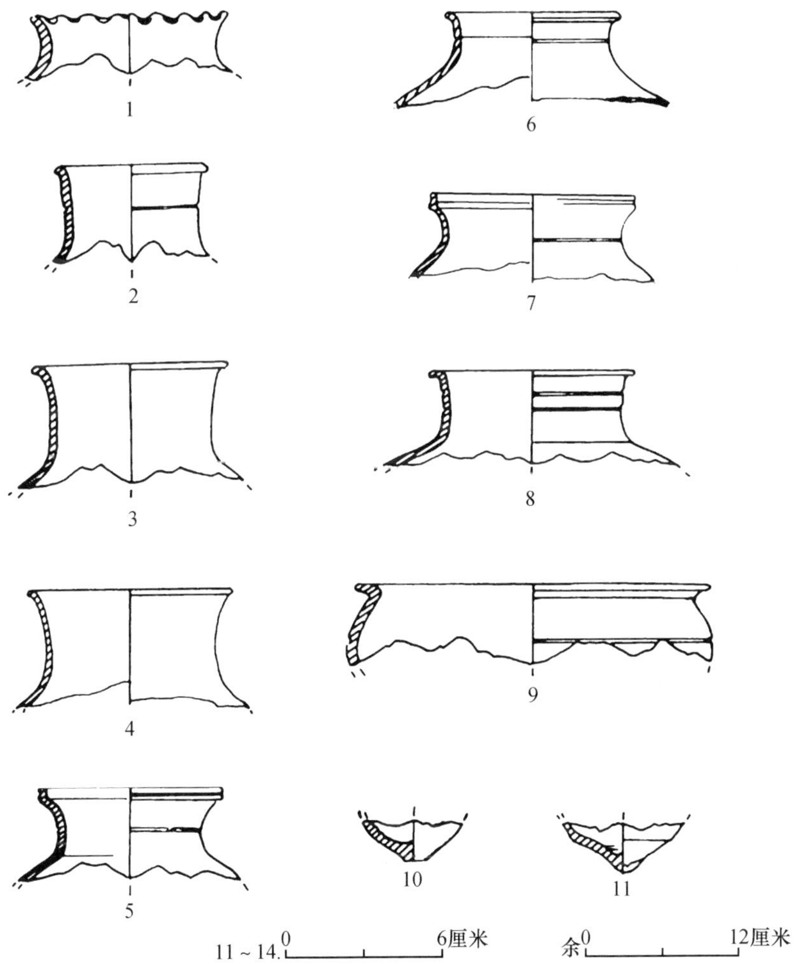

图九〇　03ZDⅣT1213④a出土器物

1. A型Ⅱ式陶花边口沿罐（T1213④a：11）　2～4、8. B型陶高领罐（T1213④a：4、T1213④a：3、T1213④a：12、T1213④a：2）　5、7. B型陶盘口罐（T1213④a：1、T1213④a：14）　6. 陶瓮（T1213④a：13）　9. 陶盆（T1213④a：5）　10、11. 残陶尖底盏（T1213④a：10、T1213④a：9）　12、14. Ⅰ式陶尖底杯（T1213④a：7、T1213④a：6）　13. Ⅱ式陶尖底杯（T1213④a：8）

陶瓮　1件。03ZDⅣT1213④a：13，泥质灰陶。侈口，卷沿，尖圆唇，束颈，广肩，肩以下残。颈部有凹弦纹。口径13.2、残高6.8厘米（图九〇，6）。

陶盆　1件。03ZDⅣT1213④a：5，夹细砂灰陶。敛口，卷沿，尖圆唇，鼓肩，肩以下残。肩部饰凹弦纹一周。口径28、残高6厘米（图九〇，9）。

陶尖底杯　3件。Ⅰ式。2件。03ZDⅣT1213④a：7，夹砂红陶。残存尖底，腹、底交接处折棱不明显。素面。残高5.4厘米（图九〇，12）。03ZDⅣT1213④a：6，夹砂红陶。残存尖底，腹、底交接处折棱不明显。素面。残高4.2厘米（图九〇，14）。

Ⅱ式。1件。03ZDⅣT1213④a：8，泥质红陶。残存尖底，腹、底交接处折棱明显。素面。残高6厘米（图九〇，13）。

残陶尖底盏底部　2件。03ZDⅣT1213④a：9，泥质红陶。残存尖底。素面。残高2厘米（图九〇，11）。03ZDⅣT1213④a：10，泥质红陶。残存尖底。素面。残高3.2厘米（图九二，10）。

（二五）03ZDⅣT1214④a出土器物

陶花边口沿罐　2件。A型Ⅱ式。03ZDⅣT1214④a：1，夹砂红褐陶。侈口，卷沿，圆唇，圆肩，肩以下残。唇部有指压波浪纹花边，唇部内外侧均有指窝痕，器表饰中粗绳纹。口径26、残高6.4厘米（图九一，1）。03ZDⅣT1214④a：2，夹砂灰陶。侈口，卷沿，圆唇，圆肩，肩以下残。唇部有指压波浪纹花边，唇部内外侧均有指窝痕。口径42.4、残高4.4厘米（图九一，3）。

陶盆　1件。03ZDⅣT1214④a：3，夹砂灰陶。敛口，折沿，沿面内凹，方唇，圆耸肩，肩以下残。唇面有一周凹槽，器表有刮抹痕迹。口径44、残高5.2厘米（图九一，2）。

陶尖底杯　1件。Ⅱ式。03ZDⅣT1214④a：4，泥质红陶。残存尖底，腹、底交接处折棱明显。素面。残高4.6厘米（图九一，4）。

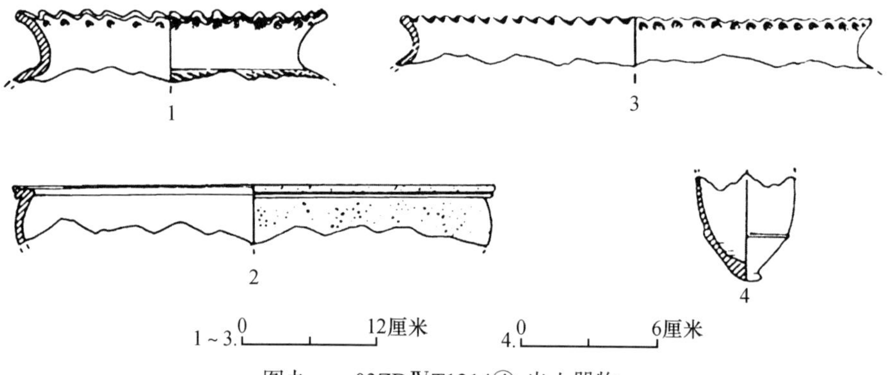

图九一　03ZDⅣT1214④a出土器物

1、3. A型Ⅱ式陶花边口沿罐（T1214④a：1、T1214④a：2）　2. 陶盆（T1214④a：3）　4. Ⅱ式陶尖底杯（T1214④a：4）

（二六）03ZDⅣT1312③b出土器物

陶花边口沿罐　3件。A型Ⅱ式。03ZDⅣT1312③b：1，夹砂红陶。侈口，卷沿，圆唇，溜肩，肩以下残。唇部有指压波浪纹花边，器表饰绳纹。口径20、残高7.2厘米（图九二，2）。

03ZDⅣT1312③b：2，夹砂红皮灰胎陶。侈口，卷沿，尖圆唇，颈以下残。唇部有指压波浪纹花边，唇部内外侧均有指窝痕，器表饰中粗绳纹。口径32、残高6.4厘米（图九二，4）。03ZDⅣT1312③b：3，泥质灰陶。侈口，卷沿，尖圆唇，圆肩，肩以下残。唇部有指压波浪纹花边，唇部内外侧均有指窝痕，器表饰中粗绳纹。口径20.8、残高6.8厘米（图九二，1）。

陶船形杯　2件。03ZDⅣT1312③b：7，夹粗砂红皮灰胎陶。平面似船形，残存较平直一端。残长12.4、高6.4厘米（图九二，8）。03ZDⅣT1312③b：4，夹粗砂红褐陶。器形整体为船形，横截面为半圆形，一端平直，另一端残，口沿为圆唇略尖，夹粗砂厚胎。素面。残长13.8、宽8.4～9.9、高6、壁最厚约1.2厘米（图九二，5）。

炮弹形陶杯　2件。03ZDⅣT1312③b：5，泥质灰陶。残存尖底，内壁留有轮制痕迹。素面。残高10.2厘米（图九二，3）。03ZDⅣT1312③b：6，泥质灰陶。残存尖底。素面。残高10厘米（图九二，7）。

陶高领罐　1件。03ZDⅣT1312③b：8，夹砂灰皮红胎陶。侈口，卷沿，尖圆唇，束颈，颈以下残。素面。口径14.4、残高5.2厘米（图九二，6）。

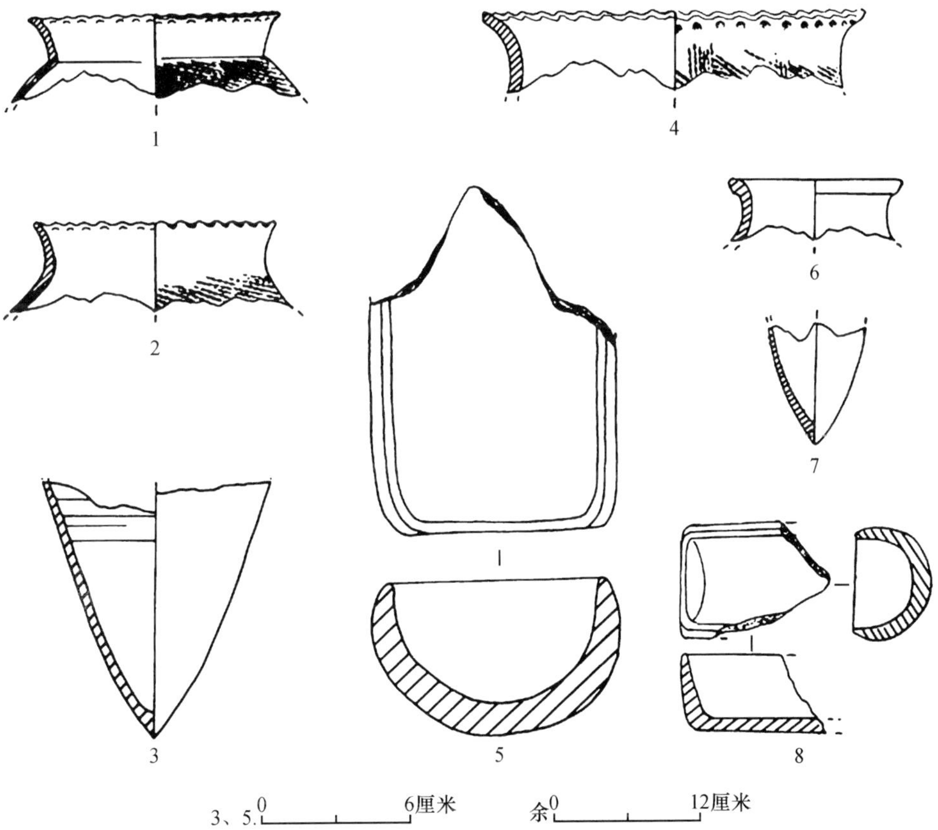

图九二　03ZDⅣT1312③b出土器物

1、2、4. A型Ⅱ式陶花边口沿罐（T1312③b：3、T1312③b：1、T1312③b：2）　3、7. 炮弹形陶杯（T1312③b：5、T1312③b：6）　5、8. 陶船形杯（T1312③b：4、T1312③b：7）　6. 陶高领罐（T1312③b：8）

（二七）03ZDⅠT1408④出土器物

陶船形杯　1件。03ZDⅠT1408④：5，夹砂红陶。模制。平面呈船形，残存较平直一端。素面。残长6.2、残高5厘米（图九三，5）。

陶素缘绳纹罐　4件。

B型Ⅰ式。2件。03ZDⅠT1408④：2，夹砂灰陶。侈口，卷沿，圆唇，溜肩，鼓腹，底残。器表饰篮纹。口径6、残高9.2厘米（图九三，4）。03ZDⅠT1408④：3，夹砂灰陶。侈口，卷沿，圆唇，溜肩，肩以下残。器表饰粗绳纹。口径10.4、残高4.8厘米（图九三，3）。

C型Ⅱ式。2件。03ZDⅠT1408④：1，夹细砂青灰陶。侈口，卷沿，圆唇，束颈，上腹壁斜直，下残。颈腹之间有折棱，器表饰中粗绳纹。口径20、残高7.4厘米（图九三，1）。03ZDⅠT1408④：4，夹砂灰陶。侈口，卷沿，圆唇，束颈，上腹壁斜直，下残。颈腹之间折棱明显，腹饰细绳纹。口径21.6、残高7.6厘米（图九三，2）。

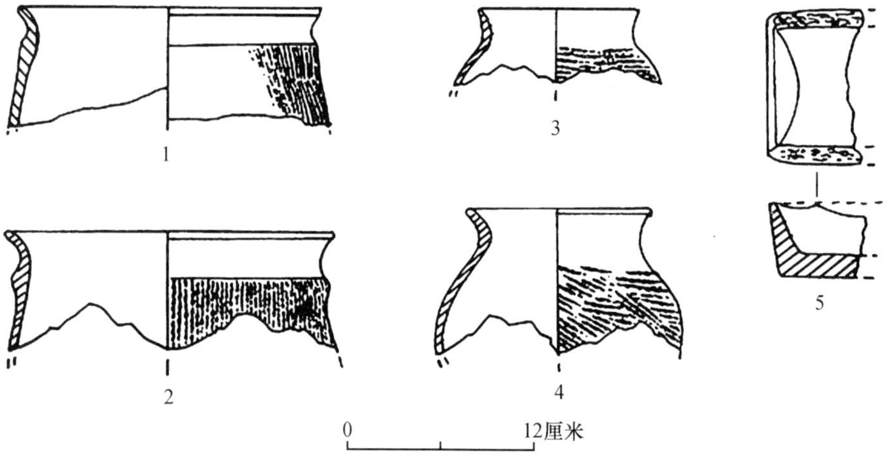

图九三　03ZDⅠT1408④出土器物

1、2. C型Ⅱ式陶素缘绳纹罐（T1408④：1、T1408④：4）　3、4. B型Ⅰ式陶素缘绳纹罐（T1408④：3、T1408④：2）
5. 陶船形杯（T1408④：5）

（二八）03ZDⅠT1509③a出土器物

陶花边口沿罐　1件。A型Ⅲ式。03ZDⅠT1509③a：7，夹砂灰陶。侈口，卷沿，尖圆唇，唇面饰绳切波浪纹花边，浅圆鼓腹，底残。器表饰粗绳纹。口径10.4、残高9.2厘米（图九四，3）。

陶尖底盏　1件。C型。03ZDⅠT1509③a：6，夹砂红皮灰胎陶。敛口，尖圆唇，曲腹，口径小于最大腹径，底残。素面。口径22.4、残高3.6厘米（图九四，5）。

陶素缘绳纹罐　1件。B型Ⅱ式。03ZDⅠT1509③a：3，夹砂灰陶。侈口，卷沿，方圆唇，束颈，圆肩，肩以下残。器表饰方格纹。口径11.2、残高6厘米（图九四，4）。

陶尖底杯　1件。Ⅱ式。03ZDⅠT1509③a：4，泥质红陶。残存尖底，底尖弯曲。腹、底交接处折棱不明显。素面。残高4厘米（图九四，6）。

陶豆盘　2件。03ZDⅠT1509③a：1，夹砂灰陶。微敛口，尖圆唇，浅腹，圜底，柱状柄，底

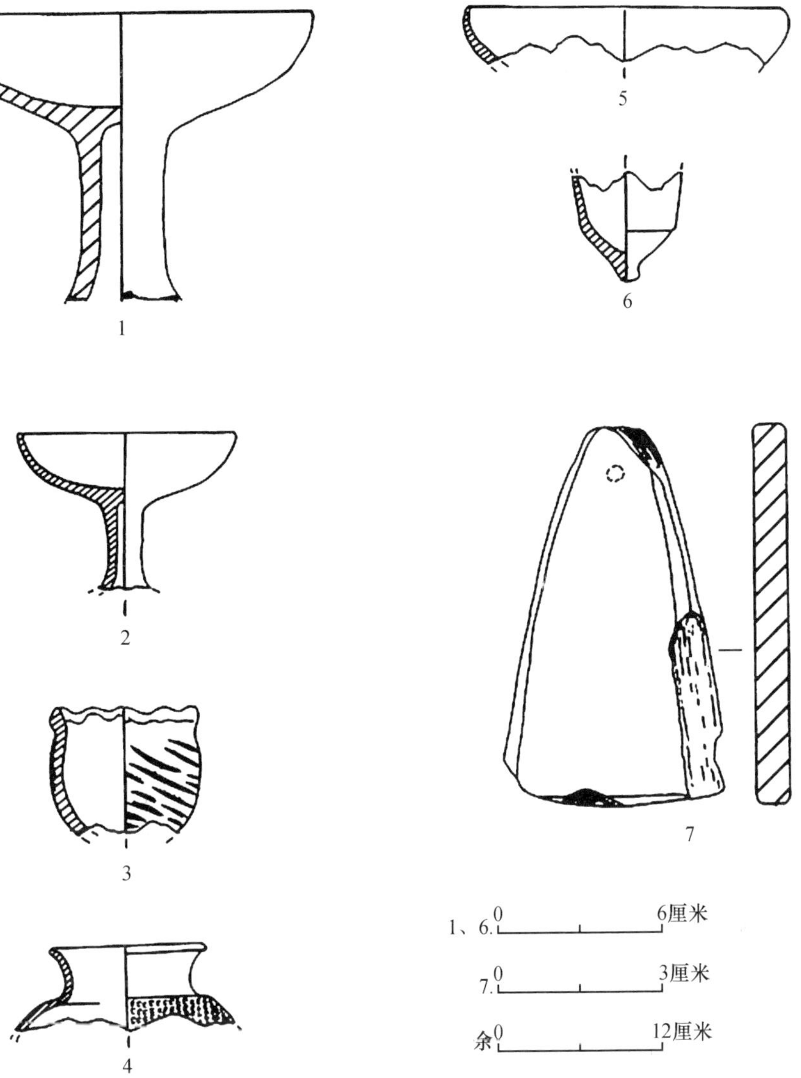

图九四　03ZDⅠT1509③a出土器物

1、2. 陶豆盘（T1509③a：2、T1509③a：1）　3. A型Ⅲ式陶花边口沿罐（T1509③a：7）　4. B型Ⅱ式陶素缘绳纹罐（T1509③a：3）　5. C型陶尖底盏（T1509③a：6）　6. Ⅱ式陶尖底杯（T1509③a：4）　7. 残石器（T1509③a：5）

座残。素面。口径16、残高11.2厘米（图九五，2）。03ZDⅠT1509③a：2，夹细砂青灰陶。微敛口，尖圆唇，浅腹，圜底，柱状柄，底座残。素面。口径14、残高10.4厘米（图九四，1）。

残石器　1件。03ZDⅠT1509③a：5，石质。青色砂岩。磨制。呈圆角三角形，顶部有一从两面对钻的孔，但未钻透。素面。宽0.9～3.9、残高6.8、厚0.6厘米（图九四，7）。

（二九）03ZDⅣT1014⑤a出土器物

陶素缘绳纹罐　1件。B型Ⅱ式。03ZDⅣT1014⑤a：3，夹细砂灰陶。口微侈，卷沿，尖圆唇，溜肩，鼓腹，下腹残。器表饰中粗绳纹。口径10、残高9、壁厚约0.6厘米（图九五，6）。

陶尖底杯　2件。Ⅱ式。03ZDⅣT1014⑤a：1，泥质灰陶。残存尖底，器体瘦长，底尖弯曲。

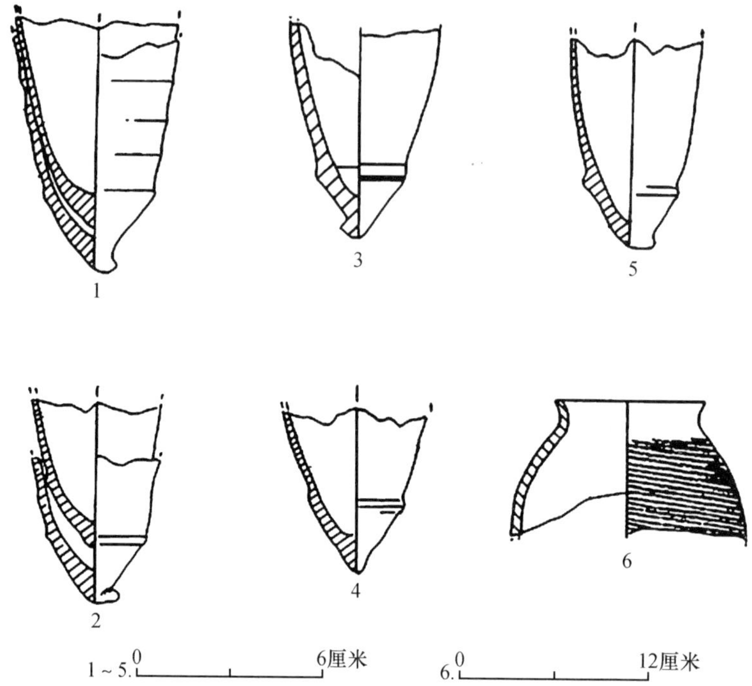

图九五　03ZDⅠT1407④b、03ZDⅣT1014⑤出土器物

1、2、4. Ⅱ式陶尖底杯（T1407④b：1、T1407④b：2、T1407④b：3）　3、5. Ⅱ式陶尖底杯（T1014⑤：2、T1014⑤：1）
6. B型Ⅱ式陶素缘绳纹罐（T1014⑤：3）

腹、底交接处折棱明显。残高6.8厘米（图九五，5）。03ZDⅣT1014⑤：2，泥质青灰陶。残存尖底，器体瘦长，底尖弯曲。器身与底部接合处有明显凸棱。残高6.8厘米（图九五，3）。

（三〇）03ZDⅠT1407④b出土器物

陶尖底杯　3件。Ⅱ式。03ZDⅠT1407④b：1，泥质红陶。两件套在一起。残存尖底，底部弯曲。器身与底部接合处有明显凸棱，器表留有旋痕。残高8厘米（图九五，1）。03ZDⅠT1407④b：2，泥质红陶。两件套在一起。残存尖底，底部弯曲。器身与底部接合处有明显凸棱。残高6.4厘米（图九五，2）。03ZDⅠT1407④b：3，泥质红陶。残存尖底。器身与底部接合处有明显凸棱。残高5.2厘米（图九五，4）。

（三一）03ZDⅣT0908③b出土器物

陶花边口沿罐　2件。A型Ⅲ式。03ZDⅣT0908③b：1，夹砂红陶。侈口，卷沿，尖圆唇，垂肩，肩以下残。唇部饰指压波浪纹花边，器表饰粗绳纹。口径9.6、残高5.2厘米（图九六，1）。03ZDⅣT0908③b：2，夹砂红陶。侈口，卷沿，尖圆唇，垂肩，肩以下残。唇部饰指压波浪纹花边，器表饰中粗绳纹。口径9.6、残高5.1、胎厚约0.3～0.5厘米（图九六，2）。

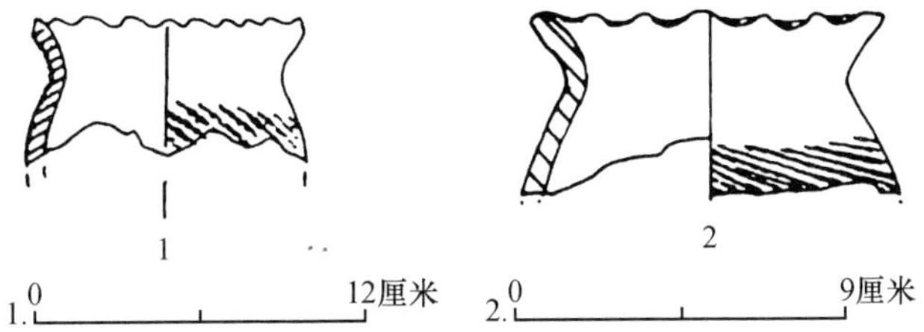

图九六　03ZDⅣT0908③b出土器物

1、2. A型Ⅲ式陶花边口沿罐（T0908③b：1、T0908③b：2）

（三二）03ZDⅣT0905③出土器物

陶瓮　1件。03ZDⅣT0905③：1，夹细砂青灰陶。圆唇，卷沿，侈口，束颈，颈腹之间有折棱，鼓腹。腹部有中粗绳纹。口径12、残高7.4厘米（图九七，1）。

陶花边口沿罐　1件。A型Ⅱ式。03ZDⅣT0905③：2，夹砂青灰陶。侈口，沿面内凹，唇部有波浪纹花边，唇部外侧有指窝，束颈，鼓腹。腹部饰中粗绳纹。口径28.8、残高8厘米（图九七，2）。

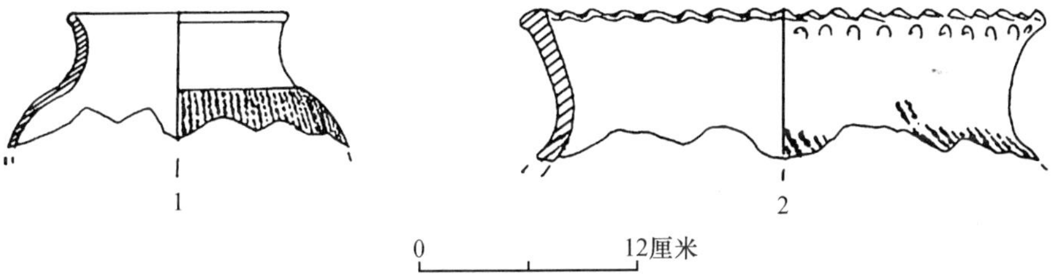

图九七　03ZDⅣT0905③出土器物

1. 陶瓮（T0905③：1）　2. A型Ⅱ式陶花边口沿罐（T0905③：2）

（三三）03ZDⅣT1313④b出土器物

陶素缘绳纹罐　1件。B型Ⅱ式。03ZDⅣT1313④b：1，夹砂红褐陶。侈口，卷沿，尖圆唇，束颈，耸鼓肩，内斜弧腹，底残。器表饰中粗绳纹。口径13.9、残高16.4厘米（图八一，1）。

（三四）01ZDⅠT1401⑤a出土器物

石斧　1件。01ZDⅠT1401⑤a：1，青石，磨制。通体磨光。双面刃，刃部锐利。长13、宽6、厚3厘米（图九八，1）。

（三五）03ZDⅣT1805⑤出土器物

陶纺轮　1件。03ZDⅣ1805⑤：1，泥质灰陶。算珠形。顶面径1.8、底面径2、腹径3.8、孔径0.4、厚2.2厘米（图一〇〇，8）。

（三六）03ZDⅣT0914④a出土器物

石斧　1件。03ZDⅣT0914④a：1，青灰色石。扁长方体，正面磨光，背面粗糙，弧顶，弧刃，两面刃，刃部呈锯齿状。长13.6、宽6.8、厚2.2厘米（图九九，2）。

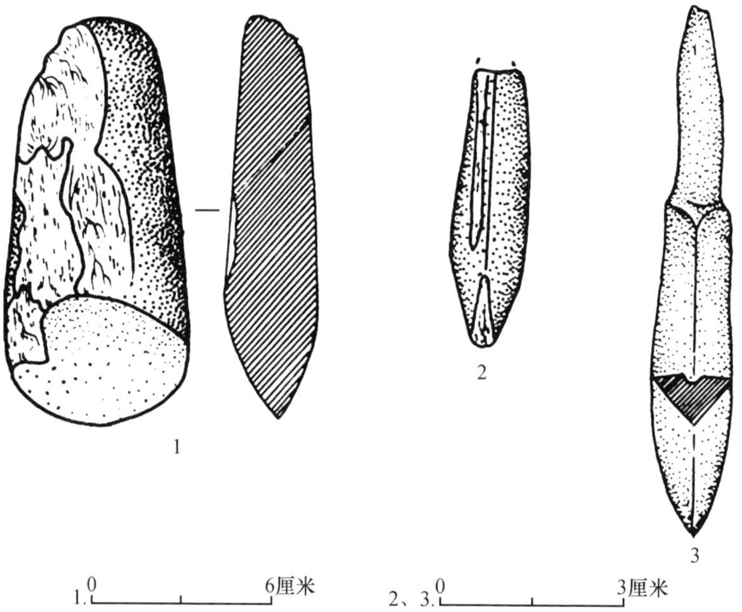

图九八　2001年邓家沱遗址出土石骨器

1. 石斧（01ZDⅠT1401⑤a：1）　2、3. 骨镞（01ZDⅣT1208H50：12、01ZDⅣT1208H50：13）

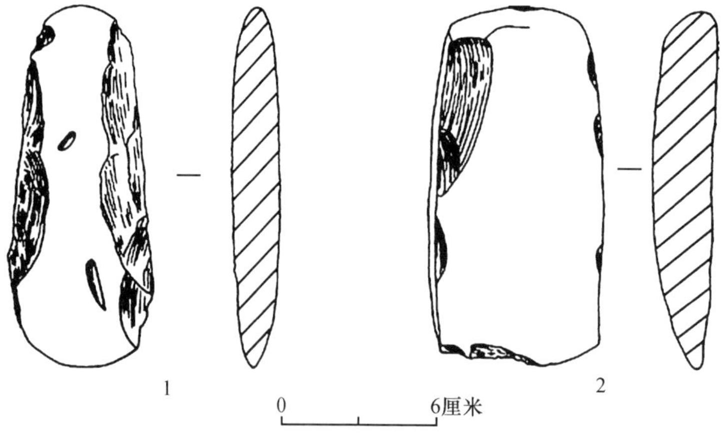

图九九　2003年邓家沱遗址出土石器

1、2. 石斧（03ZDⅣT0714④a：1、03ZDⅣT0914④a：1）

（三七）03ZDⅣT0714④a出土器物

石斧　1件。03ZDⅣT0714④a：1，青灰色石。不规则扁长方体，弧顶，三面刃，侧刃均为打制而成的两面直刃，下刃呈弧形。一面磨光，一面粗糙。刃部呈锯齿状。长13.8、宽5.6、厚2厘米（图九九，1）。

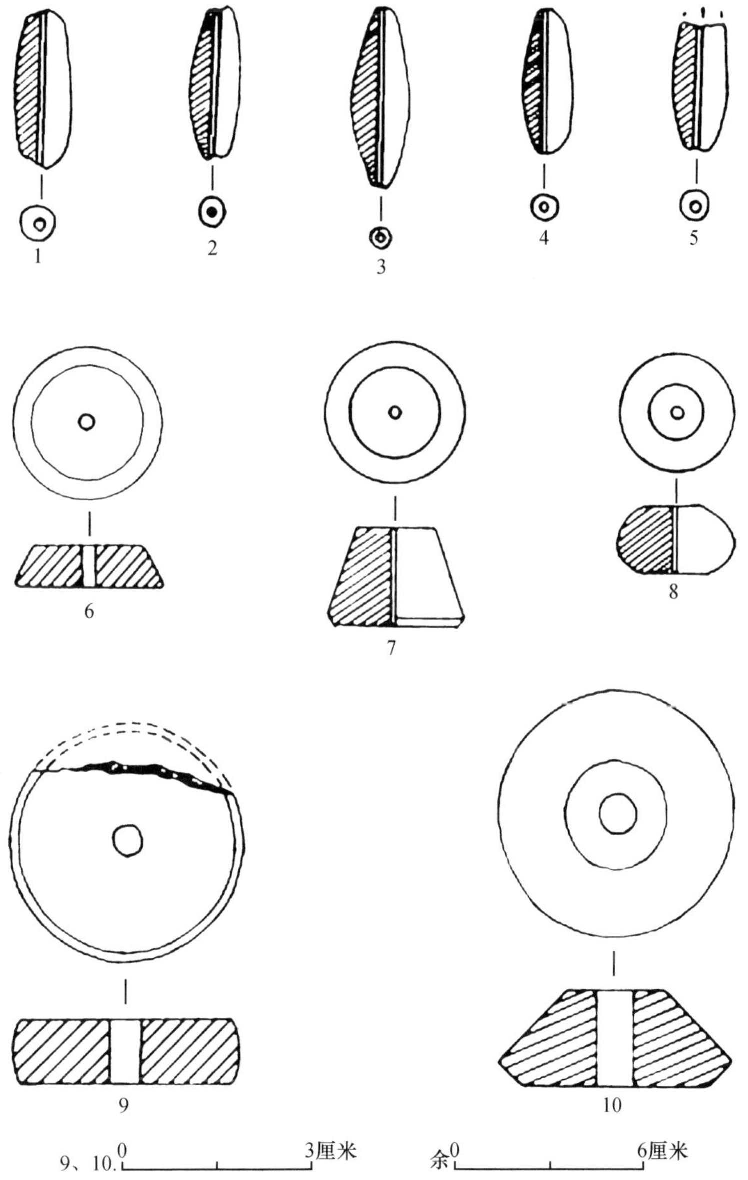

图一〇〇　邓家沱遗址出土陶网坠、纺轮

1～5. 陶网坠（03ZDⅠT1211④：1、T1211④：2、T1211④：3、T1211④：4、T1211④：5）　6. 陶纺轮（01ZDⅣT1505H42：22）　7. 陶纺轮（03ZDⅣT1710④：1）　8. 陶纺轮（03ZDⅣT1805⑤：1）　9. 石纺轮（03ZDⅣT0715③a：1）　10. 陶纺轮（03ZDⅠT1211④b：20）

（三八）03ZDⅠT1211④出土器物

陶网坠　5件。03ZDⅠT1211④：1，泥质灰陶。枣核形。残长4.8、最大径1.6、孔径0.4厘米。03ZDⅠT1211④：2，夹细砂灰陶。枣核形。残长4.6、最大径1.6、孔径0.4厘米。03ZDⅠT1211④：3，夹砂灰陶。枣核形。残长5.6、最大径1.8、孔径0.4厘米。03ZDⅠT1211④：4，夹砂灰陶。枣核形。长4.6、最大径1.6、孔径0.4厘米。03ZDⅠT1211④：5，夹砂灰陶。枣核形。残长4、最大径1.8、孔径0.4厘米（图一〇〇，1～5）。

上述所报告的诸单位中，有部分单位、尤其是文化层单位中，存在早晚遗物相杂的现象，虽然造成这种现象的直接原因是由文化层本身的堆积性质，但是也与我们对遗存本身的认识能力有密切关系。为了资料的完整性和科学性，更为了这批资料的研究价值能够不至于因我们的认识不足而降低，因此，我们在报告这些文化层单位的资料时，并未对混入其内的早期或晚期遗物进行剔除，请利用这些资料时注意甄别，对此带来的不便，我们表示歉意。

第四节　典型器物型与式的划分

本期出土遗物，按质料可分为陶、石、骨、铜四类。其中，陶器占绝大部分，不少典型器物存在型或式的不同；其他质料的器物则比较少见，型、式不系统。故而典型器物的型、式划分主要在陶器中进行。

一、陶器概述

本期出土的陶器有3万余件，可分为夹砂陶和泥质陶两类。其中夹砂陶约占90%，泥质陶占10%左右。夹砂陶的器表颜色比较复杂，既有不同器物表面颜色不同者，又有同一器物表面颜色不同者，这些现象都是因为烧制或使用时的火候不均而导致。常见的夹砂陶，颜色主要有红褐、灰褐，少量的青灰、黑灰、纯红及黑皮红胎等；泥质陶的器表颜色相对比较一致，颜色主要以青灰多见，少量的灰褐、红褐及黑灰等。大部分器物的制作为轮制成形，不少器物的内外壁还留有旋痕，而少量罐类器物的口沿与器身是分制后再粘贴在一起的。尖底杯和船形杯等类器物的内壁比较粗糙，海绵体式之膨化现象明显。器表以素面为主，细绳纹、中粗绳纹主要装饰在罐类器物的腹部，少量罐类器物的口部装饰有指压窝纹花边和指压、绳切波浪纹花边，而少量简单的弦纹则多装饰于素面陶器的颈部。由于各类陶器的烧制火候均比较低，造成器物破损严重，保存状况极差，遗留下来最多的是器物的口沿和底部。常见器形主要有素缘绳纹罐、花边口沿绳纹罐、耸肩素面罐、盘口罐、高领罐、船形杯、尖底杯、尖底盏、豆盘和豆柄、瓮、盆、器盖或器盖抓手及纺轮等。下面重点介绍具有分型、分式意义的典型器物，其他器物则在原单位出土物中介绍。

二、典型器物型、式划分

本期出土的器物形制比较简单，除尖底杯多有完整保存外，其余大部分器物多残存口部或底部。可以分型的器类主要有耸肩罐、盘口罐、高领罐、尖底盏、豆柄等；可以分式的器型主要有素缘绳纹罐、花边口沿罐、尖底杯等（图一〇一）。各类器物型、式数量见表三。

陶耸肩罐　9件。根据口部与肩部的不同可分四型。

A型　1件。侈口、耸鼓肩。01ZDⅣT1505⑤a：11，夹砂黑陶。轮制。微卷沿，尖圆唇，下腹残。素面。口径14、残高6.8厘米（图一〇一-1，1）。

B型　6件。侈口、耸圆肩。01ZDⅣH42：1，夹砂灰褐陶。轮制。微卷沿，圆唇，内弧腹，小平底。素面。器内外壁有旋痕，器表略经打磨。口径14.8、高10.6、底径4.4厘米（图一〇一-1，2）。

C型　1件。敛口、窄沿微折、耸肩。01ZDⅣH42：3，夹砂红褐陶。轮制。尖圆唇，内弧腹，底残。器表略经打磨。口径12.2、残高6.4厘米（图一〇一-1，3）。

D型　1件。敛口、平折沿、耸肩。01ZDⅣH42：4，夹砂黄褐陶。轮制。圆唇，内弧腹，底残。素面。器表略经打磨。口径16、残高9厘米（图一〇一-1，4）。

陶尖底盏　36件。可辨识型者9件。根据口、底形态不同分三型。

A型　4件。侈口，折沿呈盘状。01ZDⅣH42：2，泥质灰褐陶。轮制。尖圆唇，内沿面微弧，耸圆肩，曲腹，尖底。素面。器内外壁有旋痕，器表略经打磨。口径12.8、高9.1厘米（图一〇一-1，5）。同型的标本还有01ZDⅣT1309⑤a：1，夹砂黄褐陶。轮制。尖圆唇，沿内微敛呈母口，耸肩，微曲腹，尖底。口沿下饰凹弦纹，肩部饰一周圆圈纹。口径15.2、高7.2厘米（图六八，4）。

B型　3件。敞口。01ZDⅣT1206⑤a：13，夹细砂红褐陶。尖圆唇，弧腹，底残。口沿下有一周凹弦纹。口径12、残高3.9厘米（图一〇一-1，6）。同型的标本还有01ZDⅣT1206⑤a：14，夹细砂红褐陶。尖圆唇，弧腹，底残。口沿下有一周凹弦纹。口径13.5、残高4.1厘米（图七四，2）。

C型　2件。敛口。03ZDⅣH76：3，夹砂灰陶。尖圆唇，腹微曲，尖底。底部饰凹弦纹一周，内壁留有旋痕。口径12.8、高6.8厘米（图一〇一-1，7）。

陶高领罐　88件，可辨识型者66件。均为口部，根据束颈部位的不同分为二型。

A型　27件。颈中部弧束。01ZDⅣT1505⑤：13，夹细砂青灰陶。轮制。侈口，卷圆唇，颈以下残。颈部饰一周凹弦纹。口径16、残高7.6厘米（图一〇一-1，8）。

B型　39件。颈底部弧束。01ZDⅣH50：4，夹砂青灰陶。微侈口，卷沿，尖圆唇，束颈较直，颈以下残。口径14、残高6厘米（图一〇一-1，9）。

陶盘口罐　14件。以盘口之别分三型。

A型　3件。侈口，浅斜折盘沿，外唇沿突出成棱。01ZDH32：1，夹砂青灰陶。轮制。卷沿，宽方唇，沿面内折略呈盘口，束颈，颈以下残。器表素面。口径16、残高8厘米（图一〇一-1，10）。同型的标本还有01ZDⅣH52：30，夹砂黄褐陶。轮制。圆唇，颈以下残。口径16.3、残高2厘米（图四五，1）。01ZDⅣH52：33，夹细砂黑陶。轮制。圆唇，颈以下残。口径16、残高3厘米（图四五，3）。

B型　10件。侈口，斜折盘沿。01ZDⅣT1206⑤a：19，夹砂青灰陶。轮制。卷沿，方唇微折呈盘状，束颈，颈以下残。颈部饰一周凹弦纹。口径15.8、残高6.4厘米（图一〇一-1，11）。同型的标本还有01ZDⅣT1206⑤a：20，夹砂青灰陶。轮制。卷沿，方唇微折呈盘状，束颈，颈以下残。

表三　邓家沱商周遗存可分型式器物统计表

灰坑及地层	素缘绳纹罐									花边口沿罐					尖底杯			耸肩罐				尖底盏				高领罐			盘口罐			豆		高领瓮		总计
	A		B			C		D	未分	A			B	不明																						
	Ⅰ	Ⅱ	Ⅰ	Ⅱ	Ⅲ	Ⅰ	Ⅱ			Ⅰ	Ⅱ	Ⅲ			Ⅰ	Ⅱ	Ⅲ	A	B	C	D	A	B	C	残底	A	B	不明	A	B	C	A	B	A	B	
H16															10 310	10 945										1	1									8
H29	1	1																								1	1	1								5
H32										1					1										1			1	2			1				7
H35		1													2	2																				5
H37													1						1							1										3
H38															2	1												1								4
H42															2	3			2	1	1	1			1	1						1	1			14
H46					1											2																	1			4
H47	1		2												4	2												2								11
H48					1					1				1												2										5
H49					1										2	1											1									5
H50		1		1	1										3										1	1	3									11
H51			1										1															1					1			4
H52	2	2	4	1							1				5	1									1		3		2		1	1	1			25
H53																									1	1	1	1		2						6
H54									1						3	1											2	1								8
H55																1									1	1		1								4
H56		1	1	1							2				2										2	1				1						11
H57			1								2				1												1	1								6
H60																									1	1	1									3
H61																2											2									4
H65															30	25																				55
H66								2								1									2	1	1									8

续表

灰坑及地层	素缘绳纹罐									花边口沿罐					尖底杯			耸肩罐				尖底盏				高领罐			盘口罐			豆		高领瓮		总计
	A		B			C		D	未分	A			B	不明																						
	Ⅰ	Ⅱ	Ⅰ	Ⅱ	Ⅲ	Ⅰ	Ⅱ			Ⅰ	Ⅱ	Ⅲ			Ⅰ	Ⅱ	Ⅲ	A	B	C	D	A	B	C	残底	A	B	不明	A	B	C	A	B	A	B	
H70																																				
H71	1			4			2									2									2	2	1				1					15
H72			2																																	2
H73		1							1		2						1																			5
H74	2			3							2				2	2									1		4									16
H76																								1	2											3
T1505⑤		3																							1	6	2									12
T1505⑤a				1														1				1			1		2	3								9
T1309⑤a	1																					1				1										3
T1008⑤	1									1																1				1						4
T1307⑤				2																					1											3
T1605⑤					1																															1
T1607⑤		1								2															1							1				5
T1206⑤a	2		2			1				1						3							2		1	2	2			2						18
T1504⑤										1					2												2									5
T1407⑤											2																1						1			4
T1207⑤									1	1	3						4											2								11
T1306⑤																	1																			1
T1506⑤																	1																			1
T1110④b			4								2				4				2								5									17
T1211④b				1											4	1						1			1	3							1			12
T1210④b			3	3	1																	1			1		3									12
T1111④b	1			1												2									2										3	9

续表

灰坑及地层	素缘绳纹罐									花边口沿罐					尖底杯			耸肩罐				尖底盏				高领罐			盘口罐			豆		高领瓮		总计
	A		B			C		D	未分	A			B	不明																						
	Ⅰ	Ⅱ	Ⅰ	Ⅱ	Ⅲ	Ⅰ	Ⅱ			Ⅰ	Ⅱ	Ⅲ			Ⅰ	Ⅱ	Ⅲ	A	B	C	D	A	B	C	残底	A	B	不明	A	B	C	A	B	A	B	
T1209④b					1												1																			2
T1109④b				1												2											1						1			5
T1114④a											4																							1		5
T1103④										1	4						1																			6
T1015④				1							3																									4
T1212④b			1	1							1					1			1								1						1			7
T1213④a											1				2	1									2		4			2						12
T1214④a											2					1																				3
T1312③b											3																	1								4
T1408④			2				2																													4
T1509③a				1								1				1								1												4
T1014⑤a				1												2																				3
T1407④b																3																				3
T0908③b												2																								2
T0905③											1																									1
T1313③b				1																																1
T1401⑤a																																				
T1805⑤																																				
T1211④																																				
T0914④a																																				
T0714④a																																				
T1412②																																				
T0715③a																																				
总计	12	11	23	24	7	1	4	2	3	10	34	3	2	1	10 381	11 009	9	1	6	1	1	5	2	2	27	27	45	18	4	8	1	4	8	1	3	21 853

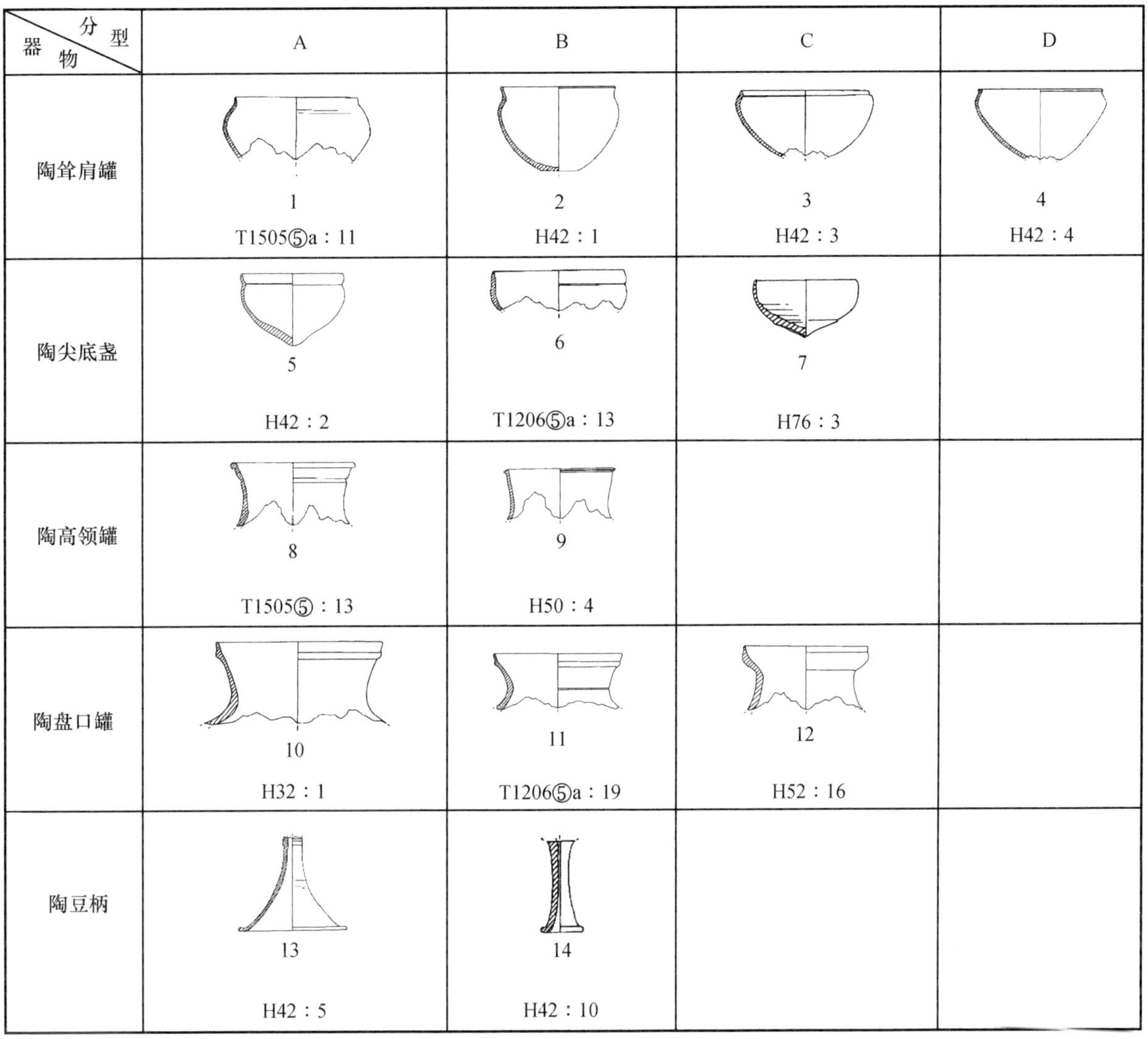

图一〇一-1　商周时期典型器物型式划分表（一）

素面。口径16、残高6厘米（图七三，5）。01ZDⅣH53：4，夹砂红褐陶。轮制。方唇略内折呈盘状，唇面微凹，束颈，颈以下残。素面。口径15.4、残高4.4厘米（图四七，1）。01ZDⅣH53：6，夹砂灰陶。轮制。方唇略内折呈盘状，束颈，颈以下残。素面。口径15.1、残高2.8厘米（图四七，2）。

C型　1件。侈口，内折深盘沿。01ZDⅣH52：16，泥质黄皮红褐胎。轮制。尖圆唇，高束颈，颈以下残。素面。口径14、残高6.4厘米（图一〇一-1，12）。

陶豆柄　12件。以豆柄腰部形态不同分二型。

A型　4件。喇叭形豆柄。01ZDⅣH42：5，夹细砂磨光灰陶。轮制。顶端饰有竹节纹。器内外壁有旋痕，器表略经打磨。口径16.8、残高14.2厘米（图一〇一-1，13）。

B型　8件。束腰形细豆柄。01ZDⅣH42：10，泥质黑陶。轮制。束腰。素面。底径2.8、残高6厘米（图一〇一-1，14）。

陶素缘绳纹罐　87件，其中3件型、式不辨。根据口沿与腹部的差别分为四型。

A型　25件。侈口，宽卷沿，鼓腹。依颈肩夹角的不同分二式。

Ⅰ式：11件。颈与肩之间夹角大。侈口、卷沿。01ZDⅣT1206⑤a：3，夹砂红陶，轮制。尖圆唇，圆肩，肩以下残。器表饰斜向细绳纹。口径14、残高4.6厘米（图一〇一-2，15）。同型的标本还有01ZDⅣT1206⑤a：5，夹砂红褐陶，轮制。尖圆唇，圆肩，肩以下残。器表饰交错细绳纹。口径14、残高5.4厘米（图七五，1）。01ZDⅠH52：6，夹砂灰褐陶。尖圆唇，鼓腹，腹以下残。器表饰交错拍印细绳纹。口径15.1、残高3.6 厘米（图四五，2）。

Ⅱ式：14件。颈与肩之间夹角小。侈口，微折沿。01ZDⅠH52：4，夹细砂黄褐陶。圆唇，耸肩，肩以下残。器表饰纵向中粗绳纹。口径26.4、残高8.4厘米（图四五，8）。01ZDⅠH52：5，夹砂灰褐陶。圆唇，肩以下残。器表饰纵向中粗绳纹。口径28、残高7.2厘米（图一〇一-2，16）。同型的标本还有01ZDⅠH52：9，夹细砂黄褐陶。尖圆唇，耸肩，肩以下残。器表饰斜向中粗绳纹。口径15.4、残高3.3厘米（图四五，9）。01ZDⅣH50：3，夹砂黄褐陶。轮制。尖圆唇，肩微耸，肩以下残。器身饰纵向细绳纹。口径14.4、残高5厘米（图四一，4）。

B型　52件。侈口，窄卷沿、鼓腹。依颈肩夹角不同分三式。

Ⅰ式：24件。颈与肩之间夹角为钝角。01ZDⅠH52：31，夹细砂灰陶。侈口，微卷沿，尖圆唇，溜肩，鼓腹，腹以下残。器表饰交错中绳纹。口径40、残高16厘米（图一〇一-2，17）。同式别的标本还有01ZDⅠH52：8，夹细砂黄褐陶。微卷沿，尖圆唇，鼓腹，腹以下残。器表饰交错中绳纹。口腹交接处有拍压痕迹。口径16、残高7.2厘米（图四五，7）。01ZDⅠH52：2，夹砂灰褐陶。微卷沿，尖圆唇，鼓腹，腹以下残。器表饰斜向拍印细绳纹。口径40、残高16厘米（图四四，9）。

Ⅱ式：21件。颈与肩之间夹角近直角。01ZDⅣT1607⑤：1，夹砂黑陶。轮制。侈口，卷沿，尖圆唇，内弧腹，圜底。器表饰交错中绳纹。口径18、高21.4厘米（图一〇一-2，18）。同式别的标本还有01ZDⅣH52：3，夹细砂黄褐陶。微卷沿，尖圆唇，圆耸肩，肩以下残。器表饰斜向细绳纹。口径36、残高8.8厘米（图四三，3）。

Ⅲ式：7件。颈与肩之间夹角为锐角。01ZDⅣT1605⑤：1，夹砂红褐陶。轮制。侈口，窄折沿，尖圆唇，唇内面微凹，折棱突出，耸肩，内斜弧腹，小平底。肩部饰两周凹弦纹，器表饰拍

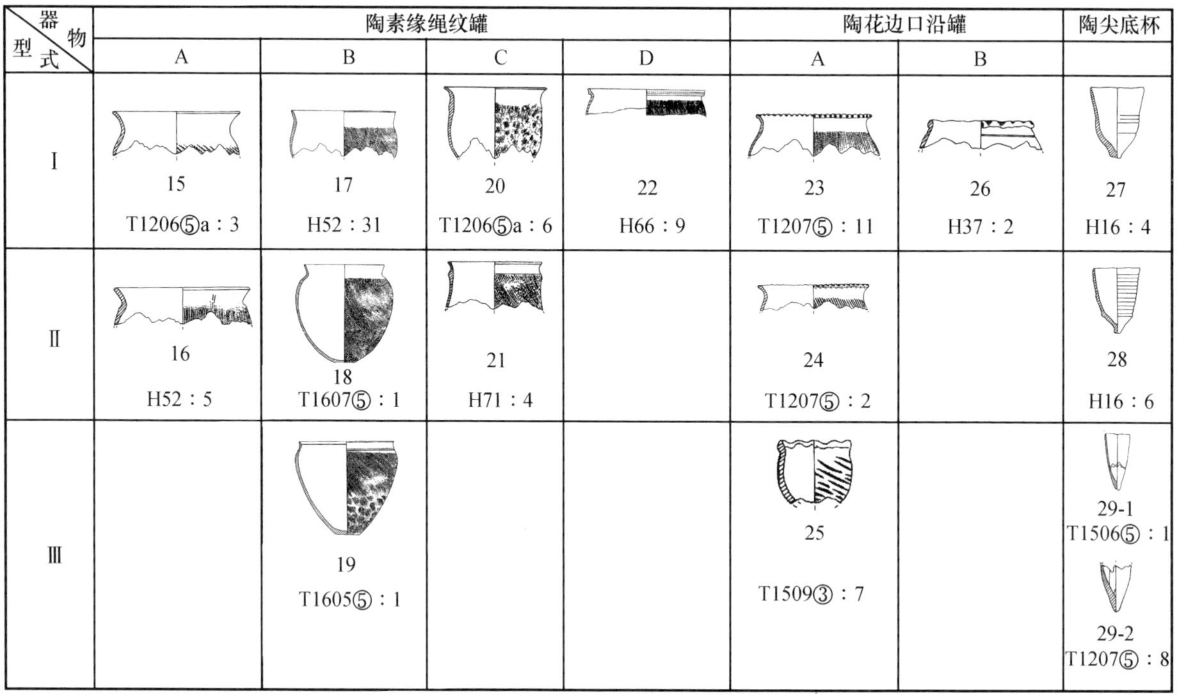

图一〇一-2　商周时期典型器物型式划分表（二）

印交错中绳纹。口径42、高38.5厘米（图一〇一-2，19）。同式别的标本还有01ZDⅣH48：3，夹细砂灰陶。轮制。侈口，卷沿，尖圆唇，肩以下残。器身饰纵向中绳纹。口径20、残高4厘米（图三九，3）。01ZDⅣH50：10，夹砂灰陶。轮制。卷沿，尖圆唇，圆肩，肩以下残。器身饰纵向中粗绳纹。口径28、残高9.2厘米（图四一，5）。

C型　5件。侈口，卷沿，垂腹。根据口沿的不同分为二式。

Ⅰ式：1件。宽卷沿。01ZDⅣT1206⑤a：6，夹砂红褐陶。轮制。侈口，卷沿，尖圆唇，颈、腹交接处微突起，垂腹。器表饰拍印交错细绳纹。口径14、残高9.2厘米（图一〇一-2，20；图七四，6）。

Ⅱ式：4件。03ZDⅠT1308H71：4，泥质灰陶。微侈口，圆唇，微束颈，颈、腹交接处微突起，腹近直，下腹残。器表饰杂乱斜向绳纹。口径22.4、残高10.8厘米（图一〇一-2，21；图五七，2）。

D型　2件。侈口，方唇。03ZDⅣT1114H66：9，夹砂灰陶。侈口，卷沿，唇部有方唇，一周凹槽，溜肩，肩部以下残。器表饰细绳纹。口径37.6、残高8厘米（图一〇一-2，22；图五五，2）。

陶花边口沿罐，50件。其中1件不辨型、式。根据口部差别分二型。

A型　47件。侈口，以唇部花边形状不同分三式。

Ⅰ式：10件。唇部饰指压圆窝纹花边。01ZDⅣT1207⑤：11，夹砂黑陶。轮制。侈口，卷沿，方圆唇，唇面饰指压窝纹花边，束颈较长，溜肩，肩以下残。器表饰粗绳纹。口径36.8、残高13.2厘米（图一〇一-2，23）。同型的标本还有01ZDⅣT1504⑤：6，夹砂青灰陶。轮制。圆唇，圆肩，肩以下残。唇面饰指压窝纹花边，器表饰方格纹。口径25、残高9.5厘米（图七五，2）。01ZDⅠH32：8，夹砂灰陶。轮制。颈微束，溜肩，肩以下残。唇面饰指压窝纹花边，器表素面。口径16、残高4.4厘米（图三二，8）。

Ⅱ式：34件。唇部饰指压或绳切波浪纹花边。01ZDⅣT1207⑤：2，夹砂灰陶。轮制。侈口，卷沿，方圆唇，唇面绳切波浪饰纹，溜肩，肩以下残。器表饰粗绳纹。口径40、残高7.2厘米（图一〇一-2，24）。同型的标本还有01ZDⅣT1207⑤：1，夹砂灰褐陶。轮制。方圆唇，溜肩，肩以下残。唇面饰指压波浪纹花边，器表饰粗绳纹。口径35.5、残高6厘米（图七七，7）。

Ⅲ式：3件。唇面饰绳切麻花状花边。03ZDⅠT1509③：7，夹砂灰陶，轮制。侈口，卷沿，尖圆唇，浅圆鼓腹，底残。器表饰粗绳纹。口径10.4、残高9.2厘米（图一〇一-2，25）。

B型　2件。敛口。01ZDⅠH37：2，夹砂黑陶。轮制。卷圆唇，唇面饰指压波浪窝纹花边。溜肩，肩以下残。肩部饰一周凹弦纹。口径20、残高5.2厘米（图一〇一-2，26）。

陶尖底杯　2 399件。敞口，杯形腹，尖底。内壁因腐蚀而比较粗糙。以尖底高低和腹、底转折处的冠状棱明显与否分为三式。

Ⅰ式：10 380件。矮尖底，腹、底转折处冠状棱不明显或微显。01ZDⅣH16：4，夹细砂红褐陶。敞口，尖圆唇，内斜弧腹。器表留有旋痕。口径6.4、高8厘米（图一〇一-2，27）。同式别的标本还有01ZDⅣH16：3，夹细砂黄褐陶。敞口，尖圆唇，内斜弧腹。器表留有旋痕。口径6、高8厘米（图三〇，8）。01ZDⅣT1504⑤：2，夹细砂红陶。轮制。器表留有旋痕，腹、底转折处冠状棱不明显。口径5.8 、高7.3厘米（图七五，4）。01ZDⅣT1504⑤：1，夹细砂红陶。轮制。器表留有旋痕，腹、底转折处冠状棱不明显。口径5.5、高7厘米（图七五，6）。

Ⅱ式：11 010件。高尖底，腹、底转折处冠状棱明显。01ZDⅣH16：6，夹细砂黄褐陶。敞口，尖圆唇，内斜弧腹。器表留有较多旋痕。口径6、高8厘米（图一〇一-2，28）。

01ZDⅣTH16：5，夹细砂红褐陶。敞口，尖圆唇，内斜弧腹。器表留有较多旋痕。口径6、高7.2厘米（图三〇，4）。01ZDⅣH16：1，夹细砂红陶。敞口，尖圆唇，内斜弧腹。器表留有较多旋痕。口径6、高7.6厘米（图三〇，5）。

Ⅲ式：9件。角形底，也称角杯或角状尖底杯。01ZDⅣT1506⑤：1，夹细砂黄褐陶。轮制。敞口，尖圆唇。口径4.6、高约10厘米（复原高度）（图一〇一-2，29-1；图七六，4）。同式别的标本还有01ZDⅣT1207⑤：8，夹砂黄褐陶。轮制。口残，底部无冠状棱。内壁留有旋痕，外壁略打磨。残高6厘米（图一〇一-2，29-2）。01ZDⅣT1207⑤：10，夹细砂灰褐陶，轮制。口残，底部有冠状棱。内壁留有旋痕，外壁略打磨。残高6.8厘米（图七七，8）。

由于文化堆积的层位关系比较简单，加之本地区有关这一时期考古学文化的序列还不尽完善，对上述器物的分型、分式除根据出土物所在层位外，主要是依据其形态及形态变化而确定的，故而不排除某些器物的型与型之间存在式与式之关系的可能。不过，从典型器物各式别的出土层位看，同一器物晚期式别的出土层位均在早期式别的出土层位之上，不见有早晚层位上的倒置现象。

三、青　铜　器

共1件。

铜钺　01ZDⅠH52：1，青铜。模制浇铸。素面。柄宽5.4、刃宽6.2、长8.6厘米（图四六，1）。

四、骨　　器

共2件。

骨镞　01ZDⅣT1208H50：12，黑灰色。通体磨光。三棱形，一面有风沟，铤残。残长4.4厘米（图九八，2）。01ZDⅣT1208H50：13，黄灰色。通体磨光，三棱形锋，一面有风沟。长8.5厘米（图九八，3）。

五、石　　器

共4件。

石斧　3件。01ZDⅠT1401⑤a：1，青石。磨制。通体磨光。双面刃，刃部锐利。长13、宽6、厚3厘米（图九八，1）。03ZDⅣT0914④a：1，青灰色石。扁长方体，正面磨光，背面粗糙，弧顶，弧刃，两面刃，刃部呈锯齿状。长13.6、宽6.8、厚2.2厘米（图九九，2）。03ZDⅣT0714④a：1，青灰色石。不规则扁长方体，弧顶，三面刃，侧刃均为打制而成的两面直刃，下刃呈弧形。一面磨光，一面粗糙。刃部呈锯齿状。长13.8、宽5.6、厚2厘米（图九九，1）。

残石器　1件。03ZDⅠT1509③a：5，青色砂岩。磨制。呈圆角三角形，顶部有一从两面对钻的孔，但未钻透。素面。宽0.9～3.9、残高6.8、厚0.6厘米（图九四，7）。

第五节　遗物的分组与分段

一、分　　组

根据出土器物的组合与特征的差别，我们将上述单位分为5组（图一〇二-1）：

第1组，以H32、H37、H42、H53、H54等单位为代表，陶器组合主要有A型、B型、C型、D型耸肩罐，A型、B型盘口罐，A型、B型豆柄，A型、B型高领罐，A型尖底盏，Ⅰ式、Ⅱ式尖底杯等。以H53为例：陶系中，夹砂陶占56.9%，灰褐、黄褐、黄灰、黑灰、红褐、青灰、纯红分别约占14.6%、9.5%、8.6%、7.7%、6.9%、5.2%、4.3%；泥质陶占43.1%，灰褐、红褐、黄褐、黄灰、青灰、纯红、黑灰分别约占10.3%、9.5%、6.9%、6.9%、3.4%、3.4%、2.8%。素面陶约占92.2%，绳纹陶约占6.9%，网格纹陶约占0.9%。

第2组，以H16、H29、H35、H38、H46、H47、H49、H50、H51、H52、H55、H72、H76等单位为代表。陶器组合以A型Ⅰ式、B型Ⅰ式、B型Ⅱ式素缘绳纹罐，A型Ⅰ式花边口沿罐，A型、B型高领罐，Ⅰ式、Ⅱ式尖底杯，炮弹形尖底杯，船形杯等为代表。以H52为例：陶系中，夹砂陶占78%，灰褐、青灰、黑灰、黄褐、红褐、纯红分别约占21.6%、20.5%、15.2%、13.8%、5.6%、1.3%；泥质陶占22%，灰褐、红褐、黑灰分别约占7.9%、7.7%、6.4%。素面陶约占63.2%，绳纹约占28.9%，网格纹陶约占3.5%，弦纹陶占4.4%。

第3组，以H48、H56、H57、H61、H66、H71、H74、01ZDⅣT1206⑤a、03ZDⅣT1110④b等单位为代表，陶器组合以A型Ⅱ式、B型Ⅱ式、B型Ⅲ式素缘绳纹罐，直腹素缘罐，A型Ⅱ式花边口沿罐，A型、B型高领罐，Ⅱ式尖底杯，船形杯等为主。以H71、H76为例：H71陶系中，夹砂陶占42.7%，灰色、灰褐、红褐分别约占21.3%、20.3%、1.1%；泥质陶占57.3%，灰褐、青灰、黑灰、灰色、黑皮分别约占13.5%、16.9%、11.2%、14.6%、1.1%。素面陶约占85.4%，绳纹陶约占7.9%，弦纹陶占5.6%、镂孔陶占1.1%。H76陶系中，夹砂陶占49%，灰色、黄褐、灰褐分别约占24.5%、9.2%、15.3%；泥质陶占51%，灰褐、灰色分别约占17.3%、33.7%。素面陶约占70.4%，绳纹陶约占20.4%，弦纹陶占6.1%、镂孔陶占2%、刻划纹陶占1%。

第4组，以H73为代表，器物组合以A型Ⅱ式指压波浪纹花边口卷沿粗绳纹罐、Ⅲ式尖底杯等为代表。相关单位有01ZDⅣT1207⑤、01ZDⅣT1306⑤、03ZDⅣT1114④b、03ZDⅣT1103⑤、03ZDⅣT1015⑤、03ZDⅣT1214④b、03ZDⅣT1312⑤、03ZDⅣT0905⑤等。以H73为例，陶系中，夹砂陶占95.7%，灰褐、褐色分别约占52.2%、43.5%；泥质灰陶占4.3%。素面陶约占65.2%，绳纹陶约占34.8%。

第5组，以H60、H70、03ZDⅠT1509③a、03ZDⅣT0908③b为代表，器物以A型Ⅲ式绳切波浪纹花边口沿罐、浅盘豆等为代表。相关单位有03ZDⅠT1509⑤。03ZDⅣT0908⑤陶系中，夹砂陶占92.7%，红褐、灰褐、灰色分别约占36.6%、24.3%、31.8%；泥质灰褐约占7.3%。素面陶约占48.8%，绳纹约占51.2%。03ZDⅠT1509⑤a陶系中，夹砂陶占35.2%，灰陶、褐陶分别约占15.6%、19.6%；泥质灰陶占64.8%，灰陶、褐陶、红陶分别约占22.6%、24.2%、18%。素面陶约占80.4%，绳纹陶约占18%、方格纹陶与篮纹陶约占1.6%。

检查各组单位的层位关系序列可知：第5组与第4组单位的层位基本相同，即层位关系上均属

⑤层或⑤层以上；第3组单位中的层位关系有的属⑤层，多数则属⑤层下。而2003年发掘的④b层与2001年的⑤层层位相同（03ⅠT1507④b层同ⅠT1407和ⅠT1307⑤层，见图九），出土遗物组合与特征与基本相同。第2组单位中的层位关系均属⑤层下；第1组单位中的层位关系有的属⑤a层，有的属⑤a层下，其中，H32、H37、H42均属⑤层下，之所以将其划归第1组，主要是因为其器物特征与第1组其他单位器物特征相同。这些灰坑均属不规则形，开口于⑤层下，打破⑤a层，坑内填土与⑤a层基本相同，只是局部陶片比较集中而以灰坑待之，虽然在层位上可以从⑤a层中划出，但是其遗物特征与⑤a层相同，故将其归入第1组也与其所处层位基本相符。

二、分　段

从各组器物特征分析，第2组与第3组之间、第4组与第5组之间共有器类较多,器物形态也比较相近,可将其分别合并为段，前者为2段，后者为3段。第1组与第2段之间，第2段与第3段之间的差别相对较大，显然属于不同发展阶段。据此，我们将邓家沱遗址商周时期遗存分为两期3段5组：第一期包括第1、2段，第1段即第1组，第2段包括第2组和第3组；第二期即第3段，包括第4组和第5组。段与段之间有部分器物交叉存在，表明其间前后联系密切，不存在明显的年代缺环（图一〇二-1）。

三、年　代

本遗址第1组中H42：1、H42：4和01ZDⅣT1505⑤a：11陶耸肩罐（图三六，1；图三六，3；图六六，1）分别与忠县哨棚嘴第四期遗存中的99ZGSM3：2、99ZGST115⑩：2陶耸肩罐（原报告图四一，5、6）形态相近，H42：2和01ZDⅣT1505⑤a：6陶尖底盏（图三六，2；图六六，5）分别与忠县哨棚嘴第四期遗存中的99ZGST114⑨：2、99ZGST114⑨：1（原报告图四一，7、8）陶尖底盏形态相近，H42：7和H53：1陶高领罐（图三六，5；图四七，8）分别与忠县哨棚嘴第四期遗存中的99ZGST114⑨：3（原报告图四一，1）小口中领瓮形态相近。而本遗址第4组中H73：6（图六〇，1）、01ZDⅣT1207⑤：2、T1207⑤：1（图七七，1、7）A型Ⅱ式陶花边口沿罐和H73：1（图六〇，4）、01ZDⅣT1207⑤：7、T1207⑤：8、T1207⑤：10、T1207⑤：9（图七七，4、5、8、10）Ⅲ式陶尖底杯分别与忠县哨棚嘴第五期遗存中的99ZGST115⑦：9陶花边鼓腹罐（原报告图四七，2），99ZGST115⑦：6、5、1、2、4、3陶角状尖底杯（原报告图四七，7～12）同类器形态相近[①]。本遗址第2组中H52：7、H52：2B型Ⅰ式陶素缘罐（图四四，7、9）、H52：24、H52：20Ⅰ式陶尖底杯（图四四，5、6）和H50：1、H50：4B型陶高领罐（图四一，1、2）分别与中坝遗址夏商遗存中DT0202㊿：108、DT0202㊾B：128釜（原报告图四一，1、3），DT0202㊾B：7、DT0202㊾B：12矮尖底杯（原报告图四二，13、17），DT0202㊾B：118、DT0202㊾B：119直领罐（原报告图三八，12、13）同类器形态相近。本遗址第4组中H73：6A型Ⅱ式陶花边口沿罐（图六〇，1）和H73：1Ⅲ式尖底杯（图六〇，4）分别与中坝遗址周代遗

① 北京大学考古学研究中心、北京大学考古文博学院三峡考古队、重庆市忠县文物管理所：《忠县哨棚嘴遗址发掘报告》，《重庆库区考古报告集·1999卷》，科学出版社，2006年，第626～633页。

存中H529：1辫唇瓮（原报告图六五，1）、DT0202㊾A：1角杯（原报告图七一，2）形态相近[①]。第5组03ZDⅣT0908③b：1、03ZDⅣT0908③b：2陶波浪纹花边口沿罐（图九六，1、2）、03ZDⅣT1509③a：1豆（图九四，1）分别与万州麻柳沱遗址东周遗址中的H6：05花边口沿圜底罐（原报告图一〇，7）、H9：1豆（原报告图一三，4）形态相近[②]。据此我们认为本期遗存的年代和性质与忠县哨棚嘴第四期和第五期遗存及中坝遗址中的商周遗存年代和性质大体相当（图一〇二-2）。

本期遗物中虽然不曾见有哨棚嘴第三期常见的花边直口筒形罐，但后者典型的盘口器、尤其是高领罐或瓮却在前者早段遗存中比较常见。如典型的盘口器分别在本期第一段遗存中的H32、H53及01ZDⅣT1206⑤a等单位中各出有2件（图三二，1、3；图四七，1、2；图七三，3、5），连第二段的H52也出有3件（图四五，2；图四五，1、3）；高领罐或瓮则是本期单位中出土的主要典型器物之一。这表明本期第一段的年代与哨棚嘴第三期的年代相距不远。

在本期遗存中，我们分别从03ZDⅣT1312H76（原H18）和03ZDⅣT1112⑤b两个单位中采集到4件木炭测年标本。经北京大学科技考古与文物保护实验室检测，H76三个标本的^{14}C年代（BP）分别为2955年±50年、 2960年±50年、2980年±45年，树轮校正后的年代分别为1270BC（62.5%）1110BC与1320BC（93.4%）1010BC、1270BC（65.8%）1110BC与1320BC（92.8%）1010BC、1300BC（68.2%）1120BC与1320BC（89.3%）1050BC；03ZDⅣT1112⑤b标本的^{14}C年代（BP）分别为3275年±40年，树轮校正后的年代分别为1610BC（68.2%）1500BC与1640BC（95.4%）1440BC（详见附录检测报告）。这一年代范围基本相当于中原地区的商代到西周早中期[③]。

四、性　质

本期遗存中，出土器类比较单一，主要以圜底罐、尖底杯为主。这类遗存与忠县㽏井口遗址群的中坝遗址和瓦渣地遗址基本同时的遗存相类。中坝遗址主要集中出土的器型有底杯和花边口沿圜底罐，瓦渣地遗址则主要出土角状杯和花边口沿圜底罐。中坝遗址的发掘者四川省考古研究所的孙智彬先生及瓦渣地遗址的发掘者北京大学的孙华先生都认为这类遗存应与制盐业有关。那么距此不远的邓家沱遗址这一时期遗存是否也与制盐业相关呢？我们的回答应当是肯定的。

本期遗存的出土遗物中，尖底杯、圜底罐所占比例最大，尤其是尖底杯最为突出。在面积不足60平方米、体积约20立方米的H16中集中出土了2万余枚，而其他类型的器物则不足百件。在这2万余枚的尖底杯堆积中，从上到下看不出有层次之别，并且几乎全是完整的，尤其完整器多是套叠在一起废弃的，这种埋藏现象值得我们深入探究。

尖底杯，口呈圆形或近圆形，尖底（彩版六，1～3），一般口径为5～6厘米，高6～8厘米，大多呈红色或红褐色，少量灰色，或多色兼有。一般下半部火候较高、胎体较厚、保存完好，上半部火候相对较低、胎体较薄而不易保存。器体为轮制拉坯一次成形，大部分尖底杯内壁存有指旋纹

① 四川省文物考古研究所、北京大学考古文博学院、美国UCLA大学、重庆市文物局、忠县文物保护管理所：《忠县中坝遗址1999年度发掘简报》，《重庆库区考古报告集·2000卷·下》，科学出版社，2007年，第1004～1028页。

② 重庆市博物馆、复旦大学文博系：《万州麻柳沱遗址考古发掘报告》，《重庆库区考古报告集·1999卷》，科学出版社，2006年，第509～512页。

③ 夏商周断代工程专家组：《夏商周断代工程1996～2000年阶段成果概要》，《文物》2000年第12期。

痕，不少外壁还尚存指旋纹痕。一般冠状棱以上都略经打磨，以下则不打磨，底部的乳突是成形后从转轮上拧掉时留下的旋痕，也不再打磨加工，且内壁因腐蚀而还略显粗糙，明显不适宜作为生活器皿。

从废弃形式看，尖底杯以集中废弃为主。前述2万余枚尖底杯的废弃堆积厚度约在40厘米，从上到下看不出有层次之别，只是在错乱的堆积中有上层多碎片、下层多完整器之感，不少完整器或二、或三至更多地套叠在一起废弃。这种现象应该是使用这种器皿的产业因故突然废弃之事实的反映。由此我们不难得出邓家沱遗址中的第二期遗存应该是某种产业废弃后所遗留，而与生活遗存无涉。

虽然邓家沱一带历史上缺乏制盐的文献记载，但是距此不足15千米的㽏井口一带却是历史上的产盐圣地①。邓家沱遗址商至两周时期文化遗存出土的大量尖底杯，形制上与㽏井口遗址群出土的同类器形制基本相同，其用途自然也应该基本相同。

根据笔者的初步观察，尖底杯整体火候差别明显。一般底部火候高，呈灰褐色、灰色或红色灰胎，上部火候较低，多呈暗红色，易碎，在清理过程中难以保存。这种现象难以用烧制过程中的摆放位置不同来解释，因为无论如何摆放都无法达到大部分器物一半呈还原焰，一半呈氧化焰的烧制效果。这种现象很有可能是尖底杯在氧化焰烧成之后盛装液体，再放入灶具中烧煮，并且应该是下半部触火、上半部不触火的情况下所形成的②。

笔者用修复的一只尖底杯装上盐水放在烧柴做饭后的炭火上进行实验，发现不足40分钟，杯内的水就全部蒸发，器壁上留下发白的盐粒，略加刮削，便可集中到底部，非常容易采集。

凡此，我们有理由认为忠县邓家沱遗址第二期文化遗存应该是制盐产业废弃后所留下来的。

五、与周围遗存之间的关系

邓家沱遗址北距㽏井口遗址群约13千米，以耸肩罐、尖底盏、尖底杯及素缘罐、高领罐、尖底杯、船形杯和波浪纹口沿绳纹罐、角状杯等器形为组合的文化面貌与㽏井口遗址群中的中坝③、瓦渣地④、哨棚嘴⑤等遗址同时期的文化面貌基本一致。素沿或指窝纹、绳切波浪纹口沿绳纹罐、高领罐、尖底杯是这些遗址中商周时期遗存出土最多的器类。表明其文化性质也应当基本一致（图

---

① 李水城、罗泰：《中国盐业考古·长江上游古代盐业与景观考古的初步研究（第一集）》，科学出版社，2006年，第74～95页。

② 曾先龙：《中坝龙窑的生产工艺探析》，《盐业史研究》2003年第1期，第46～50页。

③ 四川省文物考古研究所、北京大学考古文博学院、美国UCLA大学、重庆市文物局、忠县文物保护管理所：《忠县中坝遗址1999年度发掘简报》，《重庆库区考古报告集·2000卷·下》，科学出版社，2007年，第998～1041页。

④ 北京大学考古系三峡考古队、忠县文物保护管理所：《忠县瓦渣地遗址发掘简报》，《重庆库区考古报告集·1998卷》，科学出版社，2003年，第665～677页。

⑤ 北京大学考古学研究中心、北京大学考古文博学院三峡考古队、重庆市忠县文物管理所：《忠县哨棚嘴遗址发掘报告》，《重庆库区考古报告集·1999卷》，科学出版社，2006年，第626～633页。

一〇二-2）[①]。

值得提出的是，邓家沱遗址中的商周时期遗存虽然在文化层的堆积厚度与规模上不如中坝、瓦渣地、哨棚嘴等遗址那么典型，但是邓家沱遗址中比较有特色的船形杯，这仅在前三个遗址中的哨棚嘴遗址中有发现。

船形杯，以其形态似船形而得名。一端圆弧，一端斜直，底部弧形，横断面呈半圆形。目前这类器物见诸报端的除丰都石地坝遗址[②]和忠县哨棚嘴遗址外[③]，还见于丰都玉溪坪、玉溪、信号台、云阳丝栗包、巫山大溪及合川区河嘴屋基等遗址中[④]。邓家沱遗址中出土的船形杯胎质为夹砂红陶或褐陶，器壁外部呈褐色或红褐色，口沿至底部胎体逐渐增厚，器壁内部比较粗糙，呈膨化的海绵状，口长24.4、宽10～11.2、深5.6～6.8厘米（图七九，6、8，彩版五，1、2）；石地坝遗址出土的船形杯口长一般在9.3～10.8、宽5.2～6、深4.6～6.2厘米；哨棚嘴遗址出土的船形杯口长约40、宽约20厘米。从器物发展谱系的角度比较，哨棚嘴遗址出土的船形杯体量大，初始形态特征明显；石地坝遗址出土的船形杯体量最小，制作显得粗糙，晚期形态特征显著；邓家沱遗址出土船形杯的体量介于两者之间，且制作精致，中间形态特征不言而喻。

邓家沱遗址中的船形杯主要与素缘罐、尖底杯、高领罐等器物共存，晚于这一组合的是绳切波浪纹口沿绳纹罐和Ⅲ式尖底杯等。石地坝遗址中的船形杯主要与C型绳切波浪纹花边口沿罐和Ac式角杯共存[⑤]。后两种器物不仅与邓家沱遗址中的绳切波浪纹花边口沿绳纹罐和Ⅲ式尖底杯形态相近，而且这两种器物又分别见于中坝遗址中的周代遗存[⑥]和瓦渣地遗址第五期遗存中[⑦]，从而构架起哨棚嘴遗址、瓦渣地遗址、中坝遗址、邓家沱遗址和石地坝遗址之间相互联系的桥梁，为研究本地区的文化发展序列、文化性质与文化交流提供了珍贵资料。

---

① 忠县哨棚嘴遗址典型器物图选自：《重庆库区考古报告集·1999卷》，第633页图四七，2、8、9、10、11、12、7；第627页图四一，1～8。忠县中坝遗址典型器物图选自：《重庆库区考古报告集·2000卷·下》，第1024页图六六，1、7；第1028页图七一，1、2；第1008页图四一，1、3；第1004页图三八，12、13；第1009页图四二，13、17；第1001页图三六，8。丰都石地坝遗址典型器物图选自《重庆库区考古报告集·1999卷》，第722页图二〇，3、9；第726页图二四，1、4；第718页图一七，6、8）。忠县瓦渣地遗址典型器物图选自：《重庆库区考古报告集·1998卷》，第675页图一六，1、6；第676页图一七，11、12。万州麻柳沱遗址典型器物图选自：《重庆库区考古报告集·1999卷》，第509页图一〇，7；第512页图一三，3、4。）

② 重庆市文物考古所、丰都县文物管理所：《丰都石地坝遗址商周时期遗存发掘报告》，《重庆库区考古报告集·1999卷》，科学出版社，2006年，第716～737页。

③ 孙华：《四川盆地盐业起源论纲——渝东盐业考古现状、问题与展望》，《盐业史研究》2003年第1期。

④ 白九江、邹后曦：《三峡地区的船形杯及其制盐功能分析》，《南方文物》2009年第1期。

⑤ 重庆市文物考古所、丰都县文物管理所：《丰都石地坝遗址商周时期遗存发掘报告》，《重庆库区考古报告集·1999卷》，科学出版社，2006年，第716～737页。

⑥ 四川省文物考古研究所、北京大学考古文博学院、美国UCLA大学、重庆市文物局、忠县文物保护管理所：《忠县中坝遗址1999年度发掘简报》，《重庆库区考古报告集·2000卷·下》，科学出版社，2007年，第998～1041页。

⑦ 北京大学考古系三峡考古队、忠县文物保护管理所：《忠县瓦渣地遗址发掘简报》，《重庆库区考古报告集·1998卷》，科学出版社，2003年，第665～677页。

第四章　秦汉时期遗存

第一节　文化层堆积概况

秦汉时期文化层堆积比较简单，除Ⅱ区部分探方内堆积有厚达60厘米的文化层外，其余各区内的探方仅见少量灰坑、墓葬和瓮棺葬，而罕见文化层堆积。这一时期的文化层堆积质地较硬，仅夹杂有少量炭粒，遗物也仅发现少量绳纹板瓦和筒瓦残片，不像是居住生活方式所形成。

第二节　遗　　迹

本期遗迹比较贫乏，发现有墓葬1座、瓮棺2座、灰坑12个（附表一〇）。

一、墓　　葬

M6（原03M4）　位于03ZDⅡT0808内，开口于耕土层下，打破生土。砖室墓，方向20°。平面呈“凸”字形，甬道长160、宽142、深116厘米。墓室长240、宽235、深134厘米。四壁采用平砖错缝砌造，券顶则采用子母立砖砌造。因盗扰严重而骨架不存，仅发现2枚五铢钱和部分陶俑残片（图一〇三）。

二、瓮　　棺

W1　位于01ZDⅣT1205内，开口于④层下，打破⑤层。坑口近圆形，直壁，底部较平。直径70～64、深30厘米。内置一大口陶罐，罐内置一具小孩尸骨，仅存头骨碎片（图一〇四；彩版九，1）。

W2　位于03ZDⅠT1215内，开口于③层下，打破④层（西周层）。坑口近椭圆形，直壁，底较平。径长46～55、深43厘米。内置陶瓮、深腹盆各一，瓮内置一具小孩尸骨，仅存头骨碎片，其上扣盆（图一〇五，彩版九，2）。

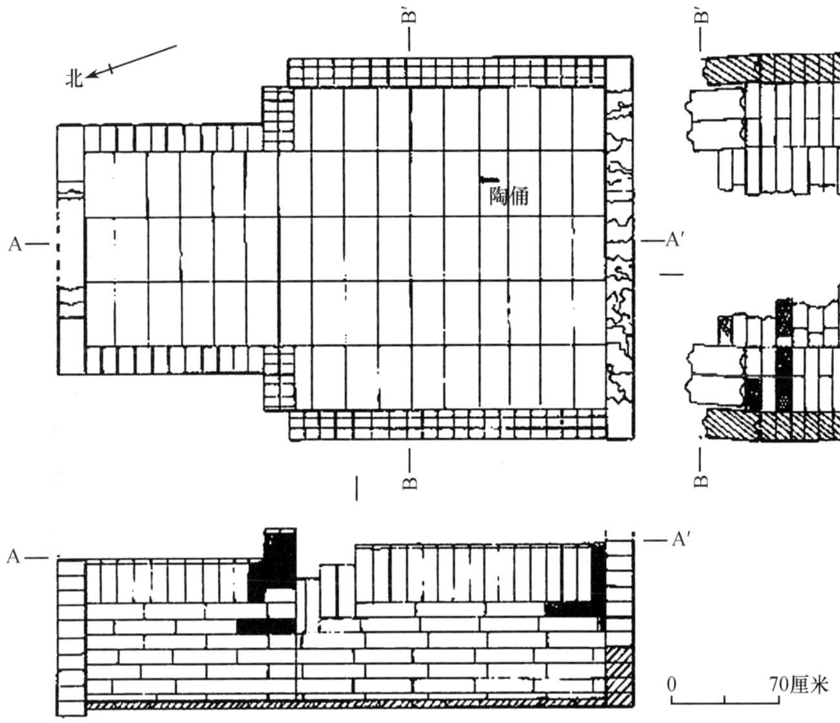

图一〇三　03ZDⅡT0808M6平、剖面图

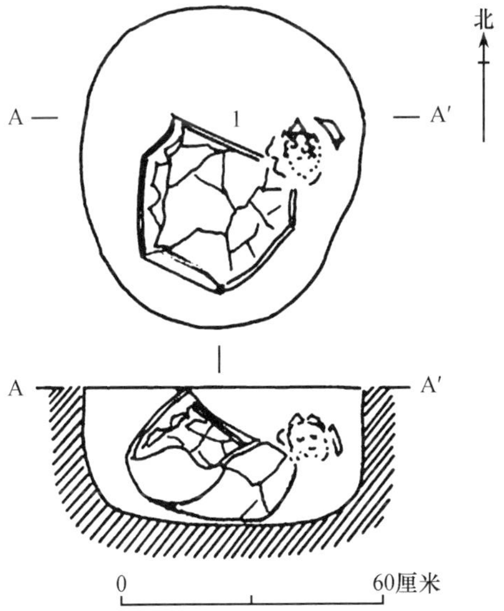

图一〇四　01ZDⅣT1205W1平、剖面图

1. 陶罐

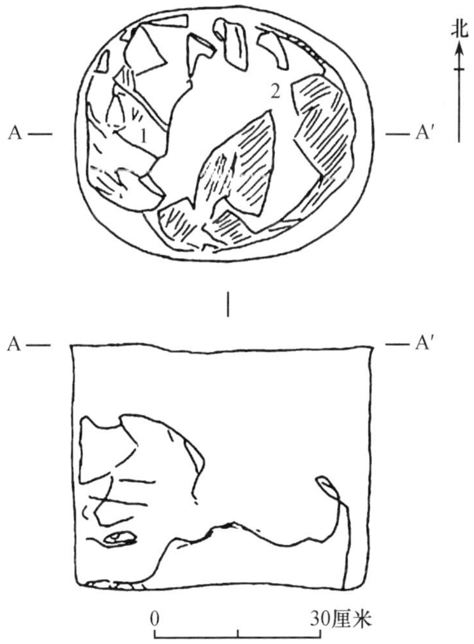

图一〇五　03ZDⅠT1215W2平、剖面图

1. 陶深腹盆　2. 陶瓮

三、灰　坑

（一）圆形

4个。H30、H33、H40、H44。以H33、H40为代表。

H33　位于01ZDⅣT1503内，开口于④层下，打破⑤层。坑口近圆形，内弧壁，圜底。直径139、深40厘米（图一〇六）。出土少量绳纹筒瓦残片。

H40　位于01ZDⅣT1410内，开口于④层下，打破⑤层。坑口近圆形，内弧壁，圜底。直径150～146、深55厘米（图一〇七）。出土少量绳纹筒瓦残片。

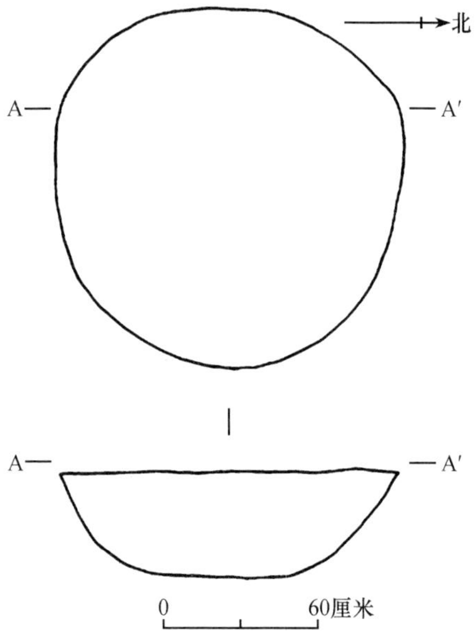

图一〇六　01ZDⅣT1503H33平、剖面图

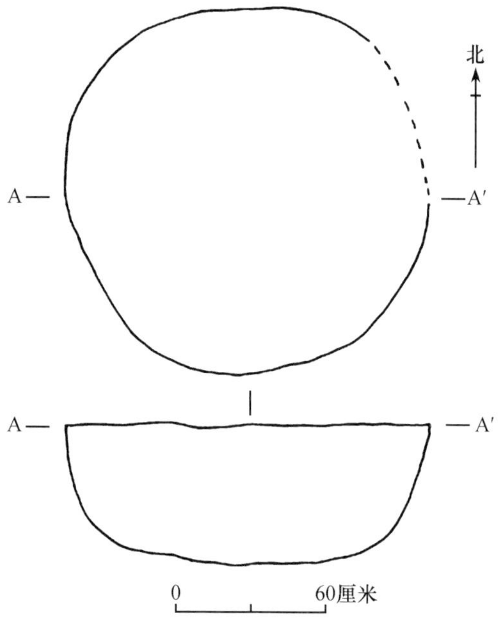

图一〇七　01ZDⅣT1410H40平、剖面图

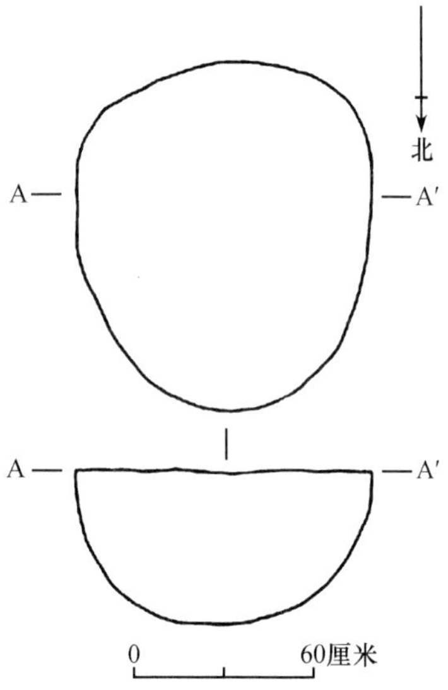

图一〇八　01ZDⅣT1410H41平、剖面图

（二）椭圆形

3个。H24、H28、H41。以H41为代表。

H41　位于01ZDⅣT1410内，开口于④层下，打破⑤层。坑口近椭圆形，内弧壁，圜底。径长101～114、深50厘米（图一〇八）。出土少量绳纹筒瓦片。

（三）不规则形

5个。H1、H25、H26、H43、H45。以H1、H45为代表。

H1　位于01ZDⅣT1005内，开口于①层下，打破

④层（西周）。坑口不甚规则，内弧壁，圜底。口长180、宽40、深45厘米（图一〇九）。出土陶瓮、盆各1件。

H45　位于01ZDⅣT1410内，开口于④层下，打破⑤层。坑口不甚规则，内弧壁，圜底。口长190、宽180、深135厘米（图一一〇）。出土陶盆和板瓦、筒瓦等。

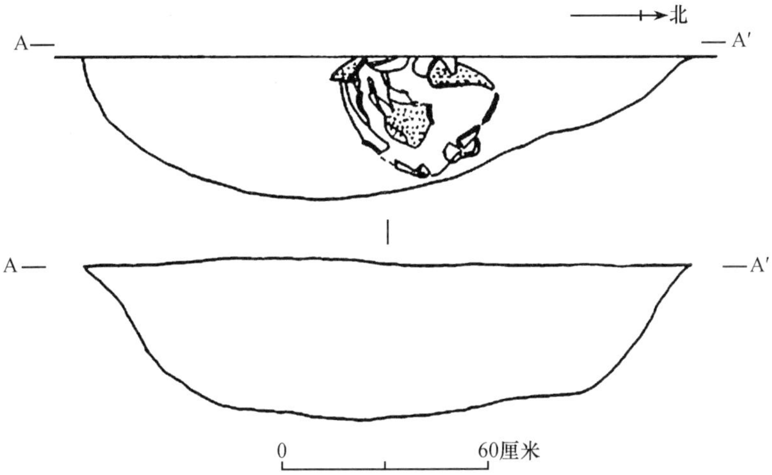

图一〇九　01ZDⅣT1005H1平、剖面图

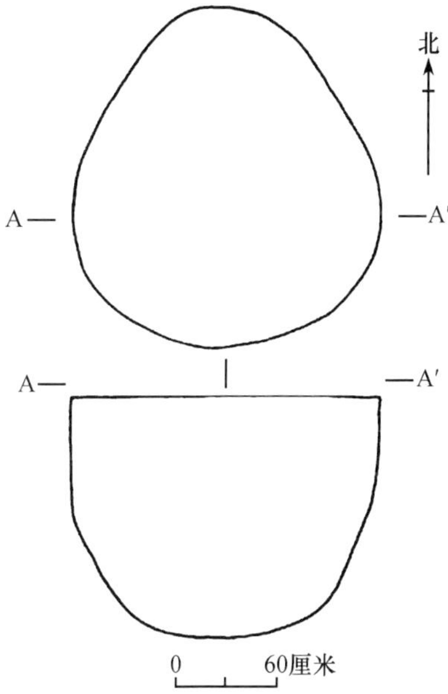

图一一〇　01ZDⅣT1410H45平、剖面图

第三节　遗　　物

本期出土遗物相对较少，主要单位如下。

（一）03ZDⅡT0808M6出土器物

五铢钱　2枚。锈蚀严重。03ZDⅡT0808M6：1，直径2.5厘米。钱文“五铢”。

（二）01ZDⅣT1205W1出土器物

陶大口罐　1件。01ZDⅣT1205W1：1，泥质黄褐陶。轮制。微敛口，折沿，尖圆唇，鼓腹，大平底，上腹有一对对称的鋬手。素面。口径31.2、高30.6厘米（图一一一，1；彩版一〇，5）。

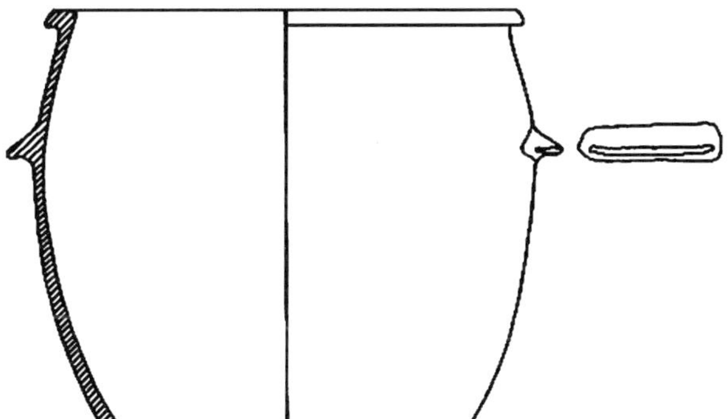

图一一一　01ZDⅣT1205W1出土陶大口罐（W1：1）

（三）03ZDⅠT1215W2出土器物

陶深腹盆　1件。03ZDⅠT1215W2：1，夹砂灰褐陶。直口微敛，平折沿，圆唇，上腹较直，下腹内弧收，平底。上腹有一道凸弦纹。口径34.2、底径16、高21.4厘米（图一一二，2；彩版一〇，3）。

陶瓮　1件。03ZDⅠT1215W2：2，夹砂灰褐陶。敛口，直沿，方圆唇，唇面有折棱，耸广肩，鼓曲腹，小平底。肩部有一圈“X”形纹饰，其下有一周凹弦纹，除近底少部分外，腹部均施篮纹。口径21.8、底径10.4、高29.6厘米（图一一二，1；彩版一〇，4）。

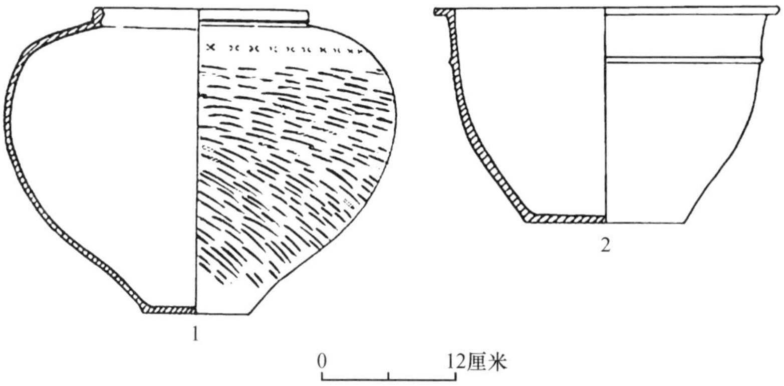

图一一二　03ZDⅠT1215W2出土器物
1. 陶瓮（W2：2）　2. 陶深腹盆（W2：1）

（四）01ZDⅣT1005H1出土器物

陶瓮　1件。01ZDⅣT1005H1：1，泥质灰陶。轮制。敛口，翻卷沿，尖圆唇，短束颈，圆广肩，横鼓椭圆腹，圜底。器表饰绳纹。口径24、高46.3厘米（图一一三，1；彩版一〇，1）。

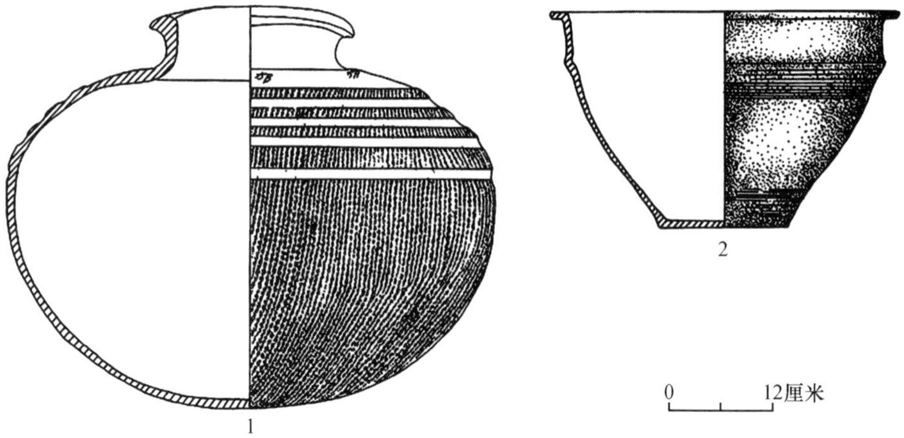

图一一三　01ZDⅣT1005H1出土器物
1. 陶瓮（H1：1）　2. 陶折肩盆（H1：2）

陶折肩盆　1件。01ZDⅣT1005H1∶2，夹细砂灰陶。轮制。微敛口，折平沿，方圆唇，折肩，斜腹微曲，平底。素面。口径40.3、底径14.6、高24.9厘米（图一一三，2；彩版一〇，2）。

（五）01ZDⅣT1410H45出土器物

陶盆　2件。01ZDⅣT1410H45∶7，夹细砂灰陶。轮制。敞口，折沿，尖圆唇，沿面略鼓，口沿以下残。素面。口径38.4、残高1.6厘米（图一一四，1）。01ZDⅣT1410H45∶8，夹细砂灰陶。轮制。微敛口，卷沿，沿面略鼓，尖圆唇，耸腹，腹以下残。上腹饰一周凸棱。口径36、残高7.2厘米（图一一四，2）。

陶筒瓦　2件。01ZDⅣT1410H45∶2，夹细砂青灰陶。轮制。拱背。器表饰粗绳纹，内部饰布纹。残长19.6、厚1厘米（图一一四，3）。01ZDⅣT1410H45∶4，夹细砂灰陶。轮制。拱背。器表饰粗绳纹，内部饰布纹。残长16、厚1.2厘米（图一一四，4）。

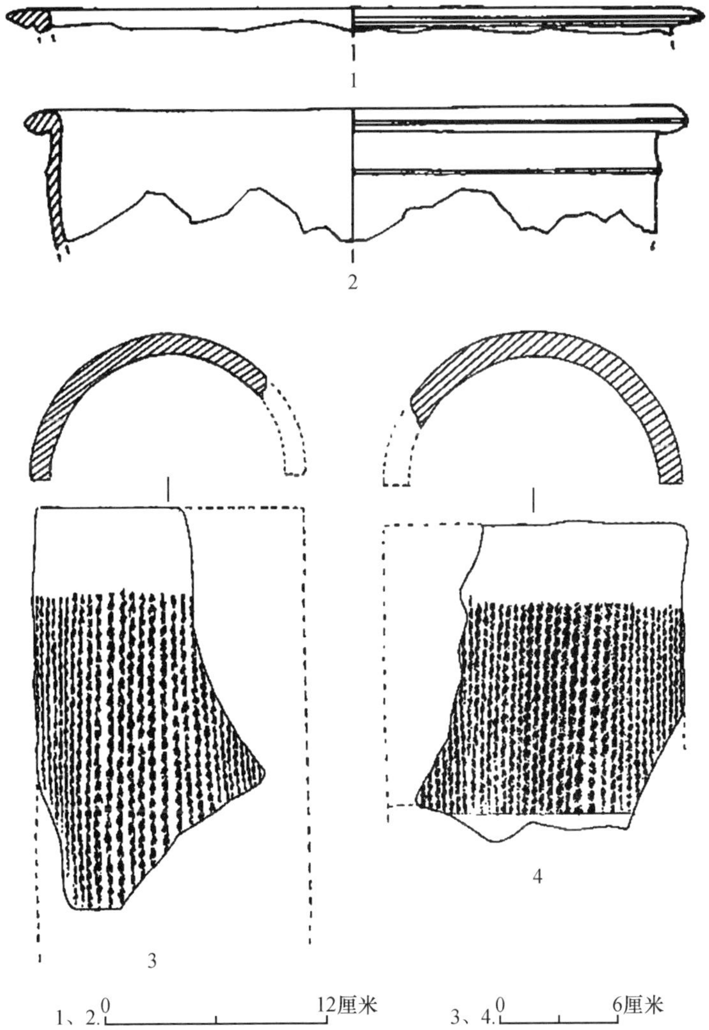

图一一四　01ZDⅣT1410H45出土器物（一）

1、2. 陶盆（H45∶7、H45∶8）　3、4. 陶筒瓦（H45∶2、H45∶4）

陶板瓦　3件。01ZDⅣT1410H45：1，夹细砂灰陶。轮制。弧背，一端残。器表饰粗绳纹。残长8.8、残宽12.6、厚1.8厘米（图一一五，3）。01ZDⅣT1410H45：5，夹细砂灰陶。轮制。弧背，一端残。器表饰粗绳纹，内壁衬印布纹。残长15、残宽10.4、厚1.4厘米（图一一五，1）。01ZDⅣT1410H45：11，夹细砂灰陶。轮制。弧背，一端残。器表饰粗绳纹，内壁饰粗绳纹并夹杂布纹。残长10、残宽9.4、厚1.2厘米（图一一五，2）。

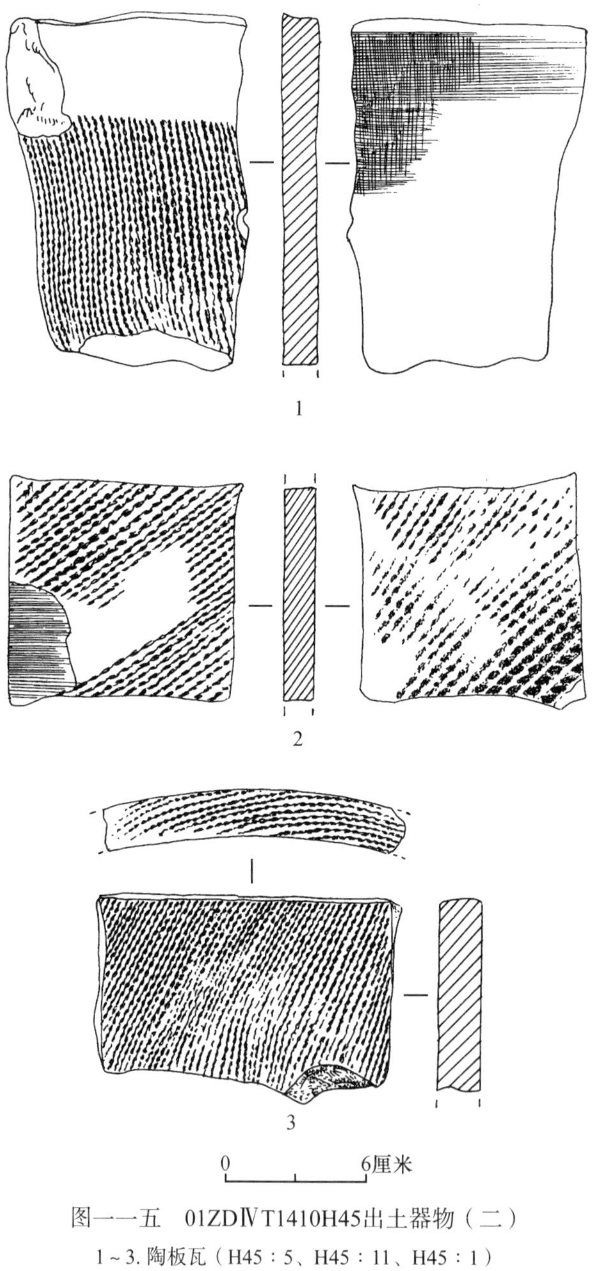

图一一五　01ZDⅣT1410H45出土器物（二）

1～3. 陶板瓦（H45：5、H45：11、H45：1）

（六）03ZDⅠT1408③出土器物

陶宽沿盆　4件。03ZDⅠT1408③：1，泥质灰陶。微敛口，平折沿上翘，圆唇，上腹竖直，下腹弧收，底残。上腹饰凹弦纹和弦断绳纹，内壁留有旋痕。口径35.2、残高12厘米（图一一六，1）。03ZDⅠT1408③：2，泥质灰陶。微敛口，平折沿，圆唇，上腹竖直，下腹弧收，底残。素面。口径35.2、残高13.2厘米（图一一六，3）。03ZDⅠT1408③：5，泥质灰陶。微敛口，平折沿下垂，圆唇。腹底残。素面。口径37.6、残高5.6厘米（图一一六，4）。03ZDⅠT1408③：7，泥质灰陶。微敛口，平折沿，斜方唇，微鼓腹，底残。腹部旋痕明显。口径35.2、残高10厘米（图一一六，2）。

陶钵　3件。03ZDⅠT1408③：3，泥质灰陶。敞口，窄沿微侈，尖圆唇，弧腹，平底。上腹饰凹槽一周。口径26.4、高9、底径16.8厘米（图一一六，5）。03ZDⅠT1408③：4，泥质灰陶。敛口，窄沿微侈，尖圆唇，弧腹，平底。上腹饰凹槽一周。口径24、高9、底径15.2厘米（图一一六，6）。03ZDⅠT1408③：6，泥质灰陶。敞口，窄平沿，尖圆唇，弧腹，底残。上腹饰凹槽一周。口径25.6、残高6.4厘米（图一一六，7）。

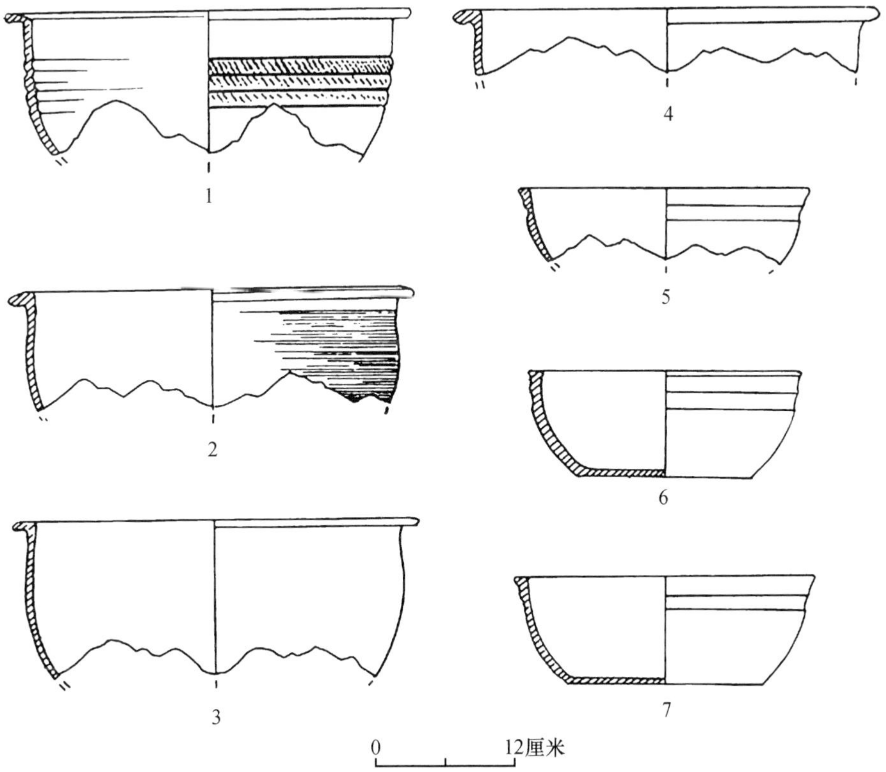

图一一六　03ZDⅠT1408③出土器物

1～4. 陶宽沿盆（T1408③：1、T1408③：7、T1408③：2、T1408③：5）　5～7. 陶钵（T1408③：3、T1408③：4、T1408③：6）

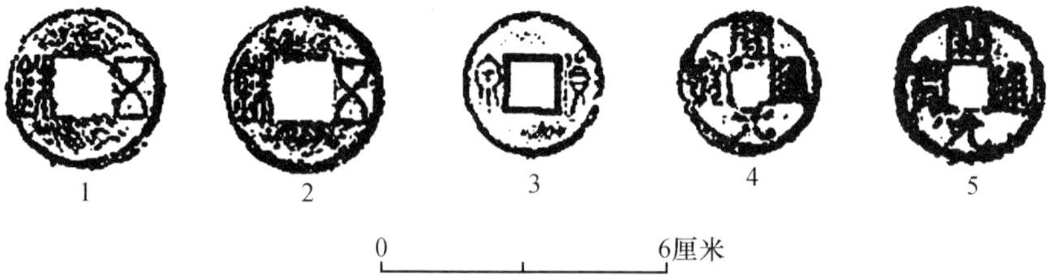

图一一七　邓家沱遗址出土铜钱拓片

1、2. 五铢钱（03ZDⅣT1212③：1、03ZDⅣT0911④：1）　3. 货泉（01ZDⅣT1309④：3）
4、5. 开元通宝钱（01ZDⅡT0402⑤：1、03ZDⅠT1211M3：1）

第四节　分组与年代

一、分组与分段

本期各单位遗物在组合和特征上存在有不同程度的差别，就现有资料可将其分为三组。

第1组，以W1、W2为代表，器物组合主要为敛口桶腹平底带鋬大口罐、微敛口直沿鼓肩曲腹平底瓮、平沿深腹盆等。

第2组，以H1为代表，器物组合主要是外翻口直沿鼓腹圜底瓮、平沿折肩盆等。

第3组，以H45、03ZDⅠT1408③出土器物为代表，器物组合主要有宽沿浅腹盆、浅腹大平底陶钵、绳纹筒瓦、绳纹板瓦等。

二、年　　代

第1组遗存中，W1敛口桶腹平底带鋬罐分别与忠县崖脚墓地BM10：39桶腹罐[①]和忠县老鸹冲遗址AM24：3筒形罐形态相近[②]，W2平沿深腹盆与忠县崖脚墓地BM10：17盆形态相近，W2微敛口直沿鼓肩曲腹平底瓮分别与涪陵镇安遗址M16：瓮[③]及涪陵黄溪M2：22罐形态相近[④]。涪陵镇安遗址M16年代属战国晚期，忠县崖脚墓地BM10年代属西汉时期，涪陵黄溪M2年代最晚属西汉初期，忠县老鸹冲遗址AM24属西汉中后期。据此本期第1组遗存的年代当不会晚于西汉时期。

① 北京大学考古文博学院三峡考古队、重庆市忠县文物管理所：《忠县崖脚墓地发掘报告》，《重庆库区考古报告集·1998卷》，科学出版社，2003年，第706页。

② 重庆市文物考古所、重庆市文物局：《忠县老鸹冲遗址（墓葬部分）发掘简报》，《重庆库区考古报告集·2000卷·下》，科学出版社，2007年，第841页。

③ 北京市文物研究所三峡考古队、重庆市涪陵区博物馆：《涪陵镇安遗址发掘报告》，《重庆库区考古报告集·1998卷》，科学出版社，2003年，第765页。

④ 郑君雷：《峡江地区西汉墓葬研究的若干线索》，《重庆·2001三峡文物保护学术研讨会论文集》，科学出版社，2003年，第189～214页。

第2组遗存中，H1瓮分别与忠县老鸹冲遗址AM5：1釜[①]、涪陵太平村M13：44罐形态相近[②]。忠县老鸹冲遗址AM5年代不晚于东汉晚期，涪陵太平村M13的年代也不晚于东汉晚期。据此第2组遗存的年代也不会晚于东汉晚期。

第3组遗存出土器物较少，盆类器物仅存口沿部分，难以确定其年代；而绳纹筒瓦和板瓦自东汉盛行后一直到六朝时期形态也没有明显变化。唯有陶钵与涪陵太平村M12：39陶钵形态相当，后者的年代为东汉中、后期[③]。不过，本组遗迹大都开口于④层下打破⑤层，根据现有资料而言，本遗址⑤层为西周及其以前的文化堆积，④层则属六朝时期的堆积。故本组遗存年代当不会晚于东汉晚期。

① 重庆市文物考古所、重庆市文物局：《忠县老鸹冲遗址（墓葬部分）发掘简报》，《重庆库区考古报告集·2000卷·下》，科学出版社，2007年，第846页。

② 陕西省考古研究所、重庆市文物局、重庆市涪陵区博物馆：《涪陵太平村墓群考古发掘报告》，《重庆库区考古报告集·2000卷·下》，科学出版社，2007年，第1161页。

③ 陕西省考古研究所、重庆市文物局、重庆市涪陵区博物馆：《涪陵太平村墓群考古发掘报告》，《重庆库区考古报告集·2000卷·下》，科学出版社，2007年，第1157页。

第五章　六朝时期遗存

第一节　文化层堆积概况

本遗址内的六朝时期文化层堆积比较普遍，Ⅳ区探方多以④层为主，Ⅰ区探方则以③层为主。文化层堆积厚度一般在30～40厘米，颜色呈青褐色，土质黏性较大，略疏松，夹杂有少量红烧土粒。出土绳纹板瓦、筒瓦残片及少量青瓷钵和盘口壶残片。由于文化层分布的不平衡性，造成各探方之间文化层层次划分的多寡不一。为了避免统一地层而发生错乱，我们对本期堆积实行按探方编号的原则，虽然这会给综合研究造成不便，但不会导致因统一层次而可能带来的混乱。为了弥补以上不足，尤其能使研究者准确利用各单位的层位关系，我们将各探方的层位关系及有出土器物的单位用列表的方式报告于后（详见附表一、附表七）。

本期遗存中的遗迹、遗物均不甚丰富，文化层内的相关生活遗物比较少见，这种文化堆积明显与居住人群规模较小有关。

第二节　遗　　迹

本期遗迹主要有灰坑5个（附表一一），石阙遗迹1处。

一、灰　　坑

共5个。根据平面形状的不同可分为三型。

圆形　3个。H31、H68（原H10）、H69（原H11；彩版八，4）。以H31为代表。

H31　位于01ZDⅣT1102内，开口③层下，打破③a层。平面近圆形，内弧壁，圜底。径长128～150、深60厘米（图一一八）。出土有罐、筒瓦等残片。

椭圆形　1个。H39　位于01ZDⅣT1609内，开口③层下，打破④层。平面呈椭圆形，斜壁，平底。径长99～139、深40厘米（图一一九）。出土有板瓦、筒瓦等残片。

不规则形　1个。H59（原H1）　位于03ZDⅣT1512内，开口于②层下，打破③a层。平面呈不规则形，斜壁内收，坑底略平。长150、宽60～90、深97厘米。无遗物。

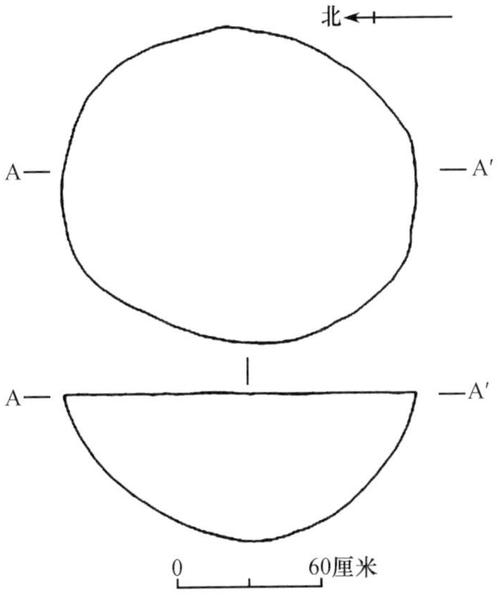

图一一八　01ZDⅣT1102H31平、剖面图

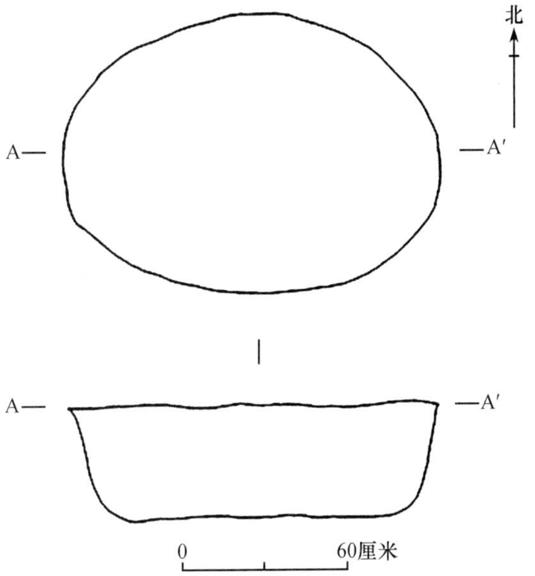

图一一九　01ZDⅣT1609H39平、剖面图

二、石阙遗迹

1处。分别由左右双阙组成，残存9件石质构件。

（一）出土情况与编号

石阙构件分别发现于2001年和2003年。其中，2001年发现2件，分别位于01ZDⅠT1306东部和01ZDⅠT1406西部的④层内，编号分别为01ZDⅠT1406④：1、01ZDⅠT1406④：2，统一编号为01ZDQ01和01ZDQ02（彩版一一，4、5）；2003年发现7件，分别位于03ZDⅠT1104中部、03ZDⅠT1204西部、03ZDⅠT1106东北部和03ZDⅠT1206西北部，

编号为03ZDⅠT1204④：1、03ZDⅠT1204④：2、03ZDⅠT1104④：1、03ZDⅠT1206④：1、03ZDⅠT1206④：2、03ZDⅠT1206④：3、03ZDⅠT1206④：4，统一编号为03ZDQ03、03ZDQ04（彩版一一，1）、03ZDQ05（彩版一一，5）、03ZDQ06、03ZDQ07、03ZDQ08、03ZDQ09（图一二〇；彩版一一，2）。

（二）石阙构件尺寸与雕刻纹样

（1）基座　1件。

03ZDQ05（03ZDⅠT1104④：1）　右阙基座。出土于03ZDⅠT1104④中部，白色砂石。长方体，中间有凹槽，应该为卯孔。四面留有粗线刻纹。长110、宽76、高28厘米（图一二一；彩版一一，5）。

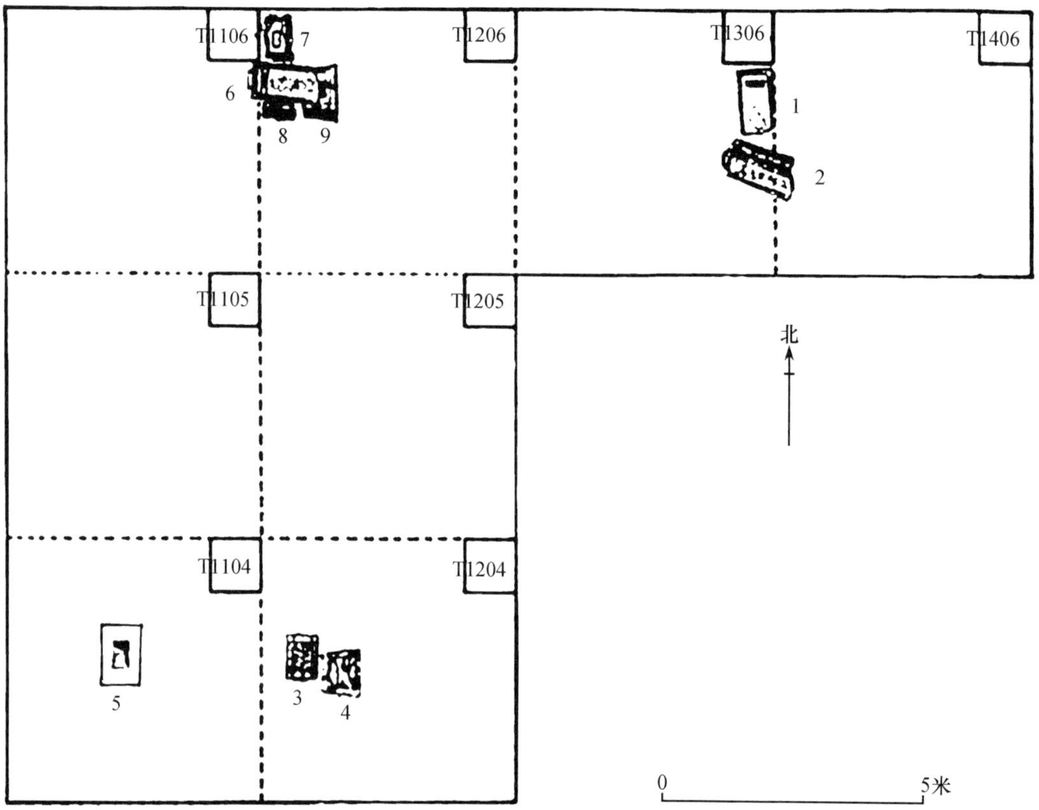

图一二〇　邓家沱遗址石阙构件分布图

1、2、6. 阙身（01ZD I T1406④：1、01ZD I T1406④：2、03ZD I T1206④：1）　3、8. 枋子层（03ZD I T1204④：1、03ZD I T1206④：3）　4、9. 斗石（03ZD I T1204④：2、03ZD I T1206④：4）　5. 基座（03ZD I T1104④：1）　7. 阙顶（03ZD I T1206④：2）

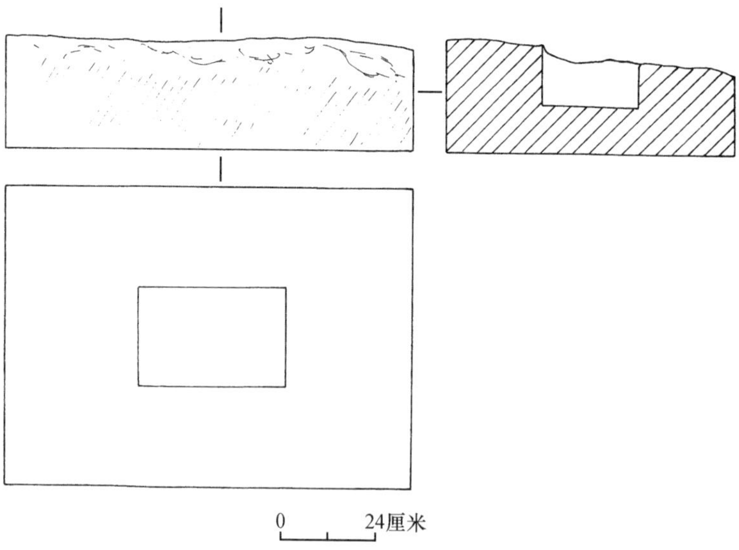

图一二一　右阙基座

（2）阙身　3件。

01ZDQ01（01ZDⅠT1406④：1）　右阙阙身上部。出土于01ZDⅠT1406西部和01ZDⅠT1306东隔梁内。灰白色砂石。长方体，顶部有榫头，下部残。正面阴线雕刻两字或三字，字迹漫漶不清。阙身左侧雕刻虎身，阙身右侧为龙头及龙身，均漫漶不清。宽72、厚27、残高120厘米（图一二二；彩版一一，4）。

01ZDQ02（01ZDⅠT1406④：2）　右阙阙身下部。出土于01ZDⅠT1406西部和01ZDⅠT1306东隔梁内。灰白色砂石。长方体，上部残，下部存有榫头。正面阴线雕刻，隶书"□□君神道阙门"[①]。左侧仅见虎尾，右侧仅见龙尾。宽80、厚29、残高186～246厘米（图一二二；图一二三；彩版一一，3）。

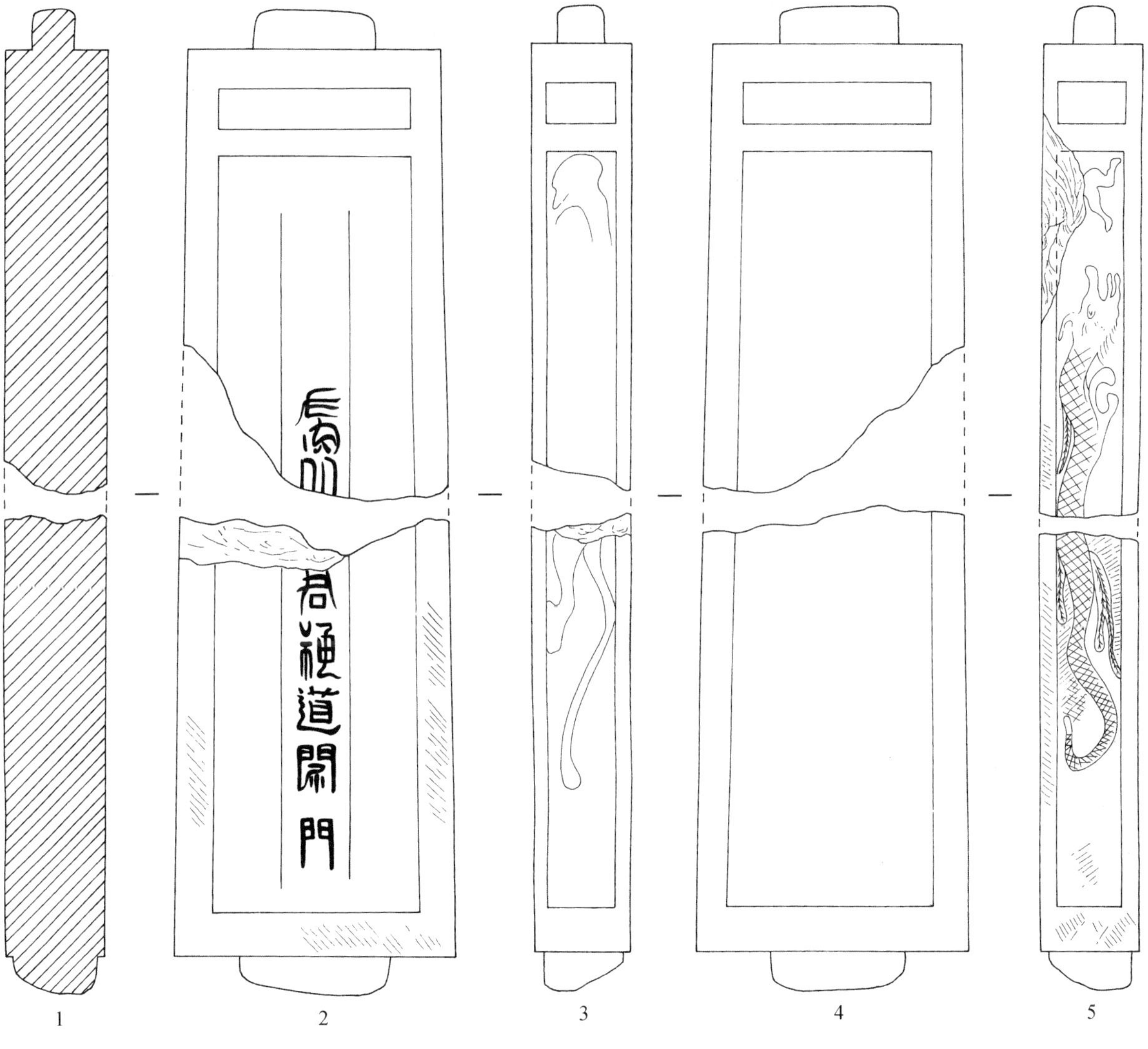

图一二二　右阙阙身画像石

1. 右阙阙身侧剖面　2. 右阙阙身正面　3. 右阙阙身左侧面　4. 右阙阙身背面　5. 右阙阙身右侧面

① 阙铭与榜文均由河南省文物考古研究院郝本性先生和郑州大学海萌辉先生厘正。

图一二三　右阙阙身正面铭文拓片

03ZDQ06（03ZDⅠT1206④：1）　左阙阙身上部。出土于03ZDⅠT1106东部和03ZDⅠT1206西部。灰白色砂石。长方体，顶部有榫头，下部残。阙首饰粗线刻划纹，方形边框上饰回形纹。四面均有阴线雕刻。正面残存阙铭“故绵竹□……”（图一二四；图一二五；彩版一一，2；彩版一三，4）。背面左上方存有方形榜题，字迹漫漶不清，隐约为隶书“□宽”（图一二四，4）。右侧浅浮雕神人戏龙图案，神人戴道冠，右腿弯曲，左腿后伸，左手持瑞草伸向龙嘴，右手后举；龙衔瑞草，曲颈飞舞向前，身饰菱形鳞片（图一二四，5；图一二六，1；彩版一二，5）。左侧浅浮雕神人托月图案，神人身着宽袖长袍，右手托举圆月于头顶之上，月中有桂树和玉兔（图一二四，3；图一二六，2；彩版一二，6）。顶宽71、厚25～26、残高114.5厘米。

（3）斗石　2件。

03ZDQ04（03ZDⅠT1204④：2），右阙斗石。出土于03ZDⅠT1204④，灰白色砂石。呈上部长、宽大于下部长、宽的方斗形体。底部中间有卯孔，顶部遭破坏，残存部分未见有榫头痕迹。四面均有浮雕图案。正面图案漫漶不清，残存部分似朱雀中部（图一二七，2；彩版一一，1右）；背面正中为站立的凤凰，形体与孔雀相似，昂首翘尾，口衔瑞草。背部之上正中浮雕纵长方形榜题，榜文阴线隶书“凤凰”（图一二七，4；图一二八；彩版一二，4）；右侧面为三足乌，呈站立状，背部上方浅浮雕长方形榜题，仅存一“三”字（图一二七，5；图一二八；彩版一三，2）。左侧面仅残存四兽足。上部残长69、复原长度85、残宽27、复原宽度40、下部长72、宽30、高48厘米（图一二七，3）。

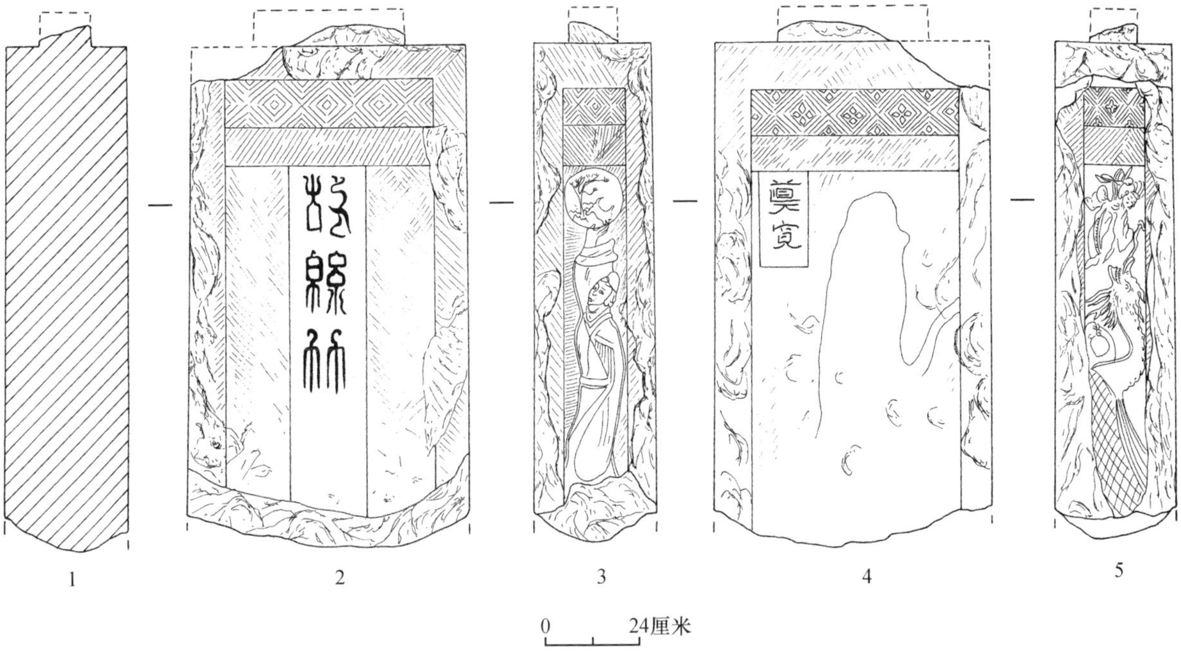

图一二四　左阙阙身画像石

1. 左阙阙身侧剖面　2. 左阙阙身正面　3. 左阙阙身左侧面神人托月　4. 左阙阙身背面　5. 左阙阙身右侧面神人戏龙

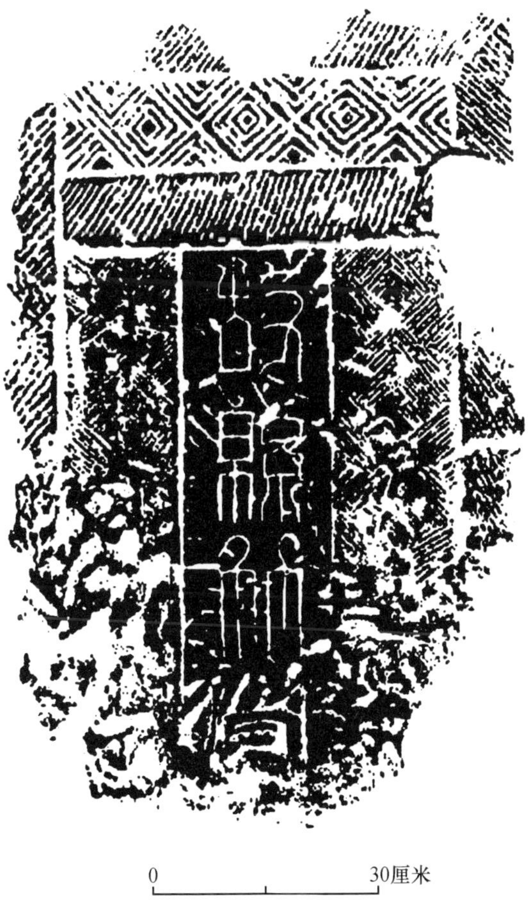

图一二五　左阙阙身正面铭文拓片

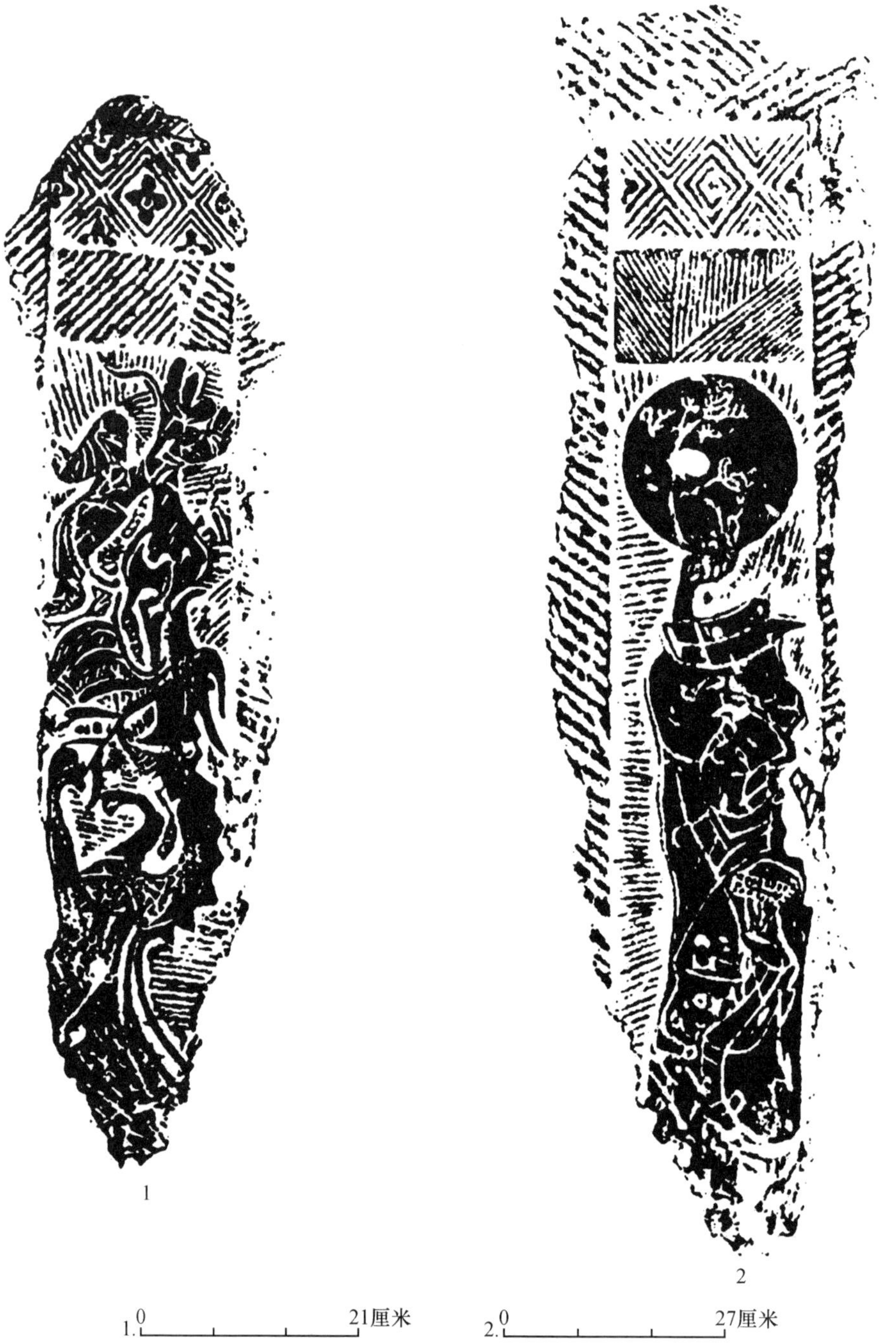

图一二六　左阙阙身画像石拓片

1. 神人戏龙画像石拓片　2. 神人托月画像石拓片

03ZDQ09（03ZDⅠT1206④：4）　左阙斗石。灰白色砂石。呈顶部长、宽大于底部长、宽的方斗形体，顶部正中雕有榫头，底部正中雕有卯孔。四面均有浮雕图案，正面图案多漫漶不清，残存部分可辩为龙头部和尾部（图一三〇，2；彩版一二，1）；背面图案为天鹿居中而立，天鹿头上一耳一角，肩生双翼，身饰圆点云纹，口衔其前部的木连理或嘉禾枝条，天鹿尾部斜下方为一向上飞奔的飞兔，斜上方为一只逆向展翅飞行、口衔瑞草的鸾鸟。天鹿尾部正上方、飞兔与鸾鸟腹下和木连理或嘉禾底根之前分别浮雕纵长方形榜题，惜榜文已漫漶不清（图一三〇，4；图一三一，1；

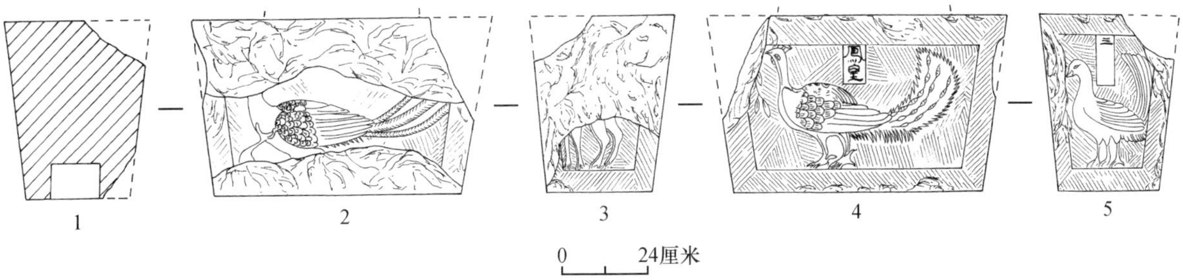

图一二七　右阙斗石画像石

1. 画像石侧剖面　2. 正面朱雀画像石　3. 左侧面四兽足画像石　4. 背面凤凰画像石　5. 右侧面三足乌画像石

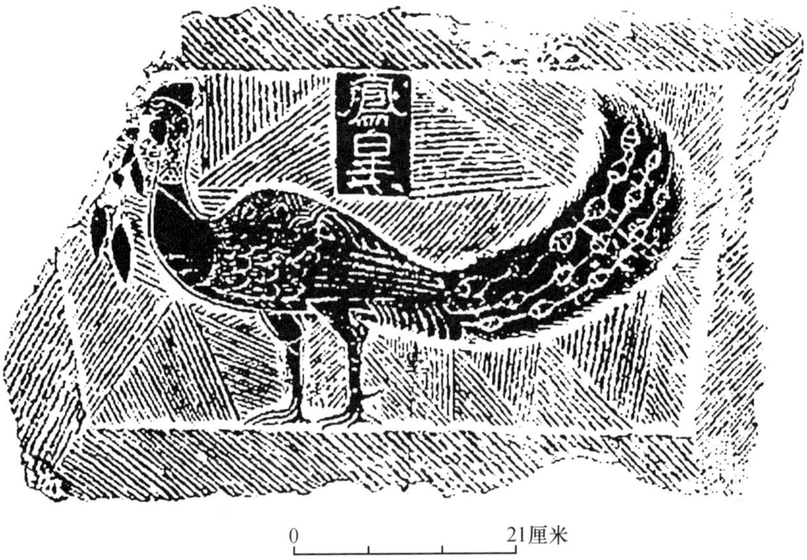

图一二八　右阙斗石上凤凰画像石拓片

图一二九　右阙斗石上三足乌画像石拓片

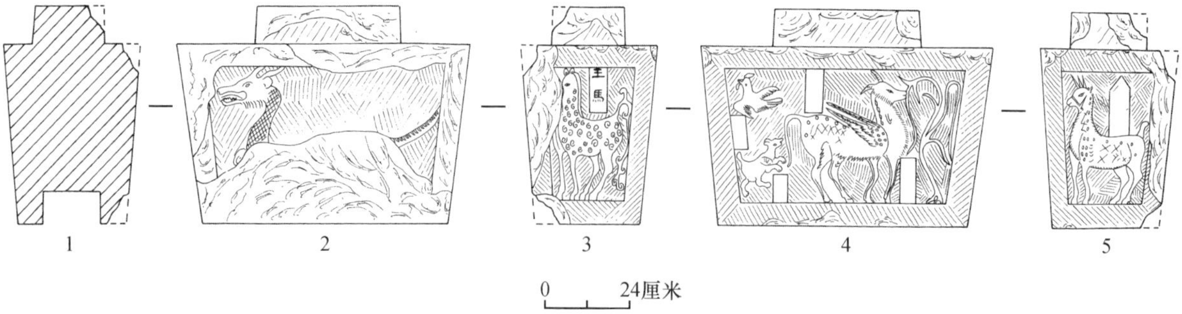

图一三〇　左阙斗石画像石

1. 画像石侧剖面　2. 正面神龙画像石　3. 左侧面天马画像石　4. 背面天鹿画像石　5. 右侧面天禄画像石

图一三一　左阙斗石画像石拓片

1. 背面天鹿画像石拓片　2. 左侧面天马画像石拓片　3. 右侧面天禄画像石拓片

彩版一二，3）；左侧面为天马，昂首而立，身饰卷云纹，马背上部正中浮雕纵长方形榜题，榜文阴线隶书“王马”（图一三〇，3；图一三一，2）；右侧面为天禄，呈站立状，形体似鹿，头上长有三只锥形角与双耳，身饰圆点云纹，肩似生翼，背部上方的浮雕榜题呈圭形，榜文无存（图一三〇，5；图一三一，3；彩版一三，1）。上部长84、残宽28、复原后宽40、下部长72、下部残宽20、复原后宽27、高48厘米。

（4）枋子层　2件。

03ZDQ03（03ZDⅠT1204④：1）　右阙枋子层。出土于03ZDⅠT1204④西部，灰白色砂石。长方体，顶部有榫头，底部有卯孔。四个转角处均浮雕有角神，形体似熊，弓背、鼓腹、屈腿，作支撑状；四面上下边框均有粗线刻纹，中间浅浮雕上下三排中间无孔的圆璧纹。长80、宽38、高40厘米（图一三二；彩版一一，1左；彩版一三，3）。

03ZDQ08（03ZDⅠT1206④：3）　左阙枋子层。出土于03ZDⅠT1206④西北部，灰白色砂石。长方体，顶部中间有榫头，底部中间有卯孔。四个转角处均浮雕有角神，形体似熊，弓背、鼓腹、屈腿，作支撑状；四面上下边框均有粗线刻纹，中间浅浮雕上下三排中间有孔的圆璧纹。长80、宽38、高41厘米。尺寸、形状与03ZDQ03相似（图一三三；彩版一一，6、2中）。

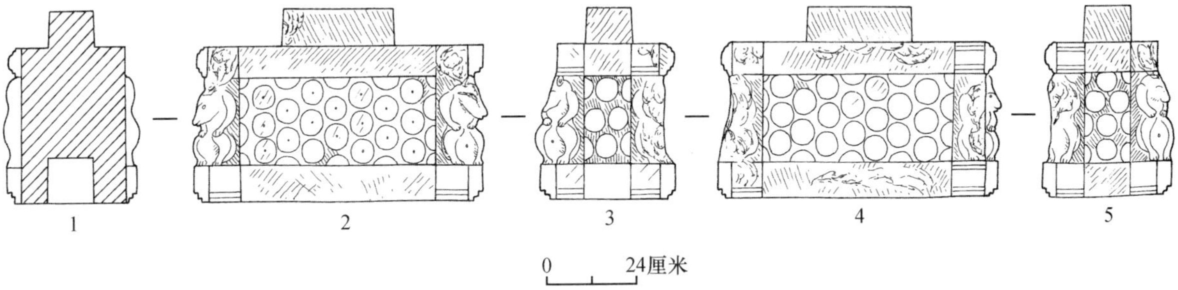

图一三二　右阙枋子层

1. 右阙枋子层剖面　2. 右阙枋子层正面　3. 右阙枋子层左侧面　4. 右阙枋子层背面　5. 右阙枋子层右侧面

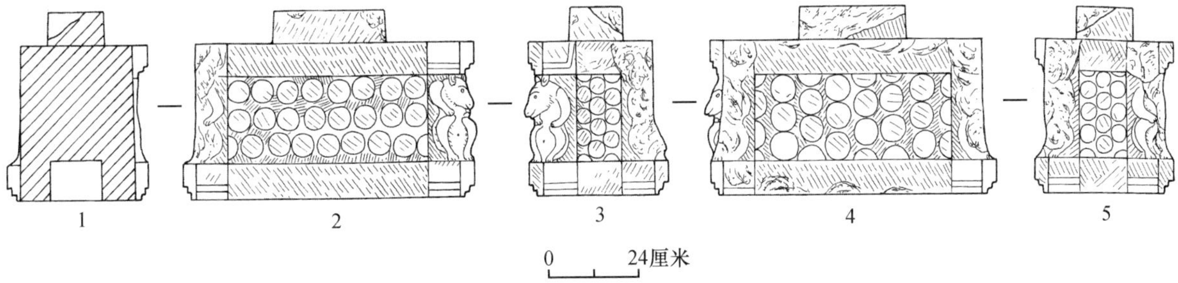

图一三三　左阙坊子层

1. 左阙枋子层剖面　2. 左阙枋子层正面　3. 左阙枋子层左侧面　4. 左阙枋子层背面　5. 左阙枋子层右侧面

（5）阙顶　1件。

03ZDQ07（03ZDⅠT1206④：2）　左阙阙顶。出土于03ZDⅠT1206④西北部，灰白色砂石。残为两块，顶部瓦垄清晰，底部有卯孔。残长92、残宽49、高约48厘米（图一三四，彩版一二，2）。

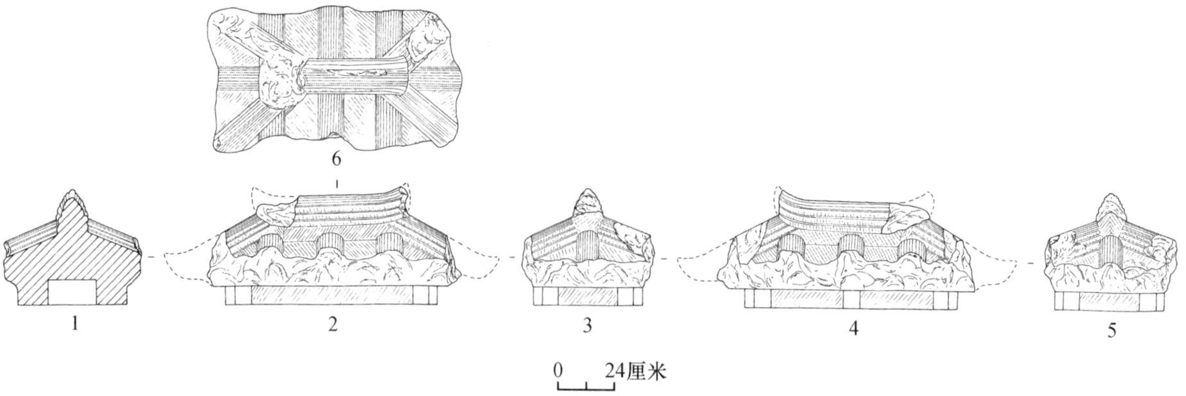

图一三四　左阙阙顶
1. 左阙阙顶剖面　2. 左阙阙顶正面　3. 左阙阙顶左侧面　4. 左阙阙顶背面　5. 左阙阙顶右侧面　6. 左阙阙顶俯视图

（三）石阙的复原

本次发现的9件石阙构件分布在01ZDⅠT1406、01ZDⅠT1306和03ZDⅠT1104、03ZDⅠT1204、03ZDⅠT1106、03ZDⅠT1206等6个探方内（图一二〇）。根据石阙构件的分布情况及形状、尺寸、卯榫结构的差别，我们暂将基座（03ZDQ05）、阙身（01ZDQ01、01ZDQ02）、枋子层（03ZDQ03）、斗石（03ZDQ04）复原为右阙（图一三五）。这主要是基于01ZDQ01、01ZDQ02两构件不仅共出，而且厚度基本相当，尤其两者的缺口部分长、宽、厚度尺寸基本吻合，表明两者应该是一个阙身。而01ZDQ02的底部尺寸则与03ZDQ05石阙底座的上部尺寸也基本相当，尤其01ZDQ02的榫头与03ZDQ05石阙底座上部的卯孔也大体相合，证明这 3 件构件应为一体。03ZDQ03枋子层与03ZDQ04斗石不仅榫卯相连，而且扑倒在03ZDQ05石阙底座的东部约5米处。据此，我们将03ZDQ05、01ZDQ01、01ZDQ02、03ZDQ03、03ZDQ04复原为右阙。因右阙斗石上部未见榫头，也未发现阙顶，故其顶部暂缺。不过，右阙斗石上部的雕刻纹路与左阙斗石上部的雕刻纹路相近，因此不排除其有阙顶的可能性。

阙身（03ZDQ06）、枋子层（03ZDQ08）、斗石（03ZDQ09）、阙顶（03ZDQ07）集中分布在03ZDⅠT1106和03ZDⅠT1206内，阙身03ZDQ06位于03ZDQ08枋子层和03ZDQ09斗石之上，枋子层与斗石榫卯相连、东西并列，03ZDQ07阙顶部分则卯孔朝上倒置在枋子层的北侧，尤其是阙身顶部的榫头与枋子层底部的卯孔及阙顶底部的卯孔与斗石顶部的榫头尺寸都基本相合。据此，我们把03ZDQ06、03ZDQ07、03ZDQ08、03ZDQ09构件复原为左阙（图一三六）。

由于两阙斗石上的图案均有一面漫漶不清，因而把哪一面复原为前面或后面就成为我们一时难以取舍的问题。考虑到汉代“左青龙、右白虎”方位理念对后世的深远影响而将左阙斗石上近似龙的图案复原在前面，另一面的天禄等图案自然就复原在了后面；至于将右阙斗石上漫漶的朱雀图案复原在前面、凤凰图案复原在后面[①]，则主要是参照了川渝地区石阙中有朱雀图案的一般都将朱雀

① 我们曾错将右阙斗石凤凰图案复原在右阙的前面（见李锋：《重庆忠县邓家沱石阙的初步认识》，《文物》2007年第1期），今将其改为背面。对此给读者造成的不便深表歉意。

图一三五　右阙复原示意图

1. 右阙侧剖面　2. 右阙正面　3. 右阙左侧面　4. 右阙背面　5. 右阙右侧面　6. 右阙基座

图案雕刻在阙身前面的风格而确定的。如渠县沈氏左、右阙，蒲家湾无铭阙，赵家村壹、贰无铭阙及王家坪无铭阙等，皆是将朱雀图案雕刻在阙身正面的上部[①]。

① 徐文彬、谭遥、龚廷万等：《四川汉代石阙》，文物出版社，1992年，第129～149页。

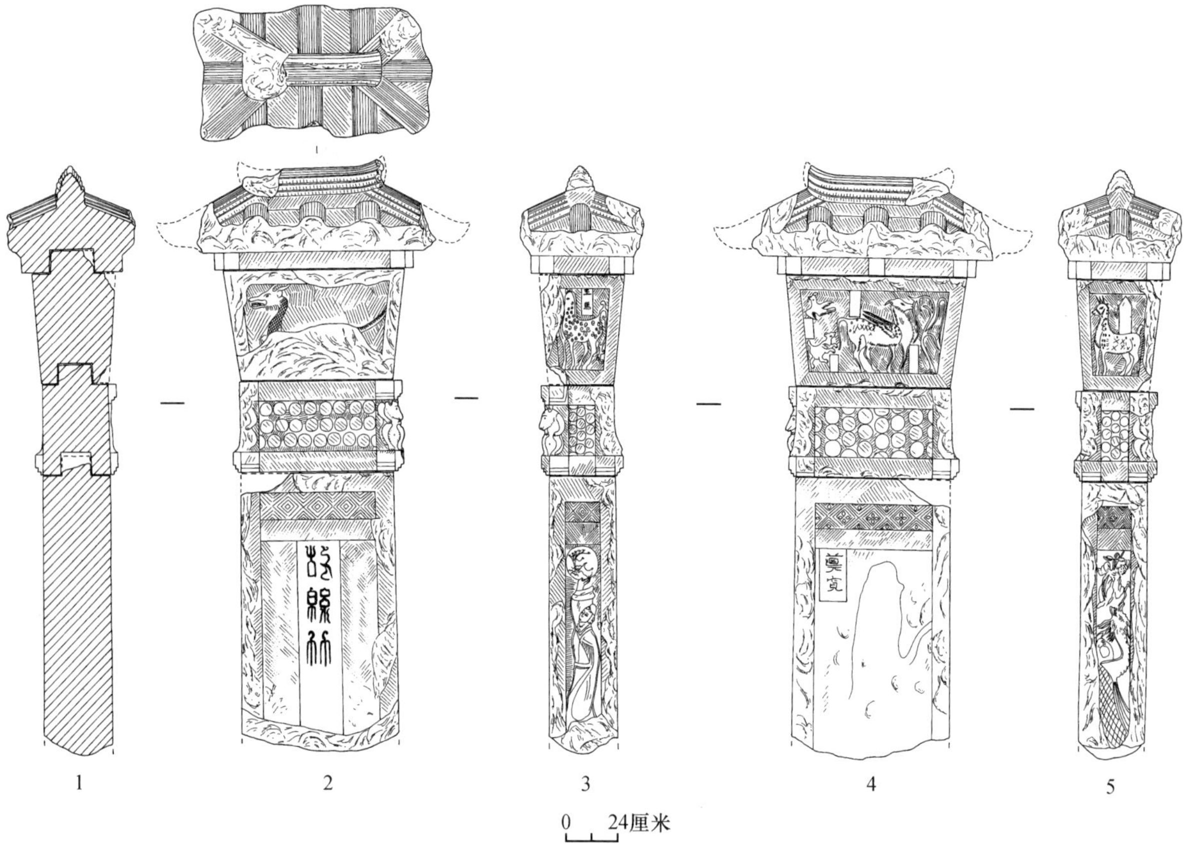

图一三六　左阙复原示意图

1. 左阙侧剖面　2. 左阙正面　3. 左阙左侧面　4. 左阙背面　5. 左阙右侧面

（四）石阙年代推断

由于石阙构件之上没有发现确切的纪年铭刻，故我们只能根据其层位关系、石阙形制、画像题材及风格对其年代进行初步探讨。

首先，在9件石阙构件中，除03ZDQ05右阙基座直接坐落于⑤层西周层上、被③层唐宋层直接叠压外，其余构件皆出自⑤层上与③层下的④层文化堆积中。④层出土遗物主要有瓷钵、瓷碗及绳纹筒瓦、板瓦等，瓷钵、瓷碗形态与本遗址后面的土地岩A区六朝时期崖墓所出土的瓷钵、瓷碗特征基本一致，其年代也应与后者大致相当①。③层出土物虽然也是以瓷钵、瓷碗及绳纹筒瓦、板瓦等遗物为主，但③层下开口的墓葬中却发现有“开元通宝”铜钱，如开口于③层下打破④层的03ZDⅠT1214M4、03ZDⅠT1204M5和01ZDⅠT1601M1等三座墓葬中，M4和M1出有“开元通宝”钱，M4随葬的瓷四系盘口罐明显与六朝时期的四系盘口罐形态有别，而M5随葬的瓷高圈足盘、瓷盆也显非宋代所见器物，故将这三座开口于③层下的墓葬年代确定在唐代或唐代中晚期应当不会存在大的错误。据此，邓家沱石阙年代范围的上限应当不会早于东周，下限不会晚于六朝。

其次，从形制看，邓家沱石阙是一处单檐独立双阙，由基座、阙身、枋子层、斗石层、顶盖组成，皆独石雕刻。这种形制与忠县已发现的丁房、无铭、乌杨三阙形制均不同，丁房、无铭两阙

---

① 见本章第四节。

楼部为双檐，乌杨楼部虽为单檐，但其结构为三层，而邓家沱石阙则只有两层，显然难为我们提供可比性资料。检索川渝地区所发现的23处石阙中，楼部构件保存完整或比较完整者约有17处[①]，与邓家沱石阙楼部结构相近者主要有渠县沈氏阙、蒲家湾无铭阙等，它们的楼部结构也基本上是由枋子层和斗石层组成，但是渠县沈氏、蒲家湾无铭等阙的枋子层和斗石层之间加有厚度近20厘米的斗石基座，并且斗石层上都雕刻有斗拱，而邓家沱石阙的斗石层则是直接叠压在枋子上，并且也没有斗拱，显然后者与前者相比有比较明显的简化或退化现象。因而，邓家沱石阙的年代只会比渠县沈氏、蒲家湾无铭等阙的年代晚而不会早，后两者的年代被推断为东汉中晚期，那么邓家沱石阙的年代则不会早于东汉中晚期。

再次，从画像题材和画像风格看，邓家沱石阙的年代也不会早于东汉中晚期。在忠县发现的三阙中，丁房、无铭两阙一直存于地面，其上的画像或因风雨而漫漶不清，或因后人重修而原貌不存，难以为我们提供可资比较的资料。新发现的乌杨阙虽然也埋于地下，但其画像仅残存有青龙、白虎、铺首衔环和出行狩猎等[②]，不见有与邓家沱石阙画像相同或相近者。重庆市文物考古所在与忠县相邻的万州武陵也新发现了石阙构件，但其画像也仅残存青龙衔璧[③]。再检索四川、重庆两地披露的石阙画像，我们看到的题材也多是青龙衔璧、白虎衔璧、朱雀、麒麟及车马出行、生产、生活等[④]，均不见与邓家沱石阙上的神人戏龙、神人托月、凤凰及天鹿与飞兔、鸾鸟、连理木在同幅画面等画像题材相同或相近者，因而难以进行年代方面的比较。

不过，我们查阅了川渝地区与石阙画像相近的石棺画像题材，却发现了不少与邓家沱石阙画像题材和风格相近或相似者，为我们推断邓家沱石阙的年代提供了重要资料。其一，邓家沱石阙画像的上方多带有榜题的做法见于简阳三号石棺画像和新津崖墓石函画像[⑤]。邓家沱石阙画像是把榜文雕刻在长方形的榜题上，与新津崖墓石函的榜题做法相近，而与简阳三号石棺和新津宝资山崖墓把榜文直接雕刻在画像上方石壁上的做法略有差别[⑥]。其二，邓家沱石阙画像中的神人、龙、鹿、三足乌、马等题材都是石棺画像中常见的题材，并且两者的画像风格也比较相近。如邓家沱石阙神人戏龙画像中的头长双角、长嘴曲颈、身饰鱼鳞甲的龙，与简阳三号、四号石棺及新津崖墓石函上的龙的形象非常相近[⑦]；戏龙和托月的神人服饰与新津崖墓石函中的戏猿人服饰相近[⑧]；枋子层四面雕刻圆珠纹的做法与荥经石棺画像中所雕刻的双阙枋子层上的圆珠纹形制相似[⑨]；三足乌、天鹿、凤凰的形态与彭山二号石棺上三足乌、麒麟、朱雀的形状很相近[⑩]。天禄与泸州市大驿坝1号墓石棺

① 徐文彬、谭遥、龚廷万等：《四川汉代石阙》，文物出版社，1992年，第24～49页；邹后曦、方刚：《重庆万州发现武陵石阙》，《中国文物报》2003年8月13日。

② 实物存重庆中国三峡博物馆。

③ 邹后曦、方刚：《重庆万州发现武陵石阙》，《中国文物报》2003年8月13日。

④ 徐文彬、谭遥、龚廷万等：《四川汉代石阙》，文物出版社，1992年。

⑤ 高文、高成刚：《中国画像石棺艺术》，山西人民出版社，1996年，第6～14页。

⑥ 高文、高成刚：《中国画像石棺艺术》，山西人民出版社，1996年，第103页。

⑦ 高文、高成刚：《中国画像石棺艺术》，山西人民出版社，1996年，第108、109页。

⑧ 高文、高成刚：《中国画像石棺艺术》，山西人民出版社，1996年，第102页。

⑨ 龚廷万、龚玉、戴嘉陵：《巴蜀汉代画像集》，文物出版社，1998年，图37。

⑩ 龚廷万、龚玉、戴嘉陵：《巴蜀汉代画像集》，文物出版社，1998年，图50。

右端的天禄类同[①]。上述石棺的年代多属东汉晚期，因此，我们认为邓家沱石阙的年代与上述石棺的年代应该不会相距太远。

当然，邓家沱石阙画像与石棺画像之间在题材和风格方面的差别也是比较突出的。如邓家沱石阙画像中独立成幅的凤凰、天马、天禄等，在石棺画像中很难见到，尤其是带有榜题的单体凤凰还不曾见有披露。此外，石棺画像中多为连环画式的组合图案，而邓家沱石阙则多以单幅图案为主。前者常见的伏羲女娲、宴饮乐舞百戏、车马出行、龙虎衔璧等题材也不见于后者[②]。凡此则不排除邓家沱石阙年代晚于石棺年代的可能。虽然两汉时期的文献中有不少关于凤凰或凤鸟灵瑞的记载，但对凤凰或凤鸟灵瑞的崇尚莫过于三国时期的东吴，在东吴近60年的立国时期，曾三次因凤凰或凤鸟灵瑞而改年号，并在公元272年直接以凤凰之名为年号。此外，画像石中常见的龙、赤乌、嘉禾等灵瑞也都曾出现在东吴的年号中[③]。这种灵瑞崇拜时尚对于当时画像题材的影响应该是不言而喻的。因此，我们认为邓家沱石阙的年代很可能不会早于三国之前。

（五）画像题材、特色与渊源

1. 画像题材

邓家沱石阙画像主要分布在阙身两侧及斗石、枋子层的四面，均为减地浮雕。主要内容有龙、虎、神人戏龙、神人托月、凤凰、三足乌、朱雀、天鹿、飞兔、鸾鸟、木连理、天马、天禄、角神和联璧纹等。

（1）龙　分别位于右阙阙身右侧面和左阙斗石正面，前者损坏严重漫漶不清（图一二二，5），后者仅头与尾部清晰（图一三〇，2；彩版一二，1）。

（2）虎　分别位于右阙阙身的左侧面，除部分尾部清晰外，其余部位也漫漶不清（图一二二，3）。

（3）神人戏龙　位于左阙阙身的右侧上部。神人头戴道冠，右腿曲折、脚登向后，左腿斜伸、脚跟离地，左手持瑞草伸向龙嘴，右手后举，身躯整体向后曲斜作引诱状。龙嘴衔瑞草，曲颈飞舞向前，颈脊呈曲齿状，身饰菱形鳞片（图一二四，5；图一二六，1）。《左传·昭公二十九年》：“秋，龙见于绛郊。魏献子问于蔡墨曰：“吾闻之，虫莫知于龙，以其不生得也。谓之知，信乎？”对曰：“人实不知，非龙实知。古者畜龙，故国有豢龙氏，有御龙氏。”献子曰：“是二氏者，吾亦闻之，而知其故，是何谓也？”对曰：“昔有飂叔安，有裔子曰董父，实甚好龙，能求其耆欲以饮食之，龙多归之。乃扰畜龙，以服事帝舜。帝赐之姓曰董，氏曰豢龙。封诸鬷川，鬷夷氏其后也。故帝舜氏世有畜龙。及有夏孔甲，扰于有帝，帝赐之乘龙，河、汉各二，各有雌雄，孔甲不能食，而未获豢龙氏。有陶唐氏既衰，其后有刘累，学扰龙于豢龙氏，以事孔甲，能饮食之。夏后嘉之，赐氏曰御龙，以更豕韦之后。”此戏龙之神人有可能是董父或刘累[④]。

（4）神人托月　位于左阙阙身的左侧上部。神人头戴高冠，身着宽袖长袍，右手托举圆月于

---

① 罗二虎：《汉代画像石棺》，巴蜀书社，2002年，第118页。

② 罗二虎：《汉代画像石棺》，巴蜀书社，2002年，第245页。

③ 中国社会科学院语言研究所：《现代汉语词典》，商务印书馆，2005年，第1843页。

④ 袁珂：《中国神话传说词典》，上海辞书出版社，1985年，第376、410页。

头顶之上，月中有桂树和玉兔（图一二四，3；图一二六，2）。《山海经·大荒西经》云："有女子方浴月。帝俊妻常羲，生月十有二，此始浴之。"同书《大荒南经》云"羲和者，帝俊之妻，生十日。"据此则托月者有可能为常羲[①]。

（5）凤凰　位于右阙斗石的背面。整幅图案为一只立体的凤凰，形体与孔雀相似，昂首翘尾，口衔瑞草。其上部正中浮雕纵长方形榜题，榜文隶书"凤凰"（图一二七，4；图一二八；彩版一二，4）。《山海经·南次三经》云："丹穴之山……有鸟焉。其状如鸡，五采而文，名曰凤皇，首文曰德，翼文曰义，背文曰礼，膺文曰仁，腹文曰信。是鸟也，饮食自然，自歌自舞，见则天下安宁。"[②]

（6）三足乌　位于右阙斗石的右侧面。整幅图案为一只立体的三足乌，其背部上方的长方形榜题中仅存一个"三"字（图一二七，5；图一二九；彩版一三，2）。《论衡·说日》云："日中有三足乌。"司马相如《大人赋》："吾乃今目睹西王母皬然白首，戴胜而穴处兮，亦幸有三足乌为之使。"《山海经·海内北经》："西王母梯几而戴胜杖（原'胜'下有）杖字，系衍文。其南有三青鸟为西王母取食。"[③]

（7）朱雀　位于右阙斗石的正面，残损严重，漫漶不清（图一二七，2；彩版一一，1左）。

（8）天鹿、飞兔、鸾鸟、木连理　位于左阙斗石的背面。整幅图案由天鹿、飞兔、鸾鸟、木连理组成。天鹿居中而立，头上一耳一角，身饰云翼，仰首于两枝相合的木连理之上。天鹿左下方有一只呈飞奔状的飞兔，左上方为一只口衔瑞草逆向飞行的鸾鸟。天鹿、飞兔、鸾鸟和木连理旁边均有纵长方形榜题，榜文漫漶不清（图一三〇，4；图一三一，1；彩版一二，3）。《汉书·西域传》："乌弋地……有桃拔。"孟康注："桃拔一名符拔，似鹿，长尾，一角者或为天鹿，两角或为辟邪。"[④]许慎《说文》"麒，仁兽也，麋身牛尾一角。"段玉裁注："按何法《徵祥记》：'麒麟者，牡曰麒，牝曰麟。'"《礼记·礼运》："麟凤龟龙，谓之四灵。"[⑤]图中天鹿也有可能是麒麟。《汉唐地理书钞》辑《括地图》："天池之山，有兽如兔，名曰飞兔，以背毛飞。"《吕氏春秋·离俗》："飞兔、要褭，古之骏马也。"高诱注："飞兔、要褭皆马名也，日行万里，驰若兔之飞，因以为名也。"《宋书·符瑞志》云："飞菟者，神马之名也，日行三万里。禹治水，勤劳历年，救民之害，天应其德而至。"[⑥]《山海经·西次二经》："女床之山……有鸟焉，其状如翟而五采文，名曰鸾鸟，见则天下安宁。"[⑦]木连理也是两汉时期人们崇尚的吉祥征兆[⑧]。

（9）天马　位于左阙斗石的左侧面。整幅图案为一马昂首而立，马身饰有云翼，马背上部正中浮雕纵长方形榜题，榜文隶书"天马"（图一三〇，3；图一三一，2）。"天"字似有"王"字

---

① 袁珂：《中国神话传说词典》，上海辞书出版社，1985年，第354、441页；吴康等：《中国神秘文化辞典》，海南出版社，1993年，第350页。

② 袁珂：《中国神话传说词典》，上海辞书出版社，1985年，第90页。

③ 袁珂：《中国神话传说词典》，上海辞书出版社，1985年，第21、22页。

④ 袁珂：《中国神话传说词典》，上海辞书出版社，1985年，第68页。

⑤ 袁珂：《中国神话传说词典》，上海辞书出版社，1985年，第451页。

⑥ 袁珂：《中国神话传说词典》，上海辞书出版社，1985年，第40页。

⑦ 袁珂：《中国神话传说词典》，上海辞书出版社，1985年，第362页。

⑧ 王建中：《汉代画像石通论》，紫禁城出版社，2001年，第447页。

之形，然其下面横笔曲度颇大，故郝本性先生认为以释“天马”为宜。西汉天马特指大宛马，又称神马[①]。

（10）天禄　位于左阙斗石的右侧面。整幅图案为站立的天禄，形体似鹿，头上长有三只锥形角与两耳，身饰云翼。背部上方的榜题呈圭形，榜文无存（图一三〇，5；图一三一，3；彩版一三，1）。天禄也称天鹿，前述一角者为天鹿，两角者为辟邪，此三角者有可能是“辟邪、天鹿二而一也”[②]。

（11）角神　位于枋子层的四个转角处，似熊似猿，皆为弓背、鼓腹、屈腿作支撑状（图一三二、图一三三；彩版一一，6；彩版一三，3）。

（12）联璧纹　主要雕刻于枋子层的四面，主题图案均为上下三排的圆璧纹，或中间有孔，或中间无孔（图一三二、图一三三；彩版一一，1左、6）。

2. 画像特色与渊源

邓家沱石阙上的画像与成都附近的简阳、新津、荥经、彭山等地的画像多有相近之处，而与当地的石阙画像却判若有别，显然邓家沱石阙的画像应当渊源于成都附近。虽然邓家沱石阙所在的忠县位于川东，但阙上的“故绵竹□……”铭却成为两者联系的桥梁。从东汉阙铭的一般规律看，阙上的“绵竹”应该是指地名，或者是以地名而命名的官名。不论是前者或是后者，都表明阙的主人生前曾在绵竹任职或生活过。检索《中国古今地名大辞典》发现，在四川称“绵竹”者只有绵竹县。其地有三：一是汉至北周的绵竹县，故城在今四川北部的德阳县北。其余两个分别是隋代曾把雒县和晋熙县改为绵竹县[③]，三者均在成都周围。而简阳、新津、荥经、彭山等崖墓也都分布在成都周围。因此，我们认为邓家沱石阙画像主要渊源于成都附近。

邓家沱石阙上的神人戏龙、神人托月、凤凰等题材还不曾见诸报端，灵瑞独立成幅的布局也罕见其他诸阙，尤其是凤凰、天马、天鹿、天禄等灵瑞的造型，与现实生活中的孔雀、马、鹿形态极近相同，彰显出栩栩如生的世俗特色，与两汉时期以升仙题材为主、常见连环画式构图以及抽象、夸张的画像艺术风格相比则有明显差别，邓家沱石阙画像无论是题材、布局还是风格均都独具特色。因此，邓家沱石阙画像的发现为研究川渝地区的石阙及石棺画像艺术提供了极具重要价值的实物资料。

由于漫漶不清，部分铭刻和画像难以释读，图中之所以将其大致绘出，只起示意之用。请读者见谅。图中的铭刻与画像释读得到了河南省文物考古研究所郝本性先生的鼎力指教，郑州大学的海萌辉先生也对铭刻释读提供了帮助，对此深表谢意。

第三节　遗　　物

本期遗物主要出自于文化层单位。

---

① 袁珂：《中国神话传说词典》，上海辞书出版社，1985年，第68页。

② 袁珂：《中国神话传说词典》，上海辞书出版社，1985年，第68页。

③ 臧励龢等：《中国古今地名大辞典》，商务印书馆香港分馆，1931年初版1982年重印，第1189页。

一、④层出土遗物

（一）01ZDⅣT1309④出土器物

瓷钵　1件。01ZDⅣT1309④：2，青釉瓷。釉面剥落。轮制。微敛口，尖圆唇，耸腹，大平底。唇下饰一周凹弦纹。口径11.2、底径7.2、高3.6厘米（图一三七，1）。

瓷纺轮　1件。01ZDⅣT1309④：1，青釉瓷。轮制。器表施釉，釉面大部分脱落。玉璧形。素面。直径3.6、厚1厘米（图一三七，4）。

货泉　1枚。01ZDⅣT1309④：3，直径2.2厘米。面文“货泉”（图一一七，3）。

（二）01ZDⅣT1410④出土器物

瓷钵　1件。01ZDⅣT1410④：10，青釉瓷。内外施釉，釉面大部分脱落。轮制。微敛口，圆唇，垂腹，大平底，底面微凹。唇下沿有两周凹弦纹。口径16、底径10.4厘米、高5.4厘米（图一三七，3）。

（三）01ZDⅠT1404④出土器物

陶盆　1件。01ZDⅠT1404④：3，夹细砂灰陶。轮制。折沿，平沿面，方唇，唇面微凹，斜腹，腹以下残。器表饰素面。口径40、残高5.2厘米（图一三七，2）。

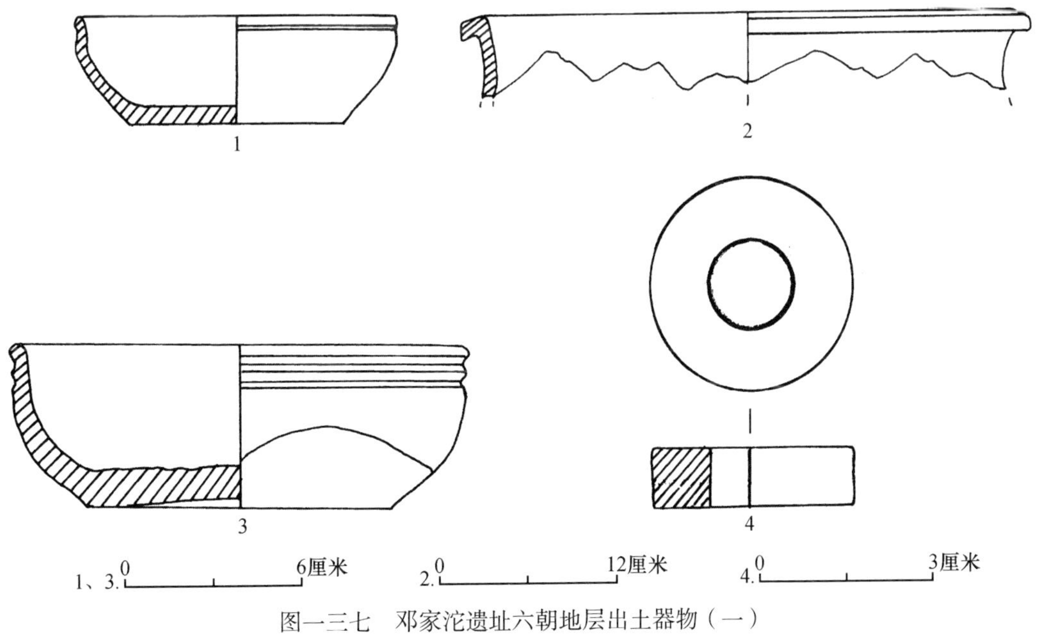

图一三七　邓家沱遗址六朝地层出土器物（一）

1、3. 瓷钵（T1309④：2、T1410④：10）　2. 陶盆（T1404④：3）　4. 瓷纺轮（T1309④：1）

（四）03ZDⅣT0815④出土器物

青瓷钵　1件。03ZDⅣT0815④：1，灰白胎，青釉。外部施釉不到底，釉面脱落。轮制。微敛口，尖圆唇，浅弧腹，平底微内凹。素面。口径8.4、底4、高2.6厘米（图一三八，2）。

（五）03ZDⅣT1704④出土器物

铜权　1件。03ZDⅣT1704④：1，铜质，模制。近圆锥形，上部有穿孔。宽3.2、高3.3厘米（图一三八，1）。

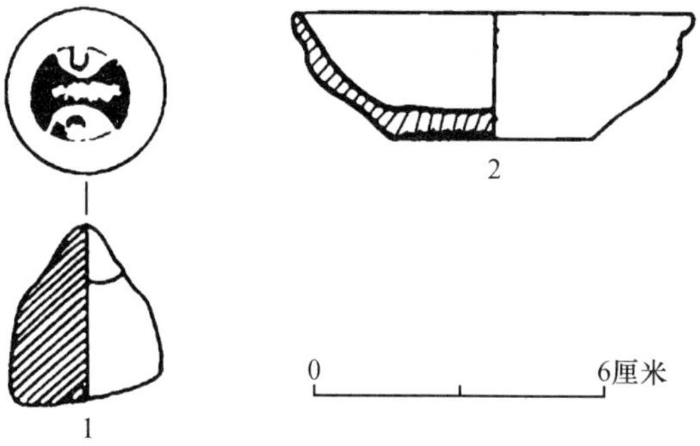

图一三八　邓家沱遗址六朝地层出土器物（二）
1. 铜权（T1704④：1）　2. 青瓷钵（T0815④：1）

（六）03ZDⅣT0911④出土器物

五铢钱　1枚。03ZDⅣT0911④：1，直径2.6厘米（图一一七，2）。

二、③层出土遗物

（一）01ZDⅠT1404③出土器物

瓷碗　1件。01ZDⅠT1404③：2，青釉瓷。轮制。内外施釉，釉面大部分脱落。敞口，尖圆唇，内弧腹，平底，矮圈足外撇。腹部有一周凹弦纹。口径15、底径7.5、高6.75厘米（图一三九，6；彩版一四，1）。

（二）01ZDⅠT1406③出土器物

瓷碗　2件。01ZDⅠT1406③：2，青釉瓷。内外施釉，釉面大部分脱落。轮制。敞口，方圆

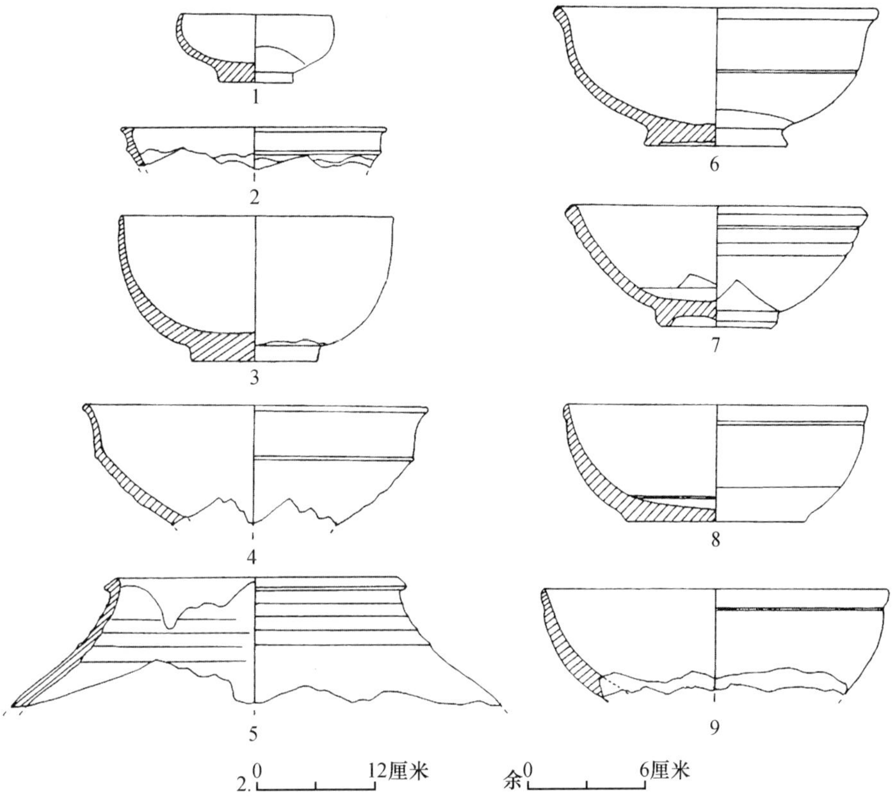

图一三九　邓家沱遗址六朝地层出土器物（三）

1、3、6～9. 瓷碗（T1106③：2、T1106③：1、T1404③：2、T1406③：2、T1406③：1、T1603③：1）
2、4. 瓷折腹盆（T1106③：11、T1208③：2）　5. 瓷瓮（T1106③：10）

唇，内弧腹，直矮圈足。内壁底部有轮旋痕，唇下饰三周凹弦纹。口径16、底径6、高6厘米（图一三九，7）。01ZDⅠT1406③：1，青釉瓷。内外施釉，釉面大部分脱落。轮制。敞口，尖圆唇，弧腹，大平底。唇下有一周凹弦纹。口径17.2、底径7.6、高6.8厘米（图一三九，8）。

（三）01ZDⅣT1106③出土器物

瓷碗　2件。01ZDⅣT1106③：1，青釉瓷。内外施釉。轮制。口微敛，尖圆唇，圆弧腹，平底，饼状圈足。素面。口径14.4、底径6.8、高7.2厘米（图一三九，3；彩版一四，6）。01ZDⅣT1106③：2，青釉瓷。内外施釉，外部施釉不到底，釉面大部分脱落。轮制。敛口，尖圆唇，曲腹，饼形圈足。内底部有支钉痕迹。素面。口径8、底径4、高3.4厘米（图一三九，1）。

瓷瓮　1件。01ZDⅣT1106③：10，青釉瓷。器表施青釉，内壁不施釉。轮制。敛口，尖圆唇，束颈，斜肩，肩以下残。肩部内外留有旋痕。素面。口径16、残高6.4厘米（图一三九，5）。

瓷折腹盆　1件。01ZDⅣT1106③：11，青釉瓷。内外皆施釉。轮制。微敛口，平沿，尖圆唇，折腹，折腹部分以下残。素面。口径28、残高4厘米（图一三九，2）。

（四）01ZDⅣT1603③出土器物

瓷碗　1件。01ZDⅣT1603③：1，青釉瓷。内外施釉。轮制。敞口，方圆唇，斜弧腹，底残。唇下有一周凹槽。口径13.9、残高7.1厘米（图一三九，9）。

（五）01ZDⅣT1208③出土器物

瓷折腹盆　1件。01ZDⅣT1208③：2，白瓷。轮制。圆唇，敞口，折腹，折棱突出，腹以下残。器体素面。口径18、残高6厘米（图一三九，4）。

（六）03ZDⅣT0813③出土器物

青瓷钵　1件。03ZDⅣT0813③：1，灰白色胎，青釉。外部施釉不到底。敞口，圆唇，鼓肩，弧腹，平底。口径11.2、底径6、高3.6厘米（图一四〇，4）。

（七）03ZDⅣT0913③出土器物

青瓷钵　1件。03ZDⅣT0913③：1，灰白色胎，青黄釉。外部施釉不到底。微敛口，尖圆唇，浅弧腹，平底略内凹。唇外缘有两道凹弦纹。口径16.4、底径10.4、高5.2厘米（图一四〇，5）。

（八）03ZDⅣT0815③a出土器物

青瓷盏　1件。03ZDⅣT0815③a：1，灰白胎，青釉。外部施釉不到底，釉面脱落。敞口，尖圆唇，鼓肩，腹微曲，平底略内凹。口径8.4、底径4、高2.8厘米（图一四〇，7）。

铁器　2件。

铁矛　1件。03ZDⅣT0815③：2，铁质。柳叶形刃，三角形锋，侧刃较直，圆锥銎。锈蚀严重。长18厘米（图一四〇，10）。

铁刀　1件。03ZDⅣT0815③：3，铁质。直背，单面刃。锈蚀严重。残长15厘米（图一四〇，11）。

（九）03ZDⅣT1710③a出土器物

青瓷钵　2件。03ZDⅣT1710③a：1，灰白胎，青釉，内满釉，外部施釉不到底，釉面脱落。敞口，尖圆唇，弧腹，平底。唇下有两道凹槽。口径16、底径11.2、高5.2厘米（图一四〇，9）。

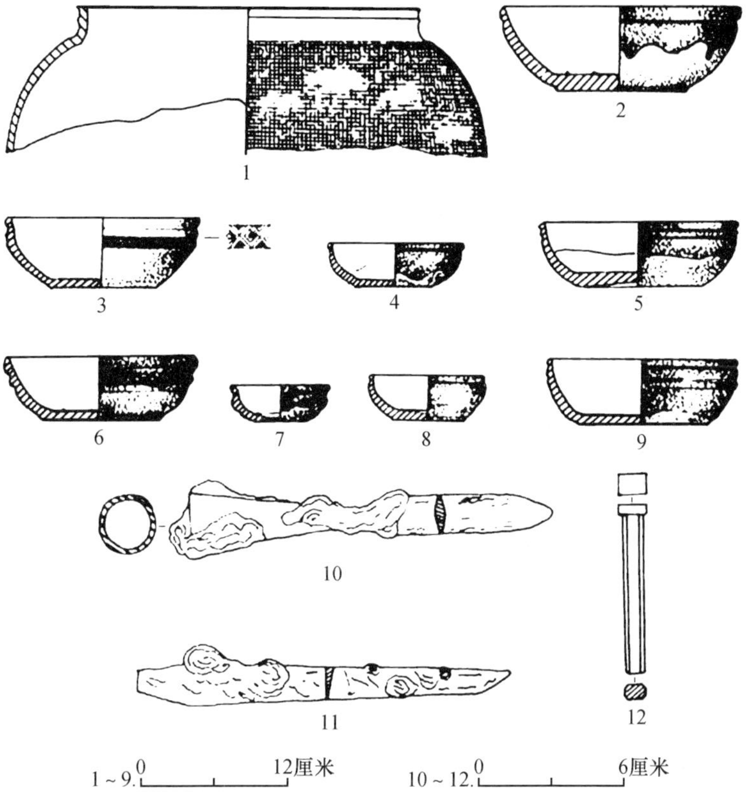

图一四〇　邓家沱遗址六朝地层出土器物（四）

1. 陶瓮（T1710③a：4）　2、3. 瓷碗（T1710③a：3、T1704③：1）　4～6、9. 青瓷钵（T0813③：1、T0913③：1、T1710③a：2、T1710③a：1）　7、8. 青瓷盏（T0815③：1、T0605②b：1）　10. 铁矛（T0815③：2）　11. 铁刀（T0815③：3）　12. 铜饰件（T1710③a：5）

03ZDⅣT1710③a：2，灰白胎，青釉，内满釉，外部饰釉不到底。微敛口，尖圆唇，弧腹，平底。底饰一周七个支钉。上腹有两道凹槽。口径16、底径9.6、高5.2厘米（图一四〇，6）。

瓷碗　1件。03ZDⅣT1710③a：3，灰白胎，青釉，内满釉，外部施釉不到底，釉面脱落。敞口，尖圆唇，弧腹，平底。底饰一周七个支钉。口径20、底径11.2、高6.8厘米（图一四〇，2）。

陶瓮　1件。03ZDⅣT1710③a：4，泥质灰陶。直口，平方唇，唇外有一道凸棱，圆肩，鼓腹，下残。内壁略有凸凹不平的窝点，器表网状方格。口径34、残高14.4厘米（图一四〇，1）。

铜饰件　1件。03ZDⅣT1710③a：5，铜质，青绿色绣。上部长方体，下部呈六棱柱体，略有锈蚀。最长8.2、宽1～1.5、厚0.8～1.2厘米（图一四〇，12）。

（一〇）03ZDⅣT1704③出土器物

瓷碗　1件。03ZDⅣT1704③：1，胎色灰白，青褐釉。微敛口，圆唇，上腹略耸，下腹斜弧内收，平底。上腹部装饰有菱形回纹。口径16、底径8.8、高5.6厘米（图一四〇，3）。

（一一）03ZDⅣT0605②b出土器物

青瓷盏　1件。03ZDⅣT0605②b：1，灰白色胎，浅青色釉，内外均施满釉，外壁釉面脱落。微敛口，圆唇，弧腹，平底。唇下有一周凹槽。口径9.6、底径6.4、高3.6厘米（图一四〇，8）。

（一二）03ZDⅣT1212③出土器物

五铢钱　1枚。03ZDⅣT1212③：1，直径2.5厘米（图一一七，1）。

第四节　年　　代

本期遗物组合主要有四系陶瓮、瓷碗、瓷盆、瓷钵、瓷盏等。这一组合是本地区六朝时期常见的器物组合。其中，01ZDⅣT1309④：2、03ZDⅣT1710③a：1瓷钵形态分别与忠县土地岩AM12：11瓷钵形态相近，01ZDⅣT1410④：10、03ZDⅠT0913③：1瓷钵形态分别与忠县土地岩AM7：8瓷钵形态相近[①]，03ZDⅣT1710③a：3、03ZDⅣT0813④：1瓷碗与丰都汇南墓群M14：1瓷碗形态相近[②]，01ZDⅣT1106③：1、01ZDⅠT1404③：2瓷碗形态分别与忠县土地岩AM4：8、AM7：9瓷碗形态相近[③]。忠县土地岩AM12、AM7，丰都汇南M14和忠县土地岩AM4的年代分别属两晋和南朝时期，据此本期遗存的年代也当属两晋至南朝时期。

---

① 重庆市文物局、重庆市移民局编：《忠县仙人洞与土地岩墓地》，科学出版社，2008年，第65、53页。

② 四川省文物考古研究所、丰都县文管所：《丰都汇南墓群发掘报告》，《重庆库区考古报告集·1998卷》，科学出版社，2003年，第801页。

③ 重庆市文物局、重庆市移民局编：《忠县仙人洞与土地岩墓地》，科学出版社，2008年，第42、53页。

第六章　唐宋时期遗存

第一节　文化层堆积概况

本遗址内的唐宋时期文化层堆积相对较少， 主要以Ⅳ区探方中的③层堆积为主。文化层堆积厚度一般在40～50厘米，颜色呈青黄褐色，土质黏性较大，稍硬，内含有少量河卵石。出土物较少，除少量绳纹板瓦、筒瓦残片外，还出土有少量大口浅腹瓦纹瓷盆、莲花纹瓦当残片。该层下发现有少量墓葬，出土有“开元通宝”铜钱（详见附表三、附表五）。

本期遗存中的遗迹、遗物也不甚丰富，文化层内的相关生活遗物同样比较少见，尤其是该层下叠压有少量的小型墓葬，表明这一时期的文化堆积应该与居住生活遗留的关系不大。

第二节　遗　　迹

本期发现的遗迹有墓葬5座（附表一二），皆为土坑竖穴墓。

M1　位于01ZDⅠT1601内，开口③层下，打破④层。方向170°。长方形土坑竖穴，墓壁竖直。长192、宽48～74、深60厘米。内置1具人骨，仰身直肢，骨架略乱。随葬“开元通宝”钱1枚，铜饰件一套6枚（图一四一）。

M2　位于01ZDⅣT1404内，开口③层下，打破④层。方向174°。长方形土坑竖穴，墓壁较直，底部较平。长180、宽60、深30厘米。内置两具人骨，头骨南北各一，肢骨凌乱，属迁葬墓。随葬残铜钱2枚，钱文不明。填土内有绳纹筒瓦、板瓦及青瓷残片（图一四二）。

M3（原03M1）　位于03ZDⅠT1211内，开口②层下，打破③层。方向160°。长方形土坑竖穴墓，长190、宽70、深40厘米。内置1具人骨，侧身屈肢，朽蚀严重。随葬“开元通宝”钱1枚（图一四三）。

M4（原03M2）　位于03ZDⅠT1214内，开口③层下，打破④a层。方向206°。长方形土坑竖穴墓，长176～185、宽46～50、深18厘米。内置1具人骨，仰身直肢，朽蚀严重。随葬瓷四系盘口罐、铁刀、铜牌饰各1件，“开元通宝”钱4枚（图一四四）。

M5（原03M3）　位于03ZDⅠT1204内，开口③层下，打破④层。方向175°。长方形土坑竖穴墓，长214、宽66～84、深36厘米。内置1具人骨，仰身直肢，朽蚀严重。随葬瓷高圈足盘、瓷盆各1件（图一四五；彩版九，4）。

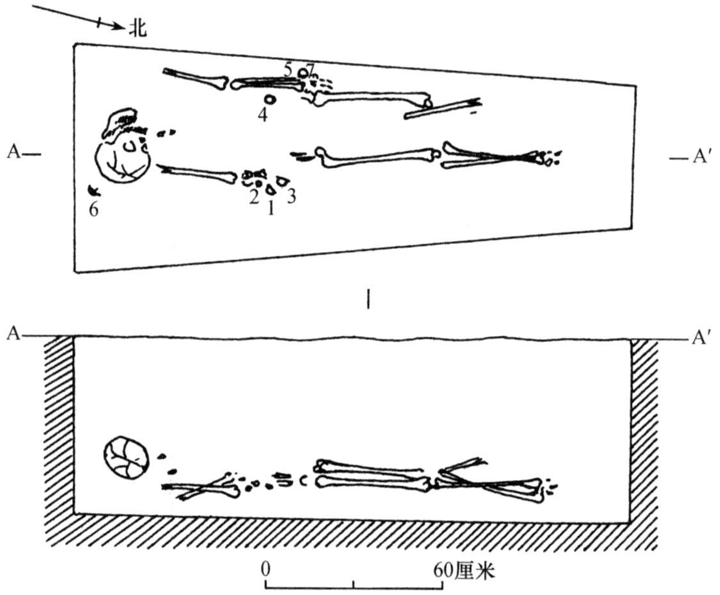

图一四一　01ZDⅠT1601M1平、剖面图

1～6. 铜饰件　7. 开元通宝

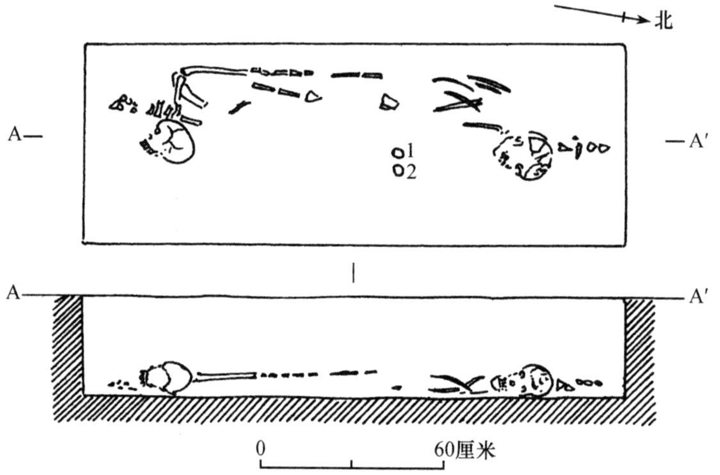

图一四二　01ZDⅣT1404M2平、剖面图

1、2. 铜钱

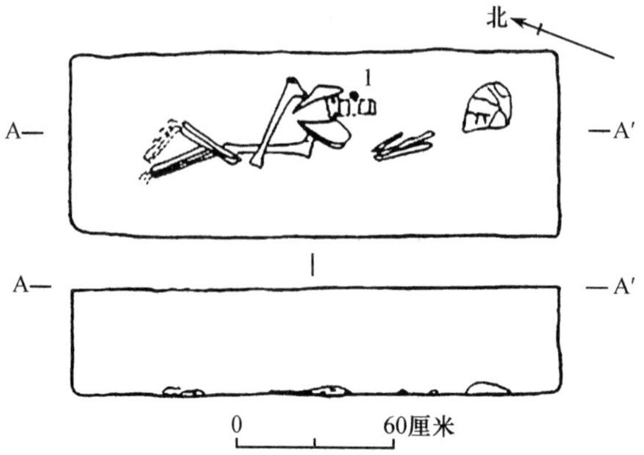

图一四三　03ZDⅠT1211M3平、剖面图

1. "开元通宝"钱

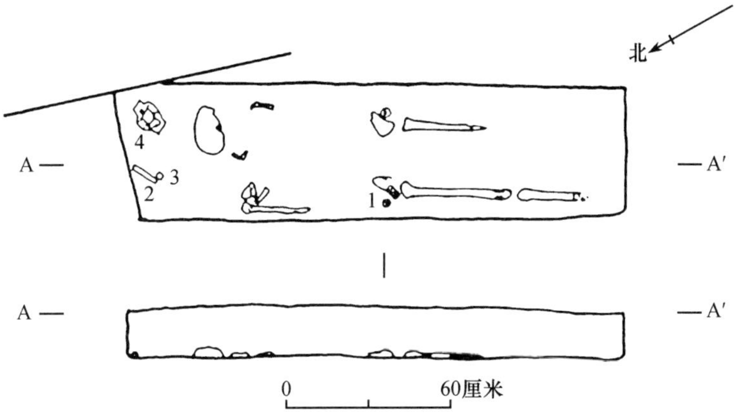

图一四四　03ZDⅠT1214M4平、剖面图
1.“开元通宝”钱　2. 铁刀　3. 铜牌饰　4. 瓷四系盘口罐

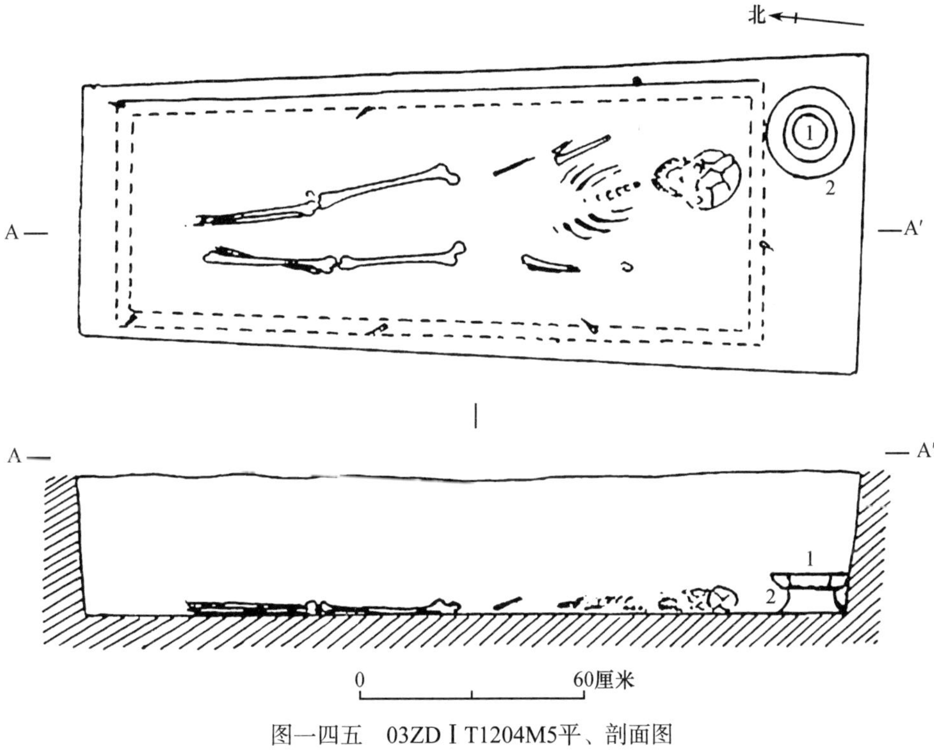

图一四五　03ZDⅠT1204M5平、剖面图
1. 瓷高圈足盘　2. 瓷盆

第三节　遗　　物

（一）01ZDⅠT1601M1出土器物

“开元通宝”钱　1枚。锈蚀严重。钱文“开元通宝”，直径2.4厘米。

铜饰件　6枚。其中4枚比较完整（M1：1、M1：2、M1：3、M1：4），另2枚破损严重（图一四六，1～4）。

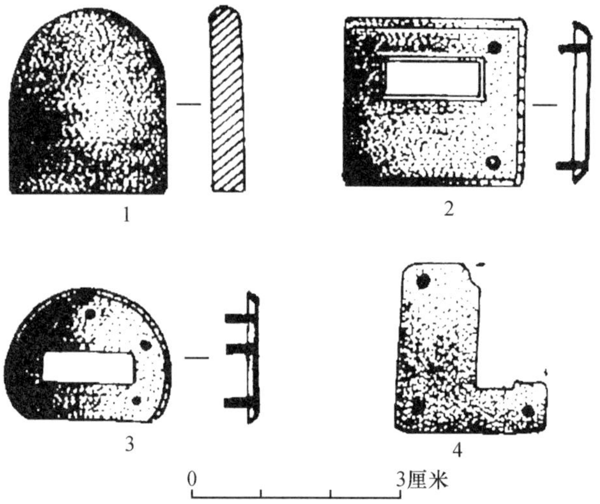

图一四六　01ZDⅠT1601M1出土铜饰件
1. M1：1　2. M1：2　3. M1：3　4. M1：4

（二）03ZDⅠT1211M3（原03ZDM1）出土器物

“开元通宝”钱　1枚。03ZDⅠT1211M3：1，直径2.4厘米。钱文“开元通宝”（图一一七，5）。

（三）03ZDⅠT1214M4（原03ZDM2）出土器物

瓷四系盘口罐　1件。03ZDⅠT1214M4：4，青灰白色胎，青褐色釉，外部施釉不到底。盘口，尖圆唇，束颈，纵椭圆形腹，平底，圆饼形圈足，底面微凹。上腹部附加四个系，器表有数道弦纹。口径4.6、底径5、高12.2厘米（图一四七，1）。

铁刀　1件。03ZDⅠT1214M4：2，铁质。弧背，锈蚀严重。残长9厘米（图一四七，5）。

铜牌饰　1件。03ZDⅠT1214M4：3，铜质。残存部分呈碑形。长2.5、宽2、厚0.4厘米（图一四七，4）。

“开元通宝”钱　4枚。03ZDⅠT1214M4：1，直径2.4厘米。钱文“开元通宝”。

（四）03ZDⅠT1204M5（原03ZDM3）出土器物

瓷高圈足盘　1件。03ZDⅠT1204M5：1，青黄釉，外壁施釉不到底。轮制。敞口，斜方唇，折腹，喇叭形圈足，盘内底部有支钉痕。素面。口径22、底径15.2、高7.2厘米（图一四七，2）。

瓷盆　1件。03ZDⅠT1204M5：2，青黄釉，外壁施釉不到底。轮制。侈口，折沿，圆唇，耸腹，平底。器表饰凹旋纹四周。口径24、底径10.4、高8.6厘米（图一四七，3）。

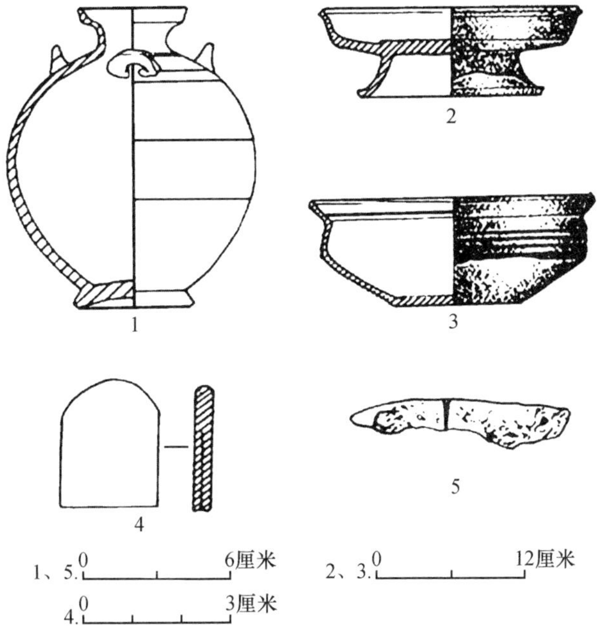

图一四七　03ZDⅠT1214M4、03ZDⅠT1204M5出土器物

1. 瓷四系盘口罐（M4：4）　2. 瓷高圈足盘（M5：1）　3. 瓷盆（M5：2）　4. 铜牌饰（M4：3）
5. 铁刀（M4：2）

（五）03ZDⅣT0615③a出土器物

陶莲花纹瓦当　2件。皆残。03ZDⅣT0615③a：1，泥质灰陶。残存瓦体呈半圆形。瓦当正面模印莲瓣纹。残长12.8厘米（图一四八，2）。03ZDⅣT0615③a：2，泥质灰陶。残存瓦体呈半圆筒形。瓦当正面模印莲瓣纹。残长12.9、宽7、厚1.9厘米（图一四八，1）。

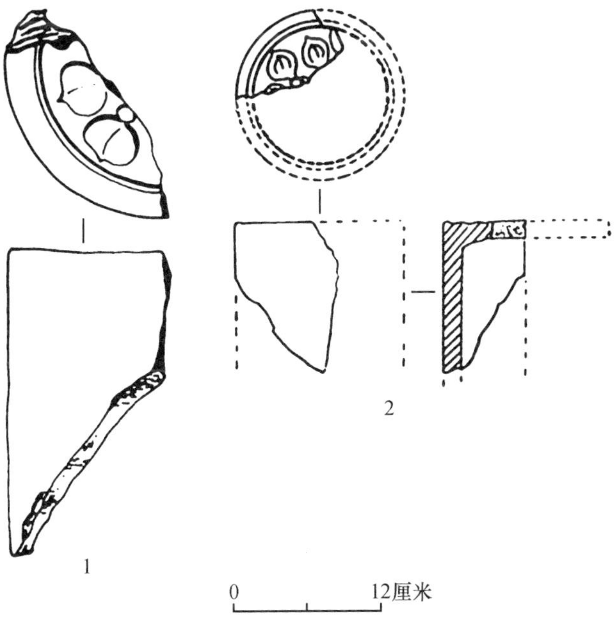

图一四八　03ZDⅣT0615③a出土瓦当

1、2. 陶莲花纹瓦当（T0615③a：2、T0615③a：1）

（六）01ZDⅡT0402⑤出土器物

“开元通宝”钱　1枚。01ZDⅡT0402⑤：1，直径2.3厘米，面文“开元通宝”（图一一七，4）。

第四节　年　代

M1、M3、M4皆因出土有“开元通宝”钱而年代不会早于唐代，M4随葬的瓷四系盘口罐明显与六朝时期的四系盘口罐形态有别，而M5随葬的瓷高圈足盘、瓷盆也显非宋代所见器物，故墓葬年代可确定在唐代中晚期。03ZDⅣT0615③出土的莲花纹瓦当分别与万州涪溪口遗址[①]和丰都玉溪遗址中出土的唐代莲花纹瓦当形态相近[②]。据此本期遗存的年代大致相当于唐代中晚期。不过，在距此不远的忠县崖脚墓地中，宋代墓葬也出土开元通宝铜钱[③]。因此，将本期遗存的年代确定在唐宋时期应当是比较符合当地历史实际的。

① 福建省考古队、重庆万州区文保所：《万州涪溪口遗址第三期发掘报告》，《重庆库区考古报告集·1999卷》，科学出版社，2006年，第492页。

② 重庆市文物考古所：《丰都玉溪遗址发掘简报》，《重庆库区考古报告集·1999卷》，科学出版社，2006年，第670页。

③ 北京大学考古文博学院三峡考古队、重庆市忠县文物管理所：《忠县崖脚墓地发掘报告》，《重庆库区考古报告集·1998卷》，科学出版社，2003年，第726页。

第七章　明清时期遗存

第一节　文化层堆积概况

本遗址内的明清时期文化层堆积比较普遍，在遗址中被统一划分为②层。土质颜色呈褐色或灰褐色，厚度一般在20～30厘米，最厚可达60厘米。结构比较紧密，局部曾经被水淹没，含沙量较大。堆积内含有较多炭粒和少量红烧土粒，出土物主要为青花瓷片和素面板瓦残片。

本期遗存中的遗迹、遗物相对比较丰富，文化层内的相关生活遗物比较多，这种文化堆积明显为居住生活所遗留。

第二节　遗　　迹

本期发现灰坑18个，窑址1座，灰沟1条（附表一三）。

一、灰　　坑

1. 圆形

8个。H2、H3、H6、H7、H8、H11、H12、H22。以H8为代表。

H8　位于01ZDⅣT1503内，开口②层下，打破②b层。平面近圆形，斜壁，平底。径长90～100、深60厘米（图一四九）。出土有银镯1件，铜钱（残）1枚及板瓦等残片。

2. 椭圆形

3个。其中，圜底2个（H4、H14），平底1个（H9）。以H9为代表。

H9　位于01ZDⅣT1605内，开口②层下，打破③层。平面近椭圆形，斜弧壁，平底。径长102～144、深36厘米（图一五〇）。壁、底有人工加工痕迹。出土有少量的小青瓷片和小青花瓷片等。

3. 长方形或圆角方形

5个。H10、H13、H15（与H13合并）、H20、H23。以H10为代表。

H10　位于01ZDⅣT1504内，开口②层下，打破②b层。平面呈圆角方形，直壁，平底。径长90、宽60、深15厘米（图一五一）。壁、底都有一层厚2～5厘米的白石灰，规整且光滑。出土有青花瓷勺、青花瓷碗等残片。

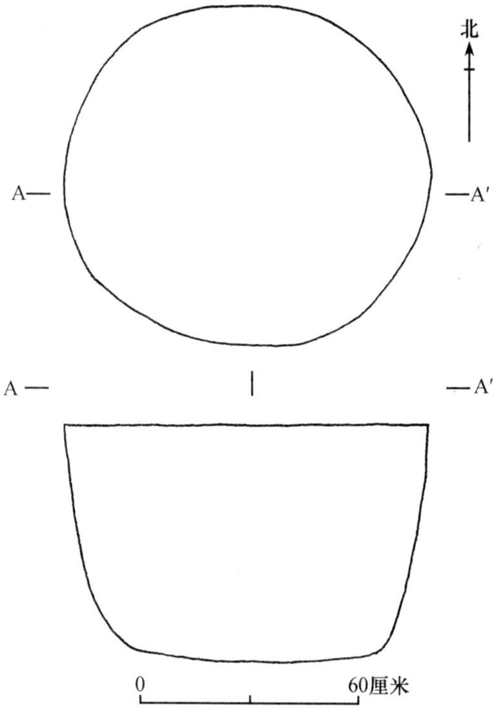

图一四九　01ZDⅣT1503H8平、剖面图

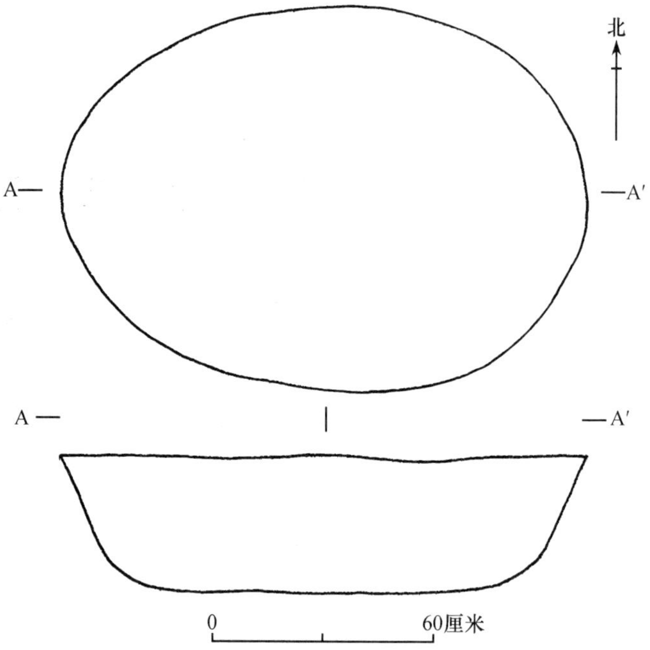

图一五〇　01ZDⅣT1605H9平、剖面图

4. 不规则形

2个。H19、H21。以H21为代表。

H21　位于01ZDⅣT1502内，开口②层下，打破②b层。平面呈不规则形，弧壁，圜底。口长75～92、宽73、深58厘米（图一五二）。出土有瓷注壶、瓷盅等残片。

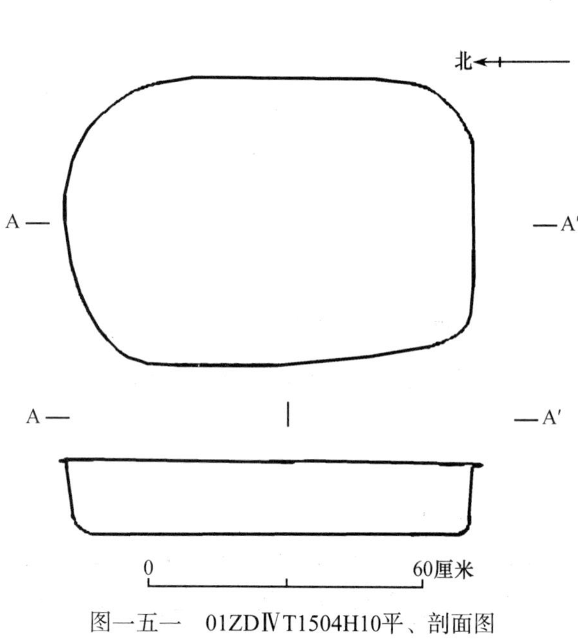

图一五一　01ZDⅣT1504H10平、剖面图

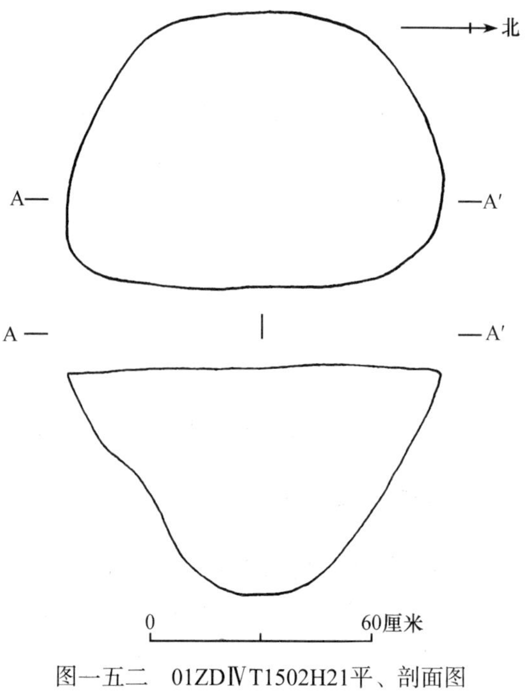

图一五二　01ZDⅣT1502H21平、剖面图

二、窑　　址

Y1　位于01ZDⅣT1307内，开口②层下，打破③层。平面不规则形，其中，窑室呈圆形，直壁，圜底。窑壁烧结度较高，厚约8厘米。底部烧结度较低。直径60、残高15厘米。工作间位于窑室南部，长120、宽50、残高近20厘米。烟道位于窑室北部，呈椭圆形，口径长43～50、残高8厘米（图一五三；彩版九，3）。出土有素面板瓦等残片。

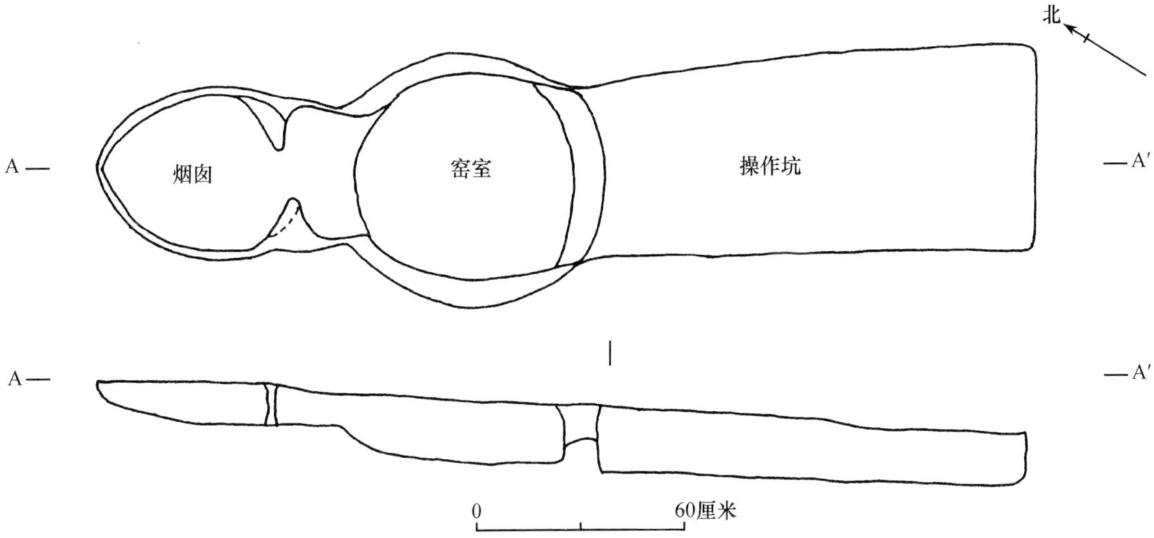

图一五三　01ZDⅣT1307Y1平、剖面图

第三节　遗　　物

一、遗迹单位出土遗物

（一）01ZDⅣT1503H8出土器物

青花瓷碗　1件。01ZDⅣT1503H8：1，轮制。敞口，尖圆唇，微曲腹，平底，圈足。器表饰青花图案，纹样为八卦符号。口径14、底径6.8、高4.8厘米（图一五四，1）。

瓷瓮　1件。01ZDⅣT1503H8：2，青黄釉瓷。器表施釉，内壁无釉。轮制。敛口，卷沿，尖圆唇，束颈，溜肩，肩以下残。肩部有一周弦纹。口径12.8、高8厘米（图一五四，2）。

（二）01ZDⅣT1504H10出土器物

青花瓷碗　1件。01ZDⅣT1504H10：4，轮制。敞口，尖圆唇，斜腹，圈足。器表饰云纹青花图案。口径14、底径8、高5.2厘米（图一五五，4）。

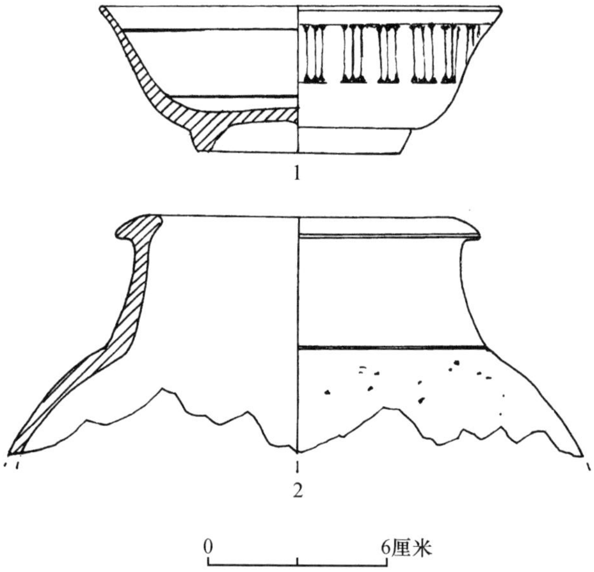

图一五四 01ZDⅣT1503H8出土器物

1. 青花瓷碗（H8：1） 2. 瓷瓮（H8：2）

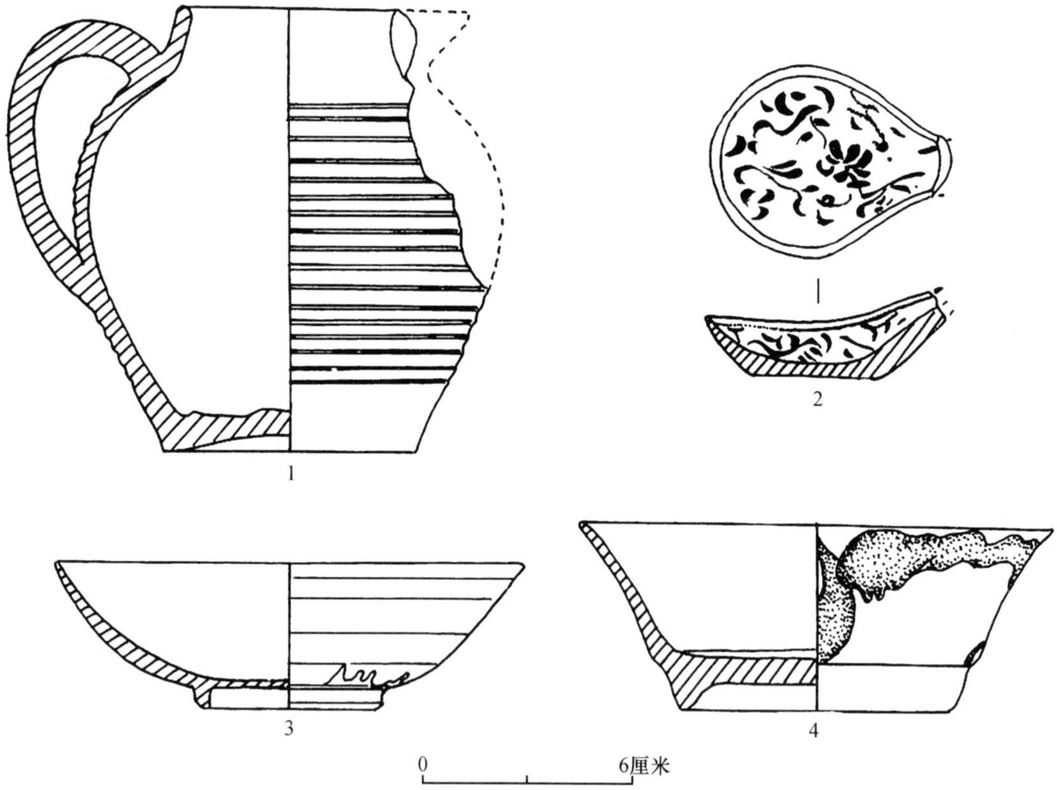

图一五五 01ZDⅣT1504H10出土器物

1. 瓷单耳带流执壶（H10：3） 2. 青花瓷勺（H10：1） 3. 青瓷碗（H10：2） 4. 青花瓷碗（H10：4）

青瓷碗　1件。01ZDⅣT1504H10：2，灰青釉。内、外施釉。轮制。敞口，尖唇，弧腹，矮圈足，圈足外缘有削痕。腹部有四周瓦棱纹。口径14、底径5.6、高4厘米（图一五五，3）。

瓷单耳带流执壶　1件。01ZDⅣT1504H10：3，酱釉，器表施釉，釉面部分脱落。敛口，圆唇，鼓腹，平底微凹。肩与上腹部施一单鋬，与其对应的口沿处有一流。腹部饰数周瓦棱纹。口径6.4、底径7.6、高12.4厘米（图一五五，1）。

青花瓷勺　1件。01ZDⅣT1504H10：1，模制。勺头完整，勺把残。内、外饰植物青花图案。残长6.8厘米（图一五五，2）。

（三）01ZDⅣT1507H12出土器物

瓷碗　1件。01ZDⅣT1507H12：1，青花瓷。轮制。侈口，卷沿，尖唇，曲腹，圈足。器表饰团花和卷草图案。口径10、底径3.6、高4.6厘米（图一五六，2；彩版一四，4）。

瓷器底　1件。01ZDⅣT1507H12：2，青釉瓷。器表施青釉。轮制。平底，弧腹，腹以上残。内壁有细槽。素面。底径6、残高6厘米（图一五六，3）。

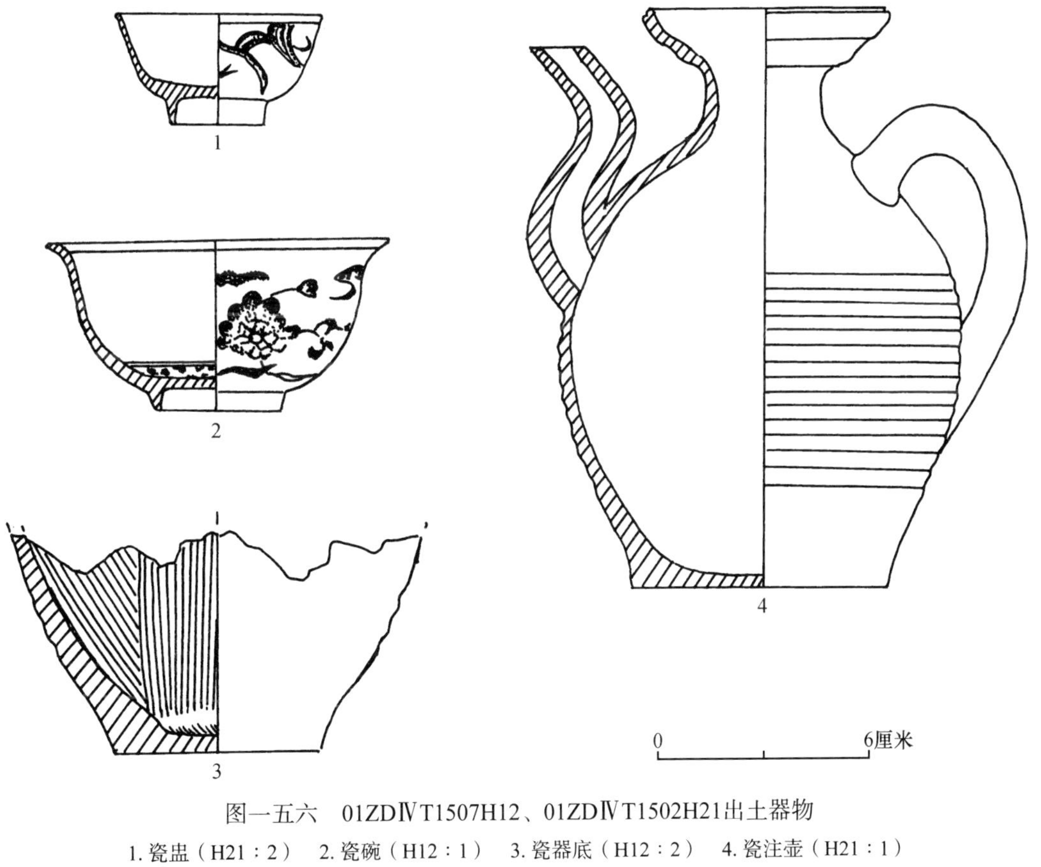

图一五六　01ZDⅣT1507H12、01ZDⅣT1502H21出土器物

1. 瓷盅（H21：2）　2. 瓷碗（H12：1）　3. 瓷器底（H12：2）　4. 瓷注壶（H21：1）

（四）01ZDⅣT1502H21出土器物

瓷注壶　1件。01ZDⅣT1502H21∶1，青黄釉瓷，内外皆施釉。轮制。盘口，束颈，溜肩，鼓腹，平底。肩部有一个倒“S”形长流，与流对应有一个曲钩形鋬手。腹部饰数周凹弦纹。口径7.2、底径7.6、高15.8厘米（图一五六，4）。

瓷盅　1件。01ZDⅣT1502H21∶2，青花瓷。轮制。敞口，尖圆唇，内斜腹，平底，高圈足。器表饰卷草图案。口径6、底径2.8、高3厘米（图一五六，1）。

（五）01ZDⅣT1307Y1出土器物

陶板瓦　1件。01ZDⅣT1307Y1∶1，夹细砂灰陶。轮制。弧背，一端宽，一端窄。器表素面，内饰布纹。长20、宽17～18.6、厚1.6厘米（图一五七，1）。

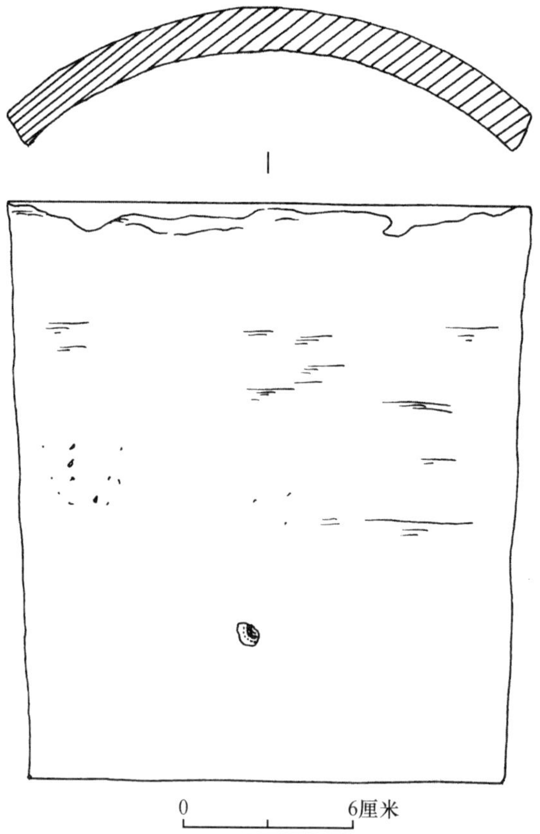

图一五七　01ZDⅣT1307Y1出土陶板瓦（Y1∶1）

二、文化层单位出土器物

（一）01ZDⅣT1204②出土器物

瓷碗　1件。01ZDⅣT1204②：1，青花瓷。轮制。侈口，卷沿，尖唇，曲腹，矮圈足内敛。碗底与器表饰植物图案。口径12、底径4.5、高6厘米（图一五八，4）。

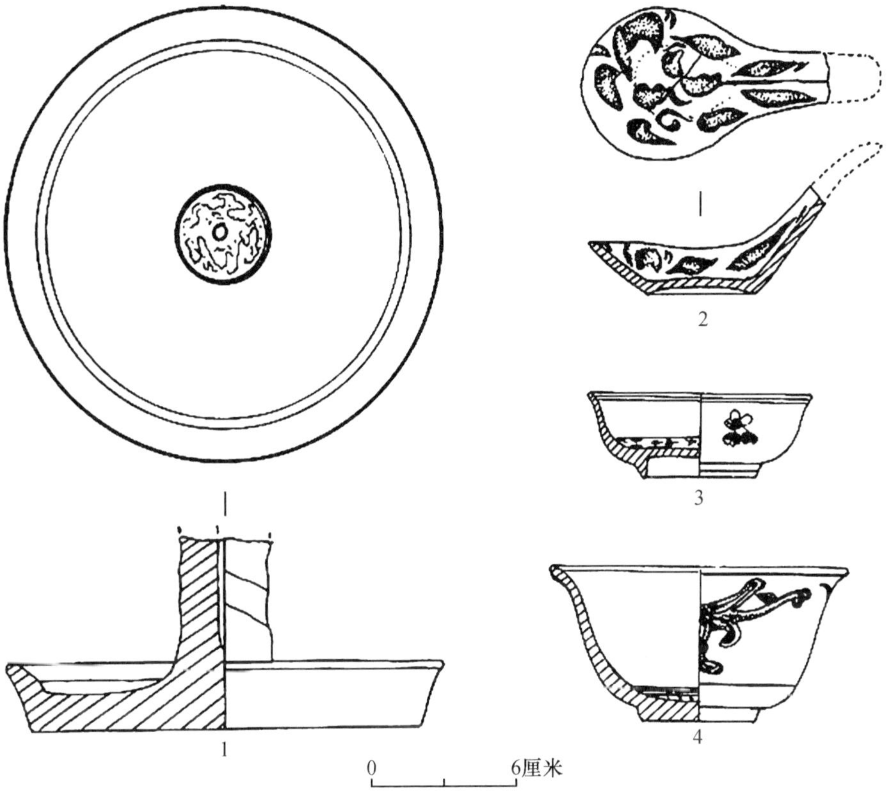

图一五八　01ZDⅣT1204②、01ZDⅣT1404②、01ZDⅣT1401②出土器物
1. 瓷灯台座（T1401②：2）　2. 青花瓷勺（T1401②：3）　3. 青花瓷碗（T1404②：1）　4. 瓷碗（T1204②：1）

（二）01ZDⅣT1404②出土器物

青花瓷碗　2件。01ZDⅣT1404②：1，青花瓷。轮制。侈口，尖圆唇，曲腹，矮圈足。内、外饰青花图案，纹样有植物和蜂蝶。口径9、底径4.5、高3.2厘米（图一五八，3）。标本01ZDⅣT1404②：2，轮制。微侈口，圆唇，微曲腹，平底，圈足。器表饰青花图案，纹样有玩童、花簇等。口径16.8、底径8、高7厘米（图一六〇，6）。

（三）01ZDⅣT1401②出土器物

青花瓷碗　4件。01ZDⅣT1401②：1，轮制。侈口，圆唇，弧腹，平底。高圈足。内、外饰青花图案，纹样有宝塔、月、云、流水、植物等。口径18.4、底径7.6、高7.6厘米（图一五九，4；彩版一四，3）。01ZDⅣT1401②：4，轮制。微侈口，圆唇，弧腹，平底。圈足。内、外饰青花图案，纹样为折枝莲纹。口径18、底径8、高6.2厘米（图一五九，1）。01ZDⅣT1401②：5，轮制。敞口，尖圆唇，微曲腹，平底，圈足。外部饰青花图案，纹样有折枝莲纹、云和植物等。口径16、底径8、高5.6厘米（图一五九，2）。标本01ZDⅣT1401②：6，轮制。敞口，尖圆唇，微曲

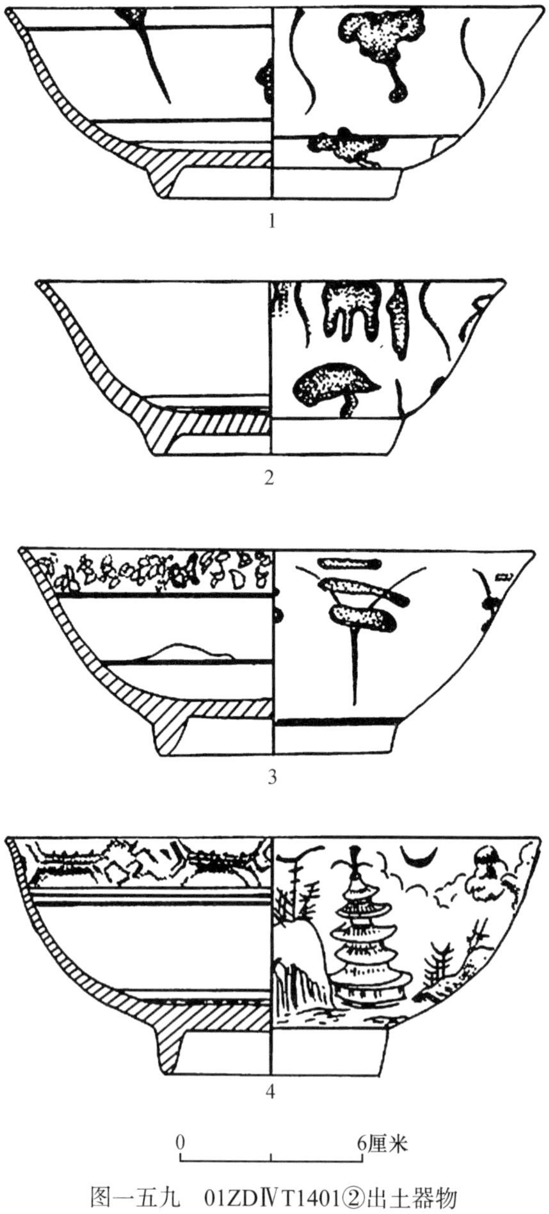

图一五九　01ZDⅣT1401②出土器物

1～4. 青花瓷碗（T1401②：4、T1401②：5、T1401②：6、T1401②：1）

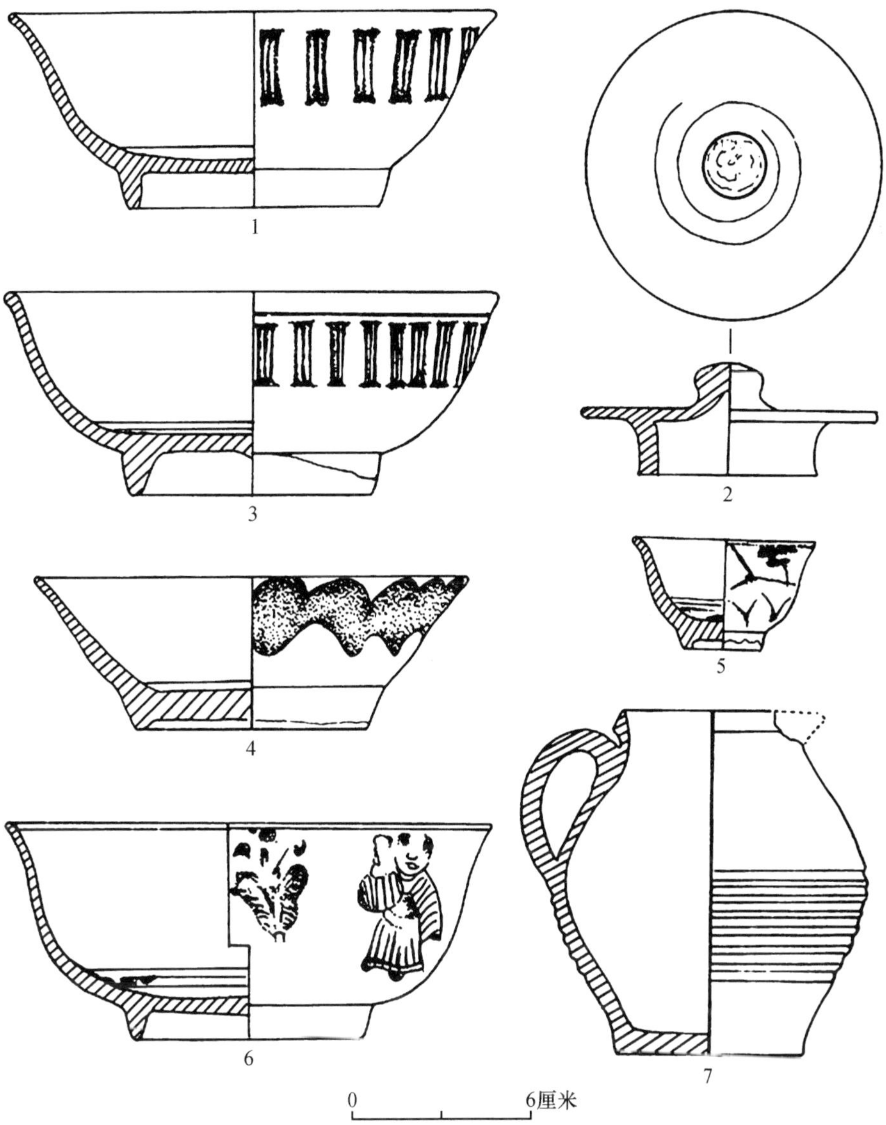

图一六〇　01ZDⅣT1402②、01ZDⅣT1404②出土器物

1、3～4、6. 青花瓷碗（T1402②：1、T1402②：3、T1402②：4、T1404②：2）　2. 瓷器盖（T1402②：2）
5. 青花瓷盅（T1402②：5）　7. 瓷单耳带流执壶（T1402②：6）

腹，平底，圈足。内、外饰青花图案，纹样有折枝植物、云等。口径17.6、底径8、高6.6厘米（图一五九，3）。

瓷灯台座　1件。01ZDⅣT1401②：2，红褐胎，青瓷。轮制。底座呈浅盘状，敞口，腹浅，平底。中部有一圆柱形柄，顶残。素面。底径13.6、残高6厘米（图一五八，1）。

青花瓷勺　1件。01ZDⅣT1401②：3，轮制。勺头完整，勺把残。内、外饰植物图案。残长8.4厘米（图一五八，2）。

（四）01ZDⅣT1402②出土器物

青花瓷碗　3件（彩版一四，5）。01ZDⅣT1402②：1，轮制。敞口，尖圆唇，微曲腹，平底，圈足。器表饰青花图案，纹样为八卦符号。口径16.8、底径8.6、高6.4厘米（图一六〇，1；彩版一四，5右）。01ZDⅣT1402②：3，微侈口，圆唇，微曲腹，平底，圈足。器表饰青花图案，纹样为八卦符号。底径16.8、高6.6厘米（图一六〇，3；彩版一四，5左）。01ZDⅣT1402②：4，敞口，尖圆唇，斜直腹，平底，矮圈足。器表饰青花图案，纹样为变形云纹。口径14.8、底径8、高5厘米（图一六〇，4；彩版一四，5中）。

青花瓷盅　1件。01ZDⅣT1402②：5，微侈口，圆唇，微曲腹，平底，矮圈足。内、外饰植物图案。口径6.4、底径2.8、高3.6厘米（图一六〇，5）。

瓷器盖　1件。01ZDⅣT1402②：2。青釉。釉面大部分脱落。束腰形盖纽，圆饼盖盘，子口较直。器身素面。盘面有旋痕。宽10、高3.6厘米（图一六〇，2）。

瓷单耳带流执壶　1件。01ZDⅣT1402②：6，青釉。器表饰半釉，内壁仅沿、颈部分施釉。器身轮制，鋬手为手制。敛口微侈沿，斜方唇，颈微束，溜肩，鼓腹，平底。肩部有一鋬手，鋬手对称的口沿部分有一流。下腹饰数周宽带凹弦纹（瓦纹）。口径6.8、底径6.4、高11.2厘米（图一六〇，7）。

瓷香炉　1件。01ZDⅣT1402②：7，黄釉。器表施釉。器身轮制，器耳手制。敞口，圆唇，束颈，“亞”字形腹，平底。肩腹施一对称兽形耳，头部残，耳侧有对称两孔。腹部上下饰凹弦纹。口径12.8、底径9.6、高11厘米（图一六一，1）。

（五）01ZDⅣT1503②出土器物

青花瓷盏　1件。01ZDⅣT1503②：5，轮制。敞口，尖圆唇，斜弧腹，矮圈足。内、外饰折枝和团花等青花图案。口径9.2、底径4.8、高2.2厘米（图一六一，2）。

青花瓷碗　1件。01ZDⅣT1503②：3，胎质细而薄。轮制。敞口，尖圆唇，曲弧腹，矮圈足。内、外饰折枝青花图案。口径16、底径8、高3.3厘米（图一六一，4）。

青花瓷勺　1件。01ZDⅣT1503②：2，模制。勺头完整，勺把儿残。内、外饰折枝、卷叶等青花图案。残长8.6厘米（图一六一，3）。

瓷灯台座　1件。01ZDⅣT1503②：6，褐釉。轮制。浅盘底座，侈口，折沿，圆唇，平底。中间柄残。素面。灯座底径14、残高2厘米（图一六一，5）

（六）01ZDⅣT1506②出土器物

瓷刻槽盆　1件。01ZDⅣT1506②：1，褐釉瓷。轮制。敛口，折圆唇，斜弧腹，平底。器表饰宽带瓦纹，内壁刻槽。口径32、底径10.4、高20厘米（图一六二，2；彩版一四，2）。

残瓷盆　1件。01ZDⅣT1506②：2，青釉瓷，内、外施青釉。轮制。敛口，圆弧唇，腹残。腹部饰同心圆纹。残高10.4厘米（图一六二，1）。

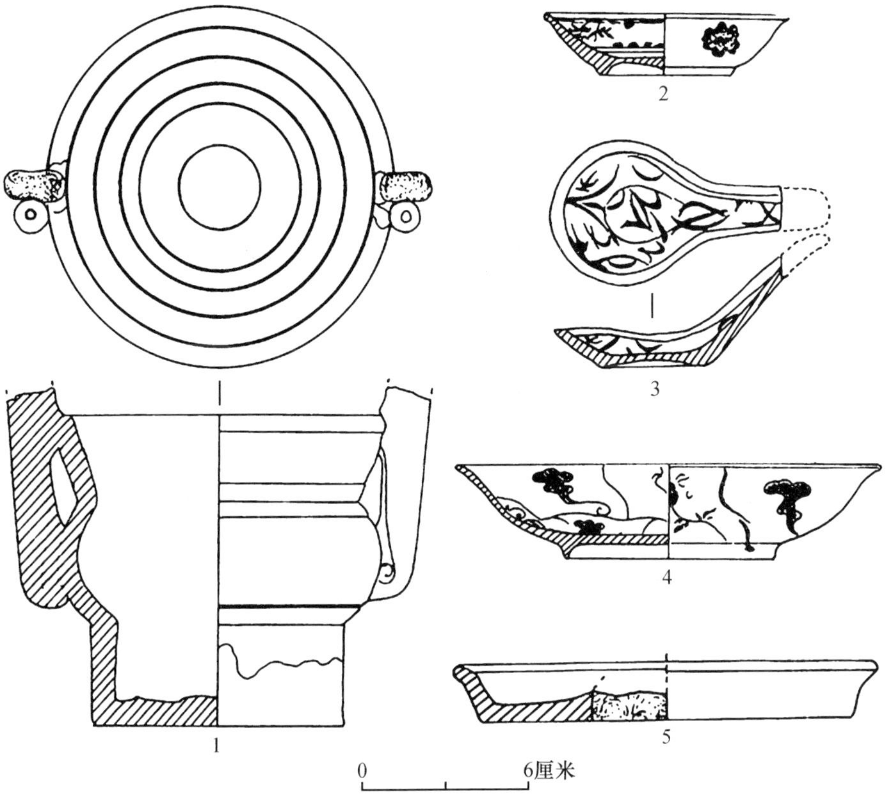

图一六一　01ZDⅣT1402②、01ZDⅣT1503②出土器物
1. 瓷香炉（T1402②：7）　2. 青花瓷盏（T1503②：5）　3. 青花瓷勺（T1503②：2）　4. 青花瓷碗（T1503②：3）
5. 瓷灯台座（T1503②：6）

（七）01ZDⅣT1403②出土器物

瓷盆　1件。01ZDⅣT1403②：1，青釉。内、外施半釉。轮制。敛口，折平沿，尖圆唇，斜弧腹，大平底。腹部饰瓦纹。口径24.4、底径13.6、高9.6厘米（图一六二，4）。

瓷灯台　1件。01ZDⅣT1403②：2，青釉。内、外施半釉。轮制。豆形灯，碗形盘，高细柄，饼形底，柄上有一钩形鋬手。素面。口径8、高19.8厘米（图一六二，3）。

（八）03ZDⅣT0605②a出土器物

青花瓷碗　1件。03ZDⅣT0605②：1，灰白色胎，内外皆施釉。侈口，尖圆唇，斜弧腹，矮圈足，凹圜底。器表饰叶状青花纹样。口径16、底径7.6、高6厘米（图一六三，3）。

（九）03ZDⅣT0705②a出土器物

残瓷灯台　1件。03ZDⅣT0705②a：1，白胎青釉。残存平底和中柱。底径8、残高8厘米（图一六三，2）。

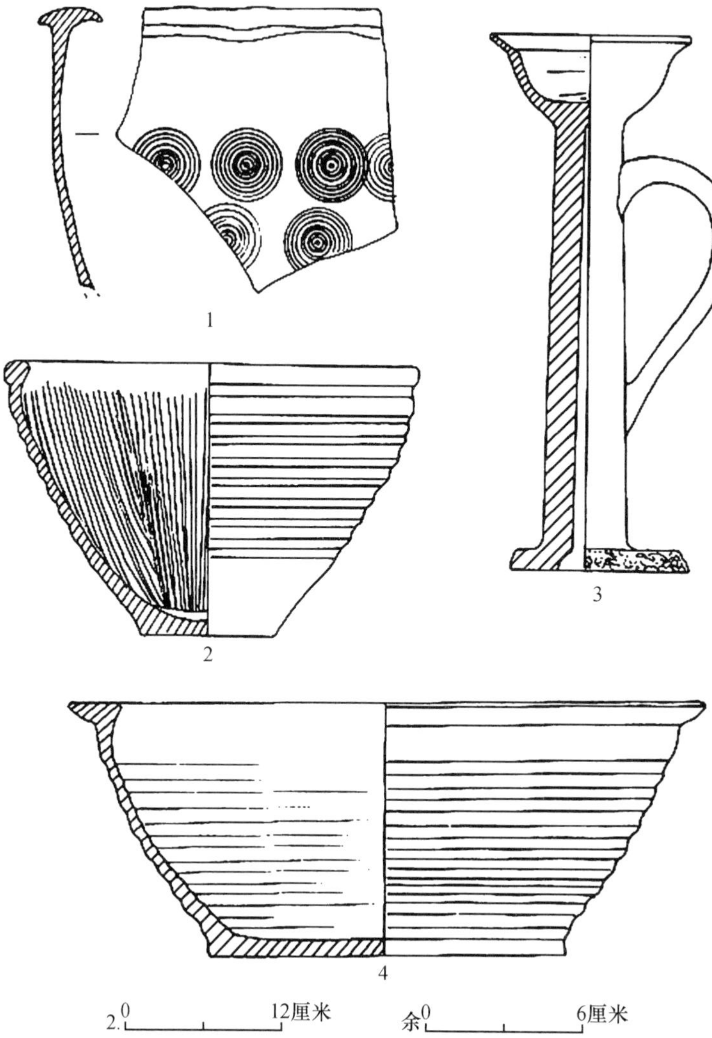

图一六二 01ZDⅣT1506②、01ZDⅣT1403②出土器物

1. 残瓷盆（T1506②：2） 2. 瓷刻槽盆（T1506②：1） 3. 瓷灯台（T1403②：2） 4. 瓷盆（T1403②：1）

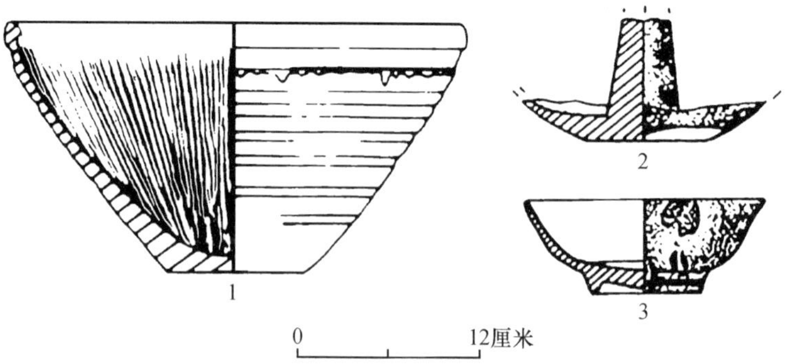

图一六三 03ZDⅣT0605②a、03ZDⅣT0705②a、03ZDⅣT0713②b出土器物

1. 瓷刻槽盆（T0713②b：1） 2. 残瓷灯台（T0705②a：1） 3. 青花瓷碗（T0605②a：1）

（一〇）03ZDⅣT0713②b出土器物

瓷刻槽盆　1件。03ZDⅣT0713②b：1，泥质红褐陶。微敛口，圆唇，上腹略弧，下腹斜内收，平底。唇下有凹槽一周，器表饰数周凹旋纹。口径30.4、底径9.2、高16厘米（图一六三，1）。

第四节　年　　代

本期遗存均被①层耕土层所叠压，其下皆打破唐宋遗存，年代范围不早于唐宋时期，不晚于近代。其中，H10：3、01ZDⅣT1402②：6单耳带流执壶与奉节瞿塘关明代M8：1硬陶流口罐形态相近，H12：1、01ZDⅣT1402②：1青花瓷碗等也与奉节瞿塘关明代M48：1、M49：1青花瓷碗形态相近，Y1：1素面板瓦与奉节瞿塘关明代M11：3板瓦形态相类①。尽管奉节瞿塘关明代墓葬没有较为确切的纪年材料，但其花纹图案却具有明显的明代中晚期特征。据此，本期青花瓷器及其共存遗物的年代也距其前或者距后的年代不会太远。

不过，从H10：3、01ZDⅣT1402②：6单耳带流执壶与奉节瞿塘关明代M8：1硬陶流口罐的形态分析，前两者形体矮胖、鼓腹、平底、底径略大于口径，而后者则整体修长，底径略小于口径。前者造型古朴、笨拙，后者则时尚、流畅。以此而论，前者的整体形态明显较后者原始。

① 重庆市文物考古研究所：《奉节瞿塘关遗址发掘报告》，《重庆库区考古报告集·1999卷》，科学出版社，2006年，第230页。

结　　语

在重庆三峡库区发现的文化遗址中，忠县㽏井遗址群的学术研究价值早已是有口皆碑。自新石器时代至今一直没有间断过、具有三峡“活二十四史”之称的中坝遗址，以新石器时代文化为特色的哨棚嘴遗址，以春秋战国墓葬为特色的崖脚墓地及以西周到春秋战国时期制盐产业为特色的瓦渣地遗址等，绘出了本地区先民们生产生活繁衍生息的历史画卷。而距离㽏井遗址群不足15千米的邓家沱遗址，同样经历了新石器时代晚期、商末至两周、两汉、六朝、唐宋、明清等历史发展阶段。尽管大部分阶段的遗存比较薄弱，但是商代至两周时期的制盐产业文化遗存及汉末晋初时期别具风格的邓家沱石阙等，同样也为本地区的历史画卷描绘出颇具学术价值的浓墨篇章。

商代至两周时期的文化遗存在邓家沱遗址中最为丰富，也最具研究价值。以耸肩罐、尖底盏、尖底杯及素缘罐、高领罐、尖底杯、船形杯和花边口沿罐、角状尖底杯等为组合的文化面貌，与㽏井遗址群中的中坝、瓦渣地、哨棚嘴等遗址同时期文化面貌基本一致。圜底罐、高领罐、尖底杯不仅是三个遗址中商周时期出土最多的器类，而且邓家沱遗址中尖底杯集中埋藏的方式也分别与中坝遗址集中埋藏圜底罐、瓦渣地及哨棚嘴等遗址集中埋藏圜底罐、尖底杯等器物的方式基本一致。表明商周时期的邓家沱遗址与中坝、瓦渣地、哨棚嘴等遗址同时期的文化性质基本一致。

值得提出的是，邓家沱遗址虽然在文化遗存的发展序列或遗存堆积的规模上不如中坝、瓦渣地、哨棚嘴等遗址那么典型，但是邓家沱遗址中比较有特色的船形杯却在前三个遗址中不见或罕见。这种器物成为本地区这一时期最具神秘色彩和研究价值的器物之一。目前这类器物见诸报端的有丰都石池坝遗址[①]，忠县哨棚嘴遗址[②]，丰都玉溪坪、玉溪、信号台，云阳丝栗包，巫山大溪及合川区河嘴屋基等遗址中[③]。哨棚嘴遗址船形杯形态大，石池坝遗址船形杯形态小，邓家沱遗址船形杯形态介于两者之间。根据现有资料，邓家沱遗址船形杯一般与素缘罐和Ⅰ、Ⅱ式尖底杯共存，晚于船形杯组合的是波浪纹花边口沿罐和Ⅲ式尖底杯组合；石池坝遗址船形杯则主要与波浪纹花边口沿罐和尖底杯共存[④]，其指波浪纹边口沿罐和尖底杯的形态正好与邓家沱遗址中波浪纹花边口沿罐和Ⅲ式尖底杯的形态相近。表明邓家沱遗址船形杯形态应该早于石池坝遗址船形杯形态。从而构架起哨棚嘴遗址、邓家沱遗址、石池坝遗址之间相互联系的桥梁，为研究本地区的文化发展序列、

---

① 重庆市文物考古所、丰都县文物管理所：《丰都石池坝遗址商周时期遗存发掘报告》，《重庆库区考古报告集·1999卷》，科学出版社，2006年，第726页。

② 孙华：《四川盆地盐业起源论纲——渝东盐业考古现状、问题与展望》，《盐业史研究》2003年第1期，第16～22页。标本陈列于重庆中国三峡博物馆内。

③ 白九江、邹后曦：《三峡地区的船形杯及其制盐功能分析》，《南方文物》2009年第1期。

④ 重庆市文物考古所、丰都县文物管理所：《丰都石池坝遗址商周时期遗存发掘报告》，《重庆库区考古报告集·1999卷》，科学出版社，2006年，第726页。

文化性质与文化交流提供了珍贵资料。

照片显示，无论是邓家沱遗址船形杯或是石池坝遗址船形杯，其内壁均膨化得像细海绵一般（邓家沱遗址船形杯见彩版五，1、2；石池坝遗址详见《重庆中国三峡博物馆·重庆博物馆》第47页，文物出版社，2005年），这种膨化现象的形成在当时情况下应该与盛盐液而遭腐蚀有关。夹砂红褐陶以及满身的烟熏痕迹无不彰显出其与火烧之间的直接关系，充当煮盐工具的职能不言而喻。而集中废弃的尖底杯内壁同样也有膨化现象，其性质同样也应该与制盐相关。有学者认为尖底杯是夏季插在滚烫沙子上的晒盐器具[①]；还有学者则根据忠县中坝遗址发现的龙窑遗迹，想象复原了如何使用尖底杯和圜底罐进行煮盐的过程[②]。遗憾的是，无论是在邓家沱遗址还是在石池坝遗址内，始终都没有发现使用这种器类的遗迹。瓦渣地、哨棚嘴、中坝等遗址中尽管也发现不少窑址，甚至在窑室内也曾发现遗弃的大量角杯或花边口沿罐等现象，但如何烧制或使用这些器物，却迄今仍然未能找到令人信服的考古实证。上述学者对如何使用尖底杯和圜底罐的研究虽然也给我们提供了诸多有益的启示，但要正确揭示这些器物的使用方法显然仍需有待于真实考古证据的重见天日。

还需值得关注的是邓家沱遗址石阙的学术研究价值。无论其年代是属于东汉中晚期还是属于汉末晋初，由基座、阙身、枋子层、斗石和阙顶等构件组成的简练造型不仅和与川渝地区尚存的大约20座东汉中晚期的石阙造型无一雷同[③]，而且与川渝地区新发现的忠县“乌杨阙”[④]、万州“武陵阙”[⑤]等两处石阙造型相比较后，也同样无相类可言。邓家沱石阙阙身和斗石上雕刻的凤凰、王马、三足乌、天鹿、玉兔、鸾鸟及神人戏龙、神人托月等祥瑞图案，均不见于现存诸汉阙之上，显示出其与现存汉阙在雕刻题材与风格等方面的格格不入。尽管神人戏龙、神人托月等图案还带有东汉夸张艺术的余韵，但是栩栩如生的凤凰造型已经与现实的凤凰瑞禽形态别无二致，王马、三足乌、天鹿、玉兔、鸾鸟等瑞禽瑞兽形态也是朴实成分多而夸张特色少。根据“黄龙”“嘉禾”“赤乌”“神凤”“五凤”“凤凰”等祥瑞年号多见于三国东吴时期的历史实际（西汉中晚期也有元凤、五凤、黄龙等年号，但该石阙年代不会早到此时），我们认为石阙的年代有可能不会早于三国时期。当然，王马、三足乌、天鹿、玉兔、鸾鸟等瑞禽瑞兽题材也是川渝地区东汉崖墓和石棺雕刻图案的常见题材，表明邓家沱石阙年代应当也不会距东汉时期太远[⑥]（见附录一）。有学者根据石阙基座直接坐落在两周地层之上、大多石阙构件又散见于六朝时期堆积层中的考古实际，结合王马、三足乌、天鹿、玉兔、鸾鸟及神人戏龙、神人托月等祥瑞题材在川渝地区东汉中晚期的崖墓和石棺图案中比较常见而在以后的墓葬中却基本不见之事实，将石阙年代确定在东汉中晚期，并根据文献考证出墓主为东汉绵竹令王君。这一排奡之论也颇令人信服[⑦]（见附录二）。还有学者对阙铭

---

① 孙华、曾先龙：《尖底陶杯与花边陶釜——兼说峡江地区先秦时期的鱼盐业》，《巴渝文化》第4辑，重庆出版社，1999年，第59～78页。另载孙华：《四川盆地的青铜时代》，科学出版社，2000年，第263～274页。

② 曾先龙：《中坝龙窑的生产工艺探析》，《盐业史研究》，2003年第1期，第46～50页。

③ 川渝地区现存石阙20座。徐文彬、谭遥、龚廷万等：《四川汉代石阙》，文物出版社，1992年。

④ 邹后曦：《守墓的阙——乌杨汉阙与花灯坟》，《文物天地》2003年第6期；罗二虎：《重庆忠县邓家沱汉代石阙再讨论》，《四川大学学报（哲学社会科学版）》2016年第4期。

⑤ 邹后曦、方刚：《重庆万州发现武陵石阙》，《中国文物报》2003年8月13日。

⑥ 李锋：《重庆忠县邓家沱石阙的初步认识》，《文物》2007年第1期。

⑦ 孙华：《重庆忠县邓家沱阙的几个问题》，《文物》2008年第4期。

及墓主又进行了更深一步的释读和考证，其得出的结论也令人耳目一新[①]。其实，邓家沱石阙那独一无二的造型和栩栩如生的雕刻风格，无论是属东汉中晚期，或是属三国时期以后，或是西晋之前，无疑都为川渝地区的石阙研究提供了弥足珍贵的资料。

总之，邓家沱遗址的发掘为忠县乃至整个三峡库区的考古学文化研究增添了重要资料，也许其新石器、秦汉、唐宋及明清等时期的文化遗存相对比较薄弱，遗物的年代特征、艺术特征及研究价值等难以给人留下回味的印象，但是相对比较丰富，并且又颇具不少研究价值的商周时期遗存，尤其是商周时期具有神秘色彩的船形杯和别具特色的邓家沱石阙相信会令相关的研究者耳目一新。

由于相关重要遗址的系统资料尚未披露，加之笔者的研究水平有限，文中对某些器物型式的划分有可能不甚规范，同时在文化内涵的研究以及与其他遗址的比较研究方面也都显得不够深入，这令笔者惶恐与内疚。略可聊以自慰的是，我们基本上是按单位报告了全部资料，这或许能对以上的不足会有所弥补。请研究者见谅！

① 杨晓春：《关于重庆忠县邓家沱石阙铭与墓主的推断》，《中国国家博物馆馆刊》2013年第2期。

下编　渔洞墓群

第一章　遗址概况与文化层堆积

第一节　遗址概况

一、地理环境

忠县渔洞村位于重庆市忠县洋渡镇东北的长江东岸，西南距洋渡镇约5千米，北距县城约20千米（见绪论图三）。

渔洞十一队村民组位于渔洞村的北部，村民居住点的东部为山前坡地，村民居住点的前后存有颇为隆起的山前台地，台地之下即为长江河床。墓地主要散落在渔洞十一队村前的南侧台地上，台地南北约200米，东西约150米。东经107°56′49″，北纬30°10′05″，东南海拔160米，西北海拔150米。现在地面上均种植水稻（图一）。

二、发掘经过

1994年北京大学三峡库区考古队调查发现该墓群。由于平整土地，部分墓葬已遭破坏。为配合重庆三峡文物保护工作领导小组办公室对库区淹没区所进行的文物抢救性考古发掘工作，郑州大学考古队受委托对忠县渔洞十一队墓地进行钻探和发掘工作。2001年5月11日开始钻探，至17日结束。钻探面积2万平方米；开挖10米×10米探方20个，发掘面积2000平方米，共发现墓葬5座，出土遗物60余件（图一）。

参加本次发掘与整理的人员有郑州大学教师李锋、许俊平，研究生赵海洲、杨远，技工张清池、刘俭、孟军峰、徐安民、郭安民、郭献军等。

2003年10～12月郑州大学三峡考古队又对渔洞十一队墓群进行第二次发掘。本次发掘区主要位于村北台地西侧。开挖10米×10米探方15个，发掘面积1500平方米，共发现墓葬1座，灰坑1座，窑址2座（图一）。

参加本次发掘与整理的人员有郑州大学教师李锋，专升本学员陈立功、王海涛、申明清、于济芳、翟京襄、周金明、朱磊、杨建欣、周林等。

2004年度的发掘始于10月21日，首先进行调查与钻探工作。在前两次发掘的墓群上游，即今沿江村小学南侧的山坡台地上发现墓砖线索。2004年11月2日开始发掘，12月初结束，发掘10米×10米探方15个，清理墓葬7座（图二）。墓葬编号接前两次发掘顺序编号。

参加本次发掘与整理的人员有郑州大学教师李锋，技工张清池、刘德平、刘少伟、乔美英、李

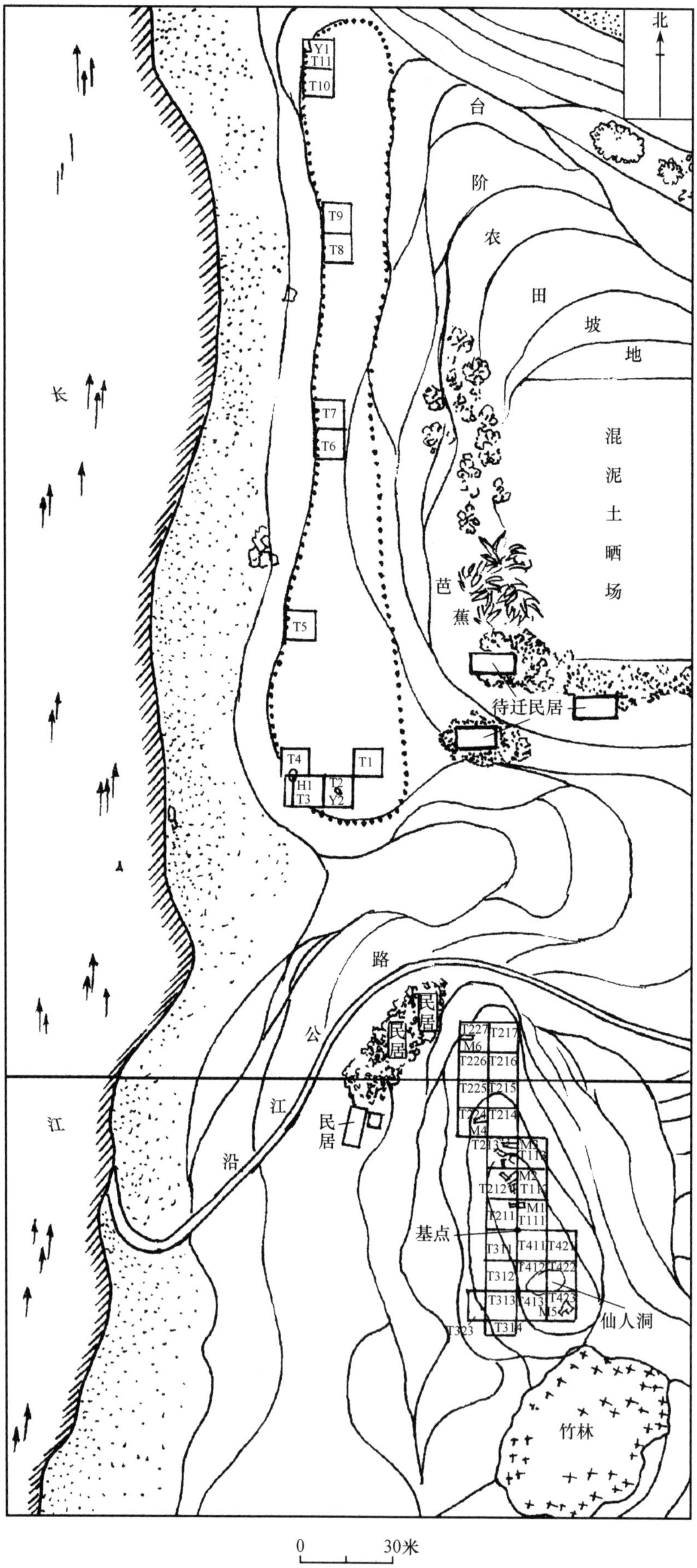

图一　2001、2003年度渔洞布方及遗迹分布示意图

线下为2001年发掘，线上为2003年发掘

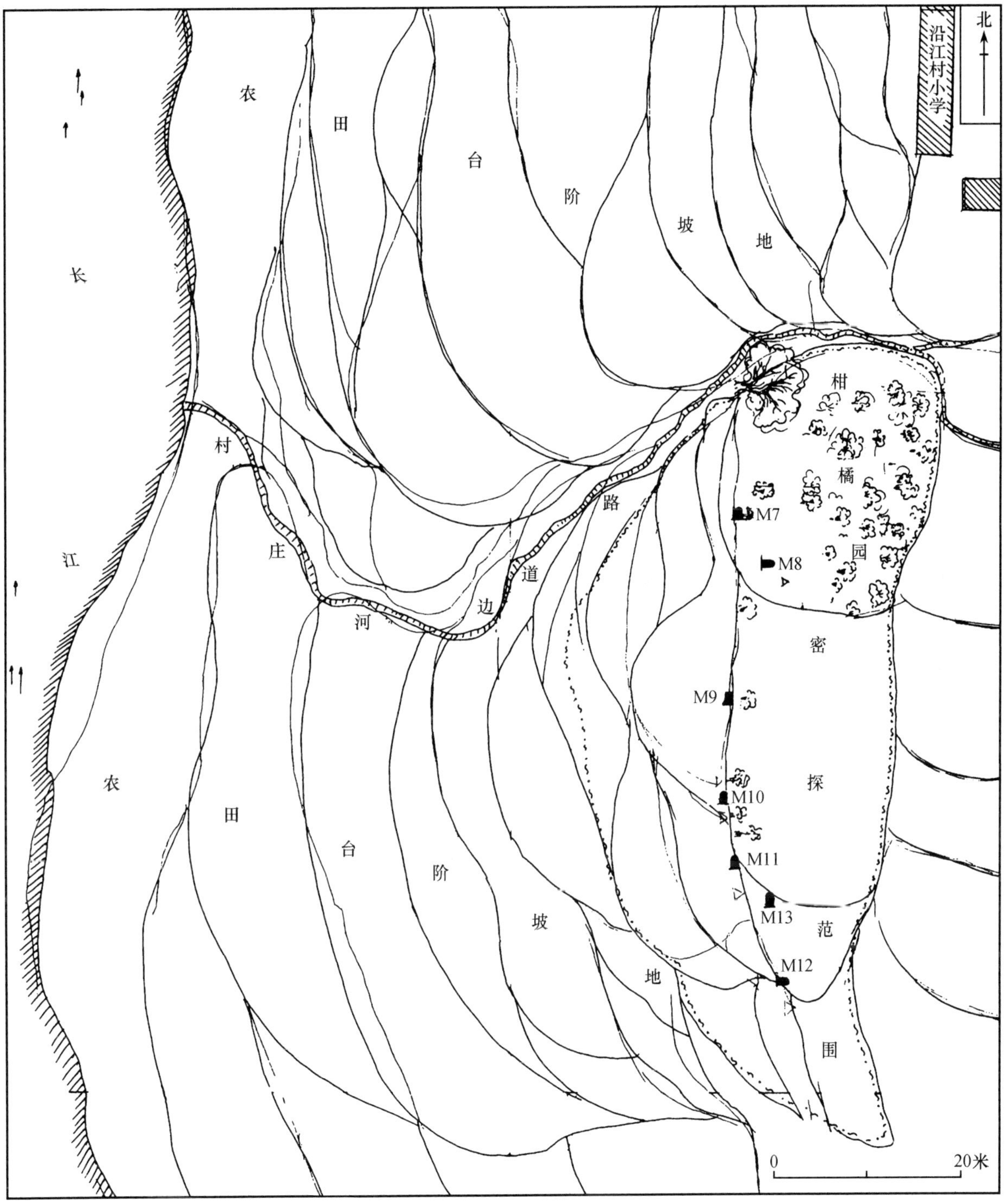

图二　2004年度渔洞墓葬分布示意图

彦锋、刘然等。

整个发掘工作自始至终得到了重庆市文化局三峡文物保护工作领导小组办公室、忠县文物保护管理所、洋渡镇文化站、渔洞村村民委员会等单位的鼎力支持，北京大学孙华先生、四川省文物考古研究所孙智彬先生、忠县文物保护管理所黄建华所长、曾先龙、鲁雪梅副所长多次莅临指导和帮助，周忠、陶磊等全体工作人员也都为发掘和整理工作提供了鼎力支持和帮助，在此一并致谢。

第二节　地层堆积与分期

一、地层堆积

渔洞墓群的地层堆积比较简单。现分别以2001ZYT111西壁、2003ZYT3北壁、2003ZYT4南壁和2003ZYT8东壁剖面为代表介绍如下。

（一）2001ZYT111西壁

①层：耕土层，呈南高北低分布。厚15～40厘米。浅灰色花土，土质疏松。包含物有现代瓦片和砖块等。向下叠压生土。

开口于①层下的遗迹为M1，器物组合为瓷盘口壶、陶釜、瓷碗、瓷四系罐、瓷盏、瓷罐、陶罐等（图三）。

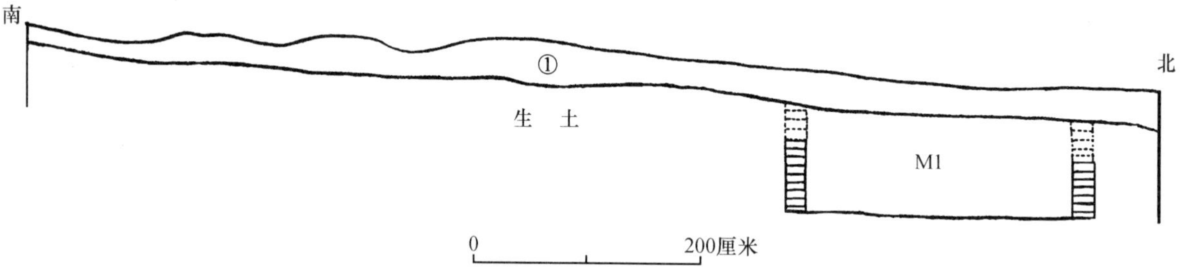

图三　2001ZYT111西壁剖面图

（二）2003ZYT3北壁

2003ZYT3　位于遗址南部，靠近长江台地断崖边沿，北邻2003ZYT4（图四）。

①层：耕土层。呈东高西低分布。厚10～55厘米。浅灰色花土，土质疏松。包含物有现代瓦片和砖块等。

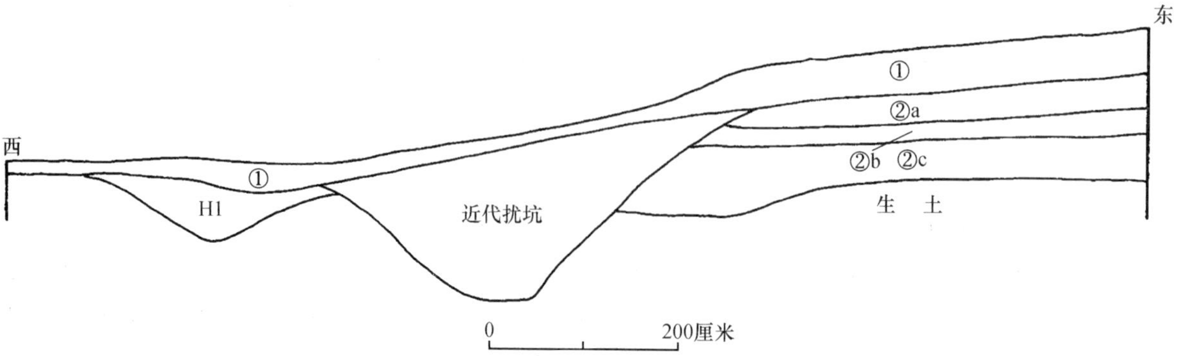

图四　2003ZYT3北壁剖面图

其下开口一近代扰坑，包含物有现代瓷片、塑料等杂物。

扰坑东部叠压②a层，西部叠压H1。

②a层：深35～55、厚0～40厘米。浅灰色，黏土，土质较上层紧密，但仍较疏松。包含物有青花瓷、陶罐、陶盆、瓦等残片。瓦较现代瓦大，陶胎较厚，素面。青花瓷釉色较为灰暗。为明清文化层。

②b层：深60～85、厚0～30厘米。土色稍发黄，黏土，结构较紧密，土质较为疏松。包含物有陶罐、陶盆、青花瓷碗、青花瓷杯等器物残片，发现有多个澄滤器残片。为明清文化层。

②c层：深60～135、厚0～70厘米。灰褐色，黏土，结构较紧密。包含物有陶罐、陶盆、青花瓷等器物残片，出土澄滤器与②b层所出形制相似。瓦片也较现代瓦厚大。为明清文化层。

②c层下为生土。

H1出土器物较为丰富，器型主要有花边口沿罐、高领罐、尖底器、三足器、折沿罐、陶网坠等。

H1下为生土。

（三）2003ZYT4南壁

2003ZYT4　位于遗址的中部，靠近长江台地断崖边沿位置，北与2003ZYT5相望，南与2003ZYT3相邻（图五）。

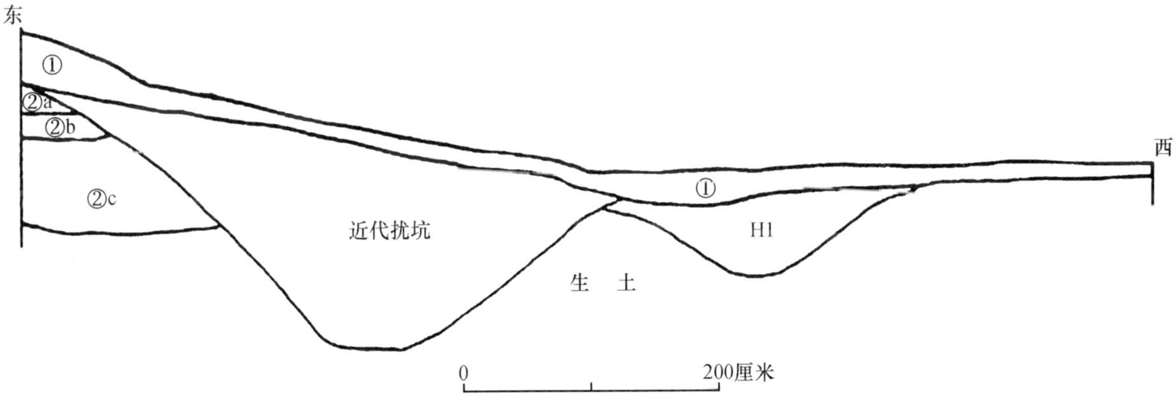

图五　2003ZYT4南壁剖面图

①层：耕土层。东部高，西部低，厚10～60厘米。浅灰色，五花土，土质较为疏松，结构不紧密。包含物有现代塑料等杂物。其下开口一近代扰坑，包含物有现代瓷片、塑料等杂物。

扰坑东部叠压②a层，西部叠压H1。

②a层：深40、厚0～25厘米。浅灰色，黏土，结构较上层紧密，土质较为疏松。包含物有青花瓷、陶罐、瓦等残片，青花瓷釉色较为灰暗，瓦较现代瓦大，且胎较厚。为明清时期堆积。

②b层：深40～55、厚0～20厘米。灰褐色，土色稍发黄，黏土，结构紧密。包含物有青花瓷盆、澄滤器、瓦等器物残片。瓦与②a层所出相似。本层同为明清文化堆积。

②c层：深55～80、厚0～75厘米。灰褐色，黏土，结构较紧密。包含物有陶盆、陶罐、青花瓷等器物残片。

H1出土器物较为丰富，器型主要有花边口沿罐、高领罐、尖底器、三足器、折沿罐、陶网坠等。

（四）2003ZYT8东壁

2003ZYT8　位于遗址的北部，北邻2003ZYT9，东、南两侧为农田，南距2003ZYT7为40米，西侧为断崖台地（图六）。

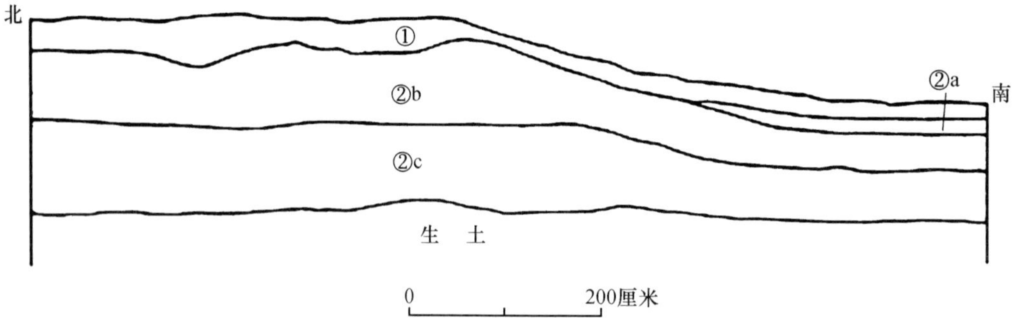

图六　2003ZYT8东壁剖面图

①层：耕土层。厚10～42厘米。呈东北高西南低坡状分布，西侧断崖部位该层少部无存。土色浅黄，土质较细，结构较紧密，质地一般。包含物有草木灰颗粒及塑料布、现代素面瓦片及瓷碗残片少许。

②层：明清文化层。深15～50、厚100～169厘米。分为②a、②b、②c三个亚层。

②a层：深10～25、厚0～25厘米。黄沙淤积或沉积层，分布探方南侧大部，平面呈东高西低坡状堆积。土色发黄或浅黄，土质细而纯净，结构紧密，质地较疏松，淤积痕明显，并含有少量水锈，无包含物。应为自然淤积而成。

②b层：深10～42、厚35～92厘米。该层东北高西南低，呈微坡状分布整个探方大部（除西侧断崖少部无存外）。浅黄褐色土，土质细而黏，结构紧密，质地较硬，土中含红烧土颗粒，出土物不丰富，仅见少量素面瓦片及青花瓷碗残片。据其出土器物推测应为明清时期文化堆积层。

②c层：深70～110、厚50～100厘米。本层呈东高西低微坡状分布整个探方大部。灰褐色，土质黏而细，结构紧密，质地坚硬，土中含红烧土颗粒，红烧土颗粒色泽较鲜红，上层较多，中层少，下层不见。出土遗物不丰富，仅见少量瓷壶罐残片、青瓷碗残片。

另外，在2003ZYT1227的①层下清理出一座墓葬，编号M6，出土了31件随葬品，主要器型有陶舞俑、猪、狗、鸡、壶、豆、釜、罐等。

二、分　期

根据地层关系和出土物组合与特征不同，可将本墓地发掘的遗存分为三期。

第一期以H1为代表，器物组合以花边口沿罐、高领罐等为代表。

第二期以M1和M6为代表，其中M1的器物组合以瓷盘口壶、陶釜、瓷碗、瓷四系罐、瓷盏、瓷罐、陶罐等为代表；M6的器物组合以陶舞俑、陶猪、陶狗、陶鸡、陶壶、陶豆、陶釜、陶罐等为代表。

第三期以2003ZYT8③等为代表，器物组合以瓷壶罐、青瓷碗、瓷盏等为代表。

第四期以Y1、Y2及2003ZYT3②等为代表，器物组合以青花瓷碗、青瓷灯等为代表。

第二章　第一期遗存

第一节　遗　　迹

本期遗存发现较少，主要有灰坑1个，编号2003ZYH1。H1位于2003ZYT4和2003ZYT3（跨北隔梁部分）中，开口①层下，打破生土。平面形状不甚规则，弧壁内收，圜底，底部凹凸不平，坑壁坑底无加工痕迹（图七）。长500、宽40～350、最深处为105厘米。

坑内填土为灰褐色黏土，土质细，质地坚硬，呈颗粒及块状结构，内含少量红烧土颗粒。

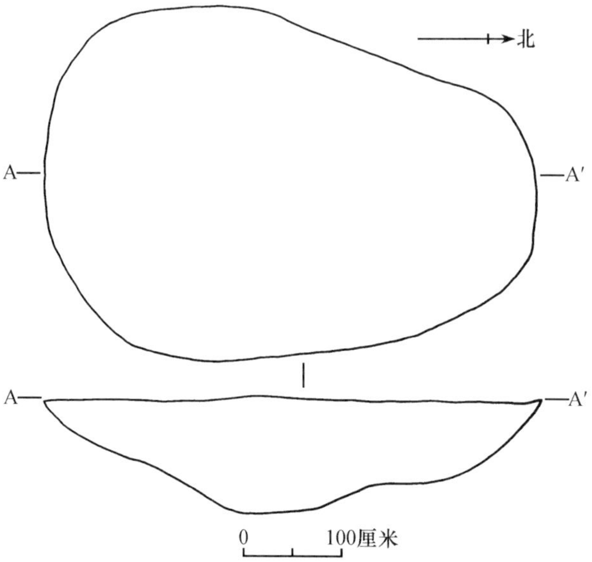

图七　2003ZYH1平、剖面图

第二节　遗　　物

本期遗存的出土器物不甚丰富，器型主要有花边口沿罐、高领罐、尖底器、三足器、折沿罐、陶网坠等。

陶花边口沿罐　5件。H1：1，夹细砂灰陶。轮制。侈口卷沿，沿面外翻，尖圆唇，高领束颈，弧腹，中腹以下残。唇部饰绳切波浪纹花边，腹饰绳纹。口径14.6、残高10.4厘米（图八，1）。H1：4，夹砂红陶。轮制。侈口卷沿，圆唇，束颈，溜肩，肩以下残。唇部饰绳切波浪纹花边，腹饰压印中绳纹。口径16.4、残高6厘米（图八，3）。H1：5，夹砂红陶。轮制。侈口卷沿，圆唇内敛，束颈，鼓肩，肩以下残。唇部饰绳切波浪纹花边，腹饰中绳纹。口径16、残高4.8厘米

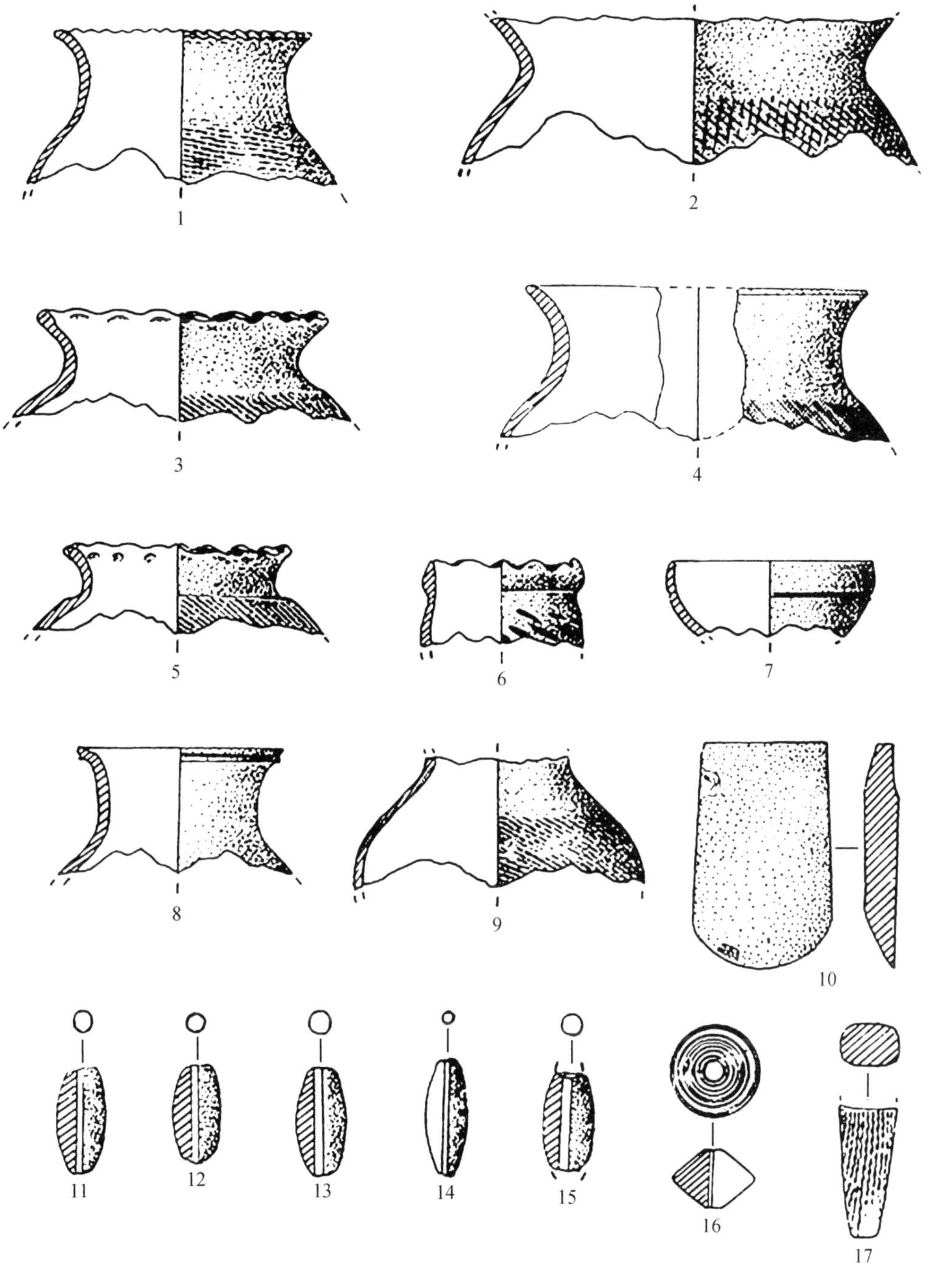

图八　2003ZYH1出土器物

1～3、5、6. 陶花边口沿罐（H1：1、H1：6、H1：4、H1：5、H1：8）　4. 陶素缘罐（H1：3）　7. 陶钵（H1：9）　8. 陶高领罐（H1：2）　9. 陶圆肩罐（H1：7）　10. 石锛（H1：10）　11～15. 陶网坠（H1：11、H1：12、H1：13、H1：14、H1：15）　16. 陶纺轮（H1：16）　17. 陶器足（H1：17）

（图八，5）。H1：6，夹砂红陶。轮制。侈口卷沿，唇部残，束颈，溜肩，肩以下残。腹饰棒压杂乱绳纹。残口径22.8、残高8厘米（图八，2）。H1：8，夹砂红陶。轮制。直口，尖圆唇，弧腹，下腹残。唇部饰绳切波浪纹花边，腹饰棒压粗绳纹。口径8.8、残高4.4厘米（图八，6）。

陶高领罐　1件。H1∶2，泥质灰陶，轮制。侈口卷沿，方唇，唇面有一周凹槽，高领束颈，溜肩，肩以下残。素面。口径11.6、残高6.8厘米（图八，8）。

陶素缘罐　1件。H1∶3，夹砂红陶，轮制。侈口卷沿，尖圆唇，束颈，溜肩，肩以下残。腹饰压印方格纹。口径19.6、残高7.6厘米（图八，4）。

陶圆肩罐　H1∶7，泥质灰陶。口残。卷沿，鼓肩，肩以下残。肩、腹饰细绳纹。腹径15.2、残高7.2厘米（图八，9）。

陶钵　1件。H1∶9，夹砂红陶。敞口，方唇，弧腹内收，底残。腹饰凹弦纹一周。口径12、残高4厘米（图八，7）。

陶网坠　5件。H1∶11，泥质红陶，手制。椭圆形，中有穿孔。素面。长3、腹径1.4、孔径0.6厘米（图八，11）。H1∶12，泥质红陶，手制。椭圆形，中有穿孔。素面。长2.8、腹径1.4、孔径0.6厘米（图八，12）。H1∶13，泥质红陶，手制。椭圆形，中有穿孔。素面。长3、腹径1.4、孔径0.6厘米（图八，13）。H1∶14，泥质红陶，手制。椭圆形，中有穿孔。素面。长3.3、腹径1.2、孔径0.4厘米（图八，14）。H1∶15，泥质红陶，手制。椭圆形，中有穿孔。素面。长2.8、腹径1.4、孔径0.6厘米（图八，15）。

陶纺轮　1件。H1∶16，泥质红陶。算珠形。上下各饰划纹六周。腹径2.6厘米、孔径0.4、高1.6厘米（图八，16）。

陶器足　1件。H1∶17，夹砂红陶，手制。圆锥形。饰绳纹。残高7.6厘米（图八，17）。

石锛　1件。H1∶10，青灰石质。磨制。平面呈梯形，单面弧刃，平顶较薄。长6.4、宽4.2、厚1厘米（图八，10）。

第三章　第二期遗存

本期遗存主要有墓葬13座。根据墓葬建筑材质的不同，可分为砖室墓和石砌墓两种。

第一节　墓葬形制

一、砖　室　墓

共9座。根据平面形状的不同，可分为刀形墓、“凸”字形墓和长方形墓。其中刀形墓5座，“凸”字形墓3座，长方形墓1座。

（一）刀形墓

1. 2001ZYⅠM1

位于2001ZYT111西北部，开口①层下，打破生土。该墓全长561厘米，由墓室和甬道两部分组成，方向275°（图九）。墓室东西长343、宽290、残深71厘米。墓室东壁严重向内倾斜。据出土的子母口券砖，推测墓室顶部应为券顶，具体形制及券法不详。墓壁为错缝平砌，壁砖一侧模印有菱形及菱形+车轮纹样（图一〇，1～3）。底部为土质平面。

甬道位于墓室西南角，其南壁与墓室南壁相连，其北壁与墓室西壁垂直。甬道平面也为长方形，东西长218、南北宽178、残深28～42厘米。其壁与墓室砌法一样。顶部结构不详，底部与墓室底部处于同一平面。

该墓为单人葬，由于骨架已朽蚀严重，葬具、葬式不详。

随葬品共10件，分布在墓室和甬道交接处。

2. 2001ZYⅣM5

位于2001ZYⅣT423东南部，开口②层下，距地表0.4米，打破生土。该墓全长420厘米，由墓室和甬道两部分组成，方向230°（图一一）。墓室长315、南北宽225、残深100厘米。墓室四壁规整，砖砌结构，墓室底部未铺砖，为硬土平面。甬道位于墓室西南角，其北壁与墓室北壁相连成一整体，南壁与墓室西壁垂直相连。甬道平面近正方形，边长180、残深100厘米，甬道壁亦为砖砌结构，底部为硬土平面，其底部与墓室底部处于同一平面上。

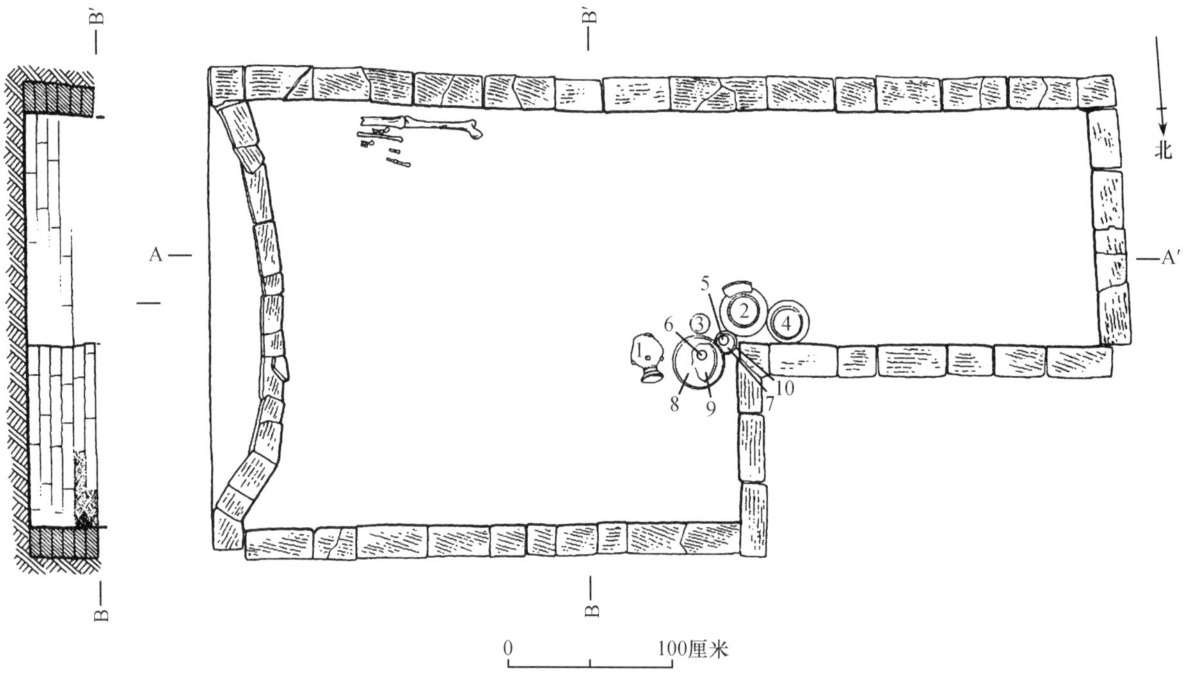

图九　2001ZYⅠM1平、剖面图

1. 瓷盘口壶　2. 陶釜　3、7. 瓷碗　4. 瓷四系罐　5、6. 瓷盏　8、10. 瓷罐　9. 陶罐

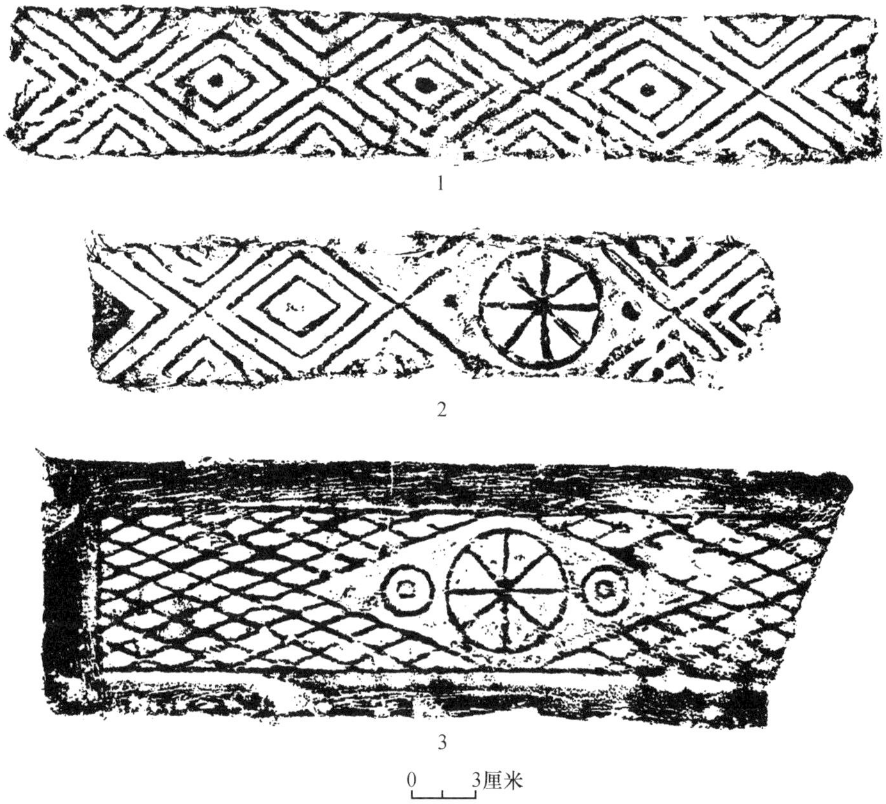

图一〇　2001ZYⅠM1墓砖纹饰

1. 菱形纹　2～3. 菱形+车轮纹

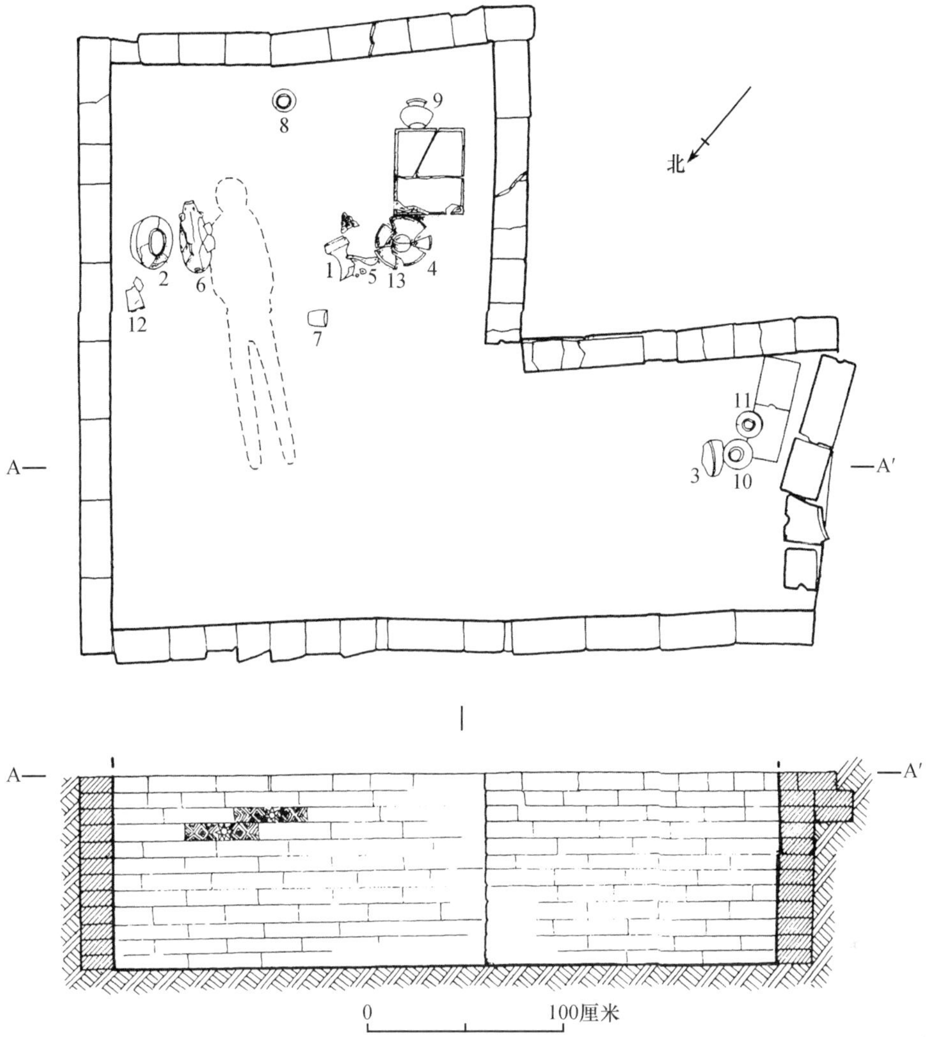

图一一　2001ZYⅣM5平、剖面图

1. 陶熏炉　2. 陶壶　3. 陶魁　4. 釉陶盂　5. 陶勺　6. 陶猪　7. 釉陶杯　8. 釉陶盏　9～11. 陶罐　12. 陶俑　13. 陶盆

共残留十二层墓砖，其上九层为一种型号，砖长38、宽17、厚8厘米。下三层为另一种型号，长40、宽19、厚7厘米。墓砖在朝向墓内壁一侧都刻有菱形花纹和太阳纹（图一二）。

填土为黄褐色花土，较松软，黏且含有少量淤沙，包含大量的残砖和少量器物残片。

骨架完全腐朽，仅可看出数目是一具，头向东南，其余不详。

随葬品共13件，均为陶器。分布在墓室后部和甬道前部。

3. 2004ZYM7

开口于①层下，打破生土。全长560厘米，方向70°。

墓室顶部无存，四壁用花纹砖错缝顺砖平砌而成，花纹纹样为车轮纹加三角形（图一四，7）。长370、宽300、残深约60厘米。平砖铺底（图一三）。

甬道长190、宽215、深约60厘米。平砖铺底。

墓内填土黄灰褐杂土，由于人为盗挖，封门砖无存。土中羼杂较多的砖块及陶器、陶俑、铜锈等残片。

图一二　2001ZYⅣM5墓砖纹饰

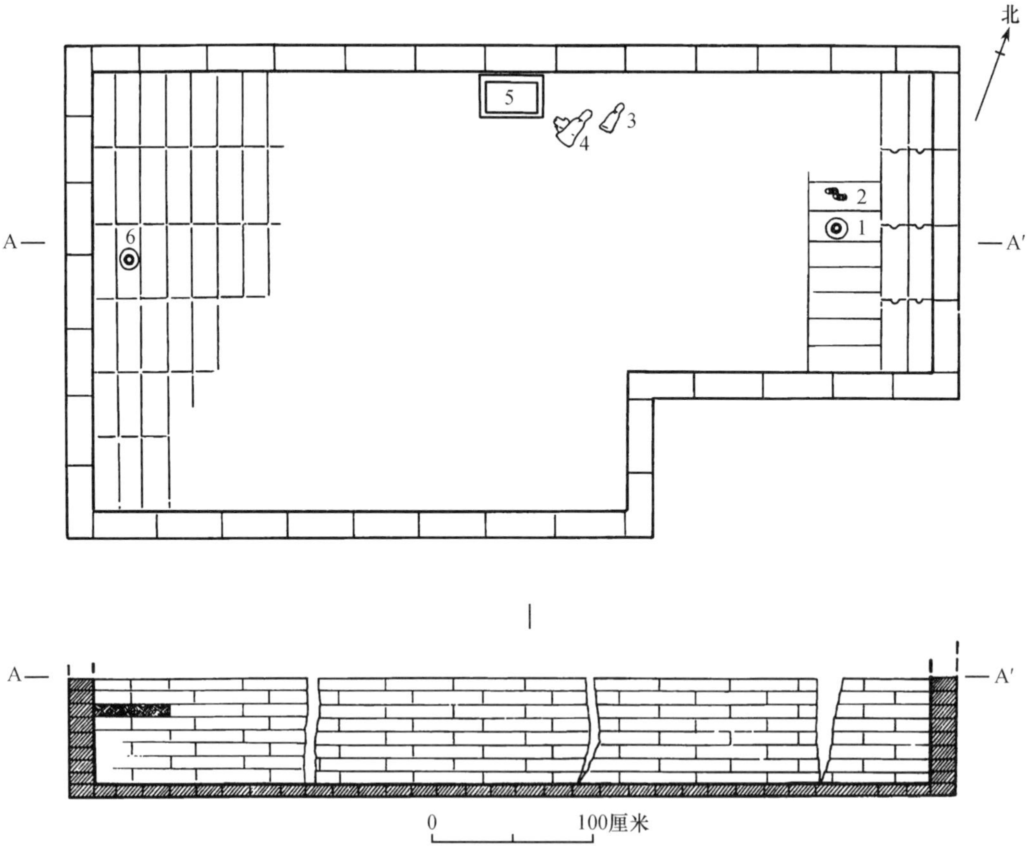

图一三　2004ZYM7平、剖面图

1. 陶钵　2. 铜钱　3、4. 陶立俑　5. 陶池塘模型　6. 陶豆

图一四　2004渔洞墓砖纹饰

1、2、5. M9墓砖纹饰　3. M12墓砖纹饰　4、6. M10墓砖纹饰　7. M7墓砖纹饰

4. 2004ZYM8

开口①层下，打破生土。墓全长462厘米，方向72°（图一五）。

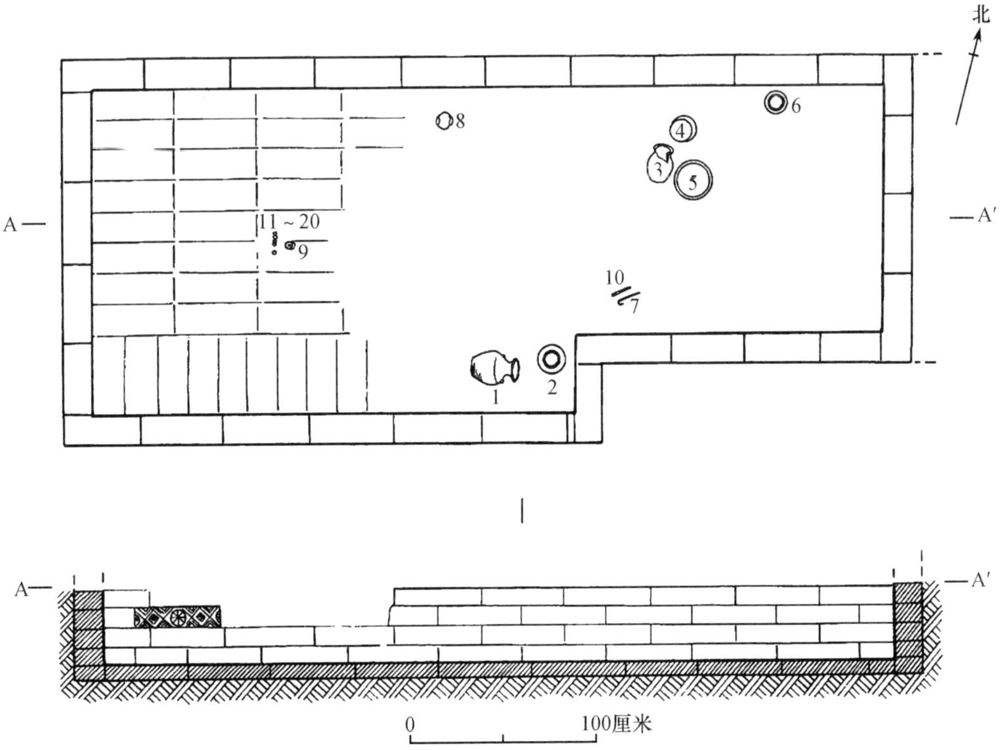

图一五　2004ZYM8平、剖面图

1. 瓷盘口壶　2. 瓷双耳罐　3. 瓷四系罐　4. 瓷钵　5. 铁鐎斗　6. 瓷碗　7、10. 铜簪　8. 小瓷罐　9. 铜钱　11. 铜铃　12、14～20. 琉璃珠　13. 骨珠

墓室顶部无存，四壁花纹砖错缝平铺而成，底部花纹砖平铺。墓室长292、宽202、残存高度40厘米；甬道四壁及底部与墓室砌法相同。长170、宽160、残高40厘米。

墓内为淤积黄褐色五花黏土，大部被盗扰。骨架一具，葬具、葬式不详。

随葬品共20件，散落墓室。

5. 2004ZYM10

开口①层下，打破生土。方向264°，全长420厘米（图一六）。

甬道及墓室顶部被毁无存。墓室长254、宽248、残高60～80厘米，墓壁为错缝平砌而成，券砖朝向墓室一侧模印有几何图案（图一四，6）。花纹砖铺地，花纹纹样主要为菱形和车轮纹样（图一四，4）。甬道长166、宽144、残高10～60厘米。

墓室甬道均填黄褐色五花黏土，土质细，结构紧密，质地较硬。

随葬品13件，主要分布在墓室与甬道交接处。

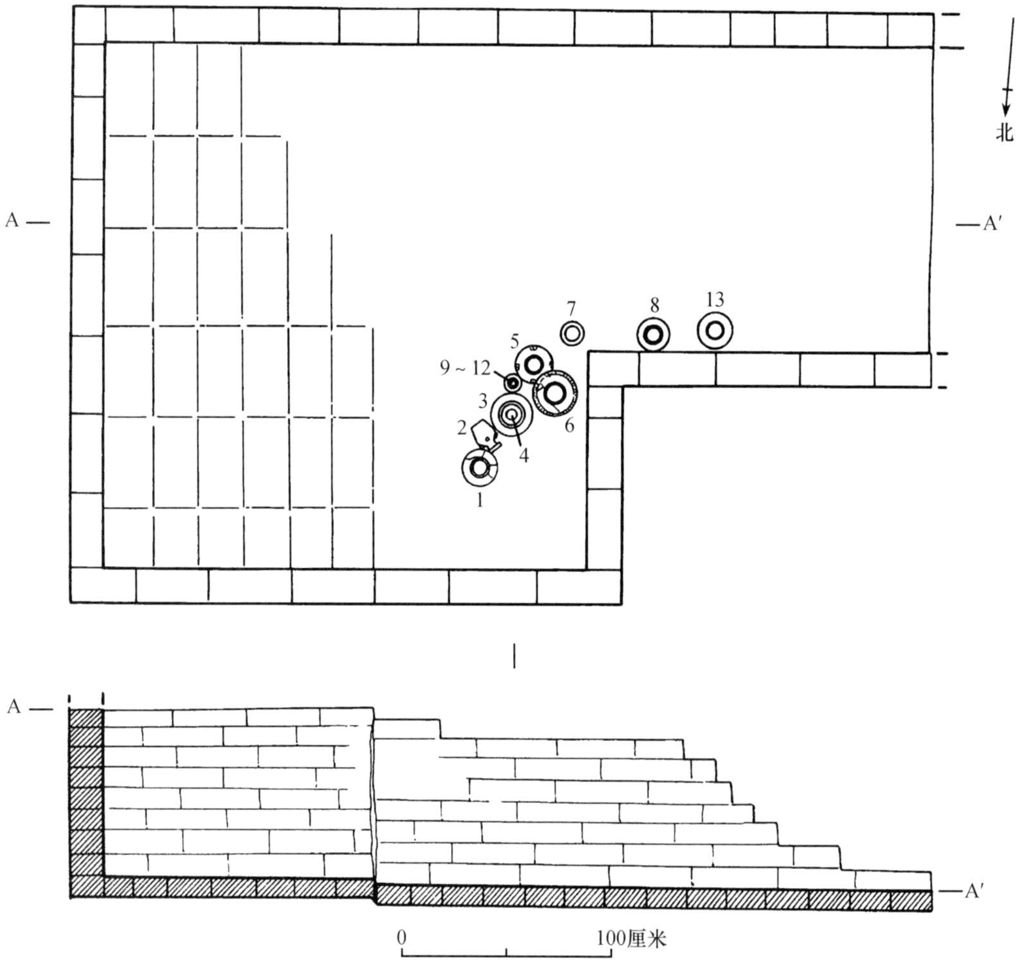

图一六　2004ZYM10平、剖面图

1、6、13. 陶釜　2、3. 瓷四系盘口壶　4、11、12. 瓷盏　5. 瓷六系罐　7、8. 瓷盘口壶　9、10. 瓷钵

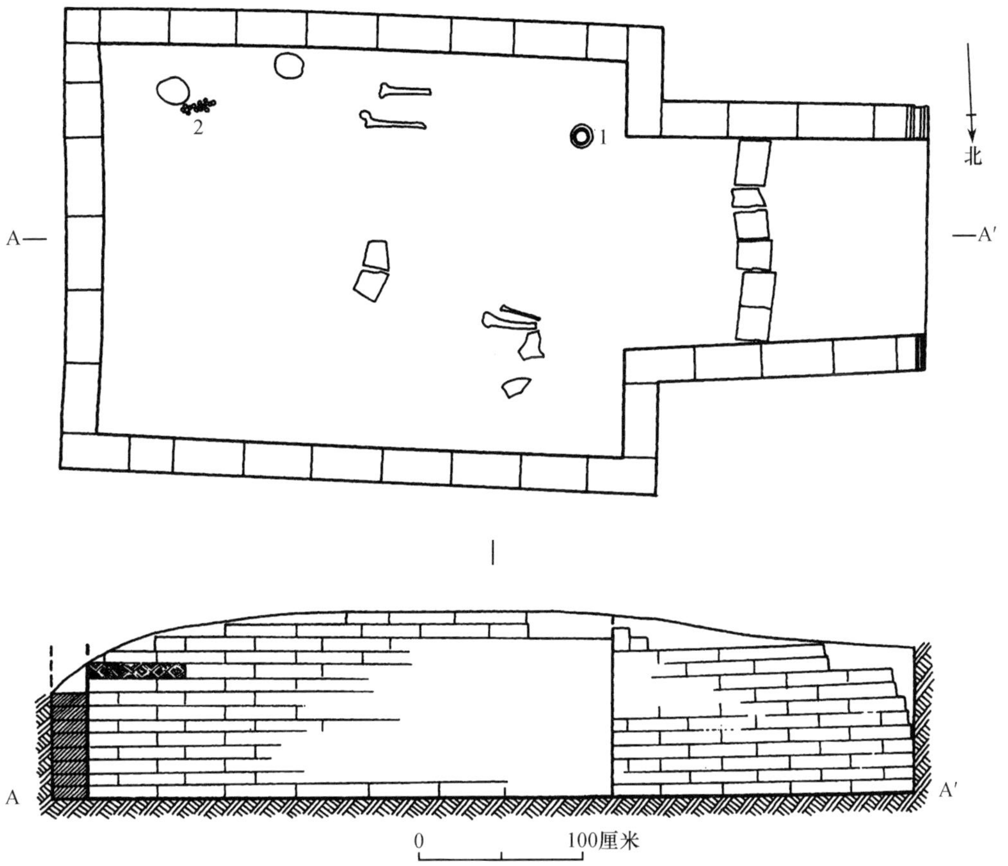

图一七　2001ZYⅡM3平、剖面图
1. 陶鼓肩罐　2. 五铢钱

（二）“凸”字形墓

1. 2001ZYⅡM3

位于2001ZYT213东北部，开口①层下，打破生土。该墓全长540厘米，由墓室和甬道两部分组成。墓室东西长370、南北宽280、残深114厘米，方向275°（图一七）。墓室四壁规整，砖砌而成，朝向墓内一侧有几何形纹饰（图一八）。由于出土有梯形的券砖，推测墓顶为券顶，但由于顶部已毁坏殆尽，具体券法及形状不详。墓室底部用石头铺砌而成，平底。

甬道位于墓室西壁中部稍偏南处，平面近长方形，稍呈西高东低坡状。东西长170、宽160～172、深90厘米。在甬道中距墓室约50厘米处，砌有一道封门砖（多用券砖）。

根据墓室内骨架痕迹，推测为双人合葬，但由于扰乱严重，葬具、葬式不详。

砌墓的砖有三种型号，分别是46厘米×19厘米×8厘米、43厘米×21厘米×8 厘米、43厘米×20.5厘米×7.5 厘米。券顶砖为梯形子母口，上部长34.5、下部长26.5、宽21、厚11厘米。

墓内填土为红褐色花土，较疏松，未分层。包含大量的残砖块及一些残陶片。

由于盗扰严重，随葬品严重破坏，仅出土一个陶罐和21枚五铢钱（彩版一六，1）。

图一八　2001ZYⅡM3墓砖纹饰

2. 2004ZYM9

开口①层下，打破生土。总长554厘米，方向260°（图一九）。墓室、甬道均用花纹砖错缝平铺而成，花纹纹样有车辐加菱形、铜钱加菱形以及"富贵"加菱形（图一四，1、2、5）。墓室长324、宽240、深50～110厘米。底部子母砖相扣平铺。顶部用子母立砖起券，残存一层券顶。甬道长230、宽148、高50厘米，平砖封门。

墓室及甬道内均填黄褐色五花黏土，大部分被人为扰动。

随葬品共5件，散落墓室与甬道。

3. 2004ZYM12

开口①层下，打破生土。全长482厘米，方向182°（图二〇）。墓室、甬道四壁用花纹砖错缝平铺，墓室长294、宽314、残高10～70厘米，底部花纹砖对缝平铺。甬道长188、宽194厘米，底部前面用石块平铺，后部用花纹砖纵向平铺。用石封门。花纹砖纹样为菱形（图一四，3）。

由于盗扰，墓室大部分被毁，室内填土为淤积黄褐色黏土，未发现骨架。

随葬品12件，散落于墓室西南部和甬道内。

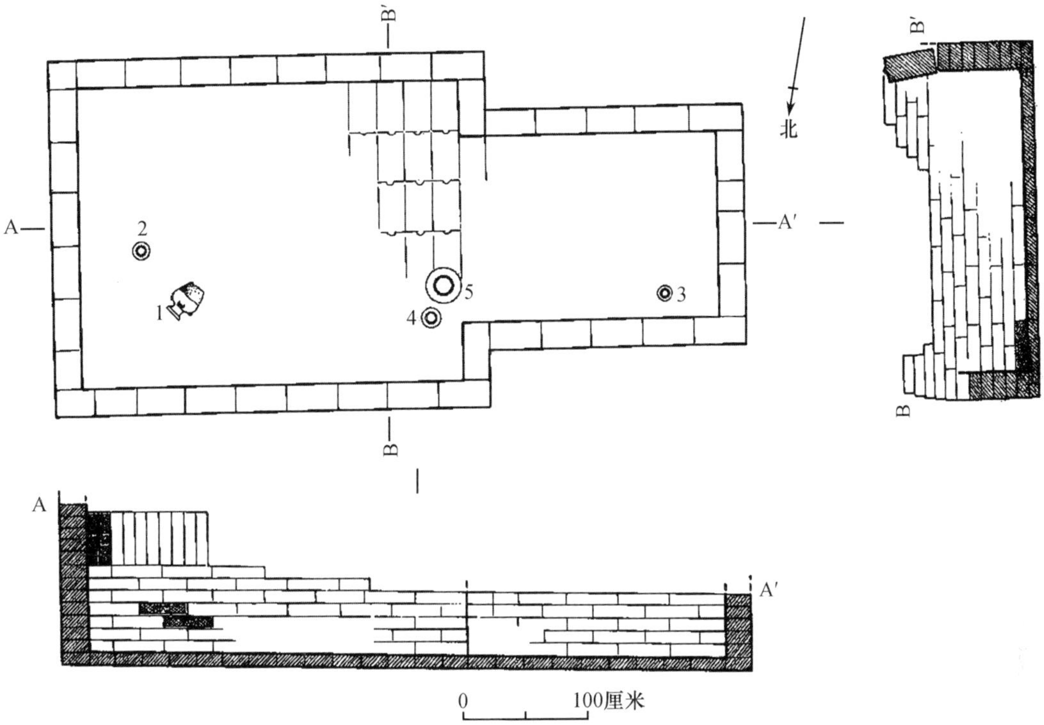

图一九　2004ZYM9平、剖面图

1. 瓷盘口壶　2. 瓷碗　3. 瓷盏　4. 瓷钵　5. 陶釜

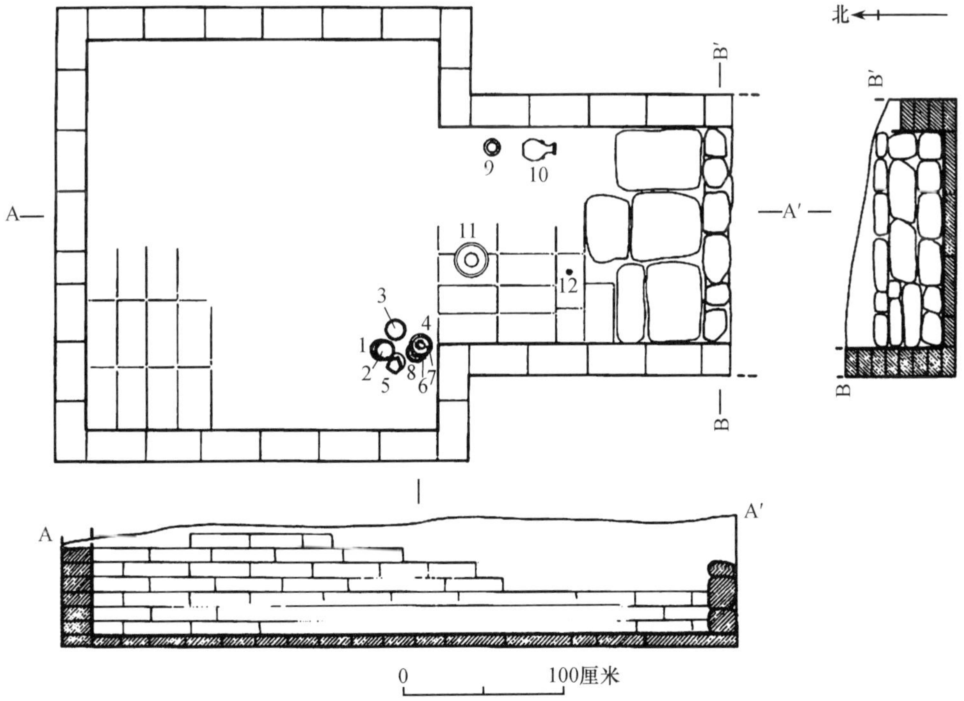

图二〇　2004ZYM12平、剖面图

1、3～6、9. 瓷钵　2. 瓷盏　7. 瓷碗　8、11. 瓷罐　10. 瓷盘口壶　12. 铜钱

（三）长方形墓

2003ZYM6。位于2003ZYT227的中部，开口①层下，打破生土。平面呈长方形，方向95°（图二一）。西半部和顶部已被破坏，仅存东半部墓室底部，宽118、残长190～200、残高63～75厘米。墓室用子母砖错缝平砌而成。室内填土为黄褐色黏土，土质细腻发黏，结构紧密，质地坚硬，经发掘清理观察，未发现盗扰痕迹。

骨架1具，大部腐朽，头东向，其余不详。

残存随葬品31件，均为陶器和釉陶器。

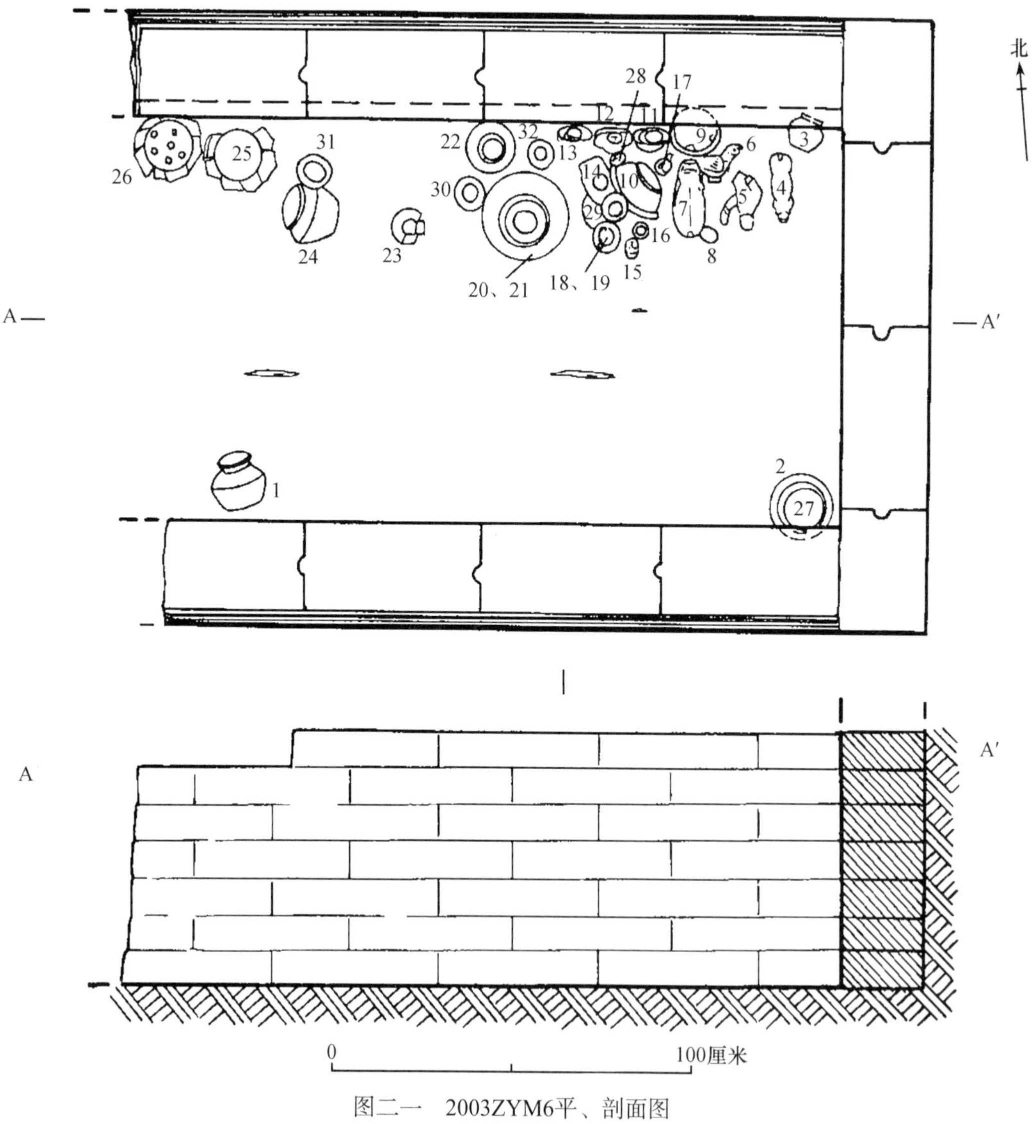

图二一　2003ZYM6平、剖面图

1、23. 陶罐　2、10、22、29. 釉陶盆　3. 釉陶罐　4. 陶狗　5. 陶舞俑　6. 陶公鸡　7. 陶猪　8、11、17. 陶立俑　9、25、28. 陶釜　12. 陶吹埙俑　13. 陶击鼓俑　14. 陶井　15. 陶母鸡　16、27. 小陶罐　18. 陶博山炉　19. 陶豆　20. 陶锺　21. 陶魁　24. 陶甑　26. 陶抚琴俑　30. 陶抚耳俑　31. 陶勺

二、石　砌　墓

本期发现的石砌墓共4座。按平面形状可分为刀形墓和长方形墓。其中刀形墓2座，长方形墓2座。

（一）刀形墓

1. 2001ZYⅡM2

位于2001ZYⅡT212东北角，开口①层下，距地面30厘米，打破生土。该墓由墓室和甬道两部分组成，方向275°（图二二）。墓室长260、宽220、残深41厘米。墓室四壁由石块砌成，内壁经过精心加工，较规整，外壁不太规则。石头为砂石，长度为20～40厘米，现存5层，每一层石头厚薄均匀，厚度为8～10厘米。底部为土质平面，墓顶部结构不详。墓门在墓室西南部。甬道位于墓室西南角，其南壁与墓室南壁连为一线。其北壁与墓室西壁垂直。甬道长180、宽150、残深41厘米。砌筑方式与墓室相同，其底部与墓室底部位于同一平面，也为土质平面。

墓内填土为黄褐色花土，略硬，未分层。包含有乱石块和一些黄釉瓷片。

根据墓室内骨架痕迹，可看出是双人合葬墓，但由于扰乱严重，葬具、葬式均不详。

随葬品共11件，散落于墓室与甬道。

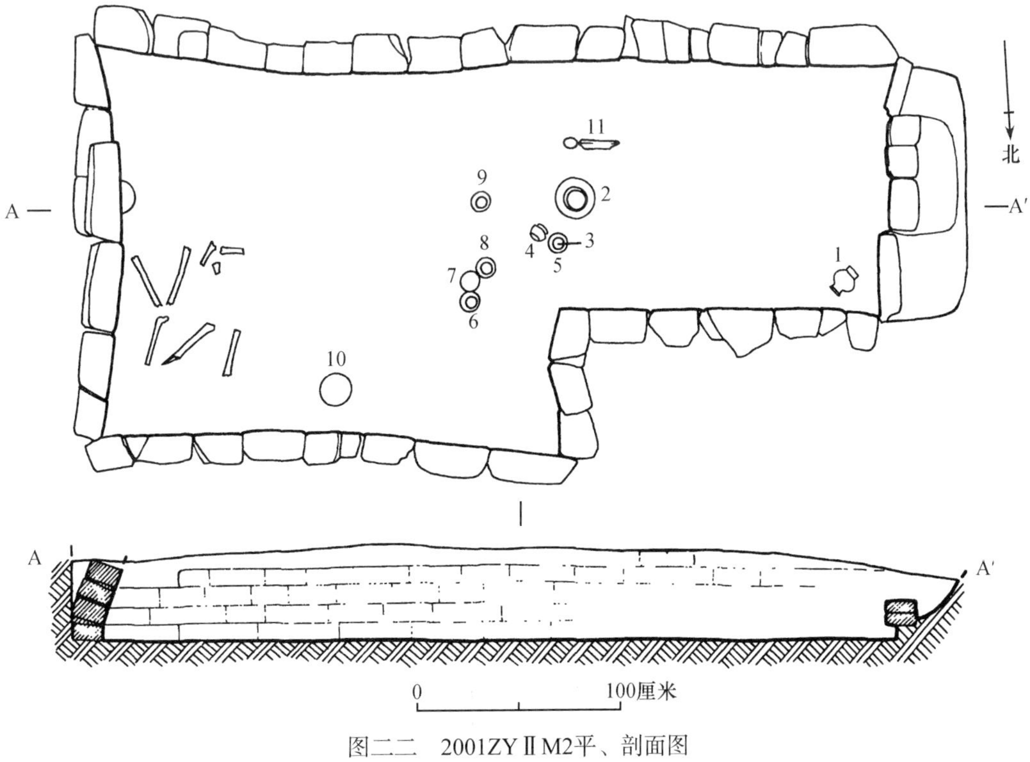

图二二　2001ZYⅡM2平、剖面图

1. 瓷四系罐　2. 瓷钵　3、6～10. 瓷盏　4、5. 陶盏　11. 铁剪

2. 2001ZYⅡM4

位于2001ZYⅡT224东部偏北，开口①层下，开口距地表深25厘米，打破生土。该墓方向为265°，全长440厘米，由墓室和甬道两部分组成（图二三）。墓室平面呈长方形，东西长296、南北宽200、残深15～26厘米。其四壁由石块砌成，内壁较规整平滑，外壁不甚规整，底部为硬土平面，较平。

甬道亦为石砌，平面呈长方形，东西长约144、南北宽125、深26厘米。其南壁与墓室南壁相连，北壁与墓室西壁垂直。

该墓扰乱严重，骨架散乱，腐蚀较严重，葬具、葬式均不详。

该墓随葬品共32件，散落墓室与甬道。

图二三　2001ZYⅡM4平、剖面图

1. 陶舞俑　2. 陶抚耳俑　3. 陶抚琴俑　4、10. 陶男立俑　5. 陶吹箫俑　6、19、20. 陶仕女俑　7. 陶母鸡　8. 陶魁　9. 陶狗　11. 陶盏　12. 陶勺　13. 陶钵　14、17. 陶壶　15. 陶罐　16. 陶击鼓俑　18. 陶豆　21. 陶公鸡　22. 铜钱

（二）长方形墓

1. 2004ZYM11

开口①层下，打破生土。方向248°。长370、宽200、残深0～25厘米，墓室四壁由石块砌成，由于被人为扰动破坏以及地质滑坡塌落，整体面貌不清（图二四）。

骨架已朽无存，葬具、葬式不详。墓内填土为黄褐色花土，略硬，未分层。有许多塌落于内的基石石块。

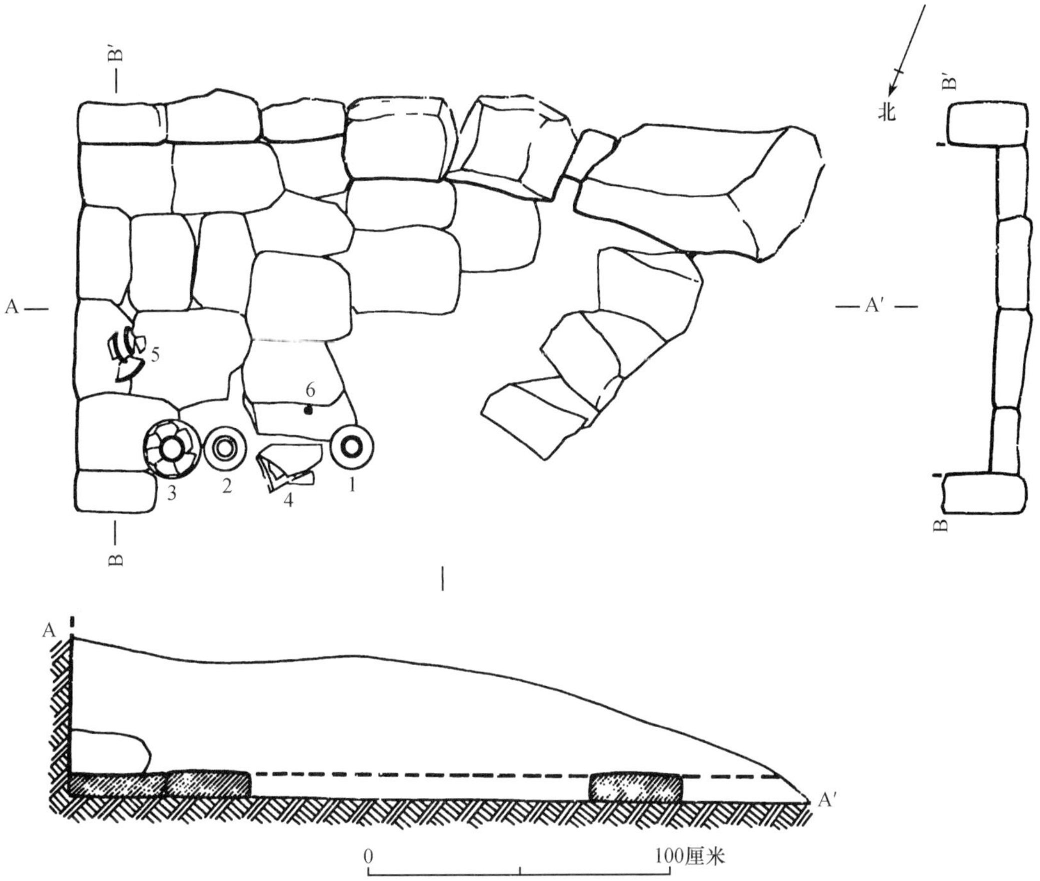

图二四　2004ZYM11平、剖面图
1. 陶仓　2、3. 陶罐　4. 陶楼　5. 陶盆　6. 铜钱

随葬品共6件，残存于墓室后部。

2. 2004ZYM13

开口①层下，打破生土。由于自然塌陷及人为破坏等原因，大部被毁无存，仅存东侧墓室上部，残长200、宽200、残高20厘米。墓室内填黄褐色五花黏土，被扰翻，在其底部发现五铢钱6枚。人骨无存，葬具不详（图二五）。

第二节　随　葬　品

本期墓葬的随葬品按单位介绍于后。

一、2001ZYⅠM1

随葬品共10件，其中瓷器8件，陶器2件（彩版一六，3）。

瓷四系盘口壶　1件。M1：1，器表施青釉，大部已脱落。盘口，尖圆唇，高领，束颈，溜

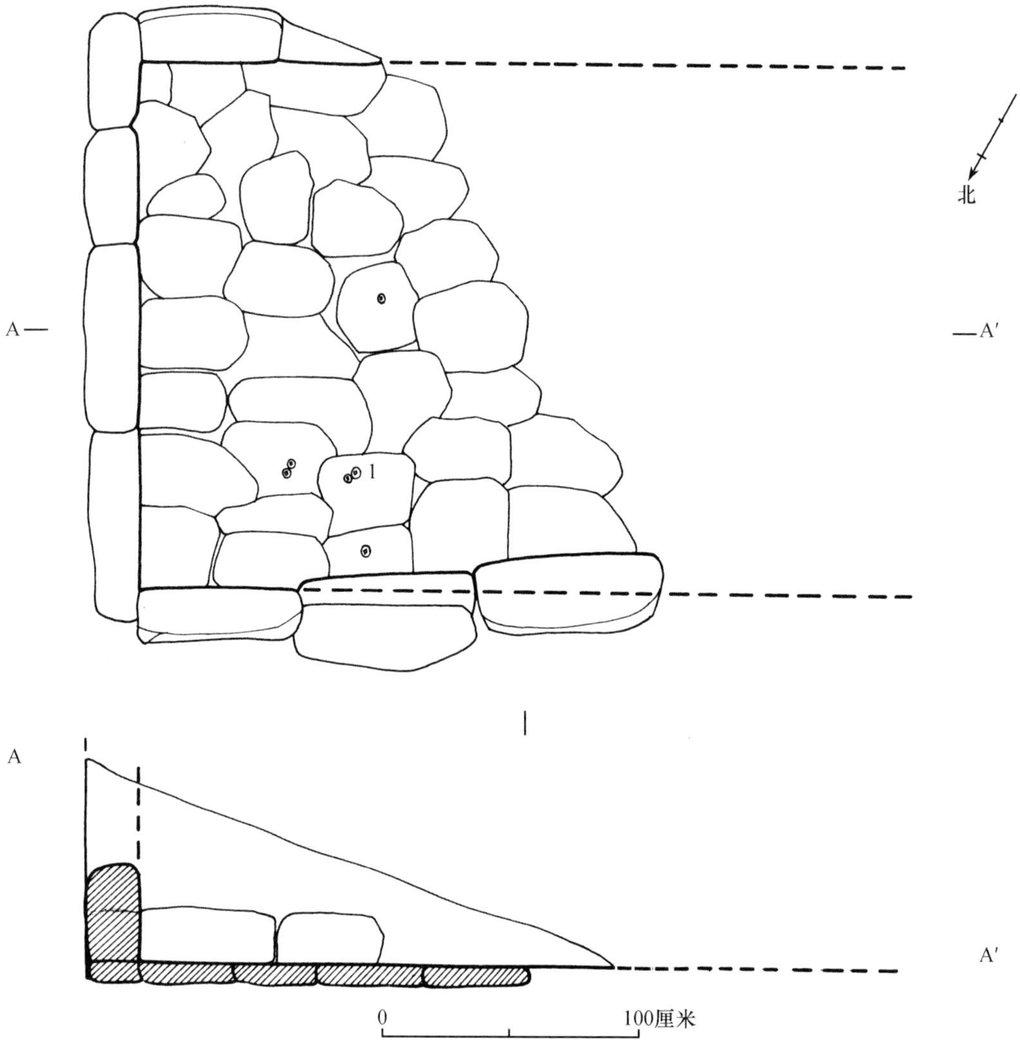

图二五　2004ZYM13平、剖面图
1. 铜钱（6枚）

肩，鼓腹，平底，肩部有两对对称贯耳，颈部有两周凸棱。口径14.4、腹径19.2、底径11.2、通高27.8厘米（图二六，5）。

瓷四系大口罐　1件。M1：4，青黄釉。子母口，耸肩，下腹斜内收，平底，肩部有对称四耳。素面。口径20、腹径24、底径13.6、高18.2厘米（图二六，1）。

瓷罐　2件。M1：8，夹砂青灰胎，釉色脱落。腹以上残，仅余罐底。下腹近弧，平底。底径12、残高11.6厘米（图二六，6）。另外1件M1：10，残。

瓷碗　2件。M1：3，青釉。烧制火候较高。口微敛，尖圆唇，弧腹，平底。唇下饰一周凹弦纹。口径16、高6.4厘米（图二六，2）。M1：7，器表及内壁、内底均施乳黄釉。烧制火候较高。敛口，弧腹，饼形圈足，底微凹。口径14.4、底径5.4、通高7.2厘米（图二六，3）。

瓷盏　2件。M1：5，青灰色釉。敛口，尖唇，上腹略鼓，下腹斜内收，平底。素面。口径8.8、高3.6厘米（图二六，8）。M1：6，青灰色釉。敛口，尖唇，弧腹，平底，唇下饰一周凹弦纹。口径9、高3.8厘米（图二六，7）。

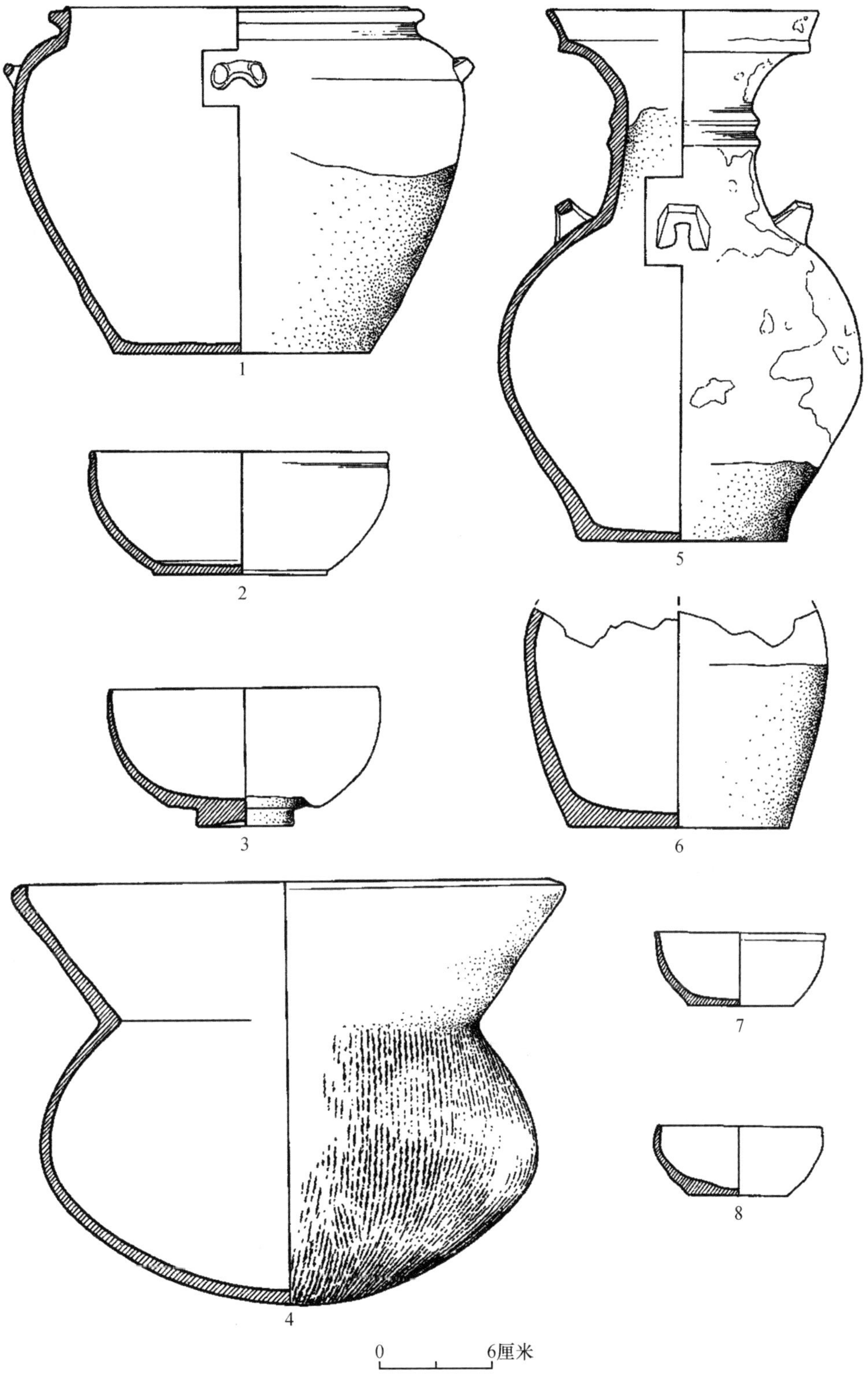

图二六　2001ZYⅠM1出土器物
1. 瓷四系大口罐（M1：4）　2、3. 瓷碗（M1：3、M1：7）　4. 陶釜（M1：2）　5. 瓷盘口壶（M1：1）
6. 瓷罐（M1：8）　7、8. 瓷盏（M1：6、M1：5）

陶釜　1件。M1：2，夹砂灰陶。烧制火候较低。敞口，方唇，折沿，束颈，鼓腹，圜底。颈以下饰竖向粗绳纹，唇面为绳勒纹。口径29.2、腹径26.8、高22厘米（图二六，4）。

陶罐　1件，M1：9，残。

二、2001ZYⅡM2

随葬品共11件，以瓷器为主，也有陶器和铁器（彩版一六，4）。

瓷四系罐　1件。M2：1，酱黄釉。直口，尖圆唇，溜肩，鼓腹，平底，肩部有对称四耳。器表饰方格印纹，肩部饰凹弦纹一周，有凹线两周。口径10.4、腹径16.8、底径11.6、高12.6厘米（图二七，4）。

瓷钵　1件。M2：2　青灰釉。口微敛，尖唇，弧腹，饼形足。唇下饰一周凹槽，钵内底部有几处支烧痕。口径20、底径12.4、高5.6厘米（图二七，1）。

瓷盏　6件。M2：3，青釉。尖唇，敛口，弧腹，饼形足。素面，内外施青釉。口径8.4、底径4.8、高3.4厘米（图二七，7）。M2：6，青黄釉，大部脱落。口微敛，尖唇，弧腹，饼形足。口径8.8厘米、底径4.8、高3.8厘米（图二七，3）。M2：7，青黄釉。素面。尖唇，弧腹，饼形足。器表釉层大部脱落，底部无釉。口径8、底径4.8、高3.4厘米（图二七，10）。M2：8，青灰釉。尖唇，弧腹，饼形足。器表釉层大部脱落，底部无釉。口径8.4、底径4.8、高3.5厘米（图二七，

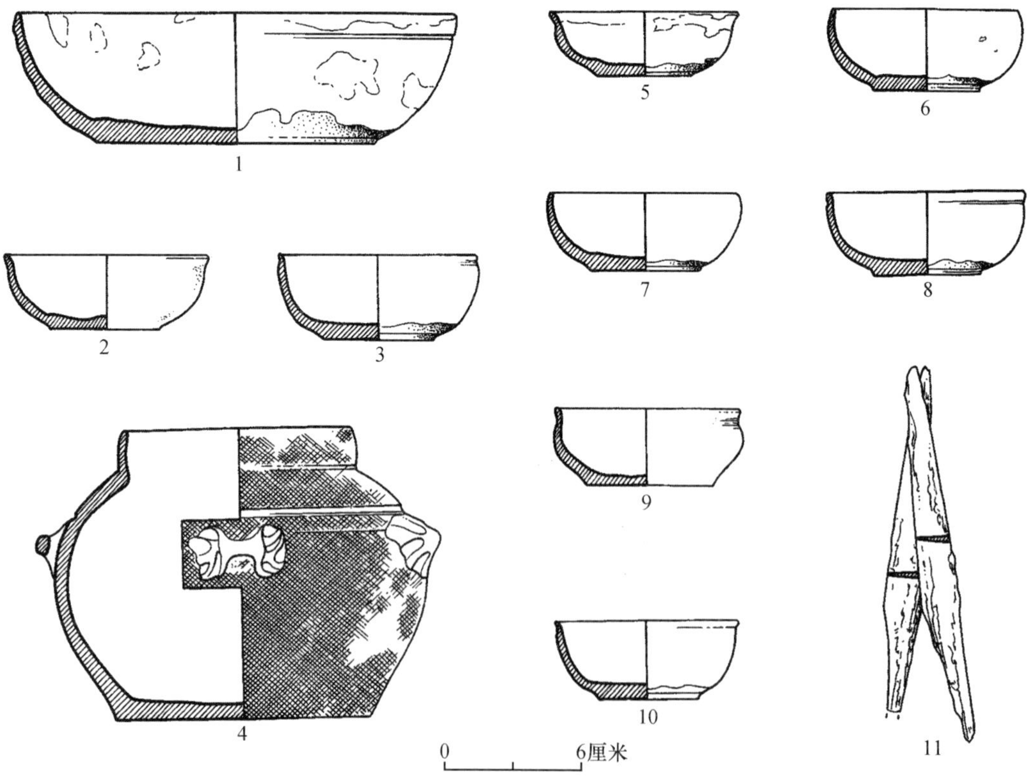

图二七　2001ZYⅡM2出土器物

1. 瓷大平底钵（M2：2）　2、9. 陶盏（M2：4、M2：5）　3、5、6～8、10. 瓷盏（M2：6、M2：10、M2：8、M2：3、M2：9、M2：7）　4. 瓷四系罐（M2：1）　11. 铁剪（M2：11）

6）。M2：9，内外均施青釉。口微敛，尖圆唇，唇下有一周凹槽，弧腹，饼形足，较平。口径9、底径5、高3.6厘米（图二七，8）。M2：10，青黄釉。口微侈，尖唇，弧腹，平底。器表釉层大部脱落。高8.4、底径4.4、高2.8厘米（图二七，5）。

陶盏　2件。M2：4，夹细砂灰陶。尖唇，唇下微凹，弧腹，平底。素面。口径9.2、底径4.8、高3.2厘米（图二七，2）。M2：5，夹细砂青灰陶。尖唇，弧腹，平底。素面。口径8.2、底径5.6、高3.4厘米（图二七，9）。

铁剪　1件。M2：11，铁质，锈蚀严重。长16.4厘米（图二七，11）。

三、2001ZYⅡM3

随葬品有陶罐1件和21枚五铢铜钱。

陶罐　1件。M3：1，夹细砂灰陶，轮制，烧制火候较高。肩部饰两周凹弦纹及一周条状印纹。卷沿，圆唇，束颈，溜肩，鼓腹，平底。口径9.6、腹径16、底径8、高11.4厘米（图二八，1）。

五铢铜钱　21枚。M3：2-1，模制。铜质，浇铸而成。圆形方穿，穿背面有郭，两侧有篆文“五铢”二字。钱径2.6、孔径0.83、郭径0.15厘米（图二八，2）。

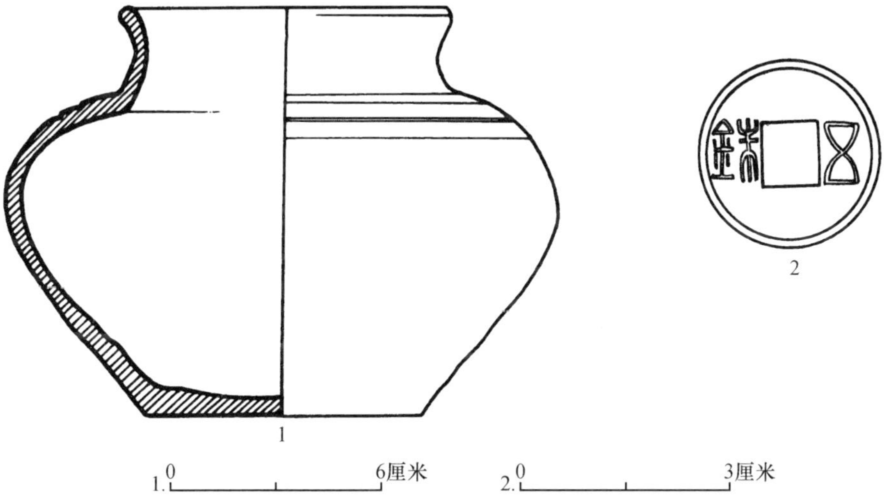

图二八　2001ZYⅡM3出土器物

1. 陶罐（M3：1）　2. 五铢铜钱（M3：2-1）

四、2001ZYⅡM4

该墓随葬品共32件，经修复后，完整器均为陶器，共21件。另出有铜钱，皆残（彩版一六，5）。

陶壶　共2件。M4：14，泥质灰陶。侈口，方唇，束颈，高领，溜肩，鼓腹，上腹部饰一对对称器耳，高圈足外侈，中部饰一对对称穿孔。颈部饰有一周凹槽，肩部及腹部各有两周，圈足另有一周凹槽。口径10.4、腹径22、底径15.6、高24.6厘米（图二九，1）。M4：17，泥质灰陶。口部残，鼓腹，上腹部饰有一对对称器耳，腹部有两周凹弦纹，高圈足外侈，圈足中部饰一对对称穿孔

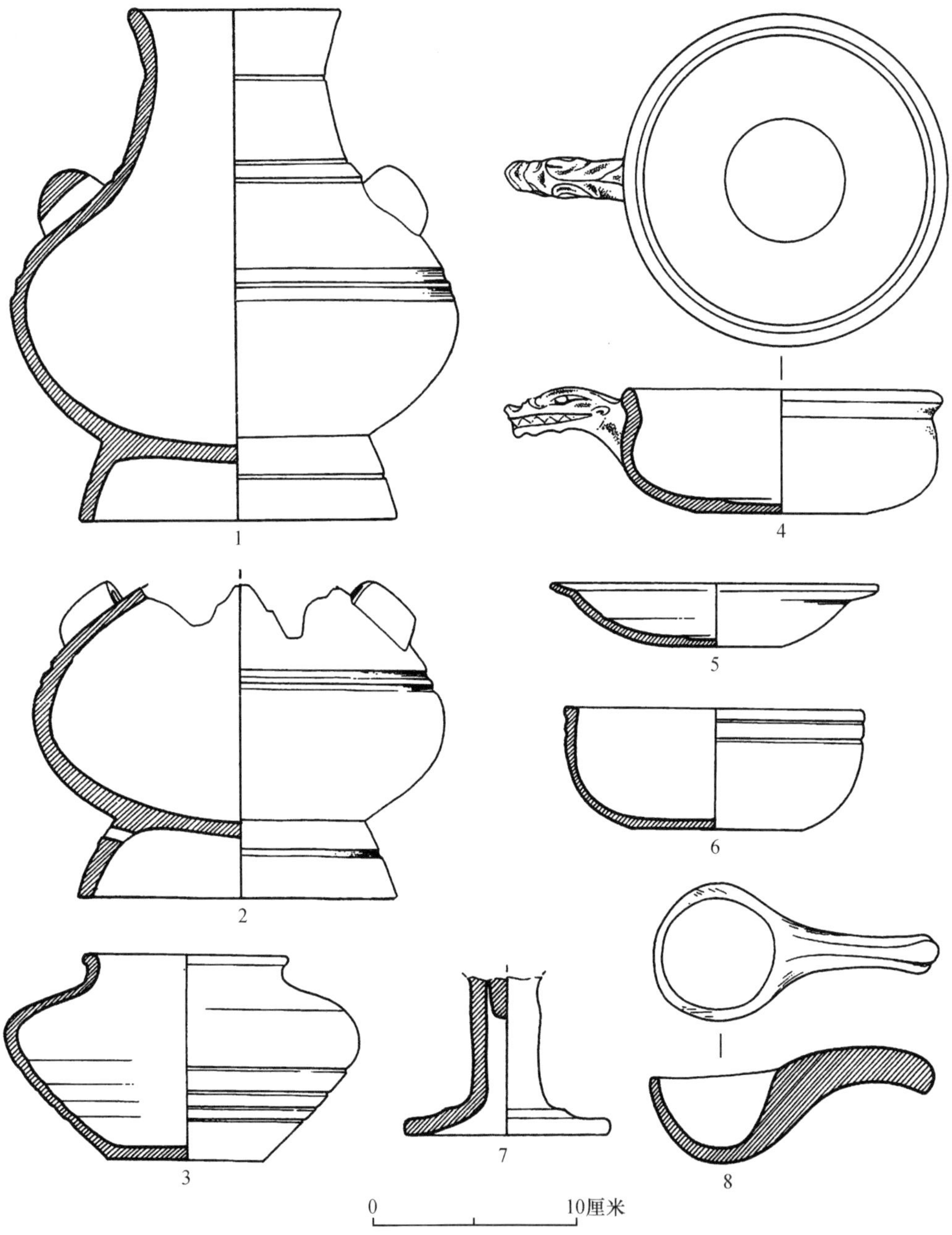

图二九　2001ZYⅡM4出土器物（一）

1、2. 陶壶（M4：14、M4：17）　3. 陶罐（M4：15）　4. 陶魁（M4：8）　5. 陶盘（M4：11）　6. 陶钵（M4：13）　7. 陶豆（M4：18）　8. 陶勺（M4：12）

及一周凹弦纹。腹径20.6、底径16、残高15厘米（图二九，2）。

陶罐　1件。M4：15，泥质灰陶。烧制火候较低，易碎。侈口，圆唇，微卷沿，颈微束，溜肩，上腹略鼓，下腹斜内收，平底。腹饰四周凹弦纹。口径10、腹径17.6、底径7.6、高9.8厘米（图二九，3）。

陶魁　1件。M4：8，泥质红陶。手轮合制。柄呈龟首状，魁斗平面为圆形，侈口，折沿，圆唇，颈微束，弧腹内收，平底。素面。口径15.6、底径8、高6厘米（图二九，4）。

陶盘　1件。M4：11，泥质红陶，通体施酱釉。敞口，平折沿，方唇，浅腹，平底。口径16、高3厘米（图二九，5）。

陶钵　1件。M4：13，泥质红陶。敛口，方唇，弧腹，平底。口沿下饰有两周凹弦纹。口径14.4、底径8.8、高5.6厘米（图二九，6）。

陶豆　1件。M4：18，泥质红陶。烧制火候较低。豆盘已残，仅余豆柄。柄较直，上部残；圈足较矮，外侈，足中部有一周凸棱。底径10、残高7.6厘米（图二九，7）。

陶勺　1件。M4：12，泥质红陶。勺身圆形圜底，曲柄。素面。长14、高5.6厘米（图二九，8）。

陶抚耳俑　1件。M4：2，泥质红陶，模制。跽坐状。头戴冠，广袖右衽长袍。面朝前方，身体略向右倾斜，左手置于左膝之上，右手置于右耳侧。高18厘米（图三〇，1）。

陶抚琴俑　1件。M4：3，泥质灰陶，模制。头顶圆发髻，右衽长袍。双膝跪于地上，琴置于双膝之上，双手抚琴，面视前方，神态自若。高16厘米（图三〇，3）。

陶吹箫俑　1件。M4：5，泥质红陶，模制。头戴冠，窄袖右衽长袍。双膝跪地，双手执箫，鼓腮，做吹箫状。高19.6厘米（图三〇，2）。

陶男立俑　1件。M4：4，泥质灰陶，模制。站立状，头部加冕，面视前方，双手合抱于胸前。高21.8厘米（图三〇，4）。M4：10，泥质红陶，模制。呈站立状，目视前方，头戴一官状帽，双手置于胸前。高20厘米（图三〇，5）。

陶仕女俑　3件。M4：6，泥质红陶，模制。站立状。背后挽髻，上身广袖右衽三层衣，下穿宽大长裤，双手合抱于胸前。高14厘米（图三一，5）。M4：19，泥质红陶，模制。站立状，上身略向后倾。背后挽髻，上身广袖右衽三层衣，下穿宽大长裤，双手合抱于胸前。高14厘米（图三一，4）。M4：20，泥质红陶，模制。站立状，上身略向前倾。背后挽髻，上身长袖右衽三层衣，下穿宽大长裤，双手合抱于胸前。高15.4厘米（图三〇，6）。

陶舞俑　1件。M4：1，泥质红陶，模制。头带冠，广袖右衽长袍。发高盘，笑容可掬。左手置于腰部，右手向上举起，腰部扭曲，腿略弯曲，形态逼真。高24.8厘米（图三一，1）。

陶击鼓俑　1件。M4：16，泥质红陶，模制。头部残，右衽长袍。双膝跪地，膝上置一圆鼓，左手置于鼓上，右手做拍击状。残高10.6厘米（图三一，6）。

陶母鸡　1件。M4：7，泥质红陶，模制。母鸡呈卧状，昂首，目视前方，鸡冠较小，颈部较短，腹部较大，尾巴略向上翘。背部卧一小鸡，双翅及胸前共遮护五只小鸡。长14、高13厘米（图三一，2）。

陶公鸡　1件。M4：21，泥质红陶。模制。直立，昂首，尖喙，高冠，曲颈，翘尾。长19.2、高18.6厘米（图三一，3）。

陶狗　1件。M4：9，泥质红陶。模制。昂首，直立，竖耳，瞠目，兜肚栓环，尾残。腿根部饰有圆圈。长36、高30厘米（图三二，1；彩版一六，6）。

铜钱较残，未收作标本。

五、2001ZYⅣM5

随葬品共13件，均为陶器（彩版一六，2）。

陶罐　共3件。M5：9，夹细砂灰陶。敛口，圆唇，颈外扩，斜肩，鼓腹，平底。肩部饰一周

图三〇　2001ZYⅡM4出土器物（二）

1. 陶抚耳俑（M4：2）　2. 陶吹箫俑（M4：5）　3. 陶抚琴俑（M4：3）　4、5. 陶男立俑（M4：4、M4：10）
6. 陶仕女俑（M4：20）

带状印纹及一周凹弦纹，腹部素面。口径14、腹径23.2、底径15.2、高15.4 厘米（图三三，2）。M5：10，夹细砂灰陶。卷沿，圆唇，束颈，溜肩，鼓腹，平底。肩部饰两周凹弦纹。口径10.4、腹径15.6、底径8、高10厘米（图三三，5）。M5：11，夹细砂灰陶。卷沿，圆唇，束颈，溜肩，鼓腹，平底。肩部饰倒三角形印纹一周，其下部饰一周凹槽。口径10、腹径16.4、底径9.2、高11.4厘

图三一　2001ZYⅡM4出土器物（三）

1. 陶舞俑（M4：1）　2. 陶母鸡（M4：7）　3. 陶公鸡（M4：21）　4、5. 陶仕女俑（M4：19、M4：6）
6. 陶击鼓俑（M4：16）

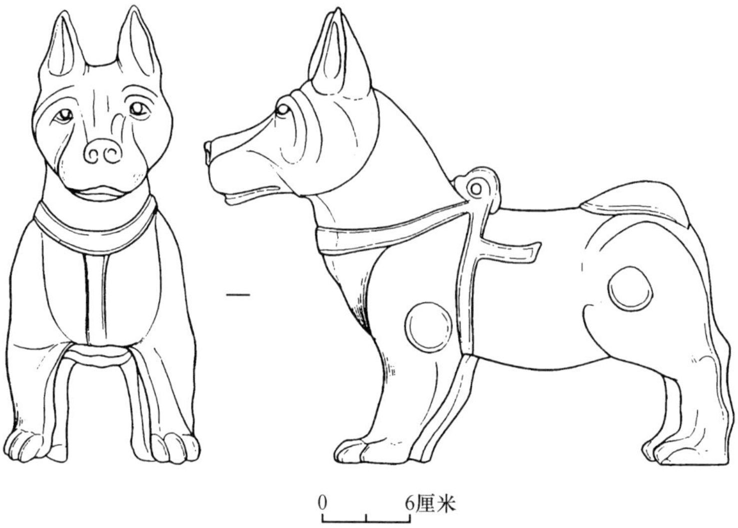

图三二　2001ZYⅡM4出土陶狗（M4：9）

米（图三三，4）。

陶俑　1件。M5：12，泥质灰陶。呈站立状，腹以上残。素面。残高10厘米（图三三，8）。

釉陶杯　1件。M5：7，泥质红陶，器表施青黄釉。敛口，方唇，唇面微凹，腹略弧，平底。上腹有一对对称的器耳，耳部两侧各有一周凹弦纹。口径9.6、底径8、高8.2厘米（图三三，7）。

陶壶　1件。M5：2，泥质红陶。侈口，尖唇，束颈，高领，溜肩，鼓腹，高圈足，圈足微侈。肩部饰三周凹槽，肩部有一对对称的兽面纹饰，腹部有一周凹槽，圈足中部有一周凹弦纹。口径14.8、腹径25.2、底径14.8、高30.4厘米（图三三，1）。

陶盆　1件。M5：13，夹细砂灰陶。敛口，折沿，沿面近平，尖圆唇，弧腹，腹以下残。器表有数周凹弦纹。口径32、残高12.6厘米（图三三，3）。

釉陶盂　1件。M5：4，泥质红陶，器表施酱釉。卷沿，方唇，束颈，腹略鼓，平底。腹部有两周凹弦纹。口径14.4、底径11.2、高8.6厘米（图三三，6）。

陶魁　1件。M5：3，泥质红陶。敛口，方唇，唇面微凹，腹略弧，平底，沿下有一单手柄，首呈龟头。素面。口径18、底径7.6、高7.2厘米（图三四，1）。

陶猪　1件。M5：6，泥质灰陶，模制。四肢站立，躯体肥硕，形象逼真。长26.2、高15.8厘米（图三四，2）。

陶勺　1件。M5：5，泥质红陶。勺身圆形圜底，曲柄。素面。长14.2、高6厘米（图三四，3）。

釉陶盏　1件。M5：8，泥质红陶，内外施青黄釉，大部脱落。方唇，直口，斜腹，平底。口径11.6、底径8、高3.2厘米（图三四，4）。

陶熏炉　1件。M5：1，泥质红陶，上部模制，下部轮制，火候较高。上部为锥形火焰状浮雕，下部束腰形。底径8.4、高22厘米（图三四，5）。

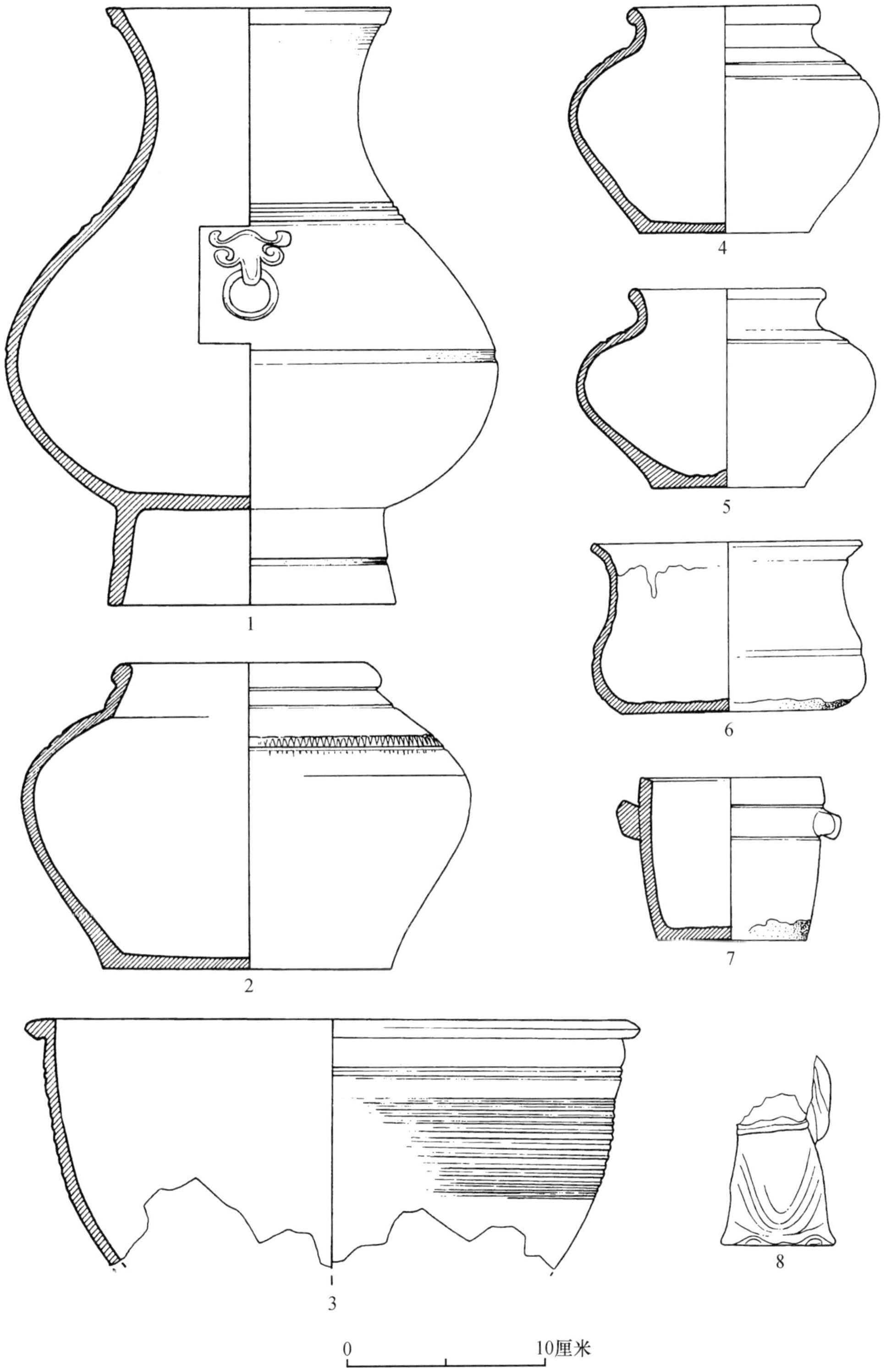

图三三　2001ZYⅣM5出土器物（一）

1. 陶壶（M5：2）　2、4、5. 陶罐（M5：9、M5：11、M5：10）　3. 陶盆（M5：13）　6. 釉陶盂（M5：4）　7. 釉陶杯（M5：7）　8. 陶俑（M5：12）

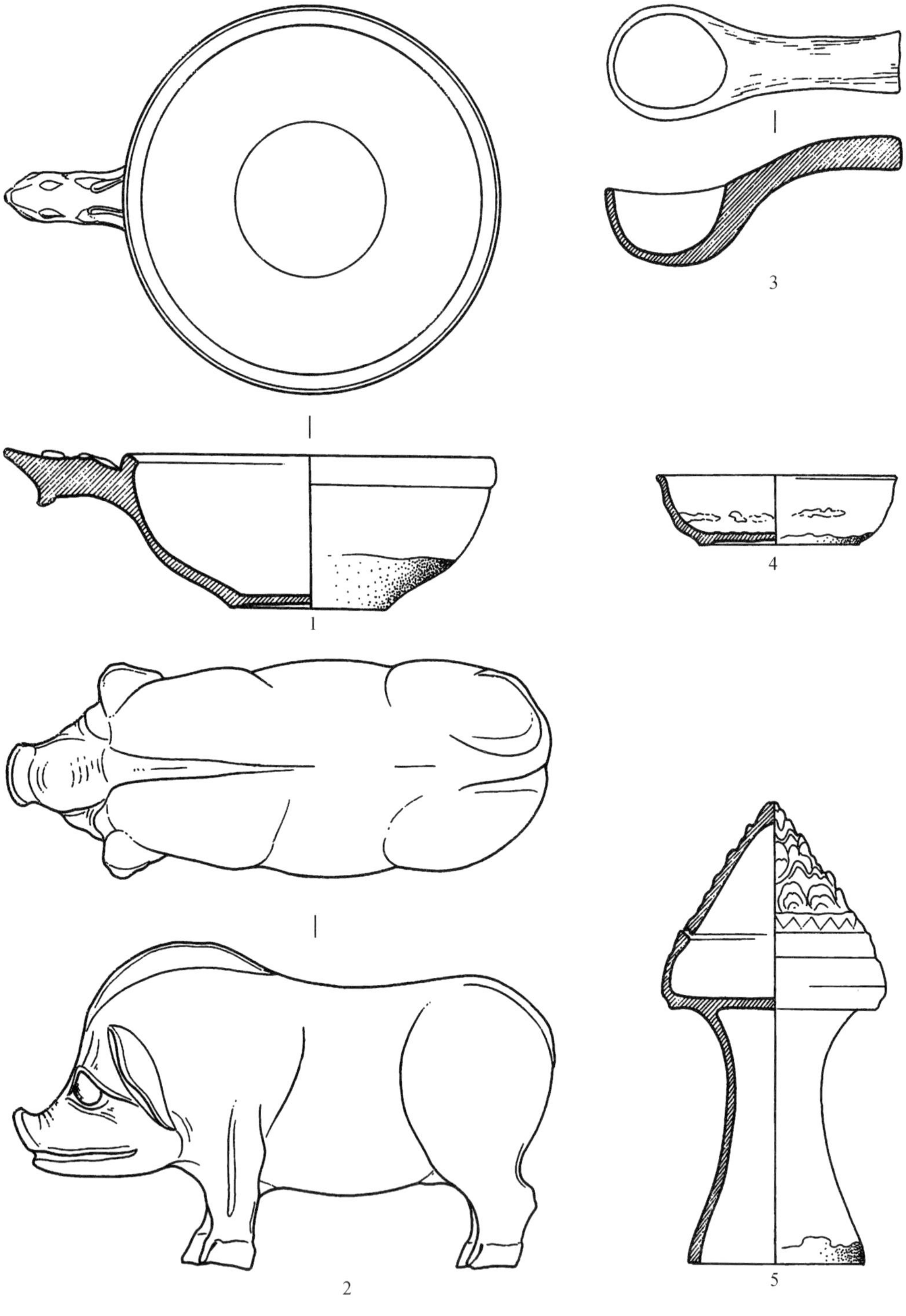

图三四　2001ZYⅣM5出土器物（二）

1. 陶魁（M5：3）　2. 陶猪（M5：6）　3. 陶勺（M5：5）　4. 釉陶盏（M5：8）　5. 陶熏炉（M5：1）

六、2003ZYM6

残存随葬品31件，均为陶器和釉陶器。

陶罐　2件。M6：1，夹砂灰陶。侈口，卷沿，圆唇，束颈，圆肩，鼓腹，平底。肩部有一周凹弦纹。口径10、底径8、高12.5厘米（图三五，10；彩版一七，4）。M6：23，夹砂灰陶。侈口，卷沿，圆唇，束颈，圆肩，鼓腹，平底。肩部有两周凹弦纹。口径8.8、底径7.5、高10.8厘米（图三五，11；彩版一七，3）。

釉陶罐　1件。M6：3，夹细砂红陶，铁红釉，内外满釉。口微敛，内斜沿，圆唇，微鼓腹，平底。沿下有一周凹弦纹。口径8、底径8、高9.2厘米（图三五，3；彩版二〇，1）。

小陶罐　2件。M6：16，泥质灰陶。侈口，卷沿，圆唇，束颈，折鼓腹，平底。素面。口径4.2、底径4、高3.2厘米（图三五，4；彩版二〇，4）。M6：27，泥质灰陶。侈口，卷沿，圆唇，束颈，垂腹，大平底。素面。口径3.6、底径4.8、高3.4厘米（图三五，5；彩版二〇，3）。

陶釜　3件。M6：9，夹砂灰陶。敛口，直沿，圆唇，扁圆鼓腹，圜底。肩饰两鸡冠耳鋬及一周凹弦纹。口径18、高19.6厘米（图三五，2；彩版一七，2）。M6：25，夹细砂红陶。侈口，卷平沿，圆唇，曲鼓腹，小平底。上腹饰凹弦纹一周。口径12、高9.6、底径4厘米（图三五，7；彩版一七，5）。M6：28，夹细砂红陶。侈口，卷沿，圆唇，鼓腹，小平底。上腹饰凹弦纹一周。口径11.6、底径4、高10厘米（图三五，6；彩版一七，6）。

釉陶盆　4件。M6：2，夹细砂红褐胎，铁红釉，内满釉，外无釉。敞口，方唇，浅曲腹，小平底。素面。口径17、底径4.8、高5.2厘米（图三五，14；彩版一八，4）。M6：10，夹细砂红陶胎，铁红釉，内满釉，外无釉。侈口，宽折沿，方唇，鼓腹，小平底。腹部有三周凹弦纹。口径21、底径7.2、高8厘米（图三五，9；彩版一八，3）。M6：22，夹细砂红陶，银黄釉，内外满釉，大部脱落。直口，圆唇，曲折腹，小平底。器表饰凹弦纹一周。口径16.4、底径5、高4厘米（图三五，12；彩版一八，2）。M6：29，夹细砂红陶，银黄釉，内外满釉，大部脱落。敞口，方唇，平沿，折腹，小平底。器表饰凹弦纹一周。口径16、底径4.4、高4.8厘米（图三五，13；彩版一八，1）。

陶豆　1件。M6：19，泥质红陶。敞口，圆唇，折腹，喇叭形圈足。唇下有一周凹槽，器表饰凹弦纹一周。口径11.2、底径10、高10厘米（图三五，8；彩版二〇，6）。

陶甑　1件。M6：24，夹砂灰陶。敞口，平折沿，尖圆唇，微鼓腹，平底，底有箅孔六个。上腹饰有弦纹。口径30、底径15.2、通高19.2厘米（图三五，1；彩版二〇，2）。

釉陶魁　1件。M6：21，夹细砂红陶，银黄釉，内外满釉，多脱落。敛口，圆唇，曲腹，平底。口沿下塑一龙头形柄。器表饰凹弦纹一周。口径17.6、底径8、高6厘米（图三六，7；彩版一八，5）。

釉陶壶　1件。M6：20，泥质红陶，铁红釉。钵形盖，上施三个乳钉，盖顶留有旋痕，壶身子母口，束颈，鼓腹，喇叭形圈足。肩有弦纹及铺首衔环。口径14、底径15.2、高32.8厘米（图三六，3）。

陶博山炉　1件。M6：18，夹细砂红陶，炉身轮制，盖模制。炉身呈豆形，盖身施火焰形乳突。器表饰凹弦纹两周。炉身直径12、底径10、通高14.5厘米（图三六，6；彩版二〇，5）。

陶狗　1件。M6：4，泥质红陶，合范模制。直立，张口瞪目，兜肚栓环，前后腿根部各有一

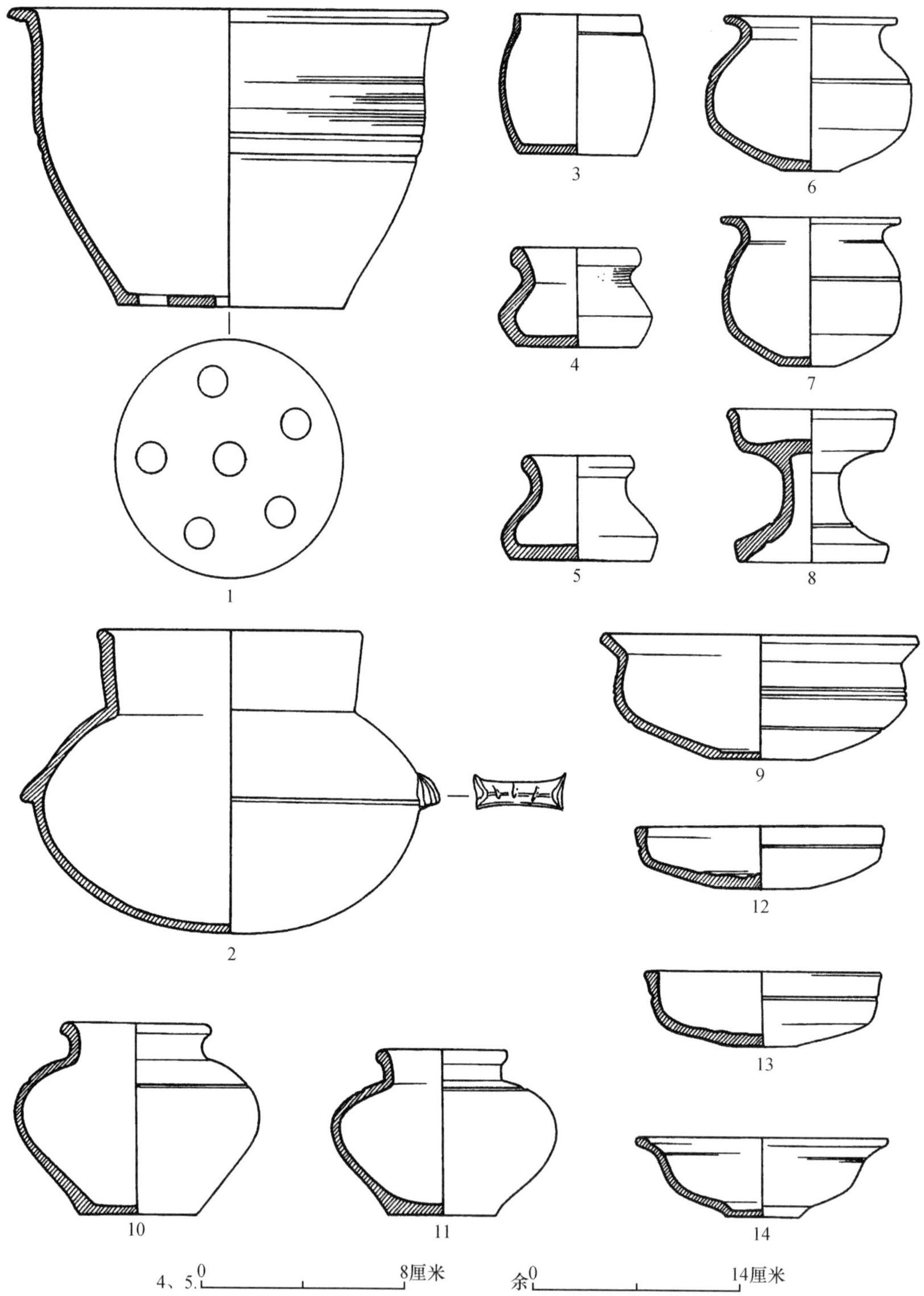

图三五　2003ZYM6出土器物（一）

1. 陶甑（M6：24）　2、6、7. 陶釜（M6：9、M6：28、M6：25）　3. 釉陶罐（M6：3）　4、5. 小陶罐（M6：16、M6：27）　8. 陶豆（M6：19）　9、12～14. 釉陶盆（M6：10、M6：22、M6：29、M6：2）　10、11. 陶罐（M6：1、M6：23）

图三六　2003ZYM6出土器物（二）

1. 陶猪（M6：7）　2. 陶狗（M6：4）　3. 釉陶壶（M6：20）　4. 陶公鸡（M6：6）　5. 陶母鸡（M6：15）
6. 陶博山炉（M6：18）　7. 釉陶魁（M6：21）

卷云圈。长23、高16厘米（图三六，2；彩版二一，3）。

陶公鸡　1件。M6：6，泥质红陶，合范模制。尖嘴，高冠，直颈，曲身，翘尾直立。长16、高16厘米（图三六，4；彩版二一，5）。

陶母鸡　1件。M6：15，泥质灰陶，合范模制。母鸡卧伏，尖喙，曲颈，尾略翘，背负一小鸡，胸前一只，两翼下各一只。长11.6、高8.8厘米（图三六，5；彩版二一，6）。

陶猪　1件。M6：7，夹细砂红陶，合范模制。低首，长嘴，尖鼻，体肥。长21.2、高11.6厘米（图三六，1；彩版二一，4）。

陶井　1件。M6：14，下部井圈为泥质灰陶，上部建筑为泥质红陶，分块模制。井圈上下均为"亞"字形，中有圆形井口；有两根支架作为中间支撑。上部饰有方格纹、枝叶纹等，下部素面。边长20、高13.6厘米（图三七，1；彩版二〇，7）。

陶勺　1件。M6：31，泥质红陶。勺身圆形圜底，直柄。长15.6、高8.4厘米（图三七，2；彩版一八，6）。

陶舞俑　1件。M6：5，夹细砂灰陶，合范模制。头梳髻，右衽长袍，右手上举，左手按胯，腰部扭曲，作舞蹈状。高20厘米（图三八，1；彩版一九，5）。

陶立俑　3件。M6：8，泥质红陶，合范模制。头戴冠，右衽长袍，双手合抱于腰前，直立。高21.5厘米（图三八，2；彩版一九，6）。M6：11，泥质红陶，合范模制，头戴冠，右衽长袍，双手抱于腰前，直立。高20.5厘米（图三八，3；彩版二一，1）。M6：17，泥质灰陶，合范模制。头戴冠，右衽长袍，双手抱于胸前，直立。高19.4厘米（图三八，4；彩版二一，2）。

陶吹埙俑　1件。M6：12，泥质红陶，合范模制。跪坐，头戴胡帽，身穿窄袖袍，双手持埙于嘴，鼓腮。高14.4厘米（图三八，6；彩版一九，1）。

陶击鼓俑　1件。M6：13，泥质红陶，合范模制。跪坐。头戴梁冠，右衽长袍，右手举起，左手击鼓。高14.8厘米（图三八，7；彩版一九，3）。

陶抚琴俑　1件。M6：26，泥质红陶，合范模制。头戴圆帽，右衽长袍，跪坐，琴置双腿，双手弹抚。高12.8厘米（图三八，8；彩版一九，4）。

陶抚耳俑　1件。M6：30，泥质红陶。合范模制，帽饰模糊，圆领右衽窄袖长袍，跪坐，右手抚耳。高14.8厘米（图三八，5）。

七、2004ZYM7

随葬品多已残破，修复陶器5件，另有铜钱6枚。

陶豆　1件。M7：6，夹细砂灰陶。浅盘口，圆方唇，喇叭形柄，外侈。素面。口径10、底径11.2、高14.8厘米（图三九，5；彩版二二，2）。

陶钵　1件。M7：1，修复完整。泥质灰陶。敞口，尖圆唇，弧腹内收，饼形足。口径15.2、底径6.4、高6厘米（图三九，3；彩版二二，1）。

陶立俑　2件。M7：3，泥质红陶，合范模制。头戴冠，右衽及地长袍，下摆宽大，双手合抱于腹前。通高14.8厘米（图三九，6；彩版二二，3）。M7：4，泥质灰陶，合范模制。头戴冠，右衽及地长袍，下摆宽大，双手合抱于胸前。通高24.8厘米（图三九，1；彩版二二，4）。

陶池塘　1件。M7：5，泥质灰陶。平面长方形，宽平折沿，斜直腹，平底。塘内底部有鱼、

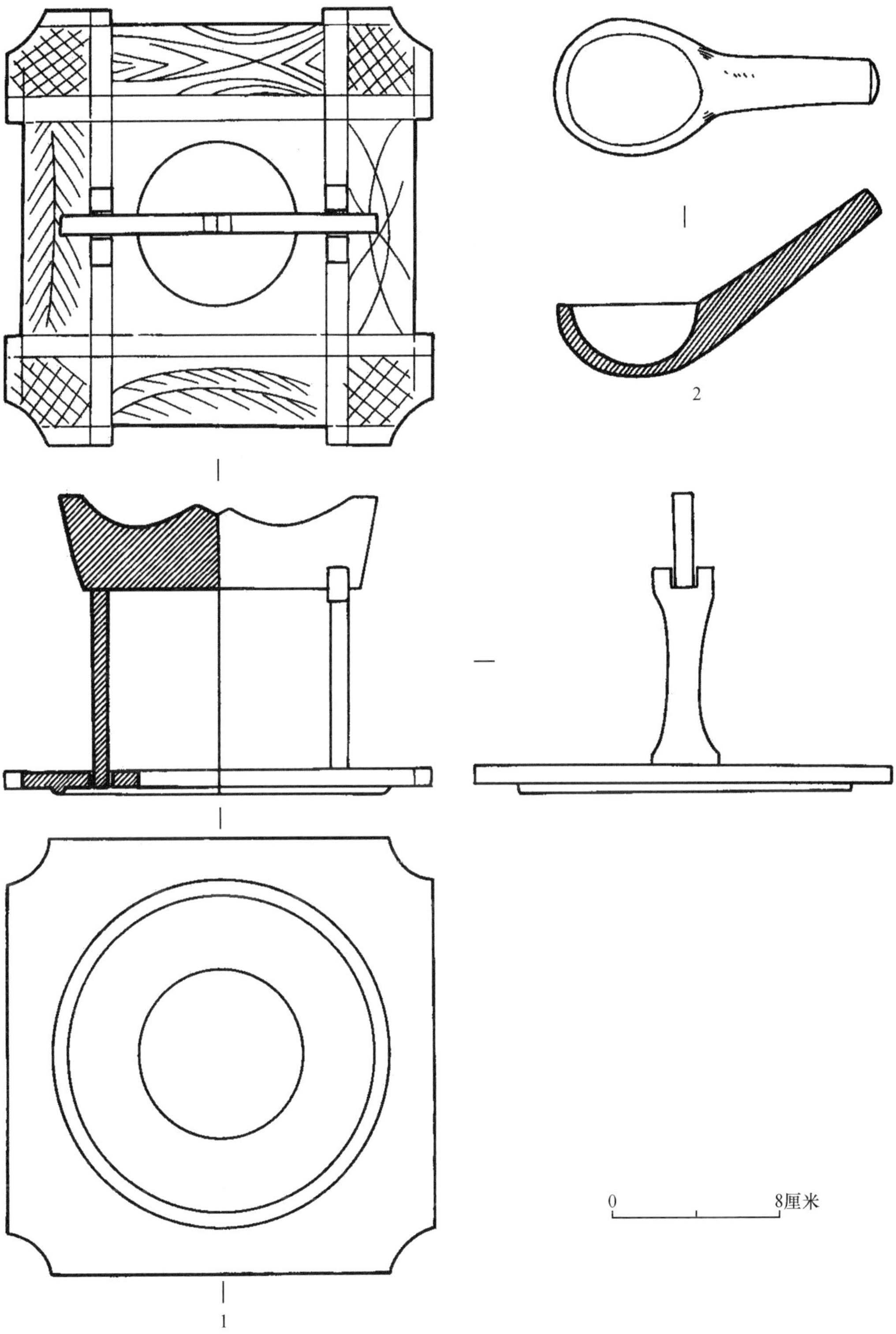

图三七　2003ZYM6出土器物（三）
1. 陶井（M6∶14）　2. 陶勺（M6∶31）

图三八　2003ZYM6出土器物（四）

1. 陶舞俑（M6：5）　2～4. 陶立俑（M6：8、M6：11、M6：17）　5. 陶抚耳俑（M6：30）
6. 陶吹埙俑（M6：12）　7. 陶击鼓俑（M6：13）　8. 陶抚琴俑（M6：26）

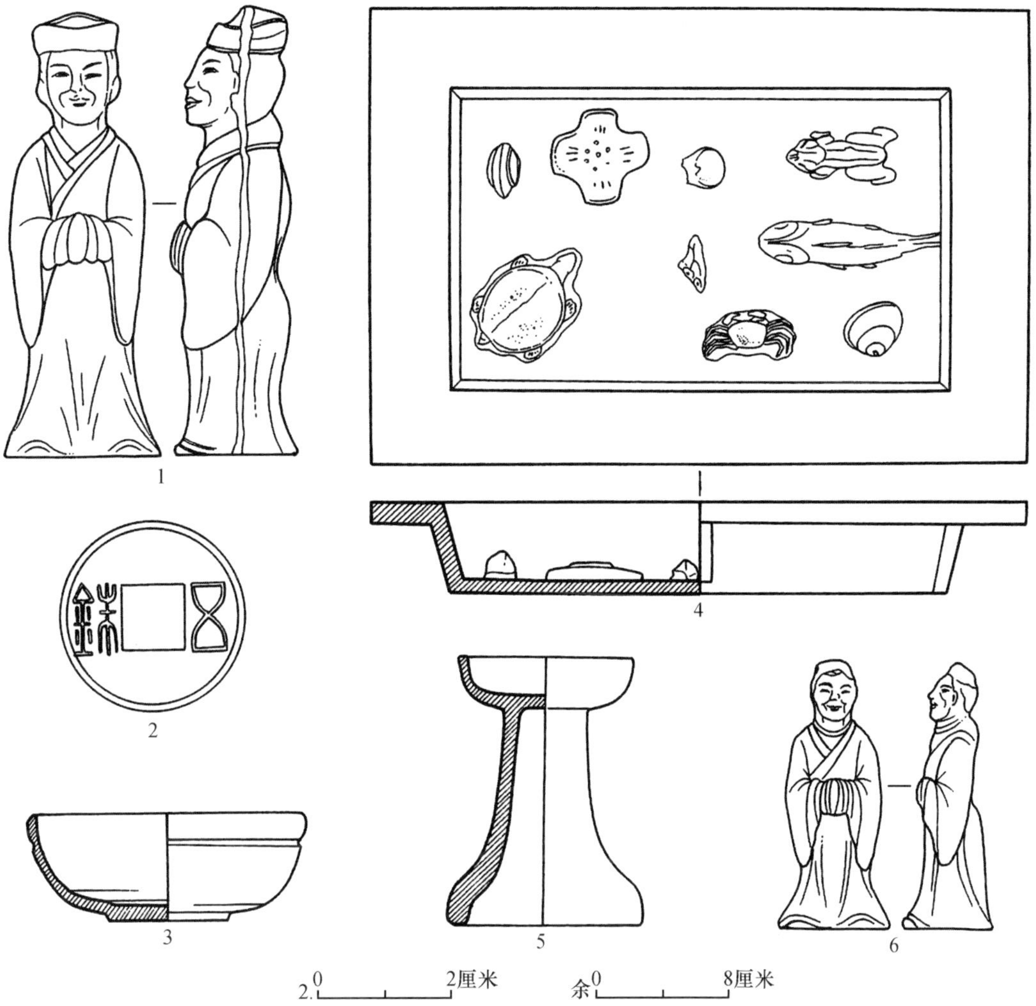

图三九　2004ZYM7出土器物

1、6. 陶立俑（M7：4、M7：3）　2. 铜钱（M7：2-1）　3. 陶钵（M7：1）　4. 陶池塘（M7：5）　5. 陶豆（M7：6）

龟、蚌、蟹等泥塑浮雕。长37.2、宽25.2、通高5厘米（图三九，4；彩版二二，5）。

铜钱　6枚，均为五铢钱。标本M7：2-1，铜质，浇铸而成。圆形方穿，穿背面有郭，两侧有篆文“五铢”二字。钱径2.6、穿径1、郭径0.1厘米（图三九，2）。

八、2004ZYM8

随葬品共20件。

瓷盘口壶　1件。M8：1，灰白胎，青釉，盘口施釉，外施半釉。浅盘口，束颈，鼓肩，下腹内收，平底。下腹有旋痕。口径13.6、底径10、高25.4厘米（图四〇，6；彩版二三，3）。

瓷双耳罐　1件。M8：2，青灰胎，青釉已脱落。敛口，平沿，圆唇，鼓腹，下腹弧内收，平底。肩附桥形双系，下腹有旋痕。口径10、底径10、高18厘米（图四〇，1；彩版二三，2）。

瓷四系罐　1件。M8：3，灰白胎，青釉已脱落。敛口，平沿，沿面有一周凹槽，鼓腹，下腹弧内收，平底。肩附桥形四系。器表饰凹弦纹两周。口径11、底径10.4、高16.4厘米（图四〇，2；彩版二三，1）。

小瓷罐　1件。M8∶8，灰白胎，青釉，内满釉，外部施釉不及底。直口，微敛，鼓肩，下腹斜内收，平底。口径4、底径4.8、高4厘米（图四〇，4；彩版二三，4）。

瓷钵　1件。M8∶4，灰白胎，青釉，内满釉，外半釉，大部已脱落。敛口，圆唇，腹微曲，平底。唇下有一周凹槽，器表饰凹弦纹一周。口径15.2、底径10.4、高5.6厘米（图四〇，3；彩版二三，5）。

瓷碗　1件。M8∶6，灰白胎，青釉，内外施釉均不及底。敞口，尖圆唇，深弧腹，饼状足。口径15.2、底径7.2、高8厘米（图四〇，5；彩版二三，6）。

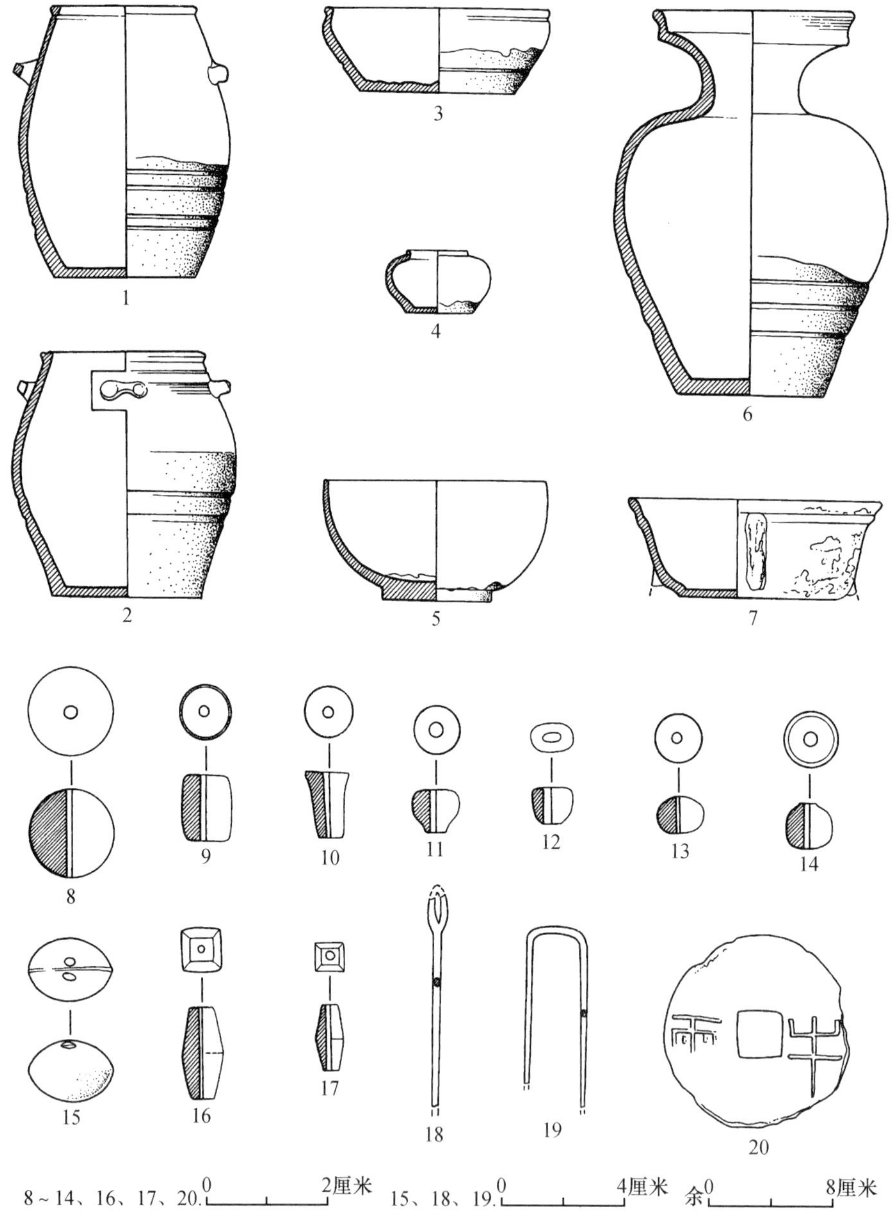

图四〇　2004ZYM8出土器物

1. 瓷双耳罐（M8∶2）　2. 瓷四系罐（M8∶3）　3. 瓷钵（M8∶4）　4. 小瓷罐（M8∶8）　5. 瓷碗（M8∶6）　6. 瓷盘口壶（M8∶1）　7. 铁鐎斗（M8∶5）　8、9、11～14、16、17. 琉璃珠（M8∶12、M8∶14、M8∶19、M8∶20、M8∶16、M8∶18、M8∶15、M8∶17）　10. 骨珠（M8∶13）　15. 铜铃（M8∶11）　18、19. 铜簪（M8∶10、M8∶7）　20. 铜钱（M8∶9）

铁鐎斗　1件。M8：5，铁质，浇铸。盆形斗，敞口，腹微垂，平底，附足已残。唇下有一周凸棱。口径17、底径11、残高7厘米（图四〇，7）。

铜铃　1件。M8：11，铜质，浇铸。椭圆形，顶有双孔。长径2.8厘米（图四〇，15）。

铜簪　2件。M8：7，整体呈“U”形，两端残。残长6厘米（图四一，19）。M8：10，长条状，环首残。残长7厘米（图四〇，18）。

铜钱　1枚。M8：9，半两钱。圆形，方穿，钱郭残破。钱文为篆文“半两”。钱径3.2、穿径0.75厘米（图四〇，20）。

琉璃珠　8个。M8：12，青绿色。圆球形，中有穿孔。直径1.5、孔径0.2厘米（图四〇，8）。M8：14，浅蓝色。圆柱形，中有穿孔。长1.1、径0.9、孔径0.2厘米（图四〇，9）。M8：15，宝石红。四棱形，中间鼓，两头细，有孔。长1.5、两端宽0.4、中部宽0.7、孔径0.2厘米（图四〇，16）。M8：16，浅黄色。扁圆形，中有穿孔。长径0.8、孔径0.2厘米（图四〇，13）。M8：17，黄白色。四棱形，中间略鼓，折腹，两头细，中有穿孔。长1.1、两端宽0.3、中间宽0.5、孔径0.15厘米（图四〇，17）。M8：18，蓝绿色。近葫芦形，上部略残，中有穿孔。直径0.8、高0.8、孔径0.2厘米（图四〇，14）。M8：19，蓝绿色。近葫芦形，微残，中有穿孔。径0.4～0.8、高0.8、孔径0.2厘米（图四〇，11）。M8：20，青色。平面呈椭圆形，剖面近梯形，上大下小，中有穿孔。长径0.7、短径0.5、高0.6、孔径0.3厘米（图四〇，12）

骨珠　1个。M8：13，骨质。剖面呈桶形，上大下小，中有穿孔。长1.1、直径0.4～0.7、孔径0.2厘米（图四〇，10）。

九、2004ZYM9

随葬品共5件。

瓷四系盘口壶　1件。M9：1，灰白胎，青釉，内满釉，外施半釉。浅盘口，束颈，鼓腹，下腹斜内收，平底。肩附桥形四系。口径12、底径9、通高24.5厘米（图四一，4；彩版二四，2）。

瓷碗　1件。M9：2，灰白胎，青釉，内外满釉。敞口，尖圆唇，深腹，平底，饼形足。口径14.4、底径6、高7.6厘米（图四一，3；彩版二四，3右）。

瓷盏　1件。M9：3，灰白胎，青釉，内外满釉，大部脱落。口微敛，尖圆唇，弧腹，平底，饼形足。口径9、底径5.6、高4厘米（图四一，1；彩版二四，1）。

瓷钵　1件。M9：4，灰白胎，青釉，内外满釉。敞口，尖圆唇，内弧腹，大平底，饼形足。唇下和足底外部各有一周凹槽。口径14、底径9、高7.2厘米（图四一，2；彩版二四，3左）。

陶釜　1件。M9：5，夹砂黑胎红褐皮陶。侈口，宽折斜沿，鼓腹，底残。器表饰纵向细绳纹。口径24、残高17.2厘米（图四一，5）。

一〇、2004ZYM10

随葬品13件。

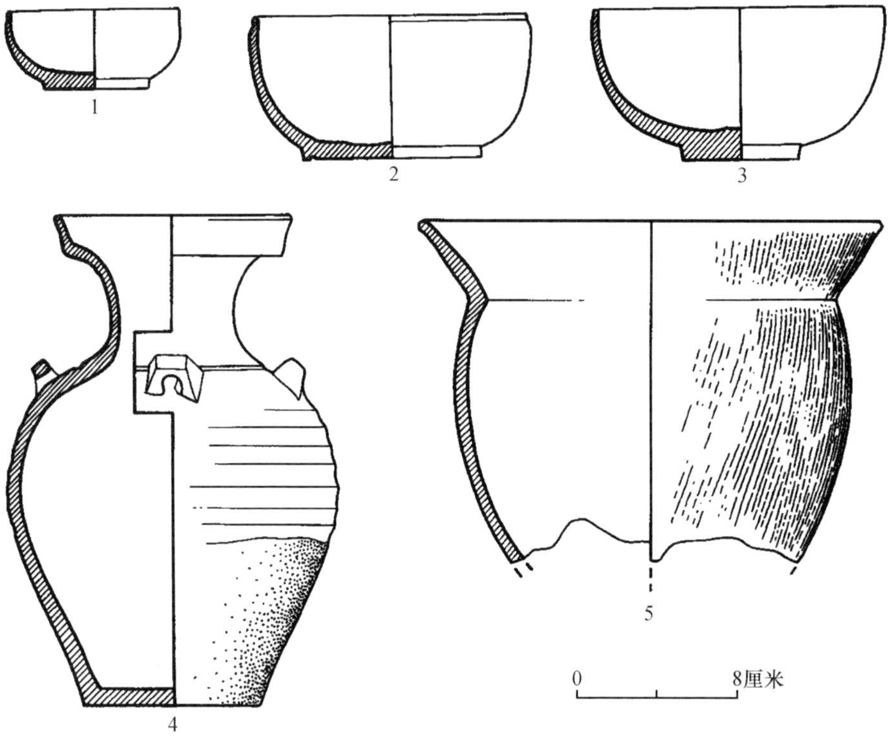

图四一　2004ZYM9出土器物

1. 瓷盏（M9：3）　2. 瓷钵（M9：4）　3. 瓷碗（M9：2）　4. 瓷盘口壶（M9：1）　5. 陶釜（M9：5）

瓷双系盘口壶　1件。M10：8，灰白胎，青釉，盘口施釉，外满釉。浅盘口，束颈，溜肩，圆鼓腹，下腹斜直内收，平底。肩附桥形双系。口径5.6、底径7.2、通高12厘米（图四二，7；彩版二五，3）。

瓷六系盘口壶　1件。M10：7，灰白胎，青釉，盘口施釉，外施半釉。盘口，高领，束颈，溜肩，鼓腹，平底。肩附桥形六系。口径13.6、底径9、通高26.4厘米（图四二，2；彩版二五，2）。

瓷钵　2件。M10：9，灰白胎，青釉，内满釉，外釉不到底。口微敛，尖圆唇，圆鼓腹，大平底，饼形足。器内底有八支钉痕。口径15.6、底径9.6、高7厘米（图四二，1；彩版二六，3左）。M10：10，灰白胎，青釉，内满釉，外釉不到底。敞口，尖圆唇，弧腹内收，大平底，饼形足。器内底有18支钉痕。口径16、底径9、高7.2厘米（图四二，3；彩版二六，3右）。

瓷盏　3件。M10：4，灰白胎，青釉，内外满釉。口微敛，腹微垂，平底，饼形足。口径7.6、底径4.2、高4.8厘米（图四二，4；彩版二五，6）。M10：11，灰白胎，青釉，内满釉，外部施釉不到底。敞口，尖圆唇，浅斜腹，下腹弧收，饼形足。口径8.8、底径4、高3.6厘米（图四二，5；彩版二六，4左）。M10：12，灰白胎，青釉，内满釉，外部施釉不到底。敞口，尖圆唇，斜腹内收，饼形足。口径8.4、底径4、高3.6厘米（图四二，6；彩版二六，4右）。

瓷四系盘口壶　2件。M10：2，灰白胎，青釉呈翠色，盘口施釉，外施半釉。浅盘口，束颈，鼓肩，斜直腹，平底。肩附桥形四耳。口径13.6、底径8、高24厘米（图四二，8；彩版二五，4）。M10：3，灰白胎，铁红色陶衣青釉，盘口施釉，外施半釉。盘口，颈微束，颈部中间略有一圈凸起，溜肩，圆鼓腹，下腹斜直内收，平底。肩附桥形四系。口径16、底径13.6、高33.6厘米（图四三，1；彩版二五，1）。

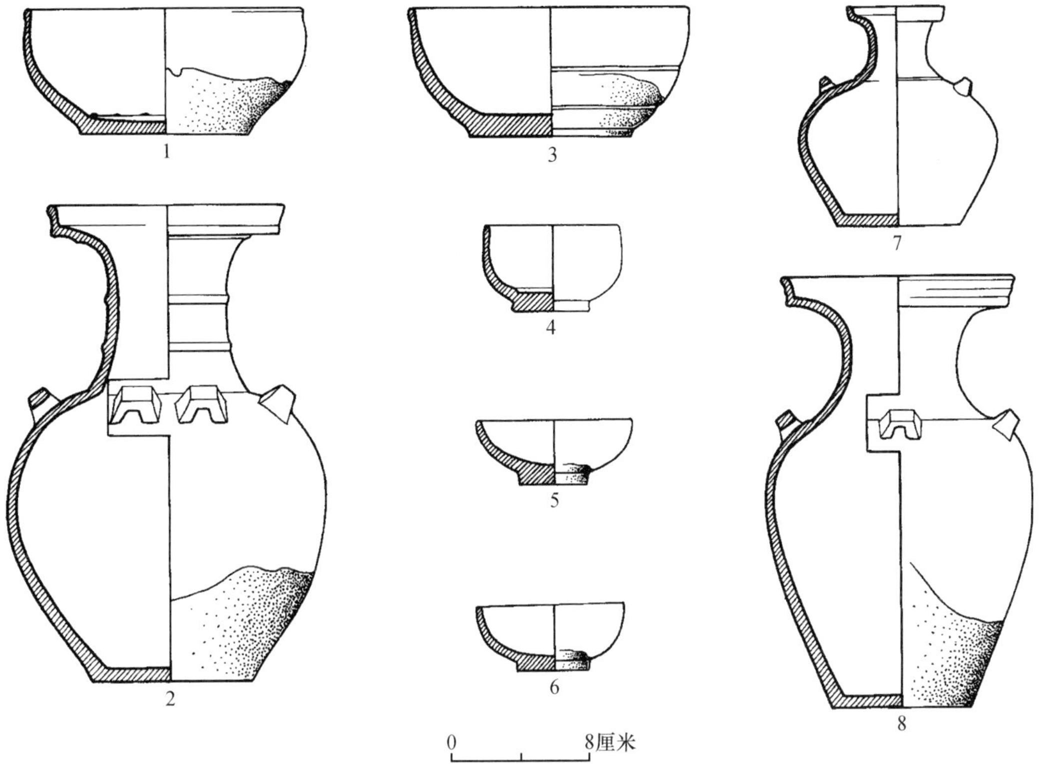

图四二　2004ZYM10出土器物（一）

1、3. 瓷钵（M10：9、M10：10）　2. 瓷六系盘口壶（M10：7）　4～6. 瓷盏（M10：4、M10：11、M10：12）

7. 瓷双系盘口壶（M10：8）　8. 瓷四系盘口壶（M10：2）

瓷六系罐　1件。M10：5，灰白胎，青釉，内满釉，外不到底。直口，尖圆唇，鼓肩，下腹斜内收，平底。肩附六系，下腹部有旋痕。口径16、底径14、高18厘米（图四三，5；彩版二五，5）。

陶釜　3件。M10：1，夹砂黑胎褐红皮陶。侈口，宽斜折沿，沿口内敛，方唇，束颈，圆鼓腹，圜底。器表饰绳纹。口径28、高20.4厘米（图四三，3；彩版二六，1）。M10：6，夹砂黑胎褐红皮陶。侈口，宽斜折沿，圆唇，束颈，鼓腹，底残。器表饰绳纹。口径22.4、残高14厘米（图四三，4）。M10：13，夹砂黑胎褐红皮陶。侈口，宽斜折沿，上沿口内敛，方唇，束颈，鼓腹，圜底。器表饰绳纹。口径25.6、高20.8厘米（图四三，2；彩版二六，2）。

一一、2004ZYM11

随葬品共6件。

陶仓　1件。M11：1，夹细砂灰陶，轮制。敛口，圆唇，微折肩，鼓腹，平底。素面。口径10、底径8.5、高14.4厘米（图四四，3；彩版二七，1）。

陶楼　1件。M11：4，泥质灰陶，分块模制后合制。残。面阔三间，以两方柱间隔，柱顶为一斗三升支撑层檐，进深两间，顶上一层建筑不存。面阔28、进深12、高22厘米（图四四，6；彩版二七，5）。

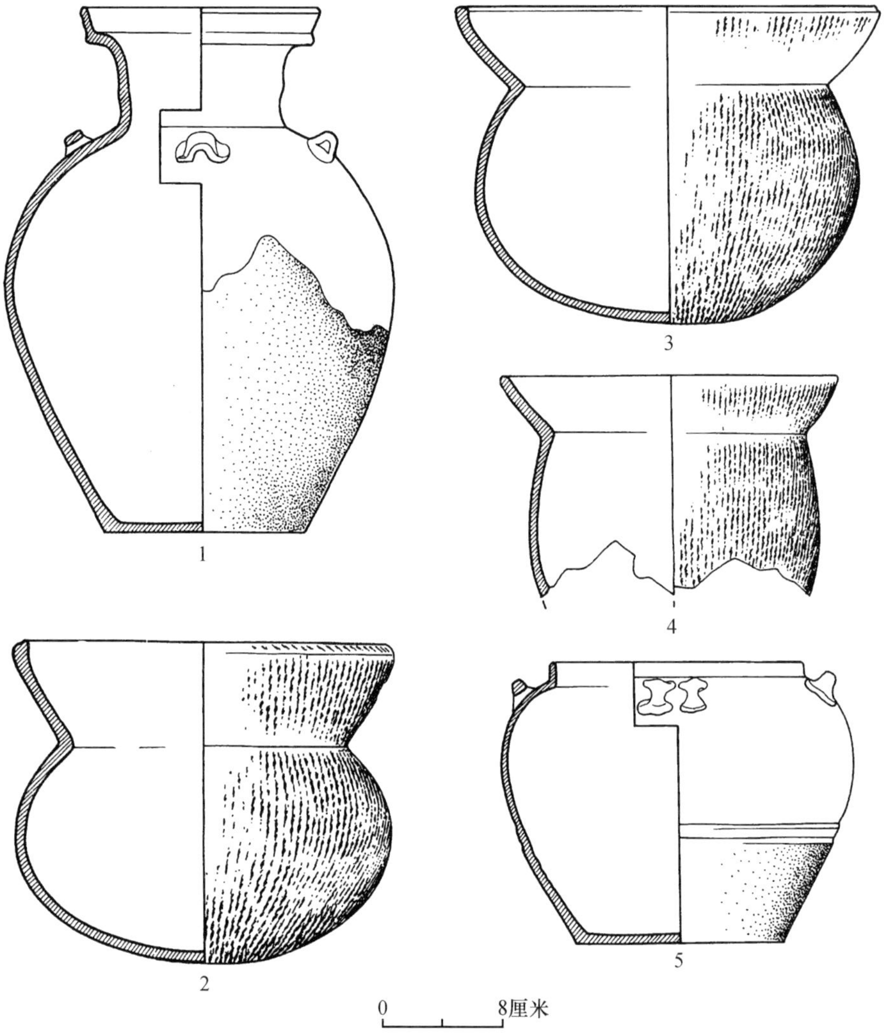

图四三　2004ZYM10出土器物（二）

1. 瓷四系盘口壶（M10∶3）　2～4. 陶釜（M10∶13、M10∶1、M10∶6）　5. 瓷六系罐（M10∶5）

陶罐　2件。M11∶2，夹砂灰陶。侈口，宽折沿，尖圆唇，唇下有一周凹槽，略呈盘状，鼓腹，最大径略偏上，平底。器表拍印斜方格纹。口径12、底径11.2、高14.5厘米（图四四，5；彩版二七，2）。M11∶3，夹砂褐红胎灰釉。侈口，圆唇，广折肩，平底。肩饰两周凹弦纹。口径9、底径14、高12.4厘米（图四四，1；彩版二七，4）。

陶盆　1件。M11∶5，泥质灰陶。口微敛，平折沿，尖圆唇，深斜腹，平底。素面。口径28.8、底径12.5、高14.8厘米（图四四，2；彩版二七，3）。

五铢钱　1枚。M11∶6，浇铸而成。圆形方穿，穿背面有郭，两侧有篆文“五铢”二字。钱径2.6、郭径0.3、穿径1厘米（图四四，4）。

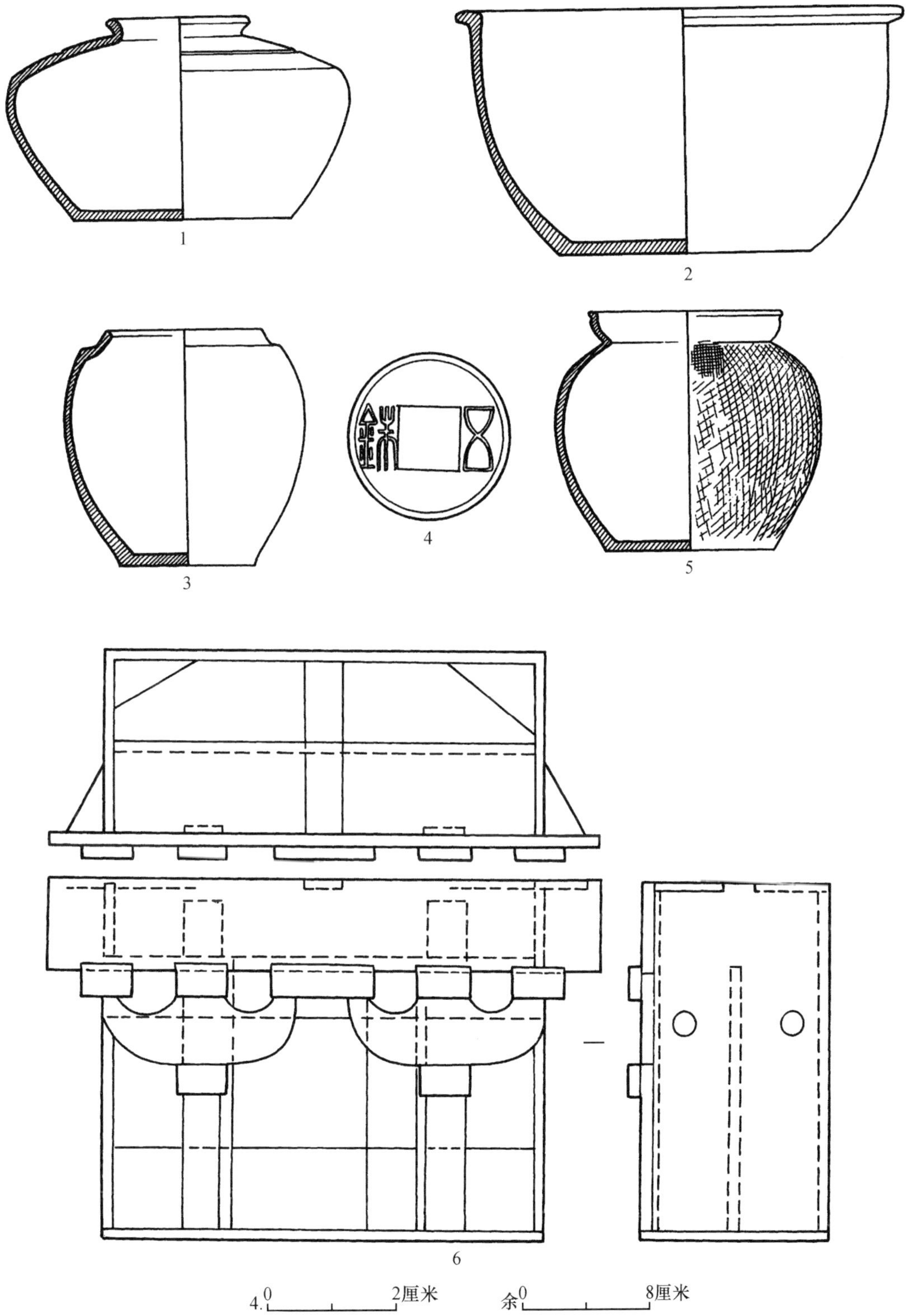

图四四　2004ZYM11出土器物

1、5. 陶罐（M11：3、M11：2）　2. 陶盆（M11：5）　3. 陶仓（M11：1）　4. 五铢钱（M11：6）　6. 陶楼（M11：4）

一二、2004ZYM12

随葬品复原12件。

瓷四系盘口壶　1件。M12：10，灰白胎，青釉，外釉不到底。浅盘口，高领，束颈，鼓肩，斜直腹，平底。肩部有四个桥形耳。口径12.8、底径9.6、高23.2厘米（图四五，1；彩版二八，5）。

瓷钵　6件。M12：1，灰白胎，青釉，内满釉，外半釉。口微敛，尖圆唇，内弧腹，大平底，饼形足。内有12个支钉痕。口径14.4、底径8.8、高7厘米（图四五，10；彩版二八，1左）。M12：3，灰白胎，青釉，内满釉，外部施釉不到底。口微敛，尖圆唇，内斜腹，大平底，饼形足。内底有15个支钉痕。口径15、底径9、高6.4厘米（图四五，2；彩版二八，3左）。M12：4，灰

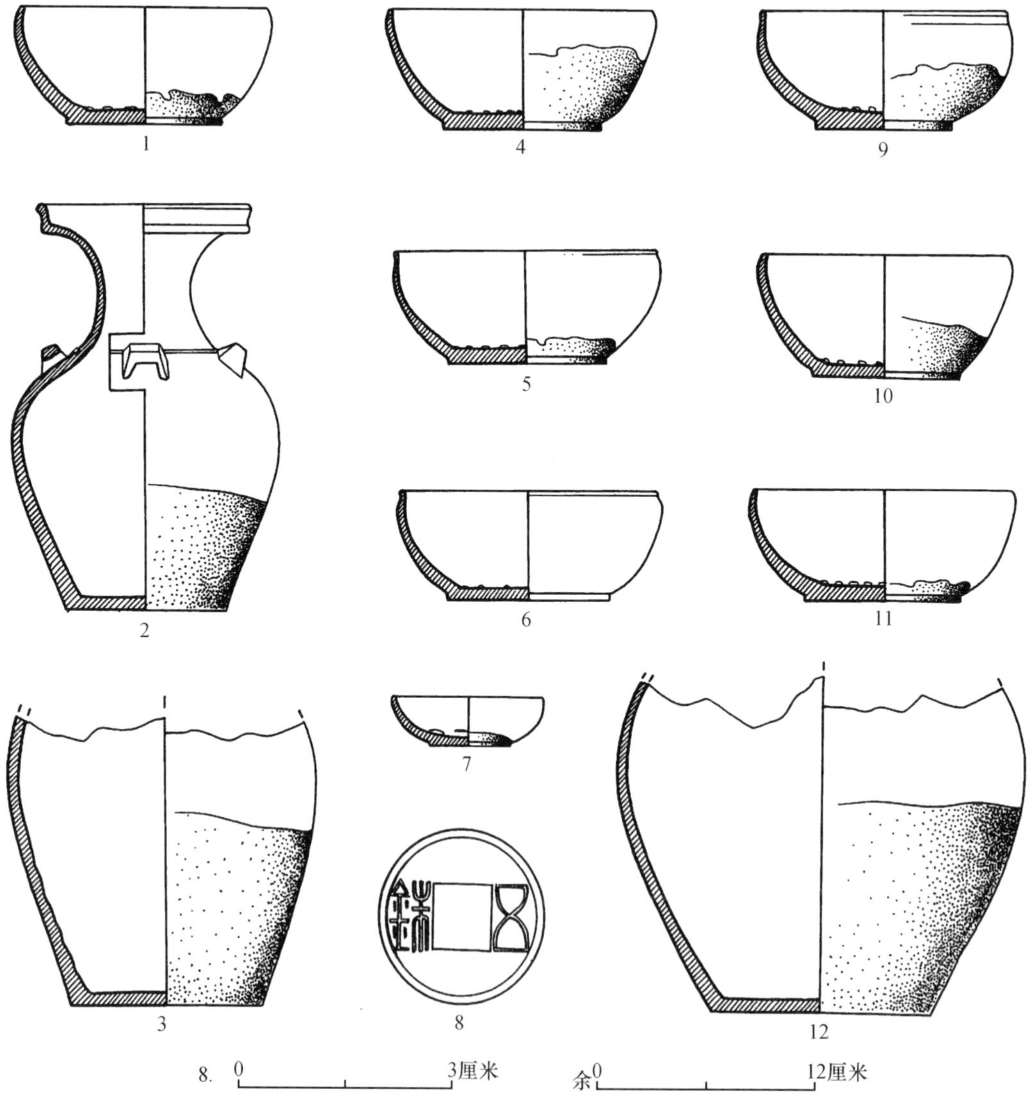

图四五　2004ZYM12出土器物

1、4～6、10、11. 瓷钵（M12：3、M12：9、M12：5、M12：6、M12：1、M12：4）　2. 瓷盘口壶（M12：10）　3、12. 瓷罐（M12：11、M12：8）　7. 瓷盏（M12：2）　8. 五铢钱（M12：12）　9. 瓷碗（M12：7）

白胎，青釉，内满釉，外部施釉不到底。口微敛，尖圆唇，内弧腹，大平底，饼形足。内有10个支钉痕。口径15、底径9、高6.8厘米（图四五，11；彩版二八，4中）。M12：5，灰白胎，青釉，内满釉，外部施釉不到底。敞口，尖圆唇，唇下有一周凹槽。内弧腹，大平底，饼形足。内有17个支钉痕。口径15.6、底径9.6、高6.4厘米（图四五，5；彩版二八，3右）。M12：6，灰白胎，青釉，内外满釉。口微敛，尖圆唇，唇下有一周凹槽。内弧腹，大平底，饼形足。内有13个支钉痕。口径15.2、底径9.6、高6.2厘米（图四五，6；彩版二八，1右）。M12：9，灰白胎，青釉，内满釉，外半釉。口微敛，尖圆唇，内斜腹，大平底，饼形足。内有14个支钉痕。口径15.6、底径9、高6.8厘米（图四五，4；彩版二八，4右）。

瓷盏　1件。M12：2，灰白胎，青釉，内满釉，外部施釉不到底，釉面部分脱落。敞口，尖圆唇，浅斜腹，平底，饼形足。内有5个支钉痕。口径9、底径5、高2.8厘米（图四五，7；彩版二八，2）。

瓷碗　1件。M12：7，灰白胎，青釉，内满釉，外半釉。口微敛，尖圆唇，鼓腹，平底，饼形足。内有16个支钉痕。口径14.4、底径8、高6.8厘米（图四五，9；彩版二八，4左）。

瓷罐　2件。M12：8，青灰胎，浅褐釉，内无釉，外半釉。口残，鼓腹，平底。底径13、残高19厘米（图四五，12）。M12：11，青灰胎，青釉，外半釉，多脱落。口残，鼓腹，平底。底径11.6、残高16.4厘米（图四五，3）。

五铢钱　1枚。M12：12，青铜，浇铸。圆形方穿，穿背面有郭，两侧有篆文“五铢”二字。钱径2.6、郭径0.15、穿径0.9厘米（图四五，8）。

一三、2004ZYM13

铜钱　6枚。均浇铸而成。

M13：1-1，圆形方穿，穿背面有郭，两侧有篆文“五铢”二字。钱径2.6、孔径1、郭径0.15厘米（图四六，1）。M13：1-2，圆形方穿，穿背面有郭，两侧有篆文“五铢”二字。钱径2.5、孔径1、郭径0.1厘米（图四六，2）。

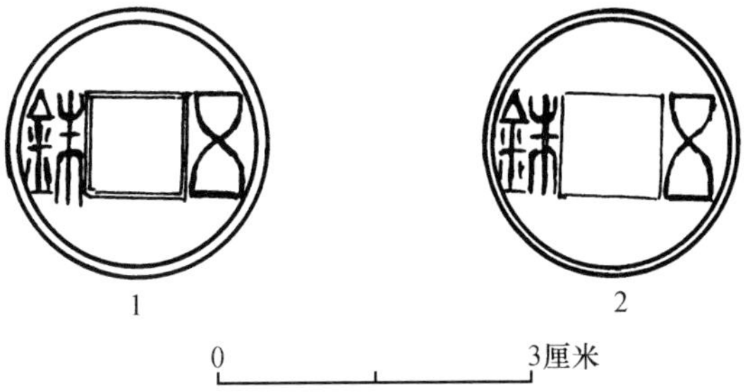

图四六　2004ZYM13出土器物

1、2. 铜钱（M13：1-1、M13：1-2）

第四章　第三期遗存

第三期遗存以2003ZYT8③出土器物为代表，未发现遗迹现象。

2003ZYT8③出土器物主要有：

瓷壶　1件。2003ZYT8③：1，红褐色陶衣，夹砂黑皮胎，上腹部饰酱青灰色釉。小盘口，斜方唇，流残，束颈，圆鼓腹，平底。肩、腹处饰一半环形把手，已残。高13.6、底径6.4、腹径10.4厘米（图四七，1）。

瓷碗　1件。2003ZYT8③：2，青灰胎，器表施青釉，部分脱落。敛口，尖圆唇，弧腹，平底，饼形足。口径15.8、底径8.8、高6.8厘米（图四七，2）。

瓷盏　1件。2003ZYT8③：3，青灰胎，内壁施酱灰釉，外壁上部施酱褐釉，下部无釉。敞口，浅斜腹，平底。口径9.2、底径3.2、高2.4厘米（图四七，3）。

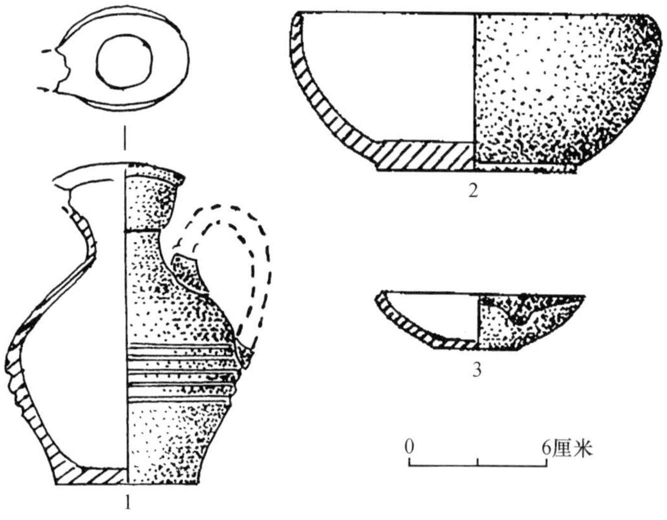

图四七　2003ZYT8③出土器物

1. 瓷壶（T8③：1）　2. 瓷碗（T8③：2）　3. 瓷盏（T8③：3）

第五章　第四期遗存

第一节　遗　　迹

一、2003ZYT11Y1

Y1位于遗址北部的T11西北角，开口①层下，打破生土。残存窑室后部，余遭破坏（图四八）。

窑室残留部分面积约5.5平方米，平底。残存窑壁竖直，用砖坯错缝平砌而成，残高120厘米（用28厘米×16厘米×10厘米砖坯垒砌），窑室东壁残存长度360厘米，西壁残长250厘米。

烟道位于窑室后壁，左右共2个，左侧编号1，右侧编号2。烟道口位于窑室底部，与底平面水平。1号烟道口宽28、高20厘米，窑室外的烟道部分用砖坯砌制而成。内孔为长方形，长48、宽28、深120厘米。2号口宽24、高20厘米，其外侧与2号烟道相对应，同样用砖坯自下而上砌制而成。口长48、宽28、深120厘米。窑室内填土上下一致，为一次性填入，土色浅黄褐，土质细腻发黏，结构疏松，土中含有红烧土块及颗粒，包含物较多，均为窑壁残砖及素面瓦片。依发掘过程观察，填土应为窑址废弃后人为拆除砖块残留部分一次性回填而成，在其底部发现较大数量的残碎瓦片。

二、2003ZYT2Y2

2003ZYT2Y2位于遗址南部，2003ZYT2中部偏东位置。开口②层下，打破生土。该窑仅余火坑及火膛两部分，上部无存，全长170厘米（图四九）。

火坑部分近梯形，弧壁内收，圜底近平，长90、宽40～76、深20～50厘米。

火膛部分平面长方形，内侧与火坑相连，其余三壁均用石条砌成，底部未用石砌，长75、宽50、深40～45厘米。

火坑与火膛均为中上部填五花杂土，含红烧土颗粒，质地较硬，无包含物，底部发现有较多的草木灰遗存。火膛底部发现一青花瓷碗残片。

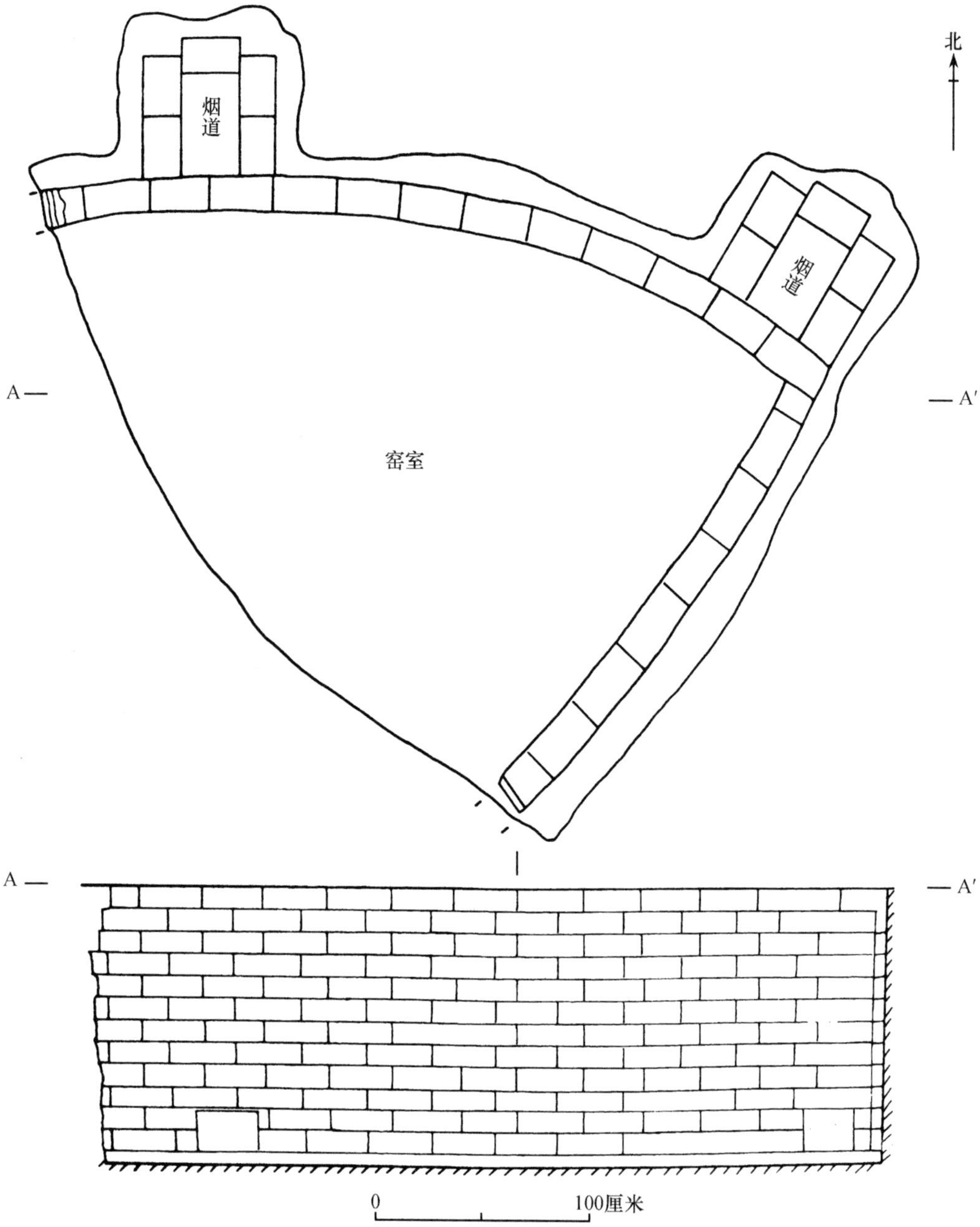

图四八　2003ZYT11Y1平、剖面图

第二节　遗　　物

一、2003ZYT3②出土器物

青瓷灯　1件。2003ZYT3②：1，红褐夹砂胎。仅余柱状柄，支架残。体饰螺旋纹，上部饰豆青釉。残高17.6厘米（图五〇，1）。

刻槽盆　1件。2003ZYT3②：2，夹砂红褐胎。口部残。斜直腹，平底。内壁刻槽，外壁素面。底径9.6、残高9.6厘米（图五〇，2）。

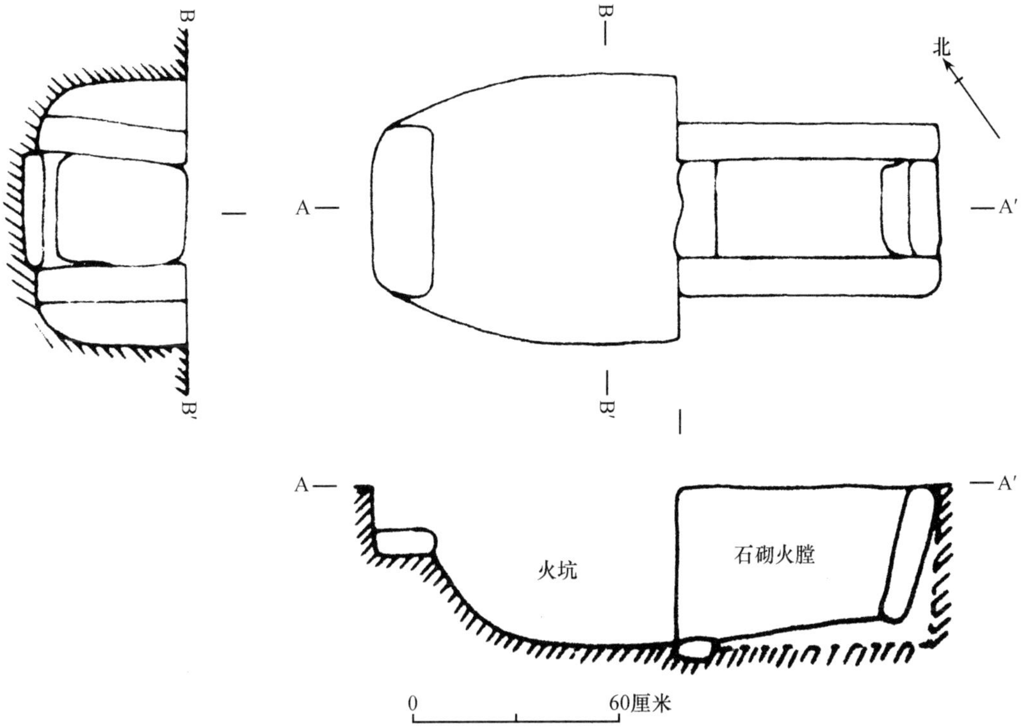

图四九　2003ZYT2Y2平、剖面图

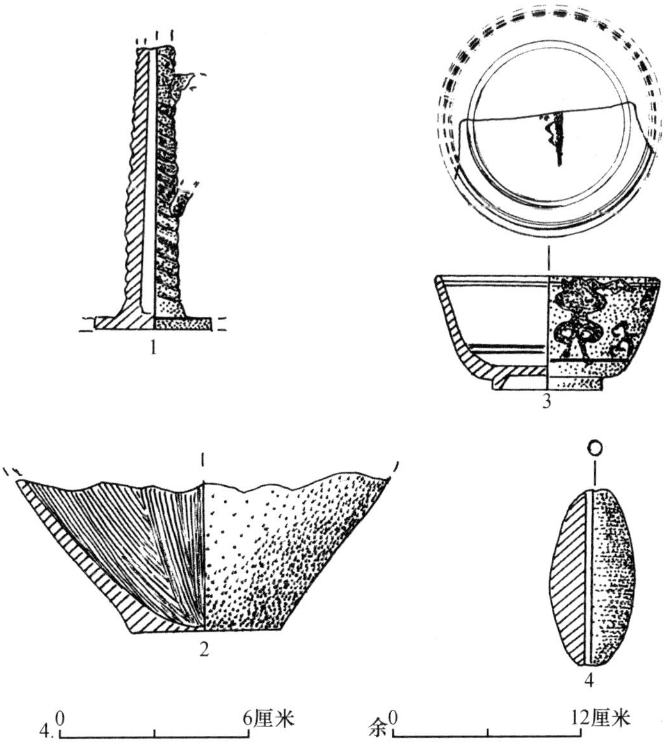

图五〇　2003ZYT3②、②b层出土器物

1. 青瓷灯（T3②：1）　2. 刻槽盆（T3②：2）　3. 青花瓷碗（T3②：3）　4. 陶网坠（T3②b：1）

青花瓷碗　1件。2003ZYT3②：3，灰白胎，灰白色釉。敞口，圆唇，上腹斜直，下腹弧内收，矮圈足。器表饰釉下花卉纹，碗内底部所饰纹样不详。口径14.4、高7.2、底径7.2厘米（图五〇，3）。

陶网坠　1件。2003ZYT3②b：1，夹砂灰陶。椭圆形，内有穿孔。长5.5、外径2.8、孔径0.4厘米（图五〇，4）。

二、2003ZYT4②出土器物

青瓷灯　2件。2003ZYT4②：1，红褐胎。平盘底，竹节柄，双盘，上盘残。底径11.2、高13.2厘米（图五一，1）。2003ZYT4②：2，红褐胎。平盘底，下盘浅，敞口，圆唇，内弧腹，上部残。底径15.2、残高3.6厘米（图五一，2）。

釉陶盆　1件。2003ZYT4②：3，灰褐胎，上部施半釉，釉色酱青。尖圆唇，微敛口，弧腹，底残。腹饰绳纹。口径40、残高15.6厘米（图五一，3）。

铜贯钉　1件。2003ZYT4②：4，铸造而成。一端方帽，另一端残。残长5厘米（图五一，4）。

陶网坠　1件。2003ZYT4②b：1，夹砂灰陶。枣核形，中有穿孔。长5.6、腹径2.8、孔径0.4厘米（图五一，5）。

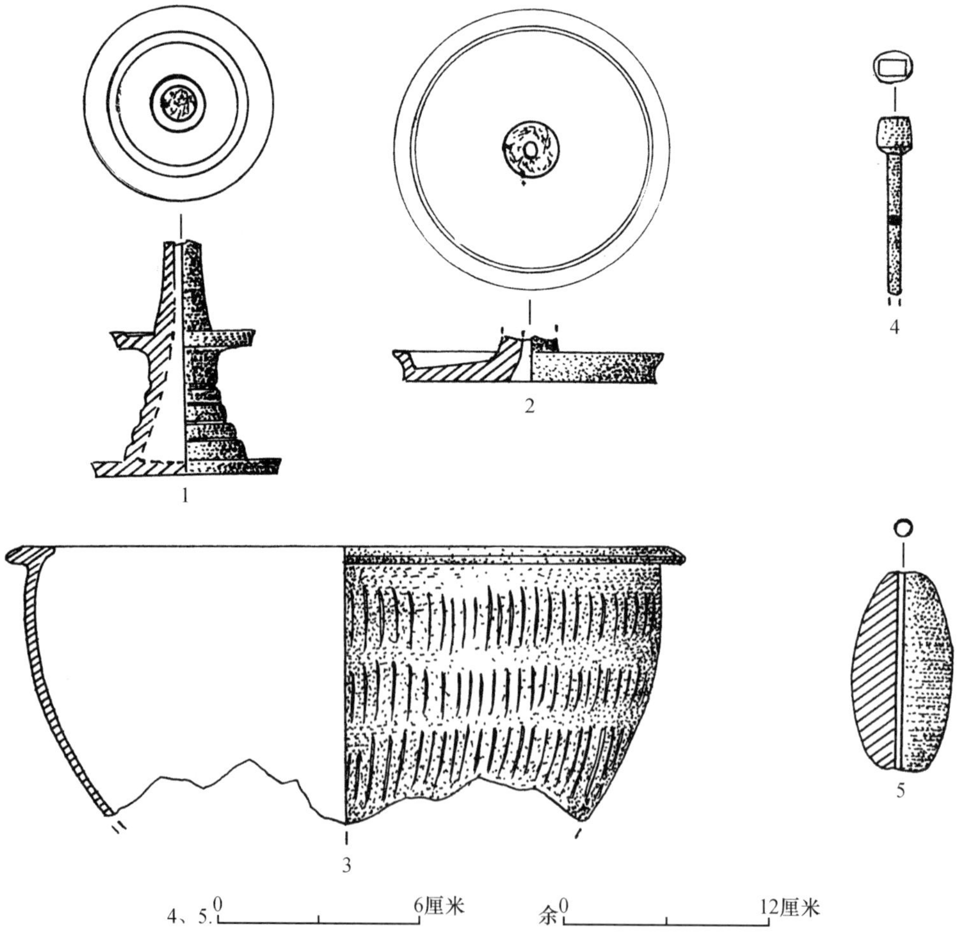

图五一　2003ZYT4②、②b层出土器物

1、2. 青瓷灯（T4②：1、T4②：2）　3. 釉陶盆（T4②：3）　4. 铜贯钉（T4②：4）　5. 陶网坠（T4②b：1）

第六章　各期年代

一、第一期遗存年代

第一期遗存中的H1：1、H1：4、H1：5花边口沿罐分别与忠县中坝遗址H529：1、H458：1、F202：3瓮形态相近，H1：8花边口沿罐与忠县中坝遗址H477：3花边圜底罐形态相近，H1：2高领瓮与忠县中坝遗址AT0201（25）：65瓮形态相近①。后者的年代被发掘者确定为两周时期，故H1的年代应在西周时期。

二、第二期遗存年代

第二期遗存根据随葬品组合的不同可分为两组：第一组以M4、M5、M6、M7、M11为代表，随葬品组合以陶俑、陶模型明器、陶罐、陶豆、陶仓、陶鼓肩罐、陶壶、陶匜、陶盘、陶勺等为代表。M3出土的鼓肩罐形制与M5出土的鼓肩罐形制相近，其年代不会相距很远，故将M3归入第一组。M13与M11距离较近，墓葬形制均为长方形石砌墓，墓向一致（见图二）；M13中出土五铢钱六枚，与M11出土五铢钱形制接近，故将M13也归为第一组。本组中的M5：9、M5：10罐分别与忠县老鸹冲M1：8、M1：9罐形态相近②，同时也与忠县土地岩M19：25、M19：7罐形态相近③，忠县老鸹冲M1年代相当于东汉前中期，忠县土地岩M19年代相当于东汉中后期。M6：20壶、M6：1罐分别与忠县老鸹冲AM6：8锺、AM6：16罐形态相近，M6：8立俑与忠县老鸹冲AM14：22俑形态相近④。忠县老鸹冲AM6和AM14分别被发掘者确定为东汉前期和晚期。M7：3、M7：4立俑分别于忠县土地岩BM1：19、BM1：22男俑特征相近，M7：6陶豆与忠县土地岩BM1：33灯盘形状相近，M11：3罐与忠县土地岩BM1：12、BM1：37罐形制相近，M11：4陶楼与忠县土地岩BM1：34

---

① 四川省文物考古研究所、北京大学考古文博学院、美国UCLA大学、重庆市文物局、忠县文物保护管理所：《忠县中坝遗址1999年度发掘简报》，《重庆库区考古报告集2000卷·下》，科学出版社，2007年，第1022～1025页。

② 重庆市文物考古所、重庆市文物局：《忠县老鸹冲遗址（墓葬部分）发掘简报》，《重庆库区考古发掘报告集2000卷·下》，科学出版社，2007年，第841、843页。

③ 重庆市文物局、重庆市移民局编：《忠县仙人洞与土地岩墓地》，科学出版社，2008年，第149页。

④ 重庆市文物考古所、重庆市文物局：《忠县老鸹冲遗址（墓葬部分）发掘简报》，《重庆库区考古报告集2000卷·下》，科学出版社，2007年，第848、843、853页。

陶楼形制相近[①]。M7：5陶池塘与忠县老鸹冲AM11：8陶池塘形制相近[②]。忠县土地岩BM1和忠县老鸹冲AM11的年代为东汉晚期，故第一组墓葬的年代应当在东汉晚期。

第二组以M1、M2、M8、M9、M10、M12为代表，随葬品组合以瓷四系盘口壶、瓷四系罐、瓷钵、瓷碗、瓷盏等为代表。本组中的M2：2瓷大平底钵与忠县土地岩AM6：9、AM6：10钵形态相近，四系小口罐器形矮胖，大平底，明显具有两晋风格。M1：1瓷四系盘口壶与忠县土地岩AM5：2四系盘口壶、M1：4瓷四系大口罐与忠县土地岩AM11：6四系大口罐形态相近，具有六朝晚期的特征。忠县土地岩AM6年代约东晋时期，忠县土地岩AM11年代约南朝时期[③]。M9：1、M10：2、M12：10瓷四系盘口壶与忠县土地岩ZTAM5：2瓷盘口壶特征相近，M10：5罐与忠县土地岩ZTAM511：6罐特征相近[④]。后者的年代约为南朝晚期。故第二组墓葬的年代应当在南朝晚期。

三、第三期遗存年代

第三期出土器物较少，虽然2003ZYT8③：2瓷碗与忠县土地岩AM1：6碗形态相近[⑤]，但其带流的瓷壶年代应早不过唐代。

四、第四期遗存年代

第四期2003ZYT3②：3青花瓷碗与涪陵石沱遗址B3T1901③：1青花瓷碗形态相近[⑥]，Y1的残存形态与忠县老鸹冲遗址AY1形制与构造基本相同[⑦]，涪陵石沱遗址B3T1901③和忠县老鸹冲遗址AY1均属明清时期遗存，故第四期遗存的年代应在明清时期。

---

① 重庆市文物局、重庆市移民局编：《忠县仙人洞与土地岩墓地》，科学出版社，2008年，第80～100页。

② 重庆市文物局、重庆市移民局编：《重庆库区考古报告集2000卷·下》，科学出版社，2007年，第858页。

③ 重庆市文物局、重庆市移民局编：《忠县仙人洞与土地岩墓地》，科学出版社，2008年，第49、45、62页。

④ 重庆市文物局、重庆市移民局编：《忠县仙人洞与土地岩墓地》，科学出版社，2008年，第45、62页。

⑤ 重庆市文物局、重庆市移民局编：《忠县仙人洞与土地岩墓地》，科学出版社，2008年，第36页。

⑥ 北京市文物研究所三峡考古队、重庆市文物局、重庆市涪陵区博物馆：《涪陵石沱遗址发掘报告》，《重庆库区考古报告集2000卷·下》，科学出版社，2007年，第1108页。

⑦ 重庆市文物考古所、重庆市文物局：《忠县老鸹冲遗址（居址部分）发掘简报》，《重庆库区考古报告集2000卷·下》，科学出版社，2007年，第880页。

结　语

渔洞墓群历经三次发掘，取得了较为丰硕的成果。发掘的东汉墓葬出土遗物丰富，时代特征明显，出土的陶猪、陶狗形象逼真，栩栩如生，陶俑如侍俑、舞俑、乐俑等体态匀称，秀丽飘逸，充分显示了东汉地主庄园经济的繁盛，墓室中的花纹砖也非常有特色。

六朝时期的墓葬出土随葬品特征也比较明显，特别是盘口壶、四系罐等与长江中下游六朝墓葬出土的同类器物特征相同，可以作为本地六朝时期墓葬的断代标准器。墓群中尤其是石砌墓颇具特色，在此之前忠县发现的东汉至六朝墓葬多为砖砌墓，而用石块砌筑的石室墓却较为罕见。这批墓葬为研究本地区东汉至六朝时期墓葬提供了新的资料。

附　　表

附表一　邓家沱遗址2001年地层详表

编号	层位关系	出土物	备注
I T0108	①→②→③→④→⑤→⑤a→生土	无标本	
I T1303	①→②→②a→②b→②c→③→④→⑤→生土	④：板瓦，筒瓦，碗等； ⑤：器底，花边口沿罐，钵，尖底杯等	
I T1304	①→②→②a→②b→②c→③→④→⑤→⑤a→ 生土	④：板瓦，筒瓦，钵； ⑤：尖底盏，器耳，钵，罐，尖底杯等	
I T1305	①→②→②a→②b→②c→③→④→⑤→生土	④：板瓦，筒瓦，盖纽，瓦当，器底，钵； ⑤：花边口沿罐，尖底盏，器底，豆柄，尖底杯等	
I T1306	①→②→②a→②b→③→④→⑤→生土	④：板瓦，罐，钵；石阙构件等 ⑤：器底，尖底盏，尖底杯，花边口沿罐，钵等	④层内发现石阙两块
I T1401	①→②→②a→②b→②c→③→④→ ⑤→G2→⑤a→生土 └→ H32 —┘	②：板瓦，碗； ④：碗（残）； ⑤：器底，罐； ⑤a：石斧等	
I T1402	①→②→②a→②b→②c→③→④→⑤→G2→ ⑤a→生土	⑤：罐，大口尊，器底等	
I T1403	①→②→H13→②a→②b→③→④→⑤→⑤a └→ H14 —┘ →生土	⑤a：纺轮，器底，罐等	H13和H15合并
I T1404	①→②→H13→②a→②b→②c→③→④→⑤→ H52→⑤a→生土	②a：青花瓷片 ②b：青花瓷片 ③：瓷碗残片等 ④：绳纹板瓦，筒瓦残片，盆等； ⑤：素缘绳纹罐，尖底杯，尖底器残片等； ⑤a：罐，尖底盏，尖底杯等	
I T1405	①→②a→②b→②c→③→④→⑤→⑤a→生土	④：板瓦，筒瓦，盆，罐，器底，钵等； ⑤：尖底杯，器底； ⑤a：铜镞（残）	
I T1406	①→②a→②b→②c→③→④→⑤→生土	③：板瓦，筒瓦，器底，瓷碗等； ④：石阙构件； ⑤：器座	本方发现石阙两块

续表

编号	层位关系	出土物	备注
Ⅰ T1501	①→②→②a→②b→H23→③→④→⑤→⑤a→生土	②：碗，罐，器底，盏等； ④：板瓦，筒瓦，盏； ⑤：罐； ⑤a：罐，器底	
Ⅰ T1502	①→②→②a→②b→③→④→⑤→H37→⑤a→生土 └→ H51 —↑	③：筒瓦，板瓦； ⑤a：罐，器底，尖底盏	
Ⅰ T1503	①→②→H15→②a→②b→③→④→⑤→⑤a→生土	③：板瓦，器底，钵； ⑤：尖底盏，花边口沿罐，瓮，船形杯，器底等 ⑤a：尖底杯，船形杯等	
Ⅰ T1601	①→②→②a→②b→②c→③→M1→④→⑤→H56→⑤a→生土	②：碗，盆，器盖，罐，瓮； ③：板瓦，器底，筒瓦等； ⑤：豆柄； ⑤a：尖底杯，钵，尖底盏，船形杯，器座，器底等	
Ⅱ T0102	①→②→③→④→生土	②：板瓦，器底	
Ⅱ T0108	①→②→③→④→⑤→⑥→生土	②：板瓦，器底； ③：板瓦，碗，盆； ④：板瓦，器耳； ⑥：板瓦，筒瓦	④⑤⑥均为六朝时期
Ⅱ T0202	①→②→③→④→生土	无标本	
Ⅱ T0203	①→②→③→④→生土	④：板瓦，筒瓦，盆，碗等	
Ⅱ T0208	①→②→③→④→⑤→⑥→生土	无标本	④⑤⑥均为六朝时期
Ⅱ T0302	①→②→③→生土	②：器底	
Ⅱ T0303	①→②→③→生土	无标本	
Ⅱ T0402	①→②→③→④→④a→⑤→生土	②：青花瓷片 ④：青瓷片，筒瓦，板瓦等； ④a：青瓷片，素面陶片 ⑤：“开元通宝”钱，板瓦，筒瓦等	④、④a层为宋代，⑤层为唐代
Ⅱ T0403	①→②→③→④→④a→⑤→生土	④：碗，板瓦，筒瓦，瓮，盆，器底； ⑤：瓦当	④、④a层为宋代，⑤层为六朝时期
Ⅳ T0801	①→②→②a→③→生土	无标本	
Ⅳ T0802	①→②→②a→③→生土	无标本	
Ⅳ T0901	①→②→②a→③→③a→④→生土	无标本	
Ⅳ T0902	①→②→③→③a→④→生土	无标本	
Ⅳ T1001	①→②→③→③a→④→生土	无标本	
Ⅳ T1002	①→②→③→③a→④→生土	无标本	

续表

编号	层位关系	出土物	备注
ⅣT1005	①→H1→④→⑤→⑤a→生土	④：绳纹板瓦，绳纹筒瓦，尖底杯等； ⑤：花边口沿罐，尖底杯，石刀等； ⑤a：尖底杯，绳纹罐等	
ⅣT1006	①→③→④→⑤→⑤a→生土	③：罐，板瓦； ④：罐，板瓦，筒瓦； ⑤：缸，折肩罐等	
ⅣT1007	①→②→③→④→⑤→⑤a→生土	②：筒瓦，板瓦，瓮，器底，瓷碗； ③：板瓦，筒瓦，盏底，花边口沿罐； ⑤：花边口沿罐，尖底盏，尖底杯等； ⑤a：尖底杯，罐，石器	②层为清代文化层，③层为六朝文化层，④、⑤、⑤a层均为西周文化层
ⅣT1008	①→②→H3→G1→③→④→H5→⑤→H17→H18→⑤a→生土	②：盆，瓷器底，板瓦，筒瓦； ③：花边口沿罐，盆，瓮，钵，器底，筒瓦，尖底杯等； ④：盆，壶，瓮，罐，缸，尖底盏，盘，尖底杯等； ⑤：AⅠ式花边口沿罐1，AⅠ式素缘绳纹罐1，A型高领罐1，B型盘口罐1，矮领瓮，盆，石器等	②层为清代文化层，③层为六朝文化层，④、⑤、⑤a层均为西周文化层
ⅣT1101	①→②→②a→③→③a→④→生土	④：板瓦，筒瓦	
ⅣT1102	①→②→②a→③→H31→③a→④→生土	④：罐	
ⅣT1105	①→②→④→⑤→⑤a→生土	④：板瓦，筒瓦，罐，瓮，器底，石斧（残）； ⑤：尖底杯，瓮，花边口沿罐，钵，器底等； ⑤a：钵	
ⅣT1106	①→H2→②→③→④→⑤→⑤a→生土	③：瓷折腹盆，瓷碗，瓷瓮，器底等； ④：尖底杯，罐，尖底盏，船形杯； ⑤：尖底杯，罐，尖底盏，器底，盆，器耳等； ⑤a：罐，尖底杯，船形杯等	
ⅣT1107	①→②→③→④→⑤→H57→⑤a→生土	②：碗底，器底，青釉罐，刻槽盆等； ③：板瓦，筒瓦； ④：花边口沿罐，板瓦，筒瓦，瓮，盆，尖底杯，钵，碗，器底等； ⑤：盆，尖底杯，花边口沿罐，尖底盏，钵，器底，石器等； ⑤a：船形杯，罐，尖底杯等	
ⅣT1108	①→②→③→④→⑤→⑤a→生土	②：瓷碗，罐耳，板瓦，筒瓦，罐底； ④：罐，板瓦，筒瓦； ⑤：花边口沿罐，尖底杯，盆，盏，器底等	
ⅣT1204	①→②→③→④→⑤→⑤a→生土	②：瓷碗等； ⑤：尖底杯，花边口沿罐	

续表

编号	层位关系	出土物	备注
ⅣT1205	①→②→③→④→W1→⑤→⑤a→生土	②：青花瓷碗，青瓷碗，青花瓷碗底，青釉罐耳，青釉器底； ⑤：尖底杯，花边口沿罐，器足，器底，钵，尖底盏，豆座，圈足； ⑤a：罐，尖底杯等	
ⅣT1206	①→H4→②→③→④→⑤→⑤a→H55→生土	②：板瓦，器底，酱釉碗，瓷碗； ③：刻槽盆，器底，钵，板瓦，陶棒，酱釉碗等； ④：板瓦，筒瓦，盆，尖底杯； ⑤：尖底盏，尖底杯，尖底杯，花边口沿罐，器底，盆，钵等； ⑤a：AⅠ式素缘绳纹罐2，BⅠ式素缘绳纹罐2，CⅠ式素缘绳纹罐1，AⅠ式花边口沿罐1，耸肩瓮，Ⅱ式尖底杯3，B型尖底盏2，A型高领罐2，B型高领罐2，B型盘口罐2，陶豆，船形杯等	
ⅣT1207	①→②→③→④→⑤→⑤a→生土	⑤：素缘绳纹罐，AⅠ式花边口沿罐1，AⅡ式花边口沿罐3，Ⅲ式尖角杯4，高领罐等； ⑤a：尖底杯，罐，盆，盏，器盖等	
ⅣT1208	①→②→③→④→⑤→H50→⑤a→生土	③：瓷折腹盆，筒瓦，板瓦等； ④：筒瓦，板瓦，花边口沿罐等； ⑤：尖底杯，船形杯，盏，花边口沿罐，钵，罐底等； ⑤a：尖底杯，罐底等	
ⅣT1304	①→②→③→④→⑤→⑤a→生土	④：板瓦，筒瓦，盆，白瓷片； ⑤：尖底杯，船形杯，罐	
ⅣT1305	①→②→③→④→⑤→⑤a→生土	②：碗，器底，罐，器耳，盆； ④：罐，板瓦，筒瓦，器底等； ⑤：花边口沿罐，尖底杯，器底，船形杯，豆柄，钵，盆，尖底盏等； ⑤a：尖底杯	
ⅣT1306	①→②→③→④→⑤→⑤a→H54→生土	②：瓷盘； ③：瓷盘； ④：板瓦，筒瓦； ⑤：Ⅲ式尖底杯1，广肩瓮等； ⑤a：尖底杯，器底，罐等	

续表

编号	层位关系	出土物	备注
ⅣT1307	①→②→Y1→③→④→⑤→⑤a→生土	②：盆，瓷碗等； ③：板瓦，碗； ④：板瓦；筒瓦；罐，瓮，碗等； ⑤：BⅡ式素缘绳纹罐2，素面小罐，尖底盏，豆柄等； ⑤a：花边口沿罐，尖底杯，盆，船形杯，尖底盏，纺轮（破），豆柄等	
ⅣT1308	①→②→③→④→⑤→⑤a→生土	④：板瓦，筒瓦，罐底等； ⑤：花边口沿罐； ⑤a：罐，尖底杯等	
ⅣT1309	①→②→③→④→⑤→H49→⑤a→生土	③：罐，碗； ④：货泉，瓷钵，瓷纺轮，板瓦等； ⑤a：船形杯，A型高领罐1，AⅠ式素缘绳纹罐1，A型尖底盏1，器盖，器底等	
ⅣT1310	①→②→③→④→⑤→生土	③：板瓦，碗； ④：板瓦，筒瓦，钵，铁刀； ⑤：尖底杯，尖底盏，船形杯，花边口沿罐，高领罐，器纽等	
ⅣT1311	①→②→④→④a→⑤→⑤a→生土	②：板瓦，筒瓦，罐，钵； ④：罐，尖底杯	
ⅣT1401	①→②→②b→②c→③→④→⑤→H36→⑤a→生土	②：青花瓷碗，瓷灯台座，青花瓷勺等； ④：砖，板瓦，筒瓦； ⑤：船形杯，尖底杯，钵，器底，罐	
ⅣT1402	①→②→②b→②c→③→④→⑤→⑤a→生土	②：青花瓷碗，青花瓷盅，瓷器盖，瓷单耳带流执壶，瓷香炉等； ③：板瓦，筒瓦，碗，器底等； ⑤：罐，船形杯，尖底杯； ⑤a：罐	
ⅣT1403	①→②→②b→②c→③→④→⑤→⑤a→生土	②：瓷盆，瓷灯台等； ④：板瓦，筒瓦； ⑤：尖底杯，船形杯，花边口沿罐； ⑤a：圜底杯	
ⅣT1404	①→②→H19→②b └→ H20 ─┘ →②c→③→M2→④→⑤→⑤a→生土	②：青花瓷碗等； ④：板瓦，筒瓦，尖底杯，盆等； ⑤：尖底杯，盆，花边口沿罐，圈足盏，船形杯； ⑤a：尖底杯，罐	

续表

编号	层位关系	出土物	备注
ⅣT1405	①→①a→②→H6→③→④→⑤→⑤a→生土	②：青花碗，刻槽盆，瓮，器底； ④：花边口沿罐； ⑤a：尖底杯，罐	
ⅣT1406	①→②→③→④→⑤→⑤a→生土	③：筒瓦，板瓦，罐； ④：板瓦，筒瓦，尖底杯； ⑤：尖底杯，尖底盏，花边口沿罐，钵等； ⑤a：尖底杯	
ⅣT1407	①→②→③→④→⑤→⑤a→H34→生土 └→H35─┘↑	②：青花瓷片，素面板瓦等； ④：绳纹板瓦，绳纹筒瓦等； ⑤：AⅡ式花边口沿罐2，B型高领罐1，B型豆柄1，尖底杯，敛口罐，尖底盏，盆等； ⑤a：尖底杯，尖底盏，船形杯，素缘绳纹罐等	
ⅣT1408	①→②→②a→③→④→⑤→H29→⑤a→生土 └→H11─┘↑	③：瓷碗，瓷钵； ④：瓷钵，筒瓦，板瓦，尖底杯； ⑤：罐	
ⅣT1409	①→②→③→④→⑤→H53→⑤a→生土	④：板瓦，筒瓦，罐，钵； ⑤：罐，盆，尖底杯，器耳，船形杯等	
ⅣT1410	┌→H41─┐↓ ①→③→④→H40→⑤→⑤a→生土 └→H45─┘↑	④：瓷钵，筒瓦，板瓦，瓷盆，瓷碗等； ⑤：尖底杯，罐	
ⅣT1411	①→③→④→④a→④b→⑤→⑤a→生土 └→H40─┘↑	③：铁刀（残），筒瓦，板瓦，钵，豆盘，碗，罐，盆等	
ⅣT1501	①→②→②a→②b→③→④→⑤→生土	②：碗，器底； ③：罐，盆； ④：尖底杯，船形杯，豆柄，器底，尖底盏； ⑤：尖底杯，器底，船形杯，豆柄，尖底盏，花边口沿罐	
ⅣT1502	①→②→H21→②b→②c→③→④→⑤→⑤a→生土	②：碗，盆，罐，石球，盅，铁镰，铁锁（残）等； ④：板瓦，筒瓦等； ⑤：尖底杯，花边口沿罐，器座； ⑤a：平底盏，花边口沿罐，器底	
ⅣT1503	①→②→H8→②b→②c→③→④→H33→⑤→⑤a→生土	②：青花瓷盏，青花瓷碗，青花瓷勺，瓷灯台座等； ③：碗，灯台，石球，盘； ④：板瓦，筒瓦，等； ⑤：尖底杯，船形杯，花边口沿罐； ⑤a：尖底杯，炮弹形尖底杯，圜底杯	

续表

编号	层位关系	出土物	备注
ⅣT1504	①→②→H10→②b→②c→③→④→⑤→ H16→生土	③：碗，瓦当，器足，罐，器底，壶，瓷盆； ④：板瓦，筒瓦； ⑤：AⅠ式花边口沿罐1，Ⅰ式尖底杯2，B型高领罐2，罐底，瓮等	
ⅣT1505	①→①a→②→H7→③→④→ ⑤→H42→⑤a→生土 └→H16—↑	②：碗，罐，瓮； ③：板瓦，筒瓦，尖底杯，砖，盆； ④：板瓦，尖底杯； ⑤：AⅡ式素缘绳纹罐3，A型高领罐6，B型高领罐2，尖底盏，炮弹形尖底杯，器盖，豆柄，纺轮等； ⑤a：A型耸肩罐1，折肩罐，垂腹罐，素缘素面罐，BⅡ式素缘绳纹罐1，B型高领罐2，A形尖底盏1，盆，器盖抓手，器底等	
ⅣT1506	①→②→③→④→⑤→⑤a→生土	②：瓷刻槽盆，瓷盆等； ③：板瓦，筒瓦，盆，器底，碗，罐耳，白瓷碗，青花瓷碗； ④：板瓦，筒瓦； ⑤：Ⅲ式尖底杯1，器底等； ⑤a：铜带钩（残），罐，尖底杯，器底	
ⅣT1507	①→②→H12→③→④→H24→⑤→⑤a→生土 └→H25—↑	④：圜底瓮，花边口沿罐，板瓦，筒瓦，盆； ⑤：尖底杯； ⑤a：尖底杯，盏，罐底，器底等	
ⅣT1508	①→②→②a→③→④→H26→⑤→⑤a→生土	④：板瓦，筒瓦，罐； ⑤：尖底杯，花边口沿罐，钵等	
ⅣT1509	①→②→③→④→⑤→H48→⑤a→生土	③：瓷罐，板瓦； ④：盆，尖底盏，花边口沿罐，尖底杯等	
ⅣT1510	①→③→④→H43→⑤→⑤a→生土 └→H44—↑	③：板瓦，筒瓦； ④：尖底杯，罐	
ⅣT1601	①→②→②a→②b→②c→③→④→H28→ ⑤→生土	②：盆，碗，盅； ④：板瓦，筒瓦； ⑤：罐，尖底盏，花边口沿罐	
ⅣT1602	①→②→②a→②b→H22→②c→③→④→ H28→⑤→生土	②：碗； ④：板瓦，筒瓦； ⑤：花边口沿罐，器底，尖底杯	
ⅣT1603	①→②→②a→②b→③→④→⑤→⑤a→生土	②：碗； ③：瓷碗等； ⑤：尖底杯，器底，花边口沿罐	
ⅣT1604	①→②→②a→②b→③→④→⑤→生土	③：碗底，盆，罐，陶棒，钵，瓷盅； ④：铜钱，板瓦，筒瓦，器底； ⑤：尖底杯，器足，船形杯，器底等	

续表

编号	层位关系	出土物	备注
ⅣT1605	①→①a→②→H9→③→④→⑤→H46→⑤a→生土 ⑤→H47→⑤a	③：板瓦，罐； ④：尖底杯，花边口沿罐，船形杯，尖底盏； ⑤：BⅢ式素缘绳纹罐1，尖底杯，尖底盏，器底等； ⑤a：尖底杯，花边口沿罐，器底，盆，器盖，折腹盆，尖底盏	
ⅣT1606	①→②→③→④→H30→⑤→H58→⑤a→生土	③：板瓦，筒瓦，器底； ④：板瓦，筒瓦，瓮，瓷碗底，铜钱等； ⑤：船形杯，花边口沿罐，尖底杯，铜块（残片）； ⑤a：花边口沿罐，豆柄，尖底杯，器底	
ⅣT1607	①→②→③→④→⑤→H38→⑤a→生土	④：铜铃，板瓦，筒瓦，瓮，钵，器底，尖底杯，刻槽盆； ⑤：AⅡ式素缘绳纹罐1，A型豆柄，尖底盏，花边口沿罐等； ⑤a：盂，罐，尖底杯	
ⅣT1608	①→②→③→④→⑤→H27→⑤a→生土	④：瓮，盆，筒瓦，板瓦； ⑤：罐，尖底杯	
ⅣT1609	①→②→③→H39→④→⑤→⑤a→生土	③：盆，筒瓦，板瓦； ⑤：花边口沿罐，尖底盏，豆盘，尖底杯	

注：Ⅱ区探方以及Ⅳ区T0801、T0802、T0901、T0902、T1001、T1002、T1101、T1102与其余探方不相连，自成系统。

附表二　2001年邓家沱遗址灰坑登记表

编号	位置	层位关系	形状和结构	出土物	年代	备注
H1	ⅣT1005	①→H1→④	不规则，斜弧壁，圜底。长180、宽40、深45厘米	瓮，折肩盆等	汉代	
H2	ⅣT1106	①→H2→③	圆形，弧壁，圜底。直径120、深69厘米	无标本	清	
H3	ⅣT1008	②→H3→③	半圆形，斜壁，平底。长140、宽48、深26厘米	瓷杯，瓷碗（底），筒瓦	清	
H4	ⅣT1206	①→H4→②	近椭圆形，弧壁，圜底。长150、宽96、深66厘米	无标本	清	
H5	ⅣT1008	④→H5→⑤	半圆形，弧壁，圜底。长260、宽10、深56厘米	尖底杯，罐	西周	
H6	ⅣT1405	②→H6→③	近圆形，弧壁，圜底。长142、宽130、深45厘米	筒瓦，板瓦，罐，尖底杯	清	壁、底有灰浆加工痕迹，灰浆厚3~5厘米
H7	ⅣT1505	②→H7→③	圆形，内弧壁，平底。直径108、深40厘米	青花瓷碗，青瓷罐，青瓷罐底，板瓦，瓷壶	清	壁、底有人工加工痕迹

续表

编号	位置	层位关系	形状和结构	出土物	年代	备注
H8	ⅣT1503	②→H8→②b	近圆形，斜壁，平底。长100、宽90、深60厘米。	银镯，铜钱（残），板瓦，青花瓷碗，瓷瓮等	清	填土分3层。坑壁光滑且规整
H9	ⅣT1605	②→H9→③	椭圆形，斜弧壁，底较平长。长144、宽102、深36厘米	青花瓷片	清	壁、底有人工加工痕迹
H10	ⅣT1504	②→H10→②b	圆角方形，直壁，平底。长90、宽60、深15厘米	青花瓷勺，瓷单耳带流执壶，青花瓷碗，青瓷碗	清	壁、底都有一层厚2～5厘米的白石灰，规整且光滑
H11	ⅣT1408	②→H11→③	近圆形，内弧壁，圜底。口径135、深70厘米	无标本	清	壁、底部用小炭粒和白石灰加工精制而成，表面光滑，坚硬
H12	ⅣT1507	②→H12→③	近圆形，内弧壁，圜底。长95、宽84、深46厘米	板瓦，刻槽盆，瓷碗底，瓷碗，铜簪	清	
H13	ⅠT1403	②→H13→②a	长方形，斜壁内收，底部较平。长480、宽310、深138厘米	无标本	清	（和H15合并）方向 10°。壁、底用白沙灰加工而成，坚硬
H14	ⅠT1403	②→H14→②a	椭圆形，斜壁内收，圜底。长160、宽130、深70厘米	无标本	清	
H15	ⅠT1503	②→H15→②a	长方形	无标本	清	（和H13合并）
H16	ⅣT1504、ⅣT1505、ⅣT1605	⑤→H16→⑤a	不规则形，斜壁，圜底，壁面和底部凹凸不平。长915、宽670、深40厘米	Ⅰ式尖底杯10310、Ⅱ式尖底杯10945，A型高领罐1、B型高领罐1，纺轮，豆座等	西周	
H17	ⅣT1008	⑤→H17→⑤a	不规则形，斜壁内收，平底。长136、宽112、深30厘米	罐底等	西周	
H18	ⅣT1008	⑥→H17→H18→生土	不规则形，斜壁内收，平底。长527、宽52～165、深22厘米	罐，器底，锥状器等	新石器	
H19	ⅣT1404	②→H19→②b	不规则形，斜弧壁内收，底部凹凸不平。长120、宽104、深65厘米	无标本	明清	壁、底为沙灰壁结构，沙灰壁厚约1厘米
H20	ⅣT1404	②→H20→②b	近长方形，斜弧壁内收，平底。长270、宽56～114、深100厘米	无标本	清	壁、底为沙灰壁结构，沙灰壁厚约1厘米
H21	ⅣT1502	②→H21→②b	不规则形，弧壁，圜底。长75～92、宽73、深58厘米	瓷注壶，瓷盅等	清	

续表

编号	位置	层位关系	形状和结构	出土物	年代	备注
H22	ⅣT1602	②b→H22→②c	近圆形，弧壁，圜底。长130、宽120、深63厘米	铜钱	清	铜钱的暂存清单记录在2003年上
H23	ⅠT1501	②b→H23→③	圆角方形，斜壁内收，平底。长134、宽51～90、深45厘米	瓷盅	清	壁面经火烧，烧结厚度1～2厘米。壁面规整
H24	ⅣT1507	④→H24→⑤	椭圆形，弧壁内收，圜底。长136、宽120、深65厘米	板瓦，筒瓦	秦汉	
H25	ⅣT1507	④→H25→⑤	不规则形，弧壁内收，圜底。长195、宽173、深140厘米	无标本	秦汉	
H26	ⅣT1508	④→H26→⑤	不规则形，斜壁内收，底部近平。长245、宽236、深43厘米	无标本	秦汉	
H27	ⅣT1608	⑤→H27→⑤a	半圆形，内弧壁，圜底。长140、宽47、深50厘米	尖底杯	西周	
H28	ⅣT1601和T1602	④→H28→⑤	近椭圆形，斜壁内收，平底。长504、宽338、深64厘米	无标本	秦汉	
H29	ⅣT1408	⑤→H29→⑤a	圆形，内弧壁，圜底。直径145、深70厘米	AⅠ式素缘绳纹罐1，AⅡ式素缘绳纹罐1，A型高领罐1，B型高领罐1，不明形制高领罐1，陶器座等	西周	
H30	ⅣT1606	④→H30→⑤	近圆形，直壁，壁面凹凸不平，圜底。长130、宽126、深220厘米	无标本	秦汉	
H31	ⅣT1102	③→H31→③a	近圆形，内弧壁，圜底。长150、宽128、深60厘米	罐，筒瓦等	六朝	未在统一地层内（与其余探方不相连）
H32	ⅠT1401	⑤→H32→⑤a	不规则形，斜直壁，平底。长178、宽138、深40厘米	AⅠ式花边口沿罐1，Ⅰ式尖底杯，高领罐，A型盘口罐2，A型豆柄1，器盖抓手，尖底盏，器底等	西周	
H33	ⅣT1503	④→H33→⑤	近圆形，内弧壁，圜底。长139、宽138、深40厘米	筒瓦残片	秦汉	
H34	ⅣT1407	⑤a→H34→生土	椭圆形，内弧壁，圜底。长172、宽120、深40厘米	骨锥（残）	西周	
H35	ⅣT1407	⑤a→H35→生土	椭圆形，东壁较直，西壁弧收，平底。长215、宽135、深50厘米	AⅡ式素缘绳纹罐1，Ⅰ式尖底杯2，Ⅱ式尖底杯2，素面罐，罐底，盆等	西周	

续表

编号	位置	层位关系	形状和结构	出土物	年代	备注
H36	ⅣT1401	⑤→H36→⑤a	不规则形，内弧壁，平底。长200、宽142、深50厘米	无标本	西周	
H37	ⅠT1502	⑤→H37→⑤a	不规则形，弧壁内收，圜底。长474、宽196、深70厘米	B型耸肩罐1，B型花边口沿罐1，A型高领罐1，器底等	西周	方向44°
H38	ⅣT1607	⑤→H38→⑤a	椭圆形，内弧壁，平底。长180、宽160、深100厘米	Ⅰ式尖底杯2，Ⅱ式尖底杯1，器底，高领罐等	西周	
H39	ⅣT1609	③→H39→④	椭圆形，斜壁，平底。长139、宽99、深40厘米	板瓦，筒瓦等	六朝	
H40	ⅣT1410	④→H40→⑤	近圆形，内弧壁，圜底。长150、宽146、深55厘米	筒瓦残片等	秦汉	
H41	ⅣT1410	④→H41→⑤	近椭圆形，内弧壁，圜底。长114、宽101、深50厘米	筒瓦残片等	秦汉	
H42	ⅣT1505	⑤→H42→⑤a	不规则形，内弧壁，圜底。长200、宽70～160、深32厘米	B型耸肩罐2，C型耸肩罐1，D型耸肩罐1，A型高领罐1，Ⅰ式尖底杯2，Ⅱ式尖底杯3，A型尖底盏1，深腹罐，器底，A型豆柄座1，B型豆柄座1，矮领瓮，陶纺轮等	西周	
H43	ⅣT1510	④→H43→⑤	不规则形，斜壁，平底。长246、宽225、深60厘米	板瓦，筒瓦	秦汉	
H44	ⅣT1510	④→H44→⑤	半圆形，斜直壁内收，平底。长76、宽20、深42厘米	筒瓦	秦汉	
H45	ⅣT1410	④→H45→⑤	不规则形，内弧壁，圜底。长190、宽180、深135厘米	板瓦，筒瓦，盆等	秦汉	
H46	ⅣT1605	⑤→H46→⑤a	不规则形，弧壁内收，圜底。长154、宽70、深52厘米	BⅢ式素缘罐1，Ⅱ式尖底杯2，B型豆柄1等	西周	
H47	ⅣT1605	⑤→H47→⑤a	椭圆形，内弧壁，圜底。长204、宽120、深52厘米	AⅠ式素缘绳纹罐1，BⅠ式素缘罐2，高领罐，Ⅰ式尖底杯4，Ⅱ式尖底杯2，小罐，器盖抓手，器底等	西周	
H48	ⅣT1509	⑤→H48→⑤a	近圆形，斜壁内收，平底。长106、宽96、深38厘米	BⅢ式素缘绳纹罐1，AⅠ式花边口沿罐1，A型高领罐2，器底等	西周	

续表

编号	位置	层位关系	形状和结构	出土物	年代	备注
H49	ⅣT1309	⑤→H49→⑤a	半圆形，内弧壁，圜底。长135、宽105、深45厘米	BⅢ式素缘绳纹罐1，Ⅰ式尖底杯2，Ⅱ式尖底杯1，炮弹形尖底杯1，B形高领罐1等	西周	
H50	ⅣT1208	⑤→H50→⑤a	近圆形，内弧壁，圜底。长196、宽185、深50厘米	AⅡ式素缘绳纹罐1，BⅢ式素缘绳纹罐1，BⅡ式素缘绳纹罐1，Ⅰ式尖底杯3，A型高领罐1，B型高领罐3，尖底盏，骨镞等	西周	
H51	ⅠT1502	⑦→H51→⑤a	近椭圆形，直壁下部内收，平底。长144、宽100、深65～73厘米	BⅠ式素缘罐1，B型花边口沿罐1，B型豆柄1，高领罐等	西周	
H52	ⅠT1404、ⅠT1304	⑤→H52→⑤a	不规则形，斜直壁，平底。长360、宽225、深20厘米	AⅠ式素缘绳纹罐2，AⅡ式素缘绳纹罐2，BⅠ式素缘绳纹罐3，BⅡ式素缘绳纹罐1，BⅠ式素缘罐1件，AⅡ式花边口沿罐1，B型高领罐3，A型盘口罐2，C型盘口罐1，Ⅰ式尖底杯5，Ⅱ式尖底杯5，尖底盏，盆，A型豆1，B型豆1，铜鉞，陶纺轮等	西周	
H53	ⅣT1409	⑤→H53→⑤a	近圆形，斜壁内收，平底。长190、宽180、深50厘米	B型盘口罐2，素面罐，A型高领罐1，B型高领罐1，形制不明高领罐1，炮弹形陶杯底，尖底盏，器底等	西周	
H54	ⅣT1306	⑤a→H54→生土	近椭圆形，口大底小，北壁斜直，其余三壁弧收，底不平。长324、宽230、深40厘米	素缘绳纹罐，Ⅰ式尖底杯3，Ⅱ式尖底杯1，B型高领罐2，器底等	西周	
H55	ⅣT1206	⑤a→H55→生土	不规则形，直壁，平底。长235、宽229、深60厘米	A型高领罐1，Ⅱ式尖底杯1，尖底盏，器底等	西周	
H56	ⅠT1601	⑤→H56→⑤a	不规则形，弧壁，底部凹凸不平。长355、宽330、深22厘米	AⅡ式素缘绳纹罐1，BⅠ式素缘绳纹罐1，BⅡ式素缘绳纹罐1，AⅡ式花边口沿罐2，素面瓮，折沿罐，Ⅰ式尖底杯2，炮弹形尖底杯，尖底盏，A型高领罐1，B型盘口罐1，器盖抓手，器底，陶纺轮等	西周	

续表

编号	位置	层位关系	形状和结构	出土物	年代	备注
H57	ⅣT1107	⑤→H57→⑤a	近圆形，内弧壁，圜底。长120、宽110、深40厘米	BⅠ式素缘罐1，AⅡ式花边口沿罐2，B型高领罐1，船形杯，平底盏，Ⅰ式尖底杯1，深腹盆，器底等	西周	
H58	ⅣT1606	⑤→H58→⑤a	不规则形，斜壁内收，平底。长186、宽155、深60厘米	骨匕（残），尖底杯	西周	

附表三　2001年邓家沱遗址墓葬登记表

编号	位置	层位	形状和结构	出土器物	时期	方向
M1	ⅠT1601	③→M1→④	近长方形竖穴土坑，墓壁竖直。长192、宽48~74、深60厘米	铜饰件，“开元通宝”钱	宋	170°
M2	ⅣT1404	③→M2→④	长方形竖穴土坑，墓壁较直且规整，底部近平。长180、宽60、深30厘米	筒瓦，板瓦，青瓷残片，铜钱	宋	174°
W1	ⅣT1205	④→W1→⑤	坑口近圆形，直壁，底部较平。长70、宽64、深30厘米	板瓦，大口罐	秦汉	90°

附表四　2001年邓家沱遗址其他遗迹登记表

编号	位置	层位关系	形状和结构	出土物	时期	备注
G1	ⅣT1008	②→H3→G1→③	平面呈不规则长方形，斜壁，平底。长420、宽120～258、深20厘米	板瓦，筒瓦，瓷碗，器底	清	
G2	ⅠT1401和ⅠT1402	⑤→G2→⑤a	平面呈长方形，直壁略斜，平底。长756、宽75～100、深60厘米	罐，尖底杯等	西周	
Y1	ⅣT1307	②→Y1→③	不规则形，火门形状、结构及大小不清楚；火膛为圆形，直壁圜底；火道为平底长方形；烟囱位于火道末端，直壁圜底	板瓦	清	

附表五　2003年邓家沱遗址墓葬登记表

编号	位置	层位关系	形状结构	出土物	方向	年代	备注
M3（原M1）	ⅠT1211	②→M3→③	长方形土坑竖穴	“开元通宝”钱	160°	唐	
M4（原M2）	ⅠT1214	③→M4→④	长方形土坑竖穴	瓷四系盘口罐，铁刀，“开元通宝”钱，铜牌饰	206°	唐	
M5（原M3）	ⅠT1204	③→M5→④	长方形土坑竖穴	瓷高圈足盘，瓷盆	175°	唐	
M6（原M4）	ⅡT0808	①→M6→生土	“凸”字形砖室墓	陶俑残块，五铢钱等	20°	秦汉	被盗
W2	ⅠT1215	③→W2→④	椭圆形	深腹盆，瓮	90°	秦汉	两器物相对放置

附表六　2003年邓家沱遗址灰坑登记表

编号	位置	层位关系	形状结构	出土物	年代	备注
H59（原H1）	ⅣT1512	②→H59→③a	不规则形，斜壁内收，坑底略平	无标本	六朝	
H60（原H2）	ⅣT1413	③a→H60→③b	半圆形，斜壁内收，坑底较平	A型高领罐1，B型高领罐1，豆盘，尖底盏，器底	西周	
H61（原H3）	ⅣT1313	③a→H61→③b	不规则形，口大底小。坑东壁较直，西壁略呈台阶状。平底	Ⅱ式尖底杯2，B型高领罐2等	西周	
H62（原H4）	ⅣT1514	④→H62→⑤	半圆形，壁斜向内收，底较平	尖底杯，船形杯，罐口沿	西周	
H63（原H5）	ⅣT1315	③a→H63→③b	椭圆形，内弧壁，圜底	素缘绳纹罐，高领罐等	西周早期	
H64（原H6）	ⅣT1314	③a→H64→③b	不规则形，直壁平底	素缘绳纹罐，尖底杯，高领罐等	西周早期	
H65（原H7）	ⅣT0715	⑤a→H65→⑤b	不规则形，弧壁，底不平	Ⅰ式尖底杯30，Ⅱ式尖底杯25等	西周	
H66（原H8）	ⅣT1114	④b→H66→生土	近椭圆形，斜壁，平底	D型素缘绳纹罐2，A型高领罐1，B型高领罐1，Ⅱ式尖底杯1，尖底盏，盆，素缘素面罐等	西周	
H67（原H9）	ⅣT1014	⑤a→H67→⑤b	近圆形，口大底小。斜壁，平底	上层：尖底杯，花边口沿罐；下层：尖底杯，船形杯，坩埚，陶罐	西周	填土分两层
H68（原H10）	ⅠT1209、ⅠT1109	④→H68→⑤	圆形，弧壁圜底	直腹罐，鼓腹罐等	六朝	坑壁发现有平抹加工痕，填土分两层
H69（原H11）	ⅠT1209	④→H69→⑤	圆形，弧壁圜底	无标本	六朝	坑壁发现有平抹加工痕，填土分两层
H70（原H12）	ⅠT1410	④a→H70→④b	椭圆形，弧壁，底近平	豆盘等	西周	
H71（原H13）	ⅠT1308、ⅠT1408、ⅠT1309	⑤→H71→生土	不规则带状，弧壁，底不平	AⅠ式素缘绳纹罐1，BⅡ式素缘绳纹罐4，CⅡ式素缘绳纹罐2，A型高领罐2，B型高领罐1，C型盘口罐1，陶盆，甑箅，Ⅱ式尖底杯2，炮弹形陶杯，尖底盏，器盖，器底等	西周或偏早时期	
H72（原H14）	ⅣT1705、ⅣT1704	⑤a→H72→⑤b	不规则形，弧壁，圜底	BⅠ式素缘绳纹罐2，陶盆等	西周	

续表

编号	位置	层位关系	形状结构	出土物	年代	备注
H73（原H15）	ⅣT1203	④→H73→⑤	不规则形，弧壁，圜底	AⅡ式素缘绳纹罐1，AⅡ式花边口沿罐2，Ⅲ式尖底杯1，炮弹形杯，器盖抓手等	西周	
H74（原H16）	ⅣT1115、ⅣT1215	④b→H74→生土	不规则形，口大底小，斜壁，底不平	BⅡ式素缘绳纹罐3，AⅡ式花边口沿罐2，素缘素面罐，Ⅰ式尖底杯2，Ⅱ式尖底杯2，B型高领罐4，尖底盏，器盖抓手等	西周	
H75（原H17）	ⅣT1210	④c→H75→生土	圆形，口大底小，斜壁，底不平	高领罐，尖底杯等	西周	
H76（原H18）	ⅣT1312	③b→H76→④（生土）	不规则长形坑，底呈锅底状	船形杯，炮弹形杯，C型尖底盏3，箅形器	西周	

附表七　邓家沱遗址2003年Ⅰ区地层详表

编号	层位关系	出土物	备注
ⅠT0807	①→②→生土	无标本	
ⅠT0808	①→②→生土	①：青花瓷片	
ⅠT0904	①→②→生土	无标本	探沟：1.5米×10米=15平方米
ⅠT0907	①→②a→②b→生土	无标本	
ⅠT0908	①→②a→②b→生土	②a：青花瓷碗片	
ⅠT1005	①→②a→②b→③→生土	无标本	
ⅠT1006	①→②→③→生土	无标本	
ⅠT1007	①→②→③→生土	无标本	
ⅠT1008	①→②→③→生土	无标本	
ⅠT1105	①a→①b→②a→②b→③→④→⑤（生土）	②：器底	
ⅠT1107	①→②→③→④→生土	③：板瓦，筒瓦，白釉瓷碗，白釉瓷盏	
ⅠT1108	①→②→③→④→生土	②：板瓦，青花瓷碗；③：板瓦，筒瓦	
ⅠT1109	①→②→③→④→H68→生土	③：板瓦，筒瓦，红胎青瓷碗，红胎白釉瓷碗	
ⅠT1114	①→②→③→④→生土	②：瓦当，折沿盆；③：板瓦；④：罐，尖底杯	
ⅠT1115	①→②→③→④→生土	③：板瓦；④：尖底杯	
ⅠT1116	①→②→③→④→生土	③：盆，罐，板瓦；④：尖角杯，罐，长尖底杯	
ⅠT1203	①a→①b→②a→②b→③→④→⑤→生土	②：素面小瓦，青花瓷碗；④：素面罐，绳纹瓦，青花碗	
ⅠT1204	①a→①b→②a→②b→③→M5→④→⑤→生土	②a：素面板瓦，青花瓷片；②b：素面板瓦，青花瓷片；③：绳纹板瓦；④：绳纹板瓦，筒瓦，青瓷碗残片，石阙构件；⑤：尖底杯	布方面积：5米×10米=50平方米，④层内另发现墓阙遗存3件

续表

编号	层位关系	出土物	备注
ⅠT1205	①a→①b→②a→②b→③→④→⑤→生土	④：瓮，罐，板瓦，青瓷碗，青瓷罐；⑤：花边口沿罐，陶钵，尖底杯等	
ⅠT1206	①a→①b→②a→②b→③→④→⑤→生土	②：青花瓷碗；③：青釉罐，青釉碗，瓮；④：板瓦，素面罐，青瓷盆，青瓷碗；石阙构件；⑤：尖底杯	布方面积：5米×10米=50平方米，④层另发现墓阙构件4件
ⅠT1207	①a→①b→②a→②b→③→④→⑤→生土	②：罐，碗，盘，开元通宝钱；④：板瓦，陶鸡；⑤：尖角杯	
ⅠT1208	①→②a→②b→③→④→⑤→生土	②：罐，壶，瓮；④：筒瓦，板瓦；⑤：尖角杯，罐	
ⅠT1209	①→②a→②b→③→④→H69→⑤→生土	②a：碗，罐；④：筒瓦，板瓦，罐；⑤：尖角杯	
ⅠT1210	①→②a→②b→③→④a→④b→生土	③：板瓦，筒瓦，罐，瓷碗；④a：豆圈足	
ⅠT1211	①→②→M3→③→④a→④b→生土	③：板瓦，筒瓦，罐，瓷碗；④：尖底杯，陶网坠等	
ⅠT1214	①→②→③→M4→④→⑤→生土	③：素面罐，板瓦，筒瓦；⑤：高领罐，尖底杯，素缘罐	
ⅠT1215	①→②→③→W2→④→⑤→生土	③：板瓦，青瓷壶	
ⅠT1216	①→②→③→④→⑤→生土	④：盆，板瓦； ⑤：尖角杯，罐等	
ⅠT1307	①a→①b→②→③→④→⑤→生土	②：瓷碗，瓷壶，瓷杯；④：板瓦；⑤：尖角杯，船形杯，罐	
ⅠT1308	①→②→③→④→⑤→H71→生土	③：碗，盘，残瓷盘口壶；④：筒瓦，板瓦；⑤：尖角杯，罐，器盖	
ⅠT1309	①→②→③→④→H71→生土	③：板瓦，碗，瓦当，罐；④：船形杯，罐，盆，尖底杯	
ⅠT1310	①→②→③a→③b→④a→④b→生土	③：板瓦，筒瓦，盆，瓷碗；④a：罐，尖底杯，尖底盏；④b：尖底杯，罐	
ⅠT1311	①→②→③a→③b→④a→④b→生土	③：板瓦，筒瓦，青瓷碗，瓷罐；④a：花边口沿罐；④b：高领罐，尖底盏	
ⅠT1314	①→②→③→④→生土	③：板瓦，筒瓦，罐；④：罐，尖底杯	
ⅠT1315	①→②→③→④→生土	④：尖底杯，高领罐，器盖，素缘罐	
ⅠT1316	①→②→③→④→生土	③：青瓷钵；④：高领罐，尖底杯，陶杯	
ⅠT1407	①→②→③→④a→④b→生土	③：板瓦，豆，罐；④b：Ⅱ式尖底杯3	
ⅠT1408	①→②→③→④a→④b→H71→生土	③：宽沿盆，陶钵等； ④：BⅠ式素缘绳纹罐2，CⅡ式素缘绳纹罐2；船形杯等	

续表

编号	层位关系	出土物	备注
Ⅰ T1409	①→②→③a→③b→④a→④b→生土	③a：瓷碗，瓷壶，瓷罐；④b：尖底杯，器盖，豆	
Ⅰ T1410	①→②→③a→③b→④a→H12→④b→④c→生土	③a：板瓦，筒瓦，瓮，瓷碗，敛口罐，器耳，子母口罐；④a：罐，船形杯	
Ⅰ T1411	①→②→③a→③b→④a→④b→④c→生土	③a：板瓦，筒瓦，罐，瓷碗，瓷双系罐，敛口罐，器盖，豆盘；④a：罐，尖底盏；④b：罐，尖底杯	
Ⅰ T1507	①→②→③→④a→④b→生土	③：碗，罐；④：罐，板瓦，器盖	
Ⅰ T1508	①→③→④a→④b→生土	④a：罐，盆，豆，板瓦；④b：尖底杯，船形杯，罐	
Ⅰ T1509	①→②→③a→③b→生土	a：AⅢ式花边口沿罐1，C型尖底盏1，BⅡ式素缘绳纹罐1，Ⅱ式尖底杯1，豆盘，石器等	

附表八　邓家沱遗址2003年Ⅳ区地层详表

编号	层位	出土物	备注
ⅣT0605	②→②a→②b→生土	②a：青花瓷碗 ②b：青瓷盏等	②b层原编号为③层
ⅣT0613	①→②a→②b→③a→③b→④a→④b→⑤b→生土	②a：青花瓷碗，瓷罐，酱釉碗；④a：板瓦，筒瓦，澄滤器，瓷罐	
ⅣT0614	①→②a→②b→③a→③b→④→⑤a→⑤b→生土	②a：青花瓷碗；④：花纹砖，陶罐；⑤a：器盖，花边口沿罐，尖底杯	
ⅣT0615	①→②a→②b→③a→③b→④→⑤a→⑤b→生土	③a：瓦当等；④：板瓦，筒瓦，青瓷碗，陶罐； ⑤a：尖底杯，陶罐	③a层原编号为③层
ⅣT0616	①→②a→②b→③a→③b→④→⑤a→⑤b→生土	⑤a：尖底杯，罐，尖底盏	
ⅣT0705	①→②a→②b→生土	②a：瓷灯台等	②a层原编号为②层
ⅣT0713	①→②a→②b→③a→③b→④a→④b→生土	②b：瓷刻槽盆等	
ⅣT0714	①→②a→②b→③a→③b→④a→④b→⑤a→⑤b→生土	②a：青花瓷碗；③a：铜片；④a：石斧	③a层原编号为③层
ⅣT0715	①→②a→②b→③a→③b→④→⑤a→H65→⑤b→生土	②a：筒瓦，盆，罐；③a：石纺轮；⑤a：尖底杯，陶罐，器盖	
ⅣT0805	①→②a→②b→生土	②a：素面瓦，青花瓷碗底	
ⅣT0806	①→②a→②b→③→生土	无标本	
ⅣT0807	①→②a→②b→③→生土	无标本	
ⅣT0808	①→②a→②b→③→生土	②a：素面瓦，青花瓷碗	
ⅣT0809	①→②a→②b→③→生土	③：绳纹罐，素面罐，尖底杯，船形杯	

续表

编号	层位	出土物	备注
ⅣT0813	①→②a→②b→③a→③b→④a→④b→生土	②a：瓷碗，青花瓷盒，敛口钵，罐；③：青瓷钵；④a：瓷碗，瓷罐，盆，瓮，筒瓦，板瓦	
ⅣT0814	①→②→③a→③b→④a→④b→④c→生土	④a：罐，筒瓦，板瓦；④b：花边圜底罐	
ⅣT0815	①→②→③a→③b→④→⑤→生土	③a：铁矛，铁刀，青瓷盏等；④：青瓷钵，筒瓦，板瓦等；⑤：罐，瓮，尖底盏，尖角杯	③a层原编号为③层
ⅣT0905	①→②a→②b→③→生土	②a：素面小瓦，青花瓷碗；③：AⅡ式花边口沿罐1，瓮等	②层原编号为④层
ⅣT0906	①a→①b→②→③→生土	③：平底罐，花边口沿罐，尖底盏，罐口沿	③层原编号为④层
ⅣT0907	①a→①b→②→③→生土	③：罐残片，花边口沿罐残片	③层原编号为④层
ⅣT0908	①a→①b→②→③a→③b→④（生土）	③a：尖底杯，尖角杯，陶罐口沿；③b：AⅢ式花边口沿罐2，尖底盏等	③b层原编号为④层，现④层即为生土层
ⅣT0909	①→②→③a→③b→④→生土	②：绳纹板瓦；③a：小平底罐口沿，尖底杯，小平底罐底	
ⅣT0910	①→②→③a→③b→④→⑤→生土	③a：板瓦，筒瓦；④：罐口沿，罐底	
ⅣT0911	①→②→③a→③b→④→⑤a→⑤b→⑤c→⑤d→⑥→生土	②：板瓦，青瓷碗；④：五铢钱；⑤a：板瓦	
ⅣT0912	①→②→③a→③b→④→⑤→⑥→⑦→⑧→⑨（生土）	②：青花瓷碗；⑤：板瓦，筒瓦等；⑥：板瓦，筒瓦	
ⅣT0913	①→②a→②b→③a→③b→④a→④b→⑤→生土	③：青瓷钵；④a：筒瓦，板瓦，瓷碗，瓷壶，罐；⑤：尖角杯	
ⅣT0914	①→②a→②b→③a→③b→④a→④b→⑤a→⑤b→生土	④a：石斧等；④b：板瓦，筒瓦，罐；⑤a：花边口沿罐，尖底杯，尖底盏，船形杯	④a层原编号为④层
ⅣT0915	①→②→③→④→⑤a→⑤b→生土	④：板瓦，筒瓦，罐，盆；⑤a：尖底杯，高领罐，瓮	
ⅣT1009	①a→①b→②→③→④a→④b→⑤（生土）	④a：罐口沿，尖底杯底；④b：尖底杯底	④a层原编号为④层
ⅣT1010	①a→①b→②a→②b→③→④a→④b→⑤（生土）	④a：花边口沿罐，大口罐口沿，尖底杯底；④b：尖底杯底，花边口沿	④a层原编号为④层
ⅣT1011	①→②a→②b→③a→③b→④a→④b→⑤（生土）	④a：花边口沿，大口罐，尖底杯；④b：尖底杯，炮弹形杯	
ⅣT1012	①→②→③a→③b→④→⑤a→⑤b→生土	⑤a：罐，尖底盏	
ⅣT1013	①→②→③→④a→④b→生土	③：板瓦，筒瓦，罐；④a：高领罐，尖底杯，炮弹形杯，花边口沿罐，器盖；④b：尖底杯，花边口沿罐，高领罐，器盖	

续表

编号	层位	出土物	备注
ⅣT1014	①→②→③→④→⑤a→H67→⑤b→生土	③：五铢铜钱；⑤a：BⅡ式素缘绳纹罐1，Ⅱ式尖底杯2，器盖等	⑤a层原编号为⑤层
ⅣT1015	④→②→③→④a→④b→生土	④a：板瓦，筒瓦，陶罐；④b：BⅡ式素缘绳纹罐1，AⅡ式花边口沿罐3，尖底杯，尖底盏等	④b层原编号为⑤层
ⅣT1103	①→②→③→④→生土	③：板瓦，筒瓦，罐；④：AⅠ式花边口沿罐1，AⅡ式花边口沿罐4，Ⅲ式尖底杯1等	
ⅣT1104	①→②→③→④→生土	③：板瓦，筒瓦，陶罐；④：尖底杯，罐	
ⅣT1109	①a→①b→②a→②b→③a→③b→④a→④b→④c→⑤（生土）	②b：陶动物模型（残），筒瓦，板瓦；④a：花边口沿罐，高领罐，尖底盏，尖底杯，尖角杯；④b：BⅡ式素缘绳纹罐1，B型高领罐1，Ⅱ式尖底杯2，B型豆1，罐底，器盖，器底等	
ⅣT1110	①a→①b→②→③a→③b→④a→④b→生土	③：板瓦；④b：BⅠ式素缘绳纹罐4，AⅡ式花边口沿罐2，船形杯，Ⅰ式尖底杯4，B型高领罐5，B型耸肩罐2，瓮等	
ⅣT1111	①a→①b→②→③→④a→④b→⑤（生土）	③：筒瓦，弧形板瓦；④a：尖底杯，花边口沿罐；④b：BⅠ式素缘绳纹罐1，BⅡ式素缘绳纹罐1，B型高领瓮3，豆盘，尖底盏，盆，大口素面罐，Ⅱ式尖底杯2，器盖等	
ⅣT1112	①→②→③→④→⑤a→⑤b→生土	③：板瓦，筒瓦，碗；⑤a：尖底杯，尖底盏，船形杯，高领罐，杯	⑤a层原编号为⑤层
ⅣT1113	①→②→③→④a→④b→生土	③：板瓦，筒瓦，瓷碗，青瓷罐；④a：尖底杯，尖底盏，炮弹形杯，高领罐，素缘罐，花边口沿罐，器盖；④b：尖底杯，尖底盏，罐	
ⅣT1114	①→②→③→④a→④b→H66→生土	③：板瓦，筒瓦，瓷碗，罐；④a：AⅡ式花边口沿罐4，A型高领瓮1等；④b：高领罐，尖底杯，素缘罐，炮弹形杯	
ⅣT1115	①→②→③→④a→④b→H74→生土	④a：尖底杯，尖底盏，炮弹形杯，花边口沿罐，素缘罐，器盖，高领罐，船形杯等；④b：高领罐，尖底杯，尖底盏，素缘罐等	
ⅣT1203	①a→①b→②a→②b→③→④→H73→⑤→生土	②：青花瓷碗；③：筒瓦；④：板瓦，筒瓦，罐；⑤：尖底杯，花边口沿罐，船形杯，尖底盏	
ⅣT1209	①a→①b→②a→②b→③→④a→④b→④c→⑤（生土）	③：板瓦，筒瓦；④a：花边口沿罐，绳纹花边口沿罐，尖底杯；④b：BⅢ式素缘绳纹罐1，Ⅲ式尖底杯1，船形杯，炮弹形陶杯等	

续表

编号	层位	出土物	备注
ⅣT1210	①a→①b→②→③→④a→④b→④c→H75→⑤（生土）	④：筒瓦，板瓦，青釉瓷片；④a：花边口沿罐，炮弹形杯，尖底杯；④b：BⅠ式素缘绳纹罐3，BⅡ式素缘绳纹罐3，BⅢ式素缘绳纹罐1，B型高领罐3，A型尖底盏1，炮弹形陶杯等	
ⅣT1211	①a→①b→②→③→④a→④b→④c→⑤（生土）	③：筒瓦，板瓦；④a：素缘罐，尖底杯；④b：BⅡ式素缘绳纹罐1，Ⅰ式尖底杯4，Ⅱ式尖底杯1，炮弹形陶杯，B型高领罐3，甑箅，A型尖底盏1，盆，器盖抓手，B型豆柄1，船形杯，陶纺轮等	
ⅣT1212	①a→①b→②→③→④a→④b→④c→⑤（生土）	③：五铢钱；④a：绳纹罐口沿，尖底杯；④b：BⅠ式素缘绳纹罐1，BⅡ式素缘绳纹罐1，AⅡ式花边口沿罐1，B型高领罐 1，B型陶豆1，Ⅱ式尖底杯1，炮弹形杯1，B型耸肩罐1，器盖抓手，器底，瓮，深腹盆等	
ⅣT1213	①→②→③→④a→④b→⑤（生土）	③：板瓦；④a：AⅡ式花边口沿罐1，B型盘口罐2，B型高领罐4，瓮，盆，Ⅰ式尖底杯2，Ⅱ式尖底杯1,尖底盏等；④b：罐，尖底杯，船形杯（残）	
ⅣT1214	①→②→③→④a→④b→⑤（生土）	③：板瓦，筒瓦；④a：AⅡ式花边口沿罐2，Ⅱ式尖底杯1，盆等；④b：尖底杯，花边口沿罐，盆等	④a层原编号为④层
ⅣT1215	①→②→③→④a→④b→H74→⑤（生土）	②：青花瓷片，瓦片等；③：绳纹筒瓦、绳纹板瓦等；④a：船形杯，炮弹杯，尖底杯，陶罐等；④b：尖底杯、陶罐等	
ⅣT1303	①a→①b→②a→②b→③→④→⑤→生土	④：板瓦，筒瓦，罐；⑤：花边口沿罐，尖底杯，船形杯，高领罐	
ⅣT1312	①→②a→②b→③a→③b→H76→④（生土）	②a：板瓦，筒瓦；③a：高领瓮沿，罐口沿；③b：AⅡ式花边口沿罐3，船形杯，炮弹形陶杯，高领罐等	
ⅣT1313	①→②→③a→H61→③b→④（生土）	②：板瓦，筒瓦；③a：尖底杯，罐；③b：BⅡ式素缘绳纹罐1	③b层原编号为④层
ⅣT1314	①→②→③a→H64→③b→④（生土）	②：板瓦，筒瓦；③a：尖底杯，罐口沿；③b：罐口沿	
ⅣT1315	①→②→③a→H63→③b→④（生土）	②：板瓦，筒瓦；③a：高领瓮，尖底杯，尖底盏，器盖；③b：器盖，罐	
ⅣT1412	①→②→③a→③b→④→生土	②：骨镞，筒瓦，板瓦；③a：尖底杯	
ⅣT1413	①→②→③a→H60→③b→④→生土	②：筒瓦，板瓦；③：平底罐	
ⅣT1414	①→②→③→④→⑤→生土	②：板瓦；③：高领罐，平底罐，尖底杯	

续表

编号	层位	出土物	备注
ⅣT1415	①→②→③→④→⑤→生土	②：板瓦；③：罐	
ⅣT1511	①→②a→②b→③a→③b→④→⑤（生土）	②a：板瓦，筒瓦；②b：铜钱，板瓦；③a：罐口沿；③b：尖底杯	
ⅣT1512	①→②→H59→③a→③b→④（生土）	②：青瓷碗，板瓦，筒瓦；③a：罐口沿，平底罐，尖底杯；③b：尖底杯，平底罐	
ⅣT1513	①→②→③a→③b→④→⑤→⑥→生土	②：板瓦，筒瓦；③a：尖底杯，平底罐，花边口沿罐，罐口沿；③b：尖底杯，罐口沿，花边口沿罐	
ⅣT1514	①→②→③→④→H62→⑤→⑥（生土）	②：筒瓦，板瓦，薄壁瓦片；④：尖底杯	
ⅣT1515	①→②→③→④（生土）	③：尖底杯	
ⅣT1610	①→②→③a→③b→④→生土	②：素面瓦，青花瓷碗；③b：板瓦，筒瓦，青瓷碗，青瓷罐；④：尖底杯，圆腹罐	③b层原编号为④层
ⅣT1703	①a→①b→②→③→④→⑤a→⑤b→生土	④：罐，盆，板瓦；⑤a：罐，尖底杯	
ⅣT1704	①a→①b→②a→②b→③→④→⑤a→H72→⑤b→生土	③：板瓦，瓷碗等；④：铜权，罐，板瓦等；⑤：尖底杯，尖底盏，罐	
ⅣT1705	①a→①b→②a→②b→③→④→⑤a→H72→⑤b→生土	③：板瓦，罐，盆；⑤a：尖底杯，尖底盏，罐；⑤b：罐，尖底杯，尖底盏	
ⅣT1710	①→②→③a→③b→④→生土	②：小瓦，青花瓷碗；③a：青瓷钵，瓷碗，陶瓮等；④：陶纺轮	③a层原编号为③层
ⅣT1803	①a→①b→②→③→④→⑤→生土	①a：云纹瓦当；②：瓷碗；⑤：尖底杯，高领罐，花边口沿罐，素缘罐	
ⅣT1804	①a→①b→②a→②b→③→④→⑤→生土	③：板瓦，瓷罐等	
ⅣT1805	①a→①b→②→③→④→⑤→生土	⑤：陶纺轮等	

附表九　邓家沱遗址商周时期地层、遗迹单位详表

地层	出土物	备注
01ZDⅠT1404⑤	素缘绳纹罐，尖底杯、尖底器残片等	
01ZDⅠT1404⑤a	罐，尖底盏，尖底杯等	
01ZDⅣT1407⑤	AⅡ式花边口沿罐2，B型高领罐1，B型豆柄1，尖底杯，敛口罐，尖底盏，盆等	
01ZDⅣT1407⑤a	尖底杯，尖底盏，船形杯，素缘绳纹罐等	
03ZDⅣT1215④a	船形杯，炮弹杯，尖底杯，陶罐等	
03ZDⅣT1215④b	尖底杯、陶罐等	
01ZDⅣT1505⑤	AⅡ式素缘绳纹罐3，A型高领罐6，B型高领罐2，尖底盏，炮弹形尖底杯，器盖，豆柄，纺轮等	

续表

地层	出土物	备注
01ZDⅣT1505⑤a	A型耸肩罐1，折肩罐，垂腹罐，素缘素面罐，BⅡ式素缘绳纹罐1，B型高领罐2，A形尖底盏1，盆，器盖抓手，器底等	
01ZDⅣT1309⑤a	船形杯，A型高领罐1，AⅠ式素缘绳纹罐1，A型尖底盏1，器盖，器底等	
01ZDⅣT1008⑤	AⅠ式花边口沿罐1，AⅠ式素缘绳纹罐1，A型高领罐1，B型盘口罐1，矮领瓮，盆，石器等	
01ZDⅣT1307⑤	BⅡ式素缘绳纹罐2，素面小罐，尖底盏，豆柄等	
01ZDⅣT1605⑤	BⅢ式素缘绳纹罐1，尖底杯，尖底盏，器底等	
01ZDⅣT1607⑤	AⅡ式素缘绳纹罐1，A型豆柄，尖底盏，花边口沿罐等	
01ZDⅣT1206⑤a	AⅠ式素缘绳纹罐2，BⅠ式素缘绳纹罐2，CⅠ式素缘绳纹罐1，AⅠ式花边口沿罐1，耸肩瓮，Ⅱ式尖底杯3，B型尖底盏2，A型高领罐2，B型高领罐2，B型盘口罐2，陶豆，船形杯等	
01ZDⅣT1504⑤	AⅠ式花边口沿罐1，Ⅰ式尖底杯2，B型高领罐2，罐底，瓮等	
01ZDⅣT1207⑤	素缘绳纹罐，AⅠ式花边口沿罐1，AⅡ式花边口沿罐3，Ⅲ式尖角杯4，高领罐等	
01ZDⅣT1306⑤	Ⅲ式尖底杯1，广肩瓮等	
01ZDⅣT1506⑤	Ⅲ式尖底杯1，器底等	
03ZDⅣT1110④b	BⅠ式素缘绳纹罐4，AⅡ式花边口沿罐2，船形杯，Ⅰ式尖底杯4，B型高领罐5，B型耸肩罐2，瓮等	
03ZDⅣT1211④b	BⅡ式素缘绳纹罐1，Ⅰ式尖底杯4，Ⅱ式尖底杯1，炮弹形陶杯，B型高领罐3，甑箅，A型尖底盏1，盆，器盖抓手，B型豆柄1，船形杯，陶纺轮等	
03ZDⅣT1210④b	BⅠ式素缘绳纹罐3，BⅡ式素缘绳纹罐3，BⅢ式素缘绳纹罐1，B型高领罐3，A型尖底盏1，炮弹形陶杯等	
03ZDⅣT1111④b	BⅠ式素缘绳纹罐1，BⅡ式素缘绳纹罐1，B型高领瓮3，豆盘，尖底盏，盆，大口素面罐，Ⅱ式尖底杯2，器盖等	
03ZDⅣT1209④b	BⅢ式素缘绳纹罐1，Ⅲ式尖底杯1，船形杯，炮弹形陶杯等	
03ZDⅣT1109④b	BⅡ式素缘绳纹罐1，B型高领罐1，Ⅱ式尖底杯2，B型豆1，罐底，器盖，器底等	
03ZDⅣT1114④a	AⅡ式花边口沿罐4，A型高领瓮1等	
03ZDⅣT1103④	AⅠ式花边口沿罐1，AⅡ式花边口沿罐4，Ⅲ式尖底杯1等	
03ZDⅣT1015④b	BⅡ式素缘绳纹罐1，AⅡ式花边口沿罐3，尖底杯，尖底盏等	
03ZDⅣT1212④b	BⅠ式素缘绳纹罐1，BⅡ式素缘绳纹罐1，AⅡ式花边口沿罐1，B型高领罐 1，B型陶豆1，Ⅱ式尖底杯1，炮弹形杯1，B型耸肩罐1，器盖抓手，器底，瓮，深腹盆等	
03ZDⅣT1213④a	AⅡ式花边口沿罐1，B型盘口罐2，B型高领罐4，瓮，盆，Ⅰ式尖底杯2，Ⅱ式尖底杯1，尖底盏等	
03ZDⅣT1214④a	AⅡ式花边口沿罐2，Ⅱ式尖底杯1，盆等	
03ZDⅣT1312③b	AⅡ式花边口沿罐3，船形杯，炮弹形陶杯，高领罐等	
03ZDⅠT1408④	BⅠ式素缘绳纹罐2，CⅡ式素缘绳纹罐2；船形杯等	
03ZDⅠT1509③a	AⅢ式花边口沿罐1，C型尖底盏1，BⅡ式素缘绳纹罐1，Ⅱ式尖底杯1，豆盘，石器等	
03ZDⅣT1014⑤a	BⅡ式素缘绳纹罐1，Ⅱ式尖底杯2，器盖等	
03ZDⅠT1407④b	Ⅱ式尖底杯3	
03ZDⅣT0908③b	AⅢ式花边口沿罐2，尖底盏等	

续表

地层	出土物	备注
03ZDⅣT0905③	AⅡ式花边口沿罐1，瓮等	
03ZDⅣT1313③b	BⅡ式素缘绳纹罐1	
01ZDⅠT1401⑤a	石斧等	
03ZDⅣT1805⑤	陶纺轮等	
03ZDⅣT0914④a	石斧等	
03ZDⅣT0714④a	石斧	
03ZDⅠT1211④	尖底杯，陶网坠等	

遗迹	位置	层位关系	形状结构	出土物	备注
H5	ⅣT1008	④→H5→⑤	半圆形，弧壁，圜底。长260、宽10、深56厘米	尖底杯，罐	
H16	ⅣT1504、ⅣT1505、ⅣT1605	⑤→H16→⑤a	不规则形，斜壁，圜底，壁面和底部凹凸不平。长915、宽670、深40厘米	Ⅰ式尖底杯10310、Ⅱ式尖底杯10945，A型高领罐1、B型高领罐1，纺轮，豆座等	
H17	ⅣT1008	⑤→H17→⑤a	不规则形，斜壁内收，平底。长136、宽112、深30厘米	罐底等	
H27	ⅣT1608	⑤→H27→⑤a	半圆形，内弧壁，圜底。长140、宽47、深50厘米	尖底杯等	
H29	ⅣT1408	⑤→H29→⑤a	圆形，内弧壁，圜底。直径145、深70厘米	AⅠ式素缘绳纹罐1，AⅡ式素缘绳纹罐1，A型高领罐1，B型高领罐1，不明形制高领罐1，陶器座等	
H32	ⅠT1401	⑤→H32→⑤a	不规则形，斜直壁，平底。长178、宽138、深40厘米	AⅠ式花边口沿罐1，Ⅰ式尖底杯，高领罐，A型盘口罐2，A型豆柄1，器盖抓手，尖底盏，器底等	
H34	ⅣT1407	⑤a→H34→生土	椭圆形，内弧壁，圜底。长172、宽120、深40厘米	骨锥（残）	
H35	ⅣT1407	⑤a→H35→生土	椭圆形，东壁较直，西壁弧收，平底。长215、宽135、深50厘米	AⅡ式素缘绳纹罐1，Ⅰ式尖底杯2，Ⅱ式尖底杯2，素面罐，罐底，盆等	
H36	ⅣT1401	⑤→H36→⑤a	不规则形，内弧壁，平底。长200、宽142、深50厘米	无标本	
H37	ⅠT1502	⑤→H37→⑤a	不规则形，弧壁内收，圜底。长474、宽196、深70厘米	B型耸肩罐1，B型花边口沿罐1，A型高领罐1，器底等	方向44°
H38	ⅣT1607	⑤→H38→⑤a	椭圆形，内弧壁，平底。长180、宽160、深100厘米	Ⅰ式尖底杯2，Ⅱ式尖底杯1，器底，高领罐等	

续表

遗迹	位置	层位关系	形状结构	出土物	备注
H42	ⅣT1505	⑤→H42→⑤a	不规则形，内弧壁，圜底。长200、宽70～160、深32厘米	B型耸肩罐2，C型耸肩罐1，D型耸肩罐1，A型高领罐1，Ⅰ式尖底杯2，Ⅱ式尖底杯3，A型尖底盏1，深腹罐，器底，A型豆柄座1，B型豆柄座1，矮领瓮，陶纺轮等	
H46	ⅣT1605	⑤→H46→⑤a	不规则形，弧壁内收，圜底。长154、宽70、深52厘米	BⅢ式素缘罐1，Ⅱ式尖底杯2，B型豆柄1等	
H47	ⅣT1605、ⅣT1606	⑤→H47→⑤a	椭圆形，内弧壁，圜底。长204、宽120、深52厘米	AⅠ式素缘绳纹罐1，BⅠ式素缘罐2，高领罐，Ⅰ式尖底杯4，Ⅱ式尖底杯2，小罐，器盖抓手，器底等	
H48	ⅣT1509	⑤→H48→⑤a	近圆形，斜壁内收，平底。长106、宽96、深38厘米	BⅢ式素缘绳纹罐1，AⅠ式花边口沿罐1，A型高领罐2，器底等	
H49	ⅣT1309	⑤→H49→⑤a	半圆形，内弧壁，圜底。长135、宽105、深45厘米	BⅢ式素缘绳纹罐1，Ⅰ式尖底杯2，Ⅱ式尖底杯1，炮弹形尖底杯1，B形高领罐1等	
H50	ⅣT1208	⑤→H50→⑤a	近圆形，内弧壁，圜底。长196、宽185、深50厘米	AⅡ式素缘绳纹罐1，BⅢ式素缘绳纹罐1，BⅡ式素缘绳纹罐1，Ⅰ式尖底杯3，A型高领罐1，B型高领罐3，尖底盏，骨镞等	
H51	ⅠT1502	⑤→H51→⑤a	近椭圆形，直壁下部内收，平底。长144、宽100、深65~73厘米	BⅠ式素缘罐1，B型花边口沿罐1，B型豆柄1，高领罐等	
H52	ⅠT1404、ⅠT1304	⑤→H52→⑤a	不规则形，斜直壁，平底。长360、宽225、深20厘米	AⅠ式素缘绳纹罐2，AⅡ式素缘绳纹罐2，BⅠ式素缘绳纹罐3，BⅡ式素缘绳纹罐1，BⅠ式素缘罐1件，AⅡ式花边口沿罐1，B型高领罐3，A型盘口罐2，C型盘口罐1，Ⅰ式尖底杯5，Ⅱ式尖底杯5，尖底盏，盆，A型豆1，B型豆1，铜鉞，陶纺轮等	
H53	ⅣT1409	⑤→H53→⑤a	近圆形，斜壁内收，平底。长190、宽180、深50厘米	B型盘口罐2，素面罐，A型高领罐1，B型高领罐1，形制不明高领罐1，炮弹形陶杯底，尖底盏，器底等	

续表

遗迹	位置	层位关系	形状结构	出土物	备注
H54	ⅣT1306	⑤a→H54→生土	近椭圆形，口大底小，北壁斜直，其余三壁弧收，底不平。长324、宽230、深40厘米	素缘绳纹罐，Ⅰ式尖底杯3，Ⅱ式尖底杯1，B型高领罐2，器底等	
H55	ⅣT1206	⑤a→H55→生土	不规则形，直壁，平底。长235、宽229、深60厘米	A型高领罐1，Ⅱ式尖底杯1，尖底盏，器底等	
H56	ⅠT1601	⑤→H56→⑤a	不规则形，弧壁，底部凹凸不平。长355、宽330、深22厘米	AⅡ式素缘绳纹罐1，BⅠ式素缘绳纹罐1，BⅡ式素缘绳纹罐1，AⅡ式花边口沿罐2，素面瓮，折沿罐，Ⅰ式尖底杯2，炮弹形尖底杯，尖底盏，A型高领罐1，B型盘口罐1，器盖抓手，器底，陶纺轮等	
H57	ⅣT1107	⑤→H57→⑤a	近圆形，内弧壁，圜底。长120、宽110、深40厘米	BⅠ式素缘罐1，AⅡ式花边口沿罐2，B型高领罐1，船形杯，平底盏，Ⅰ式尖底杯1，深腹盆，器底等	
H58	ⅣT1606	⑤→H58→⑤a	不规则形，斜壁内收，平底。长186、宽155、深60厘米	骨匕（残），尖底杯	
H60（原H2）	ⅣT1413	⑦a→H60→③b	半圆形，斜壁内收，坑底较平。长176、宽98、深46厘米	A型高领罐1，B型高领罐1，豆盘，尖底盏，器底	
H61（原H3）	ⅣT1313	③a→H61→③b	不规则形，口大底小。坑东壁较直，西壁略呈台阶状。平底。长196、宽185、深50厘米	Ⅱ式尖底杯2，B型高领罐2等	
H62（原H4）	ⅣT1514	④→H62→⑤	半圆形，壁斜向内收，底较平。长166、宽106、深64厘米	尖底杯，船形杯，罐口沿	
H63（原H5）	ⅣT1315	③a→H63→③b	椭圆形，内弧壁，圜底。长130、宽120、深24厘米	素缘绳纹罐，高领罐等	
H64（原H6）	ⅣT1314	③a→H64→③b	不规则形，直壁平底。长185、宽96、深46厘米	素缘绳纹罐，尖底杯，高领罐等	
H65（原H7）	ⅣT0715	⑤a→H65→⑤b	不规则形，弧壁，底不平。长324、宽176、深23厘米	Ⅰ式尖底杯30，Ⅱ式尖底杯25等	
H66（原H8）	ⅣT1114	④b→H66→生土	近椭圆形，斜壁，平底。长205、宽186、深55厘米	D型素缘绳纹罐2，A型高领罐1，B型高领罐1，Ⅱ式尖底杯1，尖底盏，盆，素缘素面罐等	
H67（原H9）	ⅣT1014	⑤a→H67→⑤b	近圆形，口大底小。斜壁，平底。长170、宽155、深56厘米。第①层厚25、第②层厚31厘米	上层：尖底杯，花边口沿罐；下层：尖底杯，船形杯，坩埚，陶罐	填土分两层
H70（原H12）	ⅠT1410	④a→H70→④b	椭圆形，弧壁，底近平。长230、宽25—74、深26厘米	豆盘等	

续表

遗迹	位置	层位关系	形状结构	出土物	备注
H71（原H13）	ⅠT1308、ⅠT1408、ⅠT1309	⑤→H71→生土	不规则带状，弧壁，底不平。长853、宽82～262、深40厘米	AⅠ式素缘绳纹罐1，BⅡ式素缘绳纹罐4，CⅡ式素缘绳纹罐2，A型高领罐2，B型高领罐1，C型盘口罐1，陶盆，甑箅，Ⅱ式尖底杯2，炮弹形陶杯，尖底盏，器盖，器底等	
H72（原H14）	ⅣT1705、ⅣT1704	⑤a→H72→⑤b	不规则形，弧壁，圜底。长870、宽200、深50厘米	BⅠ式素缘绳纹罐2，陶盆等	
H73（原H15）	ⅣT1203	④→H73→⑤	不规则形，弧壁，圜底。长23、宽21、深22厘米	AⅡ式素缘绳纹罐1，AⅡ式花边口沿罐2，Ⅲ式尖底杯1，炮弹形杯，器盖抓手等	
H74（原H16）	ⅣT1115、ⅣT1215	④b→H74→生土	不规则形，口大底小，斜壁，底不平。长290、宽120～210、深30～56厘米	BⅡ式素缘绳纹罐3，AⅡ式花边口沿罐2，素缘素面罐，Ⅰ式尖底杯2，Ⅱ式尖底杯2，B型高领罐4，尖底盏，器盖抓手等	
H75（原H17）	ⅣT1210	④c→H75→生土	近圆形，口大底小，斜壁，底不平。长84、宽72、深46厘米	高领罐，尖底杯等	
H76（原H18）	ⅣT1312	③b→H76→④（生土）	不规则长形坑，底呈锅底状。长472、宽234、深52厘米	船形杯，炮弹形杯，C型尖底盏3，箅形器	
G2	ⅠT1401和ⅠT1402	⑤→G2→⑤a	平面呈长方形，直壁略斜，平底。长756、宽75~100、深60厘米	罐，尖底杯等	

附表一〇　邓家沱遗址秦汉时期地层、遗迹单位详表

地层	出土物	备注
03ZDⅠT1408③	宽沿盆，陶钵等	

遗迹	位置	层位关系	形状结构	出土物	备注
H1	ⅣT1005	①→H1→④	不规则，斜弧壁，圜底。长180、宽40、深45厘米	瓮，折肩盆	
H24	ⅣT1507	④→H24→⑤	椭圆形，弧壁内收，圜底。长136、宽120、深65厘米	板瓦，筒瓦	
H25	ⅣT1507	④→H25→⑤	不规则形，弧壁内收，圜底。长195、宽173、深140厘米	无标本	
H26	ⅣT1508	④→H26→⑤	不规则形，斜壁内收，底部近平。长245、宽236、深43厘米	无标本	
H30	ⅣT1606	④→H30→⑤	近圆形，直壁，壁面凹凸不平，圜底。长130、宽126、深220厘米	无标本	
H33	ⅣT1503	④→H33→⑤	近圆形，内弧壁，圜底。长139、宽138、深40厘米	筒瓦残片	

续表

遗迹	位置	层位关系	形状结构	出土物	备注
H40	ⅣT1410	④→H40→⑤	近圆形，内弧壁，圜底。长150、宽146、深55厘米	筒瓦残片等	
H41	ⅣT1410	④→H41→⑤	近椭圆形，内弧壁，圜底。长114、宽101、深50厘米	筒瓦残片等	
H43	ⅣT1510	④→H43→⑤	不规则形，斜壁，平底。长246、宽225、深60厘米	板瓦，筒瓦	
H44	ⅣT1510	④→H44→⑤	半圆形，斜直壁内收，平底。长76、宽20、深42厘米	筒瓦	
H45	ⅣT1410	④→H45→⑤	不规则形，内弧壁，圜底。长190、宽180、深135厘米	板瓦，筒瓦，盆等	
M6（原M4）	ⅡT0808	①→M6→生土	“凸”字形砖室墓	陶俑残块，五铢钱等	20°。被盗
W1	ⅣT1205	④→W1→⑤	坑口近圆形，直壁，底部较平。长70、宽64、深30厘米	板瓦，大口罐	90°
W2	ⅠT1215	③→W2→④	椭圆形，直壁，底较平。长46～55、深43厘米	深腹盆，瓮	90°。两器物相对放置

附表一一　邓家沱遗址六朝时期地层、遗迹单位详表

地层	出土物	备注
01ZDⅣT1407④	绳纹板瓦，绳纹筒瓦等	
01ZDⅠT1404④	绳纹板瓦，筒瓦，盆等	
01ZDⅣT1309④	货泉，瓷钵，瓷纺轮，板瓦等	
01ZDⅣT1410④	瓷钵，筒瓦，板瓦，瓷盆，瓷碗等	
03ZDⅣT0815④	青瓷钵，筒瓦，板瓦等	
03ZDⅣT1704④	铜权，罐，板瓦等	
03ZDⅣT0911④	五铢钱	
01ZDⅠT1404③	瓷碗残片等	
01ZDⅠT1406③	板瓦，筒瓦，器底，瓷碗等	
01ZDⅣT1603③	瓷碗等	
01ZDⅣT1208③	瓷折腹盆，筒瓦，板瓦等	
03ZDⅣT0813③	青瓷钵	
03ZDⅣT0913③	青瓷钵	
03ZDⅣT0815③a	铁矛，铁刀，青瓷盏等	
03ZDⅣT1710③a	青瓷钵，瓷碗，陶瓮等	
03ZDⅣT1704③	板瓦，瓷碗等	
03ZDⅣT0605②b	青瓷盏等	
03ZDⅣT1212③	五铢钱	

续表

遗迹	位置	层位关系	形状结构	出土物	备注
H31	ⅣT1102	③→H31→③a	近圆形，内弧壁，圜底。长150、宽128、深60厘米	罐，筒瓦等	未在统一地层内（与其余探方不相连）
H39	ⅣT1609	③→H39→④	椭圆形，斜壁，平底。长139、宽99、深40厘米	板瓦，筒瓦等	
H59（原H1）	ⅣT1512	②→H59→③a	不规则形，斜壁内收，坑底略平。长150、宽60～90、深97厘米	无标本	
H68（原H10）	ⅠT1209、ⅠT1109	④→H68→⑤	圆形，弧壁圜底。直径96、深35厘米。第①层厚20、第②层厚15厘米	直腹罐，鼓腹罐等	坑壁发现有平抹加工痕，填土分两层
H69（原H11）	ⅠT1209	④→H69→⑤	圆形，弧壁圜底。直径96、深20厘米。第①层厚10、第②层厚10厘米	无标本	坑壁发现有平抹加工痕，填土分两层

附表一二　邓家沱遗址唐宋时期地层、遗迹单位详表

地层	出土物	备注
01ZDⅡT0402④	青瓷片，筒瓦，板瓦等	
01ZDⅡT0402④a	青瓷片，素面陶片	
03ZDⅣT0615③a	瓦当等	
01ZDⅡT0402⑤	“开元通宝”钱，板瓦，筒瓦等	

遗迹	位置	层位关系	形状结构	出土物	备注
M1	ⅠT1601	③→M1→④	近长方形竖穴土坑，墓壁竖直。长192、宽48～74、深60厘米	铜饰件，“开元通宝”钱	170°
M2	ⅣT1404	③→M2→④	长方形竖穴土坑，墓壁较直且规整，底部近平。长180、宽60、深30厘米	筒瓦，板瓦，青瓷残片，铜钱	174°
M3（原M1）	ⅠT1211	②→M3→③	长方形土坑竖穴	“开元通宝”钱	160°
M4（原M2）	ⅠT1214	③→M4→④a	长方形土坑竖穴	瓷四系盘口罐，铁刀，“开元通宝”钱，铜牌饰	206°
M5（原M3）	ⅠT1204	③→M5→④	长方形土坑竖穴	瓷高圈足盘，瓷盆	175°

附表一三　邓家沱遗址明清时期地层、遗迹单位详表

地层	出土物	备注
01ZDⅣT1204②	瓷碗等	
01ZDⅠT1404②a	青花瓷片	
01ZDⅠT1404②b	青花瓷片	
01ZDⅡT0402②	青花瓷片	
01ZDⅣT1407②	青花瓷片，素面板瓦等	
01ZDⅣT1404②	青花瓷碗等	

续表

地层	出土物	备注
01ZDⅣT1401②	青花瓷碗，瓷灯台座，青花瓷勺等	
01ZDⅣT1402②	青花瓷碗，青花瓷盅，瓷器盖，瓷单耳带流执壶，瓷香炉等	
01ZDⅣT1503②	青花瓷盏，青花瓷碗，青花瓷勺，瓷灯台座等	
01ZDⅣT1506②	瓷刻槽盆，瓷盆等	
01ZDⅣT1403②	瓷盆，瓷灯台等	
03ZDⅣT0605②a	青花瓷碗	
03ZDⅣT0705②a	瓷灯台等	
03ZDⅣT0713②b	瓷刻槽盆等	

遗迹	位置	层位关系	形状结构	出土物	备注
H2	ⅣT1106	①→H2→③	圆形，弧壁，圜底。直径120、深69厘米	无标本	
H3	ⅣT1008	②→H3→③	半圆形，斜壁，平底。长140、宽48、深26厘米	瓷杯，瓷碗（底），筒瓦	
H4	ⅣT1206	①→H4→②	近椭圆形，弧壁，圜底。长150、宽96、深66厘米	无标本	
H6	ⅣT1405	②→H6→③	近圆形，弧壁，圜底。长142、宽130、深45厘米	筒瓦，板瓦，罐，尖底杯	壁、底有灰浆加工痕迹，灰浆厚3～5厘米
H7	ⅣT1505	②→H7→③	圆形，内弧壁，平底。直径108、深40厘米	青花瓷碗，青瓷罐，青瓷罐底，板瓦，瓷壶	壁、底有人工加工痕迹
H8	ⅣT1503	②→H8→②b	近圆形，斜壁，平底。长100、宽90、深60厘米	银镯，铜钱（残），板瓦，青花瓷碗，瓷瓮等	填土分3层。坑壁光滑且规整
H9	ⅣT1605	②→H9→③	椭圆形，斜弧壁，底较平长。长144、宽102、深36厘米	青花瓷片	壁、底有人工加工痕迹
H10	ⅣT1504	②→H10→②b	圆角方形，直壁，平底。长90、宽60、深15厘米	青花瓷勺，瓷单耳带流执壶，青花瓷碗，青瓷碗	壁、底都有一层厚2～5厘米的白石灰，规整且光滑
H11	ⅣT1408	②→H11→③	近圆形，内弧壁，圜底。口径135、深70厘米	无标本	壁、底部用小炭粒和白石灰加工精制而成，表面光滑，坚硬
H12	ⅣT1507	②→H12→③	近圆形，内弧壁，圜底。长95、宽84、深46厘米	瓷器底，瓷碗等	
H13	ⅠT1403	②→H13→②a	长方形，斜壁内收，底部较平。长480、宽310、深138厘米	无标本	（和H15合并）方向10°。壁、底用白沙灰加工而成，坚硬
H14	ⅠT1403	②→H14→②a	椭圆形，斜壁内收，圜底。长160、宽130、深70厘米	无标本	
H15	ⅠT1503	②→H15→②a	长方形	无标本	（和H13合并）

续表

遗迹	位置	层位关系	形状结构	出土物	备注
H19	ⅣT1404	②→H19→②b	不规则形，斜弧壁内收，底部凹凸不平。长120、宽104、深65厘米	无标本	壁、底为沙灰壁结构，沙灰壁厚约1厘米
H20	ⅣT1404	②→H20→②b	近长方形，斜弧壁内收，平底。长270、宽56～114、深100厘米	无标本	壁、底为沙灰壁结构，沙灰壁厚约1厘米
H21	ⅣT1502	②→H21→②b	不规则形，弧壁，圜底。长75～92、宽73、深58厘米	瓷注壶，瓷盅等	
H22	ⅣT1602	②b→H22→②c	近圆形，弧壁，圜底。长130、宽120、深63厘米	铜钱	
H23	ⅠT1501	②b→H23→③	圆角方形，斜壁内收，平底。长134、宽51～90、深45厘米	瓷盅	壁面经火烧，烧结厚度1～2厘米。壁面规整
G1	ⅣT1008	②→H3→G1→③	平面呈不规则长方形，斜壁，平底。长420、宽120～258、深20厘米	板瓦，筒瓦，瓷碗，器底	
Y1	ⅣT1307	②→Y1→③	不规则形，火门形状、结构及大小不清楚；火膛为圆形，直壁圜底；火道为平底长方形；烟囱位于火道末端，直壁圜底	板瓦	324°

附表一四　渔洞墓地发掘墓葬统计表

墓号	方向	形制结构	墓道	甬道	墓室	随葬品	分组	备注
			长×宽×高（米）	长×宽×高（米）	长×宽×深（米）			
M1	275°	刀形砖室墓	无	2.18×1.78×（0.28～0.42）	3.43×2.9×0.71	瓷盘口壶、陶釜、瓷碗2、瓷四系罐、瓷盏2、瓷罐2、陶罐	二	
M2	275°	刀形石砌墓	无	1.8×1.5×0.41	2.6×2.2×0.41	瓷四系罐、瓷钵、瓷盏6、陶盏2、铁剪	二	
M3	275°	“凸”字形砖室墓	无	1.7×（1.6～1.72）×0.9	3.7×2.8×1.14	陶罐、五铢铜钱	一	
M4	265°	刀形石砌墓	无	1.4×1.25×0.26	2.7×2×（0.15～0.26）	舞俑、抚耳俑、抚琴俑、男立俑2、吹箫俑、仕女俑3、陶母鸡、陶魁、陶狗、陶盏、陶勺、陶钵、陶罐、击鼓俑、陶壶2、陶豆、陶公鸡、铜钱	一	
M5	230°	刀形砖室墓	无	1.6×1.6×1	3.25×2.35×1	陶熏炉、陶壶、陶魁、釉陶盂、陶勺、陶猪、釉陶杯、釉陶盏、陶罐3、陶俑、陶盆	一	
M6	95°	长方形砖室墓	无	无	（1.9～2）×1.18×（0.63～0.75）	陶罐、釉陶盆4、釉陶罐、陶狗、陶舞俑、陶公鸡、陶猪、陶立俑3、陶釜3、吹埙俑、击鼓俑、陶井、陶母鸡、小陶罐2、博山炉、陶豆、陶锺、陶魁、陶罐、陶甑、抚琴俑、抚耳俑、陶勺	一	被扰
M7	70°	刀形砖室墓	无	1.9×2.15×0.6	3.7×3×0.6	陶钵、铜钱、立俑2、陶池塘模型、陶豆	一	
M8	72°	刀形砖室墓	无	1.7×1.6×0.4	2.92×2.02×0.4	瓷盘口壶、瓷双耳罐、瓷四系罐、瓷钵、铁鐎斗、瓷碗、铜簪2、瓷小罐、铜钱、铜铃、琉璃珠子8、骨珠子	二	
M9	260°	“凸”字形砖室墓	不详	2.1×1.48×0.5	3.1×2.4×（0.5～1.1）	瓷盘口壶、瓷碗、瓷盏、瓷钵、陶釜	二	被扰
M10	264°	刀形砖室墓	不详	1.66×1.44×（0.1～0.6）	2.38×2.48×（0.6～0.8）	陶釜3、瓷四系盘口壶2、瓷盏3、瓷六系罐、瓷盘口壶2、瓷钵	二	被扰
M11	248°	长方形石砌墓	无	无	3.7×2×（0～0.25）	陶仓2、陶罐、陶楼、陶盆、铜钱	一	
M12	182°	“凸”字形砖室墓	无	1.88×1.94×？	2.94×3.14×（0.1～0.7）	瓷钵6、瓷盏、瓷碗、瓷罐2、瓷盘口壶、铜钱	二	被扰
M13	240°	长方形石砌墓	无	无	2×2×0.2	铜钱（6枚）	一	被扰

附　录　一

北京大学加速器质谱（AMS）碳—14测试报告

送样单位　郑州大学历史学院

送样人　李锋

测定日期　07-01

Lab编号	样品	样品原编号	碳十四年代（BP）	树轮校正后年代（BC）	
				1σ(68.2%)	2σ(95.4%)
BA06380	木炭	03ZDⅣ T1112⑤B	3275±40	1610BC(68.2%)1500BC	1640BC (95.4%) 1440BC
BA06381	木炭	03ZDⅣ T1312H18	2955±50	1270BC(62.5%)1110BC 1100BC(4.1%) 1080BC 1070BC(1.6%) 1050BC	1370BC (2.0%) 1340BC 1320BC (93.4%) 1010BC
BA06382	木炭	03ZDⅣ T1312H18	2960±50	1270BC(65.8%)1110BC 1100BC(2.4%) 1080BC	1370BC (2.6%) 1340BC 1320BC (92.8%) 1010BC
BA06383	木炭	03ZDⅣ T1312H18	2980±45	1300BC(68.2%)1120BC	1380BC (6.1%) 1330BC 1320BC (89.3%) 1050BC

注：所用碳十四半衰期为5568年，BP为距1950年的年代。

树轮校正所用曲线为IntCal04（1），所用程序为OxCal v3.10 （2）。

1. Reimer PJ, MGL Baillie, E Bard, A Bayliss, JW Beck, C Bertrand, PG Blackwell, CE Buck, G Burr, KB Cutler, PE Damon, RL Edwards, RG Fairbanks, M Friedrich, TP Guilderson, KA Hughen, B Kromer, FG McCormac, S Manning, C Bronk Ramsey, RW Reimer, S Remmele, JR Southon, M Stuiver, S Talamo, FW Taylor, J van der Plicht, and CE Weyhenmeyer. 2004 *Radiocarbon* 46:1029-1058.
2. Christopher Bronk Ramsey 2005，www.rlaha.ox.ac.uk/orau/oxcal.html

北京大学　加速器质谱实验室

第四纪年代测定实验室

2007年2月26日

附录二　重庆忠县邓家沱石阙的初步认识

李　锋
（郑州大学历史学院考古系）

2001～2003年，郑州大学历史与考古系受重庆市文化局三峡文物保护工作领导小组办公室的委托，对重庆忠县邓家沱遗址进行了考古发掘，获取了一批颇具研究价值的考古资料。其中的邓家沱墓阙尤为重要，它是继丁房、无铭、乌杨三阙之后在忠县发现的第四处石阙，因其被深埋于地下，虽然在废弃前也曾遭到严重损毁，但其残存的部分石阙画像却保存较好。现将我们的初步认识披露于后，以供研究。

一、石阙的位置及埋藏情况

邓家沱是长江左岸河床边上的一级山前台地，隶属于忠县新生镇邓家村第二村民组。西南距新生镇约7千米，东北距县城近10千米，东南与新发现的乌杨阙所在地乌杨镇隔江相望（图一）。台地平面呈三角形，东西宽约250米，南北最长约150米，海拔150～160米。其东西两侧分别是长江和

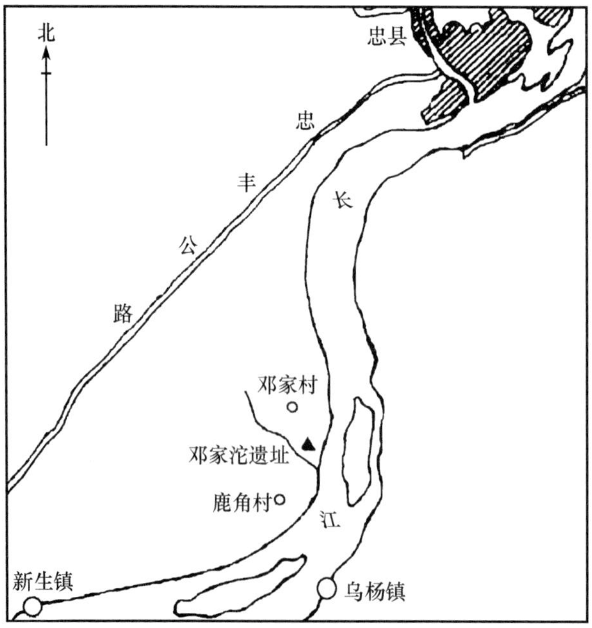

图一　遗址位置示意图

邓家溪，西北连靠着土地岩山，山崖上散布着汉至南朝时期的崖墓群。在台地上发现有新石器、商周、汉、六朝、隋唐和明清时期的文化遗存。

石阙发现于台地的右侧，东距今长江河床约10米。据当地老人讲，其父辈在修建房屋时曾挖出过大型砖墓，出土物已流失，砌墓用的车轮纹和富贵纹砖还残留在现在的民宅墙基中，故疑石阙与村民破坏之墓有关。石阙上部被唐宋时期遗存所叠压，其下又叠压西周时期文化遗存。

该处石阙共发现9件构件，分别为基座1件、阙身3件、枋子层2件、斗石2件、阙顶1件。根据石阙构件的分布情况及形状、尺寸、卯榫结构的差别，我们暂将其复原为双阙，即基座（03ZDQ05）、阙身（01ZDQ01、01ZDQ02）、枋子层（03ZDQ03）、斗石（03ZDQ04）为右阙（图二），阙身（03ZDQ06）、枋子层（03ZDQ08）、斗石（03ZDQ09）、阙顶（03ZDQ07）为左阙（图三）。因右阙斗石上部未见榫头，也未发现阙顶，故其顶部暂缺。不过，右阙斗石上部的雕刻纹路与左阙斗石上部的雕刻纹路相近，因此，不排除其有阙顶的可能性。

右阙的底座长110、宽76、高28厘米。阙身下部底宽80、厚29、残高122厘米，上部顶宽72、厚27、残高120厘米。枋子层（联璧纹中间无孔者）长80、宽38、高40厘米。斗石（有凤凰者）上部残长69（复原长度85）、下部长72厘米，上部残宽27（复原宽度40）、下部残宽30、高48厘米。

左阙阙身顶宽71、厚25～26、残高116厘米。枋子层（联璧纹中间有孔者）长80、宽38、高41厘米。斗石（有天禄者）上部长84、下部长72厘米，上部残宽28（复原宽度40）、下部残宽20（复原宽度27）、高48厘米。顶部已残为两块，残长92、残宽49厘米左右，高约48厘米。

二、铭刻和画像

（一）铭刻

主要位于阙身正面和背面，均阴线雕刻。现残存有三：

（1）位于右阙阙身正面，上部有两个或三个字，漫漶不清，下部隶书“君神道阙门”（图二，1；图四）①。

（2）位于左阙阙身正面，仅存上部，篆书“故绵竹□……”（图三，1；图五）。

（3）位于左阙阙身背面，左上方有方形榜题，内存隶书两字“□宽”（图三，4）②。

（二）画像

画像主要分布在阙身两侧及斗石、枋子层的四面，均为减地浮雕。主要内容有龙、虎、神人戏龙、神人托月、凤凰、三足乌、天鹿、飞兔、鸾鸟、木连理、天马、天禄、角神和联璧纹等。

（1）龙　分别位于右阙阙身左侧和左阙斗石正面，前者已漫漶不清（图二，6），后者的头和尾部清晰（图三，1）。

① 右阙阙身正面第一字不甚清晰，郝本性先生认为，其与新莽时期的“四”字相近。

② 阙铭与榜文均由河南省文物考古研究所的郝本性先生和郑州大学的海萌辉先生隶定。

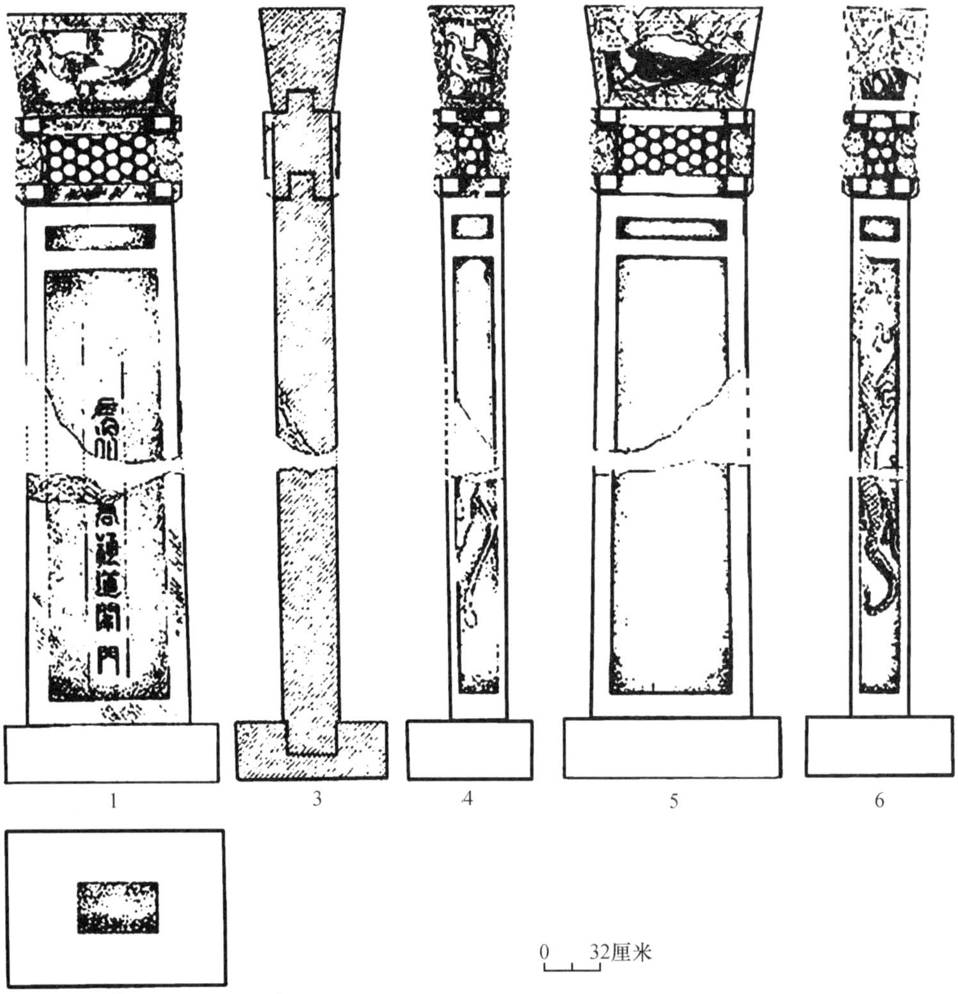

图二　右阙复原示意图

1. 右阙正面　2. 右阙底座　3. 右阙侧剖面　4. 右阙右侧面　5. 右阙背面　6. 右阙左侧面

（2）虎　分别位于右阙阙身的右侧，除尾部清晰外，其余部位已漫漶不清（图二，4）。

（3）神人戏龙　位于左阙阙身的右侧上部。神人头戴道冠，右腿弯曲，左腿后伸，左手持瑞草伸向龙嘴，右手后举。龙嘴衔瑞草，曲颈飞舞向前，身饰菱形鳞片（图三，3；图六）。

（4）神人托月　位于左阙阙身的左侧。神人头戴高冠，身着宽袖长袍，右手托举圆月于头顶之上，月中有桂树和玉兔（图三，5；图九）。《山海经·大荒西经》云："有女子方浴月。帝俊妻常羲，生月十有二，此始浴之。"《山海经·大荒南经》云"羲和者，帝俊之妻，生十日。"据此则托月者有可能为常羲[①]。

（5）凤凰　位于右阙斗石的背面。整幅图案为一只站立的凤凰，形体与孔雀相似，昂首翘尾，口衔瑞草。其上部正中浮雕纵长方形榜题，榜文隶书"凤凰"（图三，1；图二，5；图七）。

（6）三足乌　位于右阙斗石的右侧面。整幅图案为一只站立的三足乌，其背部上方的长方形榜题中仅存一个"三"字（图二，4；图一〇；图一三）。

（7）朱雀　位于右阙斗石的正面，残损严重，漫漶不清（图三，1）。

① 袁珂：《中国神话传说词典》，上海辞书出版社，1985年，第354、441页。

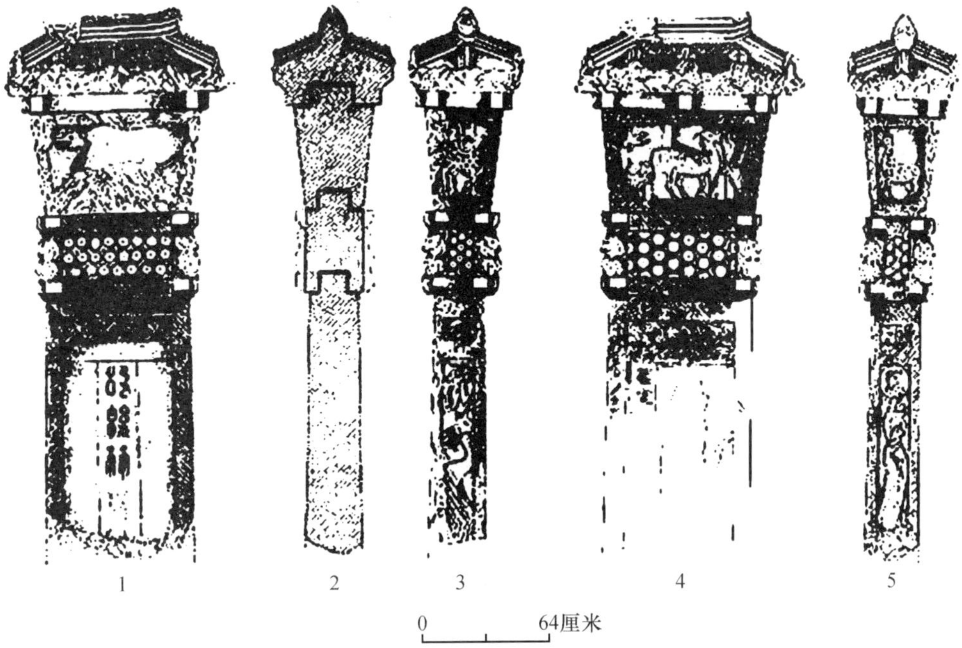

图三　左阙复原示意图

1. 左阙正面　2. 左阙侧剖面　3. 左阙右侧面　4. 左阙背面　5. 左阙左侧面

图四　右阙阙身正面铭文拓片（局部）

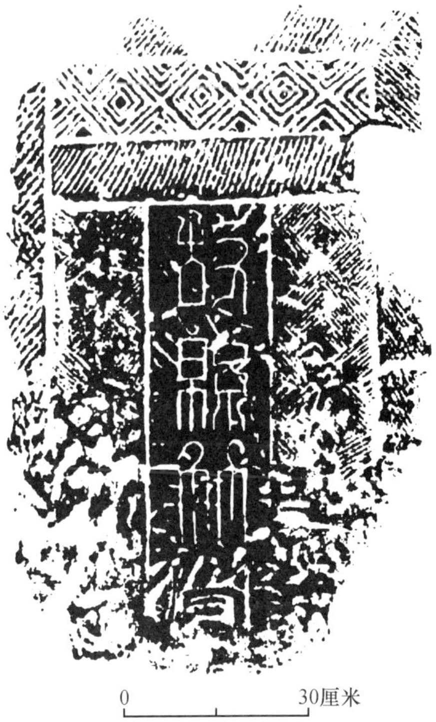

图五　左阙阙身正面铭文拓片

0　21厘米

图六　神人戏龙画像石拓片

0　21厘米

图七　凤凰画像石拓片

（8）天鹿　位于左阙斗石的背面，整幅图案由天鹿、飞兔、鸾鸟、木连理组成。天鹿居中而立，头上一耳一角，肩生双翼，身饰圆点纹，口衔木连理的枝条。天鹿左下方有一只呈奔跑状的飞兔，左上方为一只口衔瑞草、逆向飞行的鸾鸟。天鹿、飞兔、鸾鸟和木连理旁边均有纵长方形榜题，榜文已漫漶不清（图三，2；图三，4；图八）。

《汉书·西域传》：“乌弋地……有桃拔。”孟康注：“桃拔一名符拔，似鹿，长尾，一角者或为天鹿，两角或为辟邪。”又据许慎《说文》“麒，仁兽也，麋身牛尾一角。”段玉裁注：“按何法《征祥记》：‘麒麟者，牡曰麒，牝曰麟。’”所以，图中天鹿也有可能是麒麟。此图案内的左侧有一似兔、似兽的神物。《汉唐地理书钞》辑《括地图》：“天池之山，有兽如兔，名曰飞兔，以背毛飞。”因此，我们暂时将其定名为飞兔。

（9）天马　位于左阙斗石的右侧面。整幅图案为一马昂首而立，马身饰卷云纹。马背上部正中浮雕纵长方形榜题，榜文隶书“天马”（图三，3；图一一；图一四）。“天”字似有“王”字之形，但其下面横笔曲度颇大，故郝本性先生认为，应释作“天马”。西汉时期，天马特指大宛马，又称神马[①]。

① 王建中：《汉代画像石通论》，紫禁城出版社，2001年，第447页。

0　21厘米

图八　天鹿画像石拓片

0　27厘米

图九　神人托月画像石拓片

0　15厘米

图一〇　三足乌画像石拓片

（10）天禄　位于左阙斗石的左侧面。整幅图案为站立的天禄，形体似鹿，但头上长有三只锥形角与两耳，身饰圆点纹，肩似生翼。背部上方的榜题呈圭形，榜文无存（图三，5；图一二；图一五）。天禄也称天鹿，前述一角者为天鹿，两角者为辟邪，此三角者有可能是“辟邪、天鹿二而

图一一　天马画像石拓片

图一二　天禄画像石拓片

图一三　石阙上的三足乌

图一四　石阙上的天马

一也。”①

（11）角神　位于枋子层的四个转角处，形体似熊，弓背、鼓腹、屈腿、作支撑状（图二，1；图三，1；图一六；图一七）。

① 袁珂：《中国神话传说词典》，上海辞书出版社，1985年，第68页。

图一五　石阙上的天禄

图一六　石阙上的角神

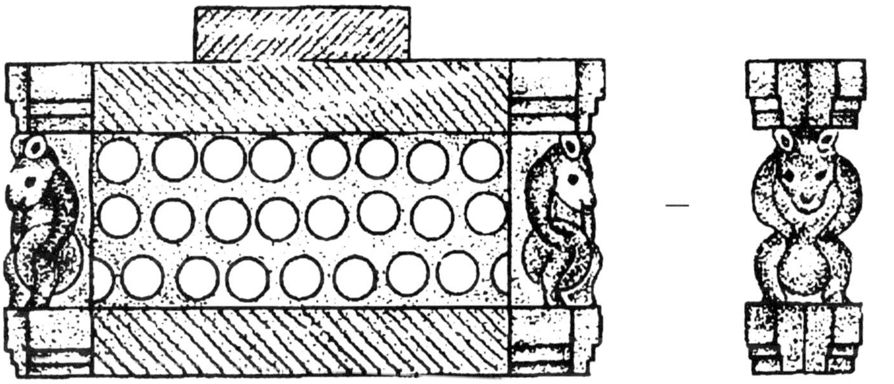

图一七　枋子层正面图

（12）联璧纹　主要雕刻于枋子层的四面，主题图案均为上下三排的圆璧纹（图二，1；图三，1；图一七）。

三、石阙年代

在石阙构件之上没有发现确切的纪年铭刻，故我们只能根据其层位关系、石阙形制、画像题材及风格，对其年代进行初步探讨。

首先，石阙构件的9个构件中，有不少直接坐落在西周文化堆积层之上，其上部又被唐宋时期遗存所叠压，所以，其年代应当晚于西周而早于唐宋。石阙构件所在的文化层中，主要的出土遗物有绳纹板瓦残片和侧面饰菱形回纹的花纹砖残块。在当地，这些遗物从东汉到南朝都比较流行。因此，邓家沱石阙的年代范围大致为东汉到南朝。

其次，从形制来看，邓家沱石阙是单檐独立双阙，由基座、阙身、枋子层、斗石、顶盖组成，皆为独石雕刻，这种形制不同于忠县已发现的丁房、无铭、乌杨三阙。丁房、无铭两阙楼部为双檐，乌杨阙楼部虽为单檐，但其结构为三层，而邓家沱石阙则只有两层。在川渝地区已发现的约23处石阙中，楼部构件保存比较完整的约有17处[①]，其中与邓家沱石阙楼部结构相近的有两座，即渠县沈氏阙、蒲家湾无铭阙，它们的楼部结构也基本上是由枋子层和斗石层组成。但是，渠县沈氏阙、蒲家湾无铭阙的枋子层和斗石层之间，都加有近20厘米厚的斗石基座，并且斗石层上都雕刻有斗栱，而邓家沱石阙的斗石层则是直接叠压在枋子层上的，也没有斗栱。后者与前者相比，显然有简化或退化现象。因此，邓家沱石阙的年代应晚于渠县沈氏阙、蒲家湾无铭阙。后两者的年代被推断为东汉中晚期，那么，邓家沱石阙的年代应该不会早于东汉中晚期。

再次，从画像题材和画像风格看，邓家沱石阙的年代不会早于东汉中晚期。在忠县发现的三阙中，丁房、无铭两阙一直留存于地表，其上的画像或因风雨而漫漶不清，或因后人重修而原貌不存。新发现的乌杨阙虽然埋于地下，但其画像仅残存青龙、白虎、铺首衔环、出行狩猎等[②]，不见有与邓家沱石阙画像相近者。重庆市文物考古所在与忠县相邻的万州武陵也新发现了石阙构件，但其画像仅残存青龙衔璧[③]。纵观四川、重庆已发现的石阙画像，我们看到的题材也多是青龙衔璧、白虎衔璧、朱雀、麒麟及车马出行、生产、生活等[④]，因而很难与邓家沱石阙进行年代方面的比较。

不过，川渝地区与石阙画像相近的石棺画像题材，为我们推断邓家沱石阙的年代提供了重要资料。第一，邓家沱石阙画像的上方多带有榜题，这种做法也见于简阳三号石棺画像和新津崖墓石函画像[⑤]。邓家沱石阙画像是把榜文雕刻在长方形的榜题上，与新津崖墓石函的榜题做法相近，而与简阳三号石棺和新津宝子山崖墓（把榜文直接雕刻在画像上方石壁上）的做法略有差别[⑥]。第二，邓家沱石阙画像中的神人、龙、鹿、三足乌、马等题材，都是石棺画像中常见的，并且画像风格也比较相近。例如，邓家沱石阙神人戏龙画像中的头长双角、长吻曲颈、身饰鱼鳞甲的龙，与简阳三号、四号石棺及新津崖墓石函上的龙非常近似；戏龙和托月的神人所着服饰，与新津崖墓石函上戏猿人的服饰相近；枋子层四面雕刻联璧纹的做法，与荥经石棺画像中的双阙枋子层上的圆璧纹形相近[⑦]；三足乌、天鹿、凤凰的形态与彭山二号石棺上三足乌、麒麟、朱雀的形状近似[⑧]。天禄则与泸州市大驿坝1号墓石棺右端的天禄类同[⑨]。上述石棺的年代多属于东汉晚期，因此我们认为，邓家沱石阙的年代与上述石棺的年代相距不会太远，也应在东汉晚期。

当然，邓家沱石阙画像与石棺画像之间在题材和风格方面的差别也是比较突出的。如邓家沱石阙画像中独立成幅的凤凰、天马、天禄等，在石棺画像中很难见到，尤其是带有榜题的单体凤

---

① 徐文彬等：《四川汉代石阙》，文物出版社，1992年；邹后曦、方刚：《重庆万州发现武陵石阙》，《中国文物报》2003年8月13日。

② 资料存三峡办。

③ 邹后曦、方刚：《重庆万州发现武陵石阙》，《中国文物报》2003年8月13日。

④ 徐文彬、谭遥、龚廷万等：《四川汉代石阙》，文物出版社，1992年。

⑤ 高文、高成刚：《中国画像石棺艺术》，山西人民出版社，1996年，第6～14页。

⑥ 高文、高成刚：《中国画像石棺艺术》，山西人民出版社，1996年，第103页。

⑦ 龚廷万、龚玉、戴嘉陵：《巴蜀汉代画像集》，图37，文物出版社，1998年。

⑧ 龚廷万、龚玉、戴嘉陵：《巴蜀汉代画像集》，图37，文物出版社，1998年，图50。

⑨ 罗二虎：《汉代画像石棺》，巴蜀书社，2002年，第118页。

凰，尚属首次发现。此外，石棺画像中多为连环画式的组合图案，而邓家沱石阙则多以单幅图案为主。前者常见的伏羲女娲、宴饮乐舞百戏、车马出行、龙虎衔璧等题材，也不见于后者①。因此，不排除邓家沱石阙年代晚于石棺年代的可能。虽然两汉时期的文献中有不少关于凤凰或凤鸟灵瑞的记载，但对凤凰或凤鸟灵瑞的崇尚莫过于三国时期的东吴，在东吴近60年的立国时期内，曾三次因凤凰或凤鸟灵瑞而改年号，并在公元272年直接以凤凰之名为年号。此外，画像石中常见的龙、赤乌、嘉禾等灵瑞，也都曾出现在东吴的年号中。这种灵瑞崇拜时尚对于当时画像题材的影响应该是不言而喻的。因此，邓家沱石阙的年代可能不早于三国时期。

四、画像渊源与特色浅识

邓家沱石阙上的画像与成都附近的简阳、新津、荥经、彭山等地的画像多有相近之处，而与重庆忠县的石阙画像明显有别，邓家沱石阙的画像应当渊源于成都附近。

虽然邓家沱石阙所在的忠县位于川东，但阙上的“故绵竹□……” 铭却成为两者联系的桥梁。从东汉阙铭的一般规律看，阙上的“绵竹”应该指地名，或者是以地名而命名的官名。这表明阙的主人生前曾在绵竹任职或生活过。 据《汉书・地理志》记载，绵竹隶属于广汉郡②，位于今绵阳与绵竹之间，在今德阳县北。当时的绵竹县就在现在的成都附近，而简阳、新津、荥经、彭山等崖墓也都分布在成都周围。综上所述，我们认为邓家沱石阙画像可能渊源于成都附近。

邓家沱石阙上的凤凰、天马、天鹿、天禄等灵瑞的造型，与现实生活中的孔雀、马、鹿形态几近相同，而与两汉时期以升仙题材为主、连环画式构图以及抽象、夸张的艺术风格有着明显差别。邓家沱石阙的发现，为研究川渝地区的画像石艺术提供了重要的实物资料。

附记：本文绘图张清池、拓片王豫、摄影李锋。由于漫漶不清，部分铭刻和画像难以确释，所以图中将其大致绘出，只起示意之用，请读者见谅。图中的铭文与画像释读得到了河南省文物考古研究所郝本性先生的指教，郑州大学的海萌辉先生也对铭文释读提供了帮助，在此深表谢意。

① 罗二虎：《汉代画像石棺》，巴蜀书社，2002年，第245页。

② 《汉书》卷28上《地理志第八上》，中华书局，1962年，第1597页。

1

2

附图　重庆忠县邓家沱石阙上的图案

1. 凤凰　2. 天鹿

附录三　重庆忠县邓家沱阙的几个问题

孙　华
（北京大学中国考古学研究中心）

邓家沱是重庆忠县西南约10千米的长江左岸的小台地，地属该县新生镇邓家村二组，东南与忠县乌杨镇隔江相望。在邓家沱台地上及内侧的山坡上，分布着从西周至唐代的文化堆积和墓葬。

2002年秋，郑州大学历史与考古系的师生们在这里进行抢救性考古发掘时，发掘出若干倒塌的古代石阙构件。这些构件被运至忠县白公祠进行整理时，笔者有幸见到该阙的构件，并从主持发掘该阙的李锋那里了解到许多该阙出土时的信息。

最近李锋公布了该阙的材料，并发表了他对该阙的初步认识[①]。笔者读后获益良多，但在该阙的铭文复原、时代判断、墓主推测等问题上，笔者的意见与发掘者的不尽相同。特写此文，以求教于对汉代碑阙感兴趣的同仁。

为了叙述方便，笔者在描述古代石阙时，将其从下至上分为阙座、阙身、阙楼、阙顶四个部分。其中复杂一些的石阙，阙座有基础、台座两层，阙楼有斗枋、斗栱、平台、斜撑四层，阙顶则由檐枋、屋盖、屋脊三层组成。邓家沱阙属于单出阙中的单檐阙，阙楼部分也没有斗栱，构造比较简单。

一、邓家沱阙的复原

邓家沱阙发现并被运至白公祠后[②]，征得发掘者和管理者的同意后，笔者请忠县文物保护管理所的曾先龙测绘了该石阙，并对该阙进行了复原的尝试。

由于当时出土的石阙构件堆放在一起，测量绘图很不方便。按照测绘图复原后，石阙显得阙身偏矮，比例不协调。因此，笔者又与北京大学文物建筑专业的毕业生左拉拉等专程前往忠县白公祠，重新测绘了邓家沱阙，并由左拉拉参照王玉女士惠送的拓片，对该阙进行了重新复原。与此同

---

① 李锋：《重庆忠县邓家沱石阙的初步认识》，《文物》2007年第1期。

② 白公祠是位于忠县城郊的纪念白居易的祠堂（白居易曾任忠州刺史，有德政于忠州，因而立祠奉祀），今为忠县文物保护管理所址。忠县境内即将被三峡水库淹没的原有的和新发现的几处石阙、石刻——严氏阙（即丁房阙）、无铭阙、花灯坟无铭阙、邓家沱无铭阙和花儿包泰始五年石表，都曾经集中在这里。后来一部分石刻被移交给重庆市博物馆保存。

时，曾先龙也对自己先前的邓家沱阙复原图进行了修改，变更了阙身的拼接方案，使得阙身高度趋于正常。

最近，李锋开始对邓家沱的考古资料进行整理，经过实地拼合绘制的邓家沱阙复原图，应当比较准确地反映了该阙的实际情况①。不过，邓家沱阙的石质为当地常见的细腻但较松软的砂岩，容易风化，那些断裂的阙身构件的断裂面已经风化，失去棱角，拼合困难，关于该阙的复原还需要进行分析和验证。

关于邓家沱阙的复原，有几个情况需要首先说明。

（1）邓家沱阙是考古发掘出土的。从墓阙构件出土位置来看，除了一件阙身单独位于发掘区东侧外，其余阙的构件主要集中在发掘区的南北两端。东侧的那件阙身从长度来看，基本上可以放在南区的阙座与阙楼之间（图一）。

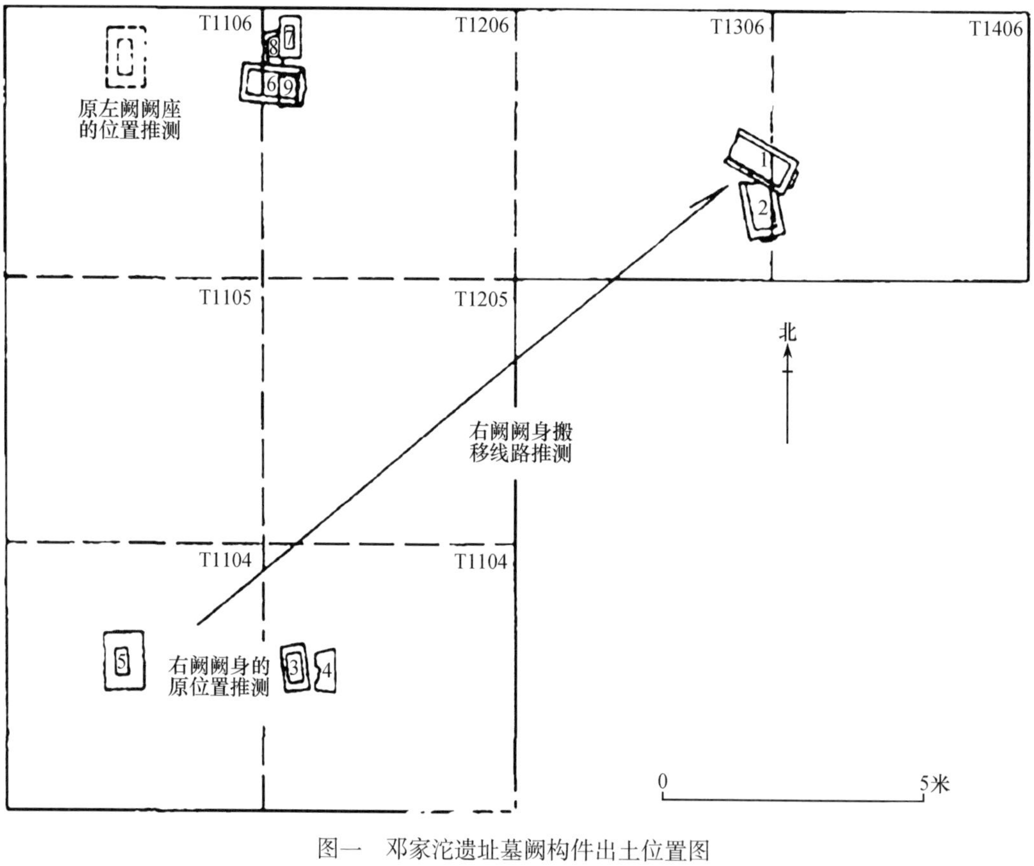

图一　邓家沱遗址墓阙构件出土位置图

1、2、6. 阙身（1有“……长……”，2有“……君神道阙门”，6有“故绵竹县令……”的阙铭）

3、4、8、9. 阙楼构件（4有“凤凰”、“三足乌”的榜题，9有“王马”的榜题）　5. 阙座　7. 阙盖

这些现象说明，尽管现存的邓家沱阙已经倒仆，有的构件已经散失，但阙构件基本上保持了它们倒仆时的状况，只是有的构件已被搬走。那件位于发掘区东侧的阙身，就是一块已被搬动但因某种原因又被丢弃的阙构件。

（2）阙身的拼接关系到阙的高度和阙题铭文的排列，对于认识该阙的年代和阙主等问题最为关键。由于左、右阙身的宽度和厚度有差异，阙身边栏的地纹也有所不同，再加上阙身只有前面才

① 李锋：《重庆忠县邓家沱石阙的初步认识》，《文物》2007年第1期。

有阙题铭文，这些都给阙身的正确拼接提供了线索。因而阙身的拼接复原相对比较容易，经过实地拼合的阙身不会存在问题。

（3）阙身以上的阙檐部分，包括叠枋和斜撑两层构件，每层构件都是下有卯、上有榫，其中叠枋部分的四角有负重的兽，斜撑部分均为上大下小的覆斗形，因而每层的上下关系很容易确认。

由于左、右阙身大小略有差异，阙檐部分的斗枋大小也略有差异，稍大的斗枋配稍大的阙身，较小的斗枋配较小的阙身，这也容易判断。但由于叠枋层和斜撑层没有明显的正面标识，使得这两组构件的前后方向难以确定。不过，由于这两层构件的前后雕刻基本相同，或者属于同类神兽题材，即使前后位置复原出现差错，对于阙上雕刻题材的总体理解也不会产生大的影响。

（4）邓家沱阙的石构件出土时，主要集中在3处（图一）。可以拼合的两件阙身残件（1、2号）出土在发掘区东侧的T1306和T1406之间。阙座构件一件和阙楼上下构件各一件（3、4、5号）位于发掘区的南端，而且阙座与阙楼之间东西有近3米的距离。还有一块阙身、两块阙楼和一块阙顶的构件（6、7、8、9号），集中出土于发掘区的北端。

从石阙构件出土情况看，位于发掘区东侧的阙身长度为3米左右，正好可以放在发掘区南端的两组石阙构件之间。这说明，该阙身构件的位置已不是原位置，而南部阙座却应当在原先的位置上。如果南阙的阙座在原位置，那么我们又可以进而做出三个推断：一是邓家沱石阙都是向东倒仆，也就是向位置较低的长江河床方向垮塌。二是南、北两处集中出土石阙构件的地点，应当就是原来石阙耸立的地点，已经遗失的北阙阙座，应当在南阙阙座向北的延长线上。三是在历史上曾有人试图运走倒仆的邓家沱阙的阙身，但因某种原因未能如愿①。

由于倒仆后的邓家沱阙残件之上叠压着唐宋文化层，该阙的倒仆年代应当在宋代。

审慎考虑以上各方面的情况，参照现存的其他川渝石阙的情况，我们对原简报的复原图做了修改，重新绘制了邓家沱阙的复原图（图二～图五）。

复原后的邓家沱阙坐西朝东，面江依山而建，两阙相距10米左右。其中，右（南）阙残存基本完整的阙座、阙身、阙楼的叠枋和斜撑，但阙盖已经缺失。阙身前面（东）有“□□□长□君神道阙门”的阙题，北侧（内）浮雕一人引导一龙，南侧（外）的浮雕已经剥蚀不清，只能看见一条龙蛇的尾巴，对照右阙的雕刻分析，原先应该刻有托着太阳的人首蛇身的神——伏羲。阙身上的叠枋上的斜撑层四面均有雕刻，应当是“凤凰”（前）、鸾鸟（后）、“三足乌”（外）、异兽（内）。

左（北）阙保留有上半截阙身、基本完整的阙楼和阙盖，但阙座已经无存。阴身前面（东）的阙题仅存“故绵竹县令”五字，后面（西）左上角有“郑宽”二字。南侧（内）为一人引导的头上尾下的龙，北侧（外）为一手托着月亮的女娲，月亮中有桂树和玉兔。阙身上的叠枋上的斜撑层，四面均有雕刻，应当是苍龙（前）、天鹿（后）、“天马”（外）和麒麟（内）。

二、邓家沱阙的年代

根据李锋文章的介绍，“石阙上部被唐宋时期遗存叠压，其下叠压西周时期文化遗存”，未见两汉及南北朝时期的文化堆积。因此，邓家沱阙的阙基坐落在西周文化层上，西周文化层的层表可

① 以上情况，根据的是李锋先生惠赠的“邓家沱遗址墓阙出土所在探方位置示意图”。

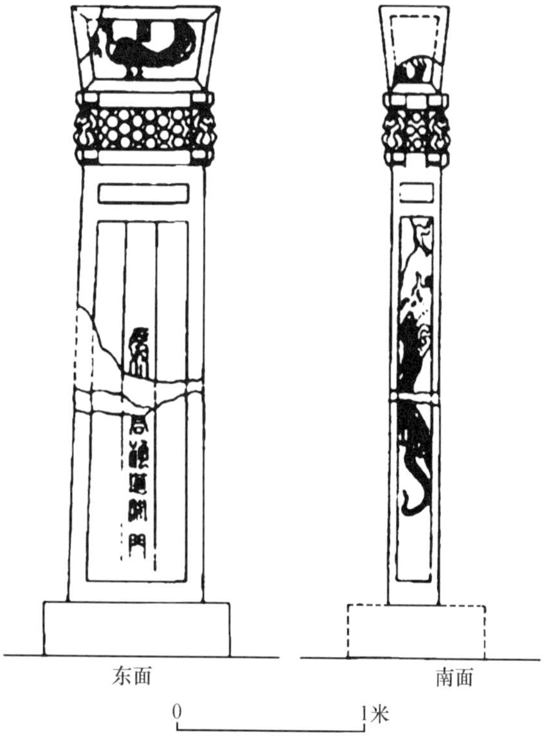

图二　邓家沱阙右南阙复原图之一

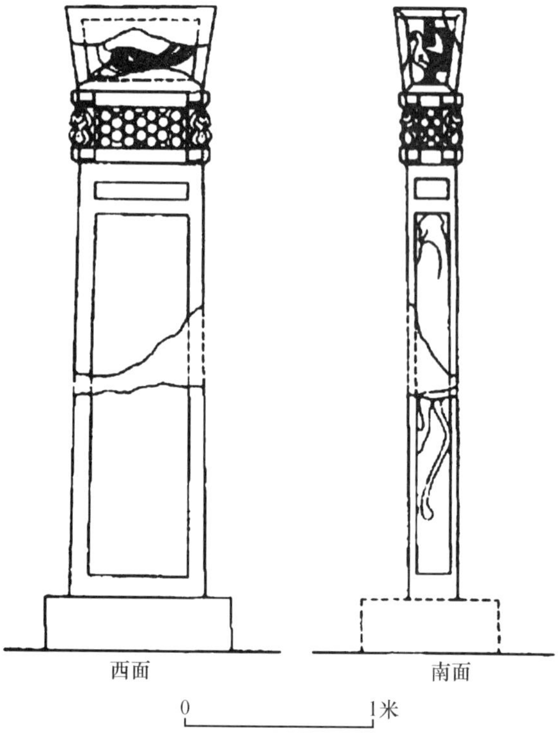

图三　邓家沱阙右南阙复原图之二

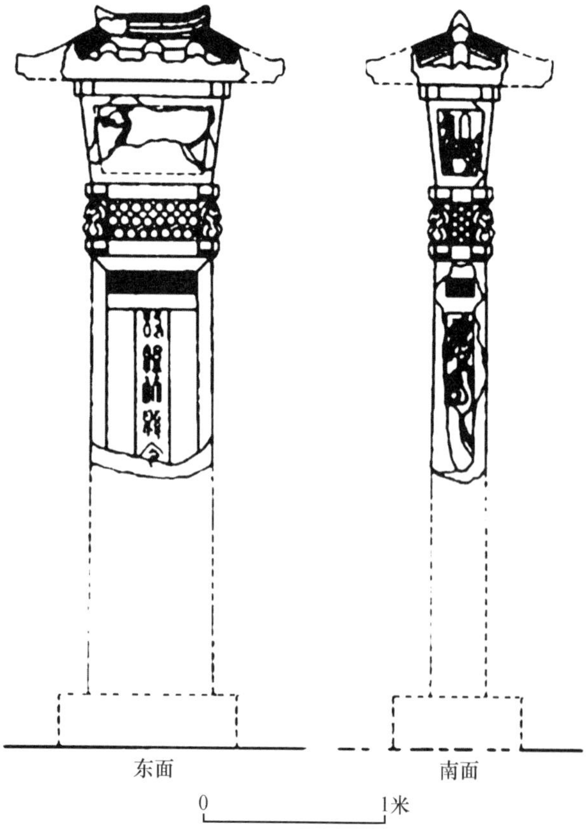

图四　邓家沱阙左北阙复原图之一

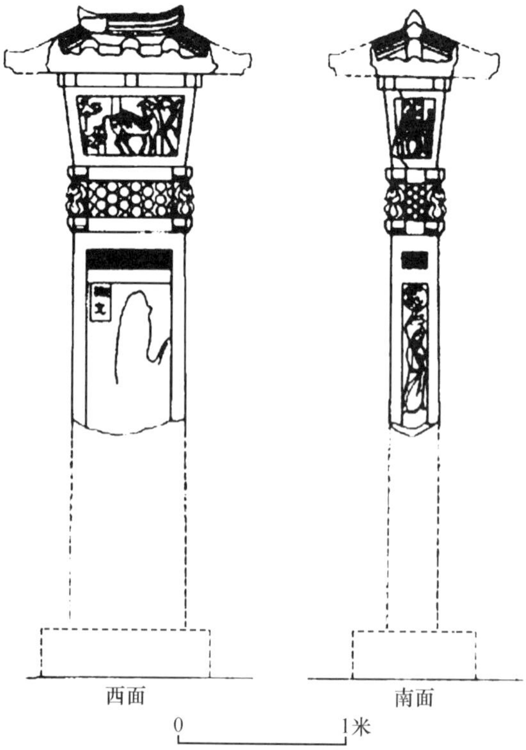

图五　邓家沱阙左北阙复原图之二

能就是当时的地表。散落在地表的石阙构件被唐宋文化堆积叠压，没有石阙构件的地方，唐宋文化堆积肯定是直接叠压在西周文化层上。

该石阙在唐宋时期就已经倒塌，因此从地层关系看，该石阙的年代只能推定在西周以后至唐宋以前这个很大的时间范围内。要推定该阙的年代，只能从石阙的形态、结构和雕刻特征去推断。

从形态上看，邓家沱阙由基座、阙身、叠枋、斜撑、阙盖5层石块叠垒而成，阙身是碑碣状的整块石板。这种叠枋层上无斗栱层、也不在斜撑层上雕刻斗栱的石阙，在四川盆地已经发现的石阙中基本不见，可以进行比较的只有忠县㽏井沟无铭阙。㽏井沟无铭阙是一座单出重檐阙，它自下而上由阙座、阙身、下叠枋、下斜撑、腰檐、上叠枋、平台、上斜撑、阙顶九层组成[①]。如果将㽏井沟无铭阙的上叠枋以上去掉不看，其下面五层几乎与邓家沱阙一模一样（图六）。

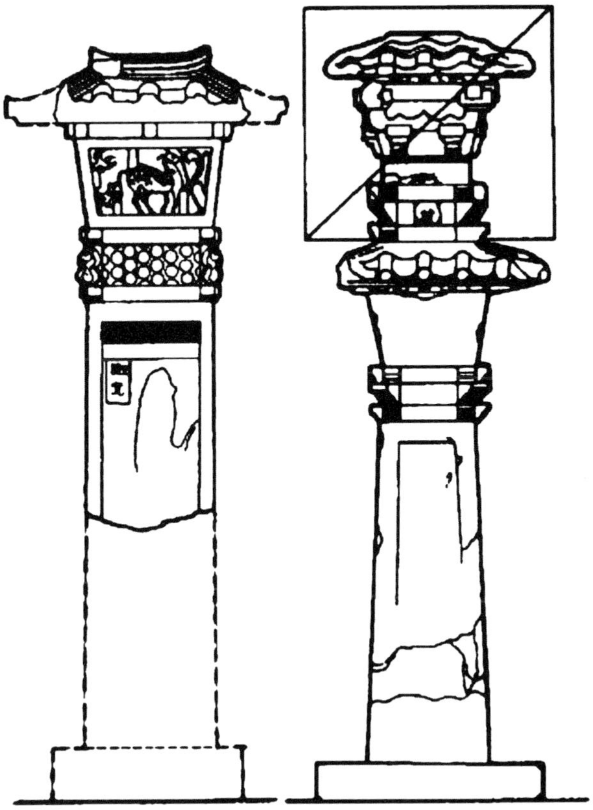

1　2

图六　邓家沱阙与㽏井沟无铭阙结构比较图

1.邓家沱阙　2. 㽏井沟无铭阙

然而，这种阙的形象在重庆、四川及其相邻地区的汉代画像材料中，却是最常见的阙的类型。例如，重庆市沙坪坝区前中央大学农场坟丘墓1号石棺、沙坪坝区市一中石室墓石棺、四川南溪县长顺坡砖室墓1号石棺、长宁县七个洞六号和七号崖墓崖棺、泸州市洞宾亭崖墓石棺、泸州市大驿坝1号墓石棺、泸州市杜家沟墓汉墓石棺、泸州市麻磂湾崖墓石棺、璧山县2号石棺、简阳县鬼头山崖墓3号石棺、大邑县同乐村砖室墓石棺、宜宾市石棺挡头的双阙画像、彭山县高家沟282号崖墓石棺、彭山县江口951-1号崖墓墓门、贵州金沙县后山乡1号石室墓石棺等所雕刻的阙的形象[②]，都属于这种类型的阙。

除此之外，在崖墓、石棺等文物的画像中，那些带附阙的双出单檐阙、单出和双出的重檐阙（甚至三檐阙）的阙楼部分，这些阙的阙身与阙顶之间的楼部都是由叠枋和斜撑两层组成，没有斗栱等其他层次。显然，在当时，构成阙类建筑的基本要素除了瘦高的阙身外，叠枋和斜撑是不可缺少的。换句话说，这种比较简单的阙型是汉代流行的样式。

由于忠县㽏井沟无铭阙没有铭文，其具体年代不确切。辜其一、陈明达、徐文彬等都认为，该阙的年代属于东汉晚期，这些判断应当是准确的。上述汉画材料中，只有一例有明确的纪年，这就是四川大邑县同乐村砖室墓石棺画像中的双阙。该墓出土“永元十五年造万世”铭文砖，可知其年

① 辜其一、陈振声：《四川忠县汉阙纪略》，《文物资料丛刊》第4辑，第196~199页，1981年；徐文彬、谭遥、龚廷万等：《四川汉代石阙》，文物出版社，1992年，第47~49页、第66页图二七。

② 以上材料参看高文、高成刚：《中国画像石棺艺术》，山西人民出版社，1996年，第91页；罗二虎：《汉代画像石棺》，巴蜀书社，2002年。

代为东汉中期，在公元103年或者稍晚[①]。其他画像材料中的这类阙，学者们把它们的年代基本上定为东汉或东汉中晚期，只有贵州金沙县后山乡1号石室墓石棺的年代在东汉末或者蜀汉[②]。因此从建筑结构来看，与其将邓家沱阙的年代确定在西晋，不如将其年代推定在东汉中晚期前后。

邓家沱石阙的阙身两侧雕刻托举日月的伏羲和女娲，另外两侧则是头上尾下的龙和虎。后一种题材的雕刻在四川东部地区汉代石阙的阙身两侧常见，前一种题材在石阙上却比较少见，仅见于重庆盘溪香炉湾的无铭阙上[③]。徐文彬等断定其年代为东汉晚期。在重庆云阳县旧县坪新出土的“汉巴郡朐忍令景云碑”的两侧，也有头上刻有日月的龙和虎的形象[④]。景云碑的年代明确，为东汉晚期的熹平二年（173年）。

装饰伏羲和女娲题材雕刻的石棺，在四川盆地发现不少，如重庆沙坪坝区出土石棺[⑤]、璧山县出土诸石棺[⑥]、四川郫县新胜乡2号和3号墓出土诸石棺[⑦]、简阳县鬼头山崖墓出土石棺[⑧]等。这些石棺的棺头刻有双阙，棺尾则刻伏羲和女娲。尽管这些有伏羲女娲画像的石棺都没有留下纪年铭文，但发掘报告和研究者都将其年代推定在东汉中晚期及蜀汉，没有一例晚至西晋时期的[⑨]。

值得注意的是，重庆沙坪坝区前中央大学农场古墓石棺画像中，1号石棺前面刻双阙，后端刻伏羲像。2号石棺前端刻有仙人蟾蜍，后端刻女娲像。该墓石棺的伏羲、女娲画像尽管分别刻在两具石棺（可能分别是男棺和女棺）的后端，但其表达的象征意义，应当与将伏羲、女娲刻在同一具石棺的后端相同。这两具石棺的年代，根据该墓出土的有“元兴元年五月壬午”铭文的连弧龙纹铜镜，可知其年代应在元兴元年（105年）稍后不久[⑩]。

另一具有年代信息的石棺出自成都天回山3号墓，该石棺前后两端无画像，左外壁在中间凤鸟的两边，分别刻男女双人和伏羲、女娲，前者应该表示棺的前端，伏羲和女娲应当表示棺的后端。墓内出土的金错铁刀上有“光和七年广汉工官……”的铭文，可知该墓的年代为东汉灵帝光和七年（184年）以后不久[⑪]。上述有年代信息的伏羲女娲画像的石棺也都在东汉中晚期，这也从一个侧面说明，邓家沱阙的年代不大可能晚至西晋时期。

邓家沱阙斜撑层的雕刻都是神兽的画像，画像旁都有榜题。这种做法在现存的石阙中不见，但

---

① 敦仕文：《记大邑“天门迎揖”画像石棺》，《四川文物》1998年第1期；高文、高成刚：《中国画像石棺艺术》，山西人民出版社，1996年，第91页。

② 贵州省文物考古研究所：《贵州金沙县汉画像石墓清理》，《文物》1998年第10期。

③ 徐文彬、谭遥、龚廷万等：《四川汉代石阙》，图一六、图一七，图版一五〇～图一五四，第38、39页。

④ 重庆中国三峡博物馆、重庆博物馆编：《重庆中国三峡博物馆·重庆博物馆》，文物出版社，2005年，第97、98页。

⑤ 重庆中国三峡博物馆、重庆博物馆编：《重庆中国三峡博物馆·重庆博物馆》，文物出版社，2005年，第143页。

⑥ 罗二虎：《汉代画像石棺》，巴蜀书社，2002年。

⑦ 四川省博物馆、郫县文化馆：《四川郫县东汉砖墓的石棺画像》，《考古》1979年第6期。

⑧ 内江市文管所、简阳县文化馆：《四川简阳县鬼头山东汉崖墓》，《文物》1991年第3期。

⑨ 罗二虎：《汉代画像石棺》，巴蜀书社，2002年。

⑩ 常任侠：《重庆沙坪坝出土之石棺画像研究》，《常任侠艺术考古论文选集》，文物出版社，1984年，第1页。

⑪ 刘志远：《成都天回山崖墓清理记》，《考古学报》1958年第1期。

在汉代的其他石碑、石祠、石棺上，都带有榜题。石碑带榜题的例子如李翕五瑞碑①。石祠画像带榜题的例子较多，嘉祥县武氏石祠②、肥城县孝堂山郭巨石祠的人物画像都有榜题③。石棺带榜题的例子如四川新津县宝子山崖墓4号崖棺画像④、简阳市鬼头山3号石棺画像⑤。这些石碑、石祠和石棺，明确年代的都在东汉时期，没有东汉以后的例子。尽管这种有说明文字的神灵异兽和历史人物的图画后来也有，但石刻画像在西晋及其以后却几乎不见。

至于画像题材和雕刻风格，在阙上的斜撑部位雕刻神人、龙、鹿、三足乌、天马等，都是石棺画像中的常见题材。在现存的石阙中，只有东汉末期至三国时期的诸阙，如雅安市的高颐阙、绵阳市的平阳府君阙等，在阙的斜撑部分雕刻类似的画像，而在年代明确的东汉石阙（如渠县的冯焕阙、沈府君阙等）的斜撑部分，则未见这样的雕刻。不过，在已经不存在的新都县王稚子阙的斜撑上，根据宋人的记载，也雕刻有类似的画像。宋人洪适《隶续》卷十三记载，王稚子阙“之两角有斗，斗上镌耐童儿。又作重屋，四壁刻神像、人物、车马之类，亦有漫灭者。‘先置’二字在右阙南面，‘稚’字在北面，‘子’字在东面，‘洛阳’二字在左阙西面。坐莲之像四，左右各一小儿，其像顶冠若祠刹中所谓天王者。狮象之间，其僧四，乘马者四，人引车者二，乘车者五，以绳拽兽者一人，中兽而立者亦一人，耐童儿二十七人，神体不具者有三，龙一、象一、狮子八，其六在五角。兽面四，半体者五。车马模糊，辨不能尽”。该书著录的梓潼县东沛相范皮墓阙，在阙的斜撑部分也有人和鸟的画像（图七）。

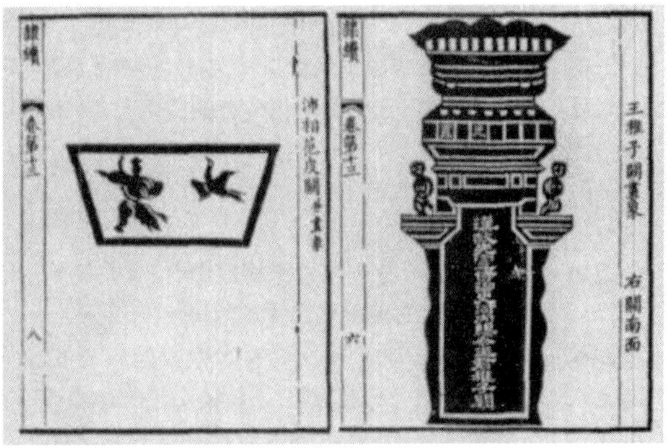

图七　宋代文献所载东汉石阙的相关图像

王稚子阙的年代是东汉和帝元兴元年（105年）。范皮阙虽年代不明，但从其官职为沛相看来，可知其为汉人而非晋人。由此可知，阙上这个位置装饰这种雕刻题材，至迟从东汉中期就已经流行了。总之，从雕刻内容和风格来看，邓家沱石阙的年代也应当在东汉中晚期前后。

综合以上诸方面的认识，邓家沱阙应属汉阙而非晋阙。

三、邓家沱阙的阙主

邓家沱阙位于长江左岸山前的一块三角形的台地上，台地前端及两侧为江河，背后紧靠山坡。山上散布着两汉至南朝时期的崖墓群，发现石阙的地点附近有被破坏的较大规模的砖室墓。故发掘者怀疑，该石阙与被破坏的砖室墓有关，阙的性质为墓阙。从阙上铭文来看，这个推断应该是正确的。

---

① （宋）洪适：《隶续》卷五，中华书局影印洪氏晦木斋刻本，1985年。

② 蒋英炬、吴文祺：《汉代武氏墓群石刻研究》，山东美术出版社，1995年，第52～93页。

③ 蒋英炬：《孝堂山石祠管见》，《汉代画像石研究》，文物出版社，1987年，第204～218页。

④ 闻宥：《四川汉代画像选集》，中国古典艺术出版社，1956年。

⑤ 内江市文管所、简阳县文化馆：《四川简阳县鬼头山东汉崖墓》，《文物》1991年第3期。

关于邓家沱阙的墓主，发掘者未作推断。笔者仔细辨认铭文，其中一阙的铭文为“故绵竹县令……”，另一阙的铭文作“……长王……君神道门阙”。由于阙上的文字十分规整，每个字占据的位置空间大小基本相同，因此我们大致推算出，每个阙的铭文字数是11个。

北宋赵明诚的《金石录》载有“广汉县令王君神道”，既然称神道，该铭文应当是一座石阙上的铭文。赵氏解释该阙铭文说：“右广汉县令王君神道，建宁元年十月造。县令字作苓，汉人纯质，文字相近者多假借用之，如县令字，人所常用而尚假借，何耶?”赵明诚记录这座石阙铭文拓片时，不仅把阙铭释读错了，更主要的是他将该阙铭文与当时涪州的东汉建宁元年的刘让阁道题刻误合在了一起，造成了后人的许多误解。

南宋洪适的《隶释》把该阙铭文改正为“广汉绵竹令王君神道”，洪适解释说：“右绵竹令王君神道九字，微杂篆体，绵字作日下木，路与县字相混，故赵氏误作广汉县令，而谓其借苓为令也。”洪氏的意见无疑是正确的，但他在给全书编目时，却仍用刘让阁道题刻的纪年作为绵竹令王君阙的年代，将其误定为“灵帝建宁元年”[①]。

南宋末年陈思的《宝刻丛编》也指出了赵明诚的错误，但他却以汉刘让阁道题刻的地点，将绵竹令王君阙排列在涪州，也未见得正确[②]。宋代的涪州在今重庆涪陵、南川、武隆县一带，南宋王象之《舆地纪胜》一书没有记载涪州有王君阙，也未见其他州县有此阙，可知见到此阙铭文拓本的人不多，流布也不广。

按照王君阙铭所示，该阙阙主的官职是“广汉绵竹令”。这可以有两种理解：一是将其解释为广汉郡的绵竹县令，如淳于长夏承碑的碑额，就作“汉北海淳于长夏君碑”[③]。广汉郡自西汉设置以来，郡治都在雒县（今四川广汉县），郡属县有绵竹。不过，这种在县名上再冠以郡名的现象在汉氏碑额阙铭中很少见，这种解释的可能性较小。另一种解释是将其读作“广汉、绵竹令”，把广汉看作与绵竹一样的县的名称。广汉县与郡同名，故当时被称作“小广汉”，地点在今四川射洪县的广兴坝[④]。不过广汉县并不大，只是一个长官称“长”的小县。绵竹县是大县，地在今四川省德阳市东北的黄许镇[⑤]，东汉末年的益州牧刘焉曾一度将绵竹县作为益州治所[⑥]，故其长官称“令”。广汉县的长官称“长”而绵竹县的长官称“令”，王君阙的铭文却将二者合写作“广汉绵竹令”，不太合理。并且在职官前既没有国号“汉”字，也没有表明非现任的“故”字，这也不太符合汉代阙名的习惯。

因此笔者怀疑，宋人记录的这个王君阙铭并非全铭，而只是从一对阙的铭文中拓取的保存较好的部分文字。如果宋人记载的王君阙的地点不在涪州，如果宋人记载的绵竹令王君阙铭确非全铭，笔者怀疑，宋人记载的绵竹令王君阙与新出土的邓家沱阙就是同一组阙。笔者之所以作这样的推

---

① （宋）洪适：《隶续》卷五，中华书局影印洪氏晦木斋刻本，1985年，目录及卷十三。

② （宋）陈思：《宝刻丛编》（中华书局排印从书集成初编本，1985年）卷十九涪州下，列“汉广汉绵竹县令王君神道”“汉刘让阁道题”等碑刻，刘让阁道题铭为：“建宁元年十月上旬，工犍为武阳刘让题。”陈思注释说：“十六字作一行，《金石录》误以此合之广汉王君神道。”

③ （宋）洪适：《隶续》卷五，中华书局影印洪氏晦木斋刻本，1985年，《隶续》卷五。

④ 龚煦春：《四川郡县志》卷一，成都古籍书店，1983年，第8、21页。

⑤ 龚煦春：《四川郡县志》卷一，成都古籍书店，1983年，《四川郡县志》卷一。

⑥ （东晋）常璩：《华阳国志》卷三《蜀志》：“绵竹县刘焉初所治。”卷五《公孙述刘二牧志》：“（刘）焉既到州，移治绵竹，抚纳离叛，务行小惠。”

测，并不只是看到了二者都有“绵竹令”的官职，还有其他一些理由：

（1）洪适《隶释》卷十三解释“绵竹令王神道”的铭文说：“绵竹令王君神道九字，微杂篆体，绵字作日下木，略与县字相混。”今出邓家沱阙铭文的字体正是带有篆意的隶书，这种夹杂篆意的隶书在汉阙中比较少见，两者的书写特征相同。

（2）宋人记录的绵竹令王君阙铭文中的“绵竹”二字比较特别，故洪适将这两个字特别依样画葫芦地写出。按照《隶释》书中所刻，绵竹令王君阙铭的“绵”字写法同“县”字，“竹”字却类似篆隶书的“艸”字。这似乎与邓家沱阙的“绵竹”二字不同。不过，宋人所记的绵竹令王君阙的铭文并非全铭，只是选择拓印了部分文字，故在铭文拓片的排列和放置上显然存在问题。洪适《隶释》所记该阙铭文为“广汉绵竹令王君神道”，“绵竹”二字下缺“县”字，可能是将“县”字当作“绵”字。“竹”字的写法不对，颇疑洪适将“竹”字的拓片放颠倒了，才出现了这种奇怪的现象。

（3）邓家沱阙的右阙铭文在墓主姓氏前有一“长”字，该字显然应当是官职的最后一字。我们前面论述宋人记录的“广汉绵竹令王君神道” 阙铭时说，“广汉”应为“广汉长”之脱漏，很可能宋代拓写此阙铭文时，就因某种原因只拓了“广汉”二字，而没有拓“长”字下面诸字，故传世金石学书籍记载才与现存实物上的铭文有这样的互补现象。

（4）邓家沱阙铭文的墓主姓氏的下半已经残缺，上半部的笔画作 “∩∩”形，作为篆书的字形固然不能排除“丘”“岳”诸字的可能，但从两侧上端不出头的情况看，释作“丘”“岳”比较勉强。从这个字的写法来看，实际上也存在着释作“王”字的可能性。王字在篆书和隶书中的写法尽管基本上是三横一竖（金文中还有下横笔两端上翘的写法），但有的艺术化篆书的王字也有上横笔两端上翘又下转的写法，如东周金文鸟虫书的王字等。

（5）笔者在前面已经谈到，邓家沱阙在宋代或宋代以前就已倒仆，可能在宋代，还曾经有人试图运走该阙的碑形阙身。可知宋代或稍早，已经有人关注过该阙。绵竹令王君朗见于宋人著作中，以后再没有见诸记载，这正与邓家沱阙在宋代或宋代以前为人所知，以后才被掩埋的情况相吻合。

此外，在洪适《隶释》一书中，“绵竹令王君神道”条是置于卷十三的“江原长进德碣”条前，后者在洪适的解说中，误将铭文的阙主为官之地当成了阙的所在地，随意写了“碑在蜀州江原县”。事实上，江原长阙本来是在重庆忠县城西的乡村，宋代被移到当时的忠州城内的学校。明曹学佺《蜀中名胜记》卷十九上川东道重庆府三：“《舆地碑目》云：忠州学宫有汉江原君石阙，阙上延熹等二十七字可拓，自州西十五里移来者。”绵竹令王君阙与江原长阙排列在一起，有可能二者铭文拓本的来源相同，都来自当时的忠州，即今忠县。

如果上述的推断不错，邓家沱阙有可能就是文献记载中的绵竹令王君阙。这个王君先任小县广汉的长官，后升至大县绵竹的长官，但都在广汉郡内升迁调动。洪适《隶释》卷四记有“广汉长王君治路碑”，碑在当时的汉州（今四川广汉县），碑文颂扬了“长广汉王君，建和二年冬任椽杨□攻治破坏，又从涂□繇平□□□井间道至别盐，得去危就安”。这个修路的广汉长王君与曾任广汉长的绵竹令王君阙的王君，二人官职姓氏都相同，或许就是同一人。

如果这个推断不错的话，王君任广汉长在东汉建和二年（148年）前后，升任绵竹令就应在该年以后的数年间，最后去世归葬也不会距离建和二年很远。即使以王君壮年三十岁左右任广汉长，老年七十岁左右辞世埋葬，其埋葬的年代也不会晚于汉灵帝时期。据此我们可以进一步推测，邓家沱阙的年代有可能就在东汉桓帝、灵帝时期，其绝对年代的范围不过公元150～189年（其年代上限以王君在修路的次年即升任绵竹令，任绵竹令后不久就死去的最保守的计算方式；年代下限以三十岁任广汉长，七十岁去世来计算，人到七十古来稀，这个年代下限也是比较保守的）。如果我们这些论证不错，这就从另一个方面呼应了邓家沱阙是东汉中晚期遗存的推测。

基于上面的论述，我们可以将邓家沱阙的残存铭文与宋人记载的绵竹令王君阙的铭文进行对比，试着复原邓家沱阙的阙铭。其左阙铭文是："汉故广汉长王君神道阙门"，其右阙铭文是："故绵竹县令王君神道阙门"。

邓家沱阙应为绵竹令王君阙，这是笔者根据其他汉代碑阙铭刻建立起关联后所作的推测，还存在着未解决的不确定的因素。因此，为了稳妥起见，目前还不宜将邓家沱阙改称作"绵竹令王君阙"或"王君阙"，将该阙按出土地点称作"邓家沱阙"或"邓家沱绵竹令阙"应当更加妥当。

附记：本文是国家文物局"中国古阙研究"课题的组成部分。在笔者搜集资料和写作过程中，郑州大学历史与考古系的李锋先生提供了该阙出土的现状图、测绘复原图和他还未发表的论文，重庆市博物馆的王玉女士为笔者拓制了该阙的拓片，忠县文物保护管理所的曾先龙先生和北京大学考古文博学院文物建筑专业毕业生左拉拉女士、研究生黄晓帆同学帮助测量和绘制该阙的复原图。在此，向所有帮助过我的朋友们表示深深的谢意。

后　　记

本报告是在重庆市文化局、重庆市文化局三峡文物保护工作领导小组办公室和郑州大学、郑州大学历史学院的领导与支持下，由李锋主持完成。

报告主编李锋、许俊平、姚智辉、赵海洲。具体分工如下：

绪论以及上编邓家沱遗址中的第一章、第二章及结语部分由李锋、魏青利、夏琳瑜编写，第三章由李锋、姚智辉、金海旺、付江凤编写，第四至七章由李锋、许俊平、肖露露、尹彩燕编写；下编渔洞墓群由李锋、赵海洲、陈倩编写。绘图张清池、寇小石、姜凤玲，田野摄影李锋，文物摄影刘彦峰，拓片王豫、刘福来，电脑输入孟萍，校对李锋、肖露露、金海旺、付江凤、尹彩燕、陈倩、夏琳瑜，通稿李锋、许俊平、姚智辉、赵海洲。

在田野发掘、资料整理和报告编写过程中，重庆市文化局三峡文物保护工作领导小组办公室的刘豫川、邹后曦、杨晓刚等多次莅临现场指导工作，李琳、范晓岚等对资料整理工作鼎力相助；湖北省文物考古研究所王红星、周国平、刘国胜等对发掘工作进行了监理；忠县文物保护管理所黄建华、曾先龙及全体员工为发掘与整理工作提供了全方位帮助和支持；新生镇政府欧盛炳、黄晓蓉等对发掘工作进行了全面协调；郑州大学、郑州大学历史学院对田野发掘与资料整理工作进行了全面领导与管理；北京大学孙华，四川省文物考古研究所孙智彬，重庆市博物馆王豫，美国加利福尼亚大学洛杉矶分校罗泰、陈伯桢、傅罗文、荆志淳等在百忙中拨冗指导；忠县、新生镇、洋渡镇、邓家村、渔洞村等相关政府部门及邓家村、渔洞村村民等为田野发掘工作提供了大力支持和便利。

科学出版社闫向东、张亚娜、郝莎莎等为报告的编辑出版付出了辛勤劳动。

在此，谨对上述所有参与、关心和帮助本项目的单位和个人表示衷心感谢！

编　者

2016年11月

1. 2003年发掘前遗址全景

2. 2003年发掘场景

3. 2001年布方全景

4. 2003年布方全景

邓家沱遗址全景

邓家沱遗址03ZDⅣT1111～T1312西周文化层堆积

1. 01ZDH16尖底杯出土场景

2. 01ZDH16尖底杯出土场景

3. 03ZDH65尖底杯出土场景

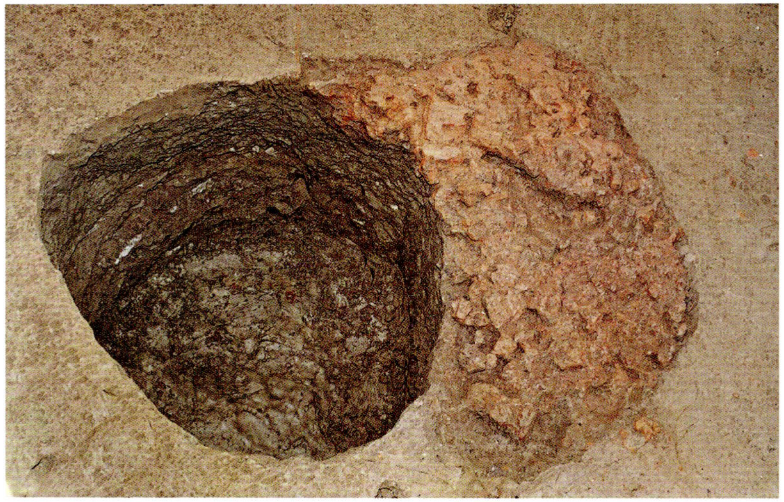
4. 01ZDH30打破H58

邓家沱遗址遗迹现象

1. Ⅰ式陶尖底杯（01ZDH16∶4）

2. Ⅱ式陶尖底杯（01ZDH16∶6）

邓家沱遗址01ZDH16出土尖底杯

1. 陶船形杯（03ZDⅣT1110④b：1）

2. 陶船形杯（03ZDⅣT1110④b：2）

3. B型陶耸肩罐（01ZDH42：1）

4. A型陶豆柄座（01ZDH42：5）

邓家沱遗址地层出土陶船形杯和01ZDH42出土器物

1. 01ZDH57出土器物

2. 01ZDH18出土器物

3. 01ZDH16出土器物

4. 01ZDH42出土器物

5. 01ZDH42出土器物

6. 01ZDH42出土器物

邓家沱遗址01ZDH57、H18、H16、H42出土器物

1. 01ZDH52出土器物

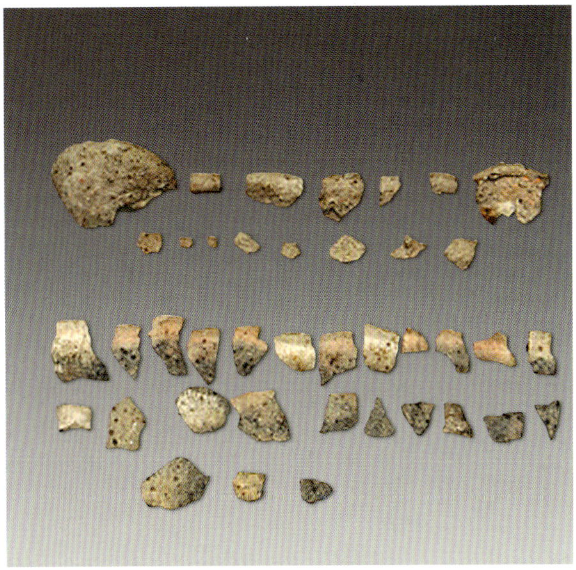

2. 01ZDH42出土器物

3. 01ZDⅣT1309⑤a出土器物

4. 01ZDⅣT1309⑤a出土器物

5. 01ZDⅣT1805⑤、ⅣT1505⑤出土器物

6. 01ZDH56出土铜镞、H52出土铜钺

邓家沱遗址地层和灰坑出土器物

1. 01ZDH42

2. 03ZDH74

3. 01ZDH52

4. 03ZDH69

邓家沱遗址01ZDH42、03ZDH74、01ZDH52、03ZDH69

1. 01ZDW1

2. 03ZDW2

3. 01ZDY1

4. 03ZDM5

邓家沱遗址01ZDW1、03ZDW2、01ZDY1、03ZDM5

1. 陶瓮（01ZDH1:1）

2. 陶折肩盆（01ZDH1:2）

3. 陶深腹盆（03ZDW2:1）

4. 陶瓮（03ZDW2:2）

5. 陶大口罐（01ZDW1:1）

邓家沱遗址01ZDH1、01ZDW1、03ZDW2出土器物

1. 右阙枋子层与斗石构件出土场景

2. 左阙阙身、枋子层、斗石与阙顶构件出土场景

3. 右阙阙身构件出土场景

4. 右阙阙身构件出土场景

5. 右阙基座

6. 左阙枋子层

邓家沱遗址石阙出土场景

1. 左阙斗石正面

2. 左阙阙顶

3. 左阙斗石背面天鹿

4. 右阙斗石背面凤凰

5. 左阙右侧面神人戏龙图

6. 左阙左侧面神人托月图

邓家沱遗址石阙图案

1. 右阙斗石侧面天禄

2. 右阙斗石侧面三足乌

3. 右阙枋子层角神

4. 左阙阙身及铭文

邓家沱遗址石阙图案、角神及铭文

1. 瓷碗（01ZDⅠT1404③：2）

2. 瓷盆（01ZDⅣT1506③：1）

3. 瓷碗（01ZDⅣT1401②：1）

4. 瓷碗（01ZDH12：1）

5. 青花瓷碗（左至右：01ZDⅣT1402②：3、T1402②：4、T1402②：1）

6. A型瓷碗（01ZDⅣT1106③：1）

邓家沱遗址六朝、明清时期瓷器

1. 参加发掘人员

2. 考古领队与监理人员

3. 国外学者参观交流

4. 整理现场

邓家沱遗址参加发掘人员、参观及整理现场

1. 2001ZYⅡM3出土器物

2. 2001ZYⅣM5出土器物

3. 2001ZYⅠM1出土器物

4. 2001ZYⅡM2出土器物

5. 2001ZYⅡM4出土器物

6. 陶狗（2001ZYⅡM4：9）

渔洞墓群2001ZYM1~M5出土器物

1. 陶锺（M6：20）

2. 陶釜（M6：9）

3. 陶罐（M6：23）

4. 陶罐（M6：1）

5. 陶釜（M6：25）

6. 陶釜（M6：28）

渔洞墓群2003ZYM6出土器物（一）

1. 釉陶盆（M6：29）

2. 釉陶盆（M6：22）

3. 釉陶盆（M6：10）

4. 釉陶盆（M6：2）

5. 釉陶魁（M6：21）

6. 陶勺（M6：31）

渔洞墓群2003ZYM6出土器物（二）

1. 陶吹埙俑（M6：12）

2. 陶抚耳俑（M6：30）

3. 陶击鼓俑（M6：13）

4. 陶抚琴俑（M6：26）

5. 陶舞俑（M6：5）

6. 陶立俑（M6：8）

渔洞墓群2003ZYM6出土器物（三）

1. 釉陶罐（M6∶3）

2. 陶甑（M6∶24）

3. 小陶罐（M6∶27）

4. 小陶罐（M6∶16）

5. 陶博山炉（M6∶18）

6. 陶豆（M6∶19）

7. 陶井（M6∶14）

渔洞墓群2003ZYM6出土器物（四）

1. 陶立俑（M6：11）

2. 陶立俑（M6：17）

3. 陶狗（M6：4）

4. 陶猪（M6：7）

5. 陶公鸡（M6：6）

6. 陶母鸡（M6：15）

渔洞墓群2003ZYM6出土器物（五）

1. 陶钵（M7∶1）

2. 陶豆（M7∶6）

3. 陶立俑（M7∶3）

4. 陶立俑（M7∶4）

5. 陶池塘（M7∶5）

渔洞墓群2004ZYM7出土器物

1. 瓷四系罐（M8：3）

2. 瓷双耳罐（M8：2）

3. 瓷盘口壶（M8：1）

4. 小瓷罐（M8：8）

5. 瓷钵（M8：4）

6. 瓷碗（M8：6）

渔洞墓群2004ZYM8出土器物

1. 瓷盏（M9：3）

2. 瓷四系盘口壶（M9：1）

3. 瓷钵、瓷碗（左：M9：4、右：M9：2）

渔洞墓群2004ZYM9出土器物

1. 瓷四系盘口壶（M10：3）

2. 瓷六系盘口壶（M10：7）

3. 瓷双系盘口壶（M10：8）

4. 瓷四系盘口壶（M10：2）

5. 瓷六系罐（M10：5）

6. 瓷盏（M10：4）

渔洞墓群2004ZYM10出土器物（一）

1. 陶釜（M10:1）

2. 陶釜（M10:13）

3. 瓷钵（左:M10:9、右:M10:10）

4. 瓷盏（左:M10:11、右:M10:12）

渔洞墓群2004ZYM10出土器物（二）

1. 陶仓（M11∶1）

2. 陶罐（M11∶2）

3. 陶盆（M11∶5）

4. 陶罐（M11∶3）

5. 陶楼（M11∶4）

渔洞墓群2004ZYM11出土器物

1. 瓷钵（左：M12：1、右：M12：6）

2. 瓷盏（M12：2）

3. 瓷钵（左：M12：3、右：M12：5）

4. 左：瓷碗（M12：7）；中：瓷钵（M12：4）；
右：瓷钵（M12：9）

5. 瓷四系盘口壶（M12：10）

渔洞墓群2004ZYM12出土器物

（K-2712.01）
ISBN 978-7-03-055013-2
定价：268.00元